云南省
退役军人事务年鉴
2023

YUNNAN PROVINCE VETERANS AFFAIRS YEARBOOK

云南省退役军人事务厅◎编

科学技术文献出版社
SCIENTIFIC AND TECHNICAL DOCUMENTATION PRESS
·北京·

图书在版编目（CIP）数据

云南省退役军人事务年鉴. 2023 / 云南省退役军人事务厅编. —北京：科学技术文献出版社，2023. 6

ISBN 978-7-5235-0434-5

Ⅰ. ①云… Ⅱ. ①云… Ⅲ. ①退役—军人—人事管理—云南—2023—年鉴 Ⅳ. ① E263-54

中国国家版本馆 CIP 数据核字（2023）第 124488 号

云南省退役军人事务年鉴2023

策划编辑：崔　静　　责任编辑：李　晴　　责任校对：王瑞瑞　　责任出版：张志平

出 版 者　科学技术文献出版社

地　　址　北京市复兴路15号　邮编　100038

编 务 部　(010) 58882938，58882087 (传真)

发 行 部　(010) 58882868，58882870 (传真)

邮 购 部　(010) 58882873

官方网址　www.stdp.com.cn

发 行 者　科学技术文献出版社发行　全国各地新华书店经销

印 刷 者　北京时尚印佳彩色印刷有限公司

版　　次　2023 年 6 月第 1 版　2023 年 6 月第 1 次印刷

开　　本　889 × 1194　1/16

字　　数　586千

印　　张　28　彩插28面

书　　号　ISBN 978-7-5235-0434-5

定　　价　196.00元

2022 年 3 月 29 日，省委书记王宁出席省委退役军人事务工作领导小组第 6 次全体会议并讲话。

2022 年 7 月 28 日，云南省举行庆祝中国人民解放军建军 95 周年暨军事日活动，省委书记王宁、省长王予波到空军驻滇某部慰问基层官兵。

2022 年 9 月 15 日，省长王予波到省退役军人就业培训创业孵化基地调研创业培训、企业孵化等情况。

2022 年 9 月 30 日，云南省委、省政府和昆明市委、市政府在昆明抗战胜利纪念堂隆重举行 2022 年烈士纪念日向人民英雄敬献花篮仪式。

2022 年 12 月 13 日，云南省召开第十一届双拥模范命名表彰大会。

2022 年 9 月 30 日，云南省政府在昆明抗战胜利纪念堂举行《烈士光荣证》颁授仪式，和良辉副省长向朱贞左烈士遗属颁授《烈士光荣证》。

2022 年 9 月 24 日，云南省退役军人服务保障体系建设现场推进会在玉溪市举行，和良辉副省长出席会议并讲话。

2022 年 5 月 10 日，云南省退役军人事务厅党组书记、厅长吉宏龙佳到玉溪市调研指导退役军人工作。

2022 年 6 月 9 日，云南省退役军人事务厅党组书记、厅长吉宏龙佳到楚雄州调研指导退役军人工作。

2022 年 9 月 7 日，云南省退役军人事务厅党组书记、厅长吉宏龙佳率队赴省人力资源社会保障厅开展座谈交流。

2022 年 10 月 8 日，云南省退役军人事务厅党组书记、厅长吉宏龙佳率退役军人事务综合督查和检查考核工作组赴丽江市开展督查和检查考核。

2022 年 4 月 28 日，云南省举行优待证首发仪式。

2022 年 1 月 20 日，云南省退役军人事务厅党组成员、副厅长肖海对军队离退休人员开展春节走访慰问活动。

2022 年 6 月 22 日，云南省退役军人事务厅党组成员、副厅长肖海出席在玉溪举办的全省军休干部党支部书记培训班。

2022 年 7 月 25 日，云南省退役军人事务厅党组成员、副厅长肖海深入中央驻滇和省属企业，入户走访慰问困难退休企业军转干部。

2022 年 1 月 19 日，云南省退役军人事务厅党组成员、副厅长张永明带队走访慰问全国“最美退役军人”王昌群。

2022 年 7 月 11 日，云南省退役军人事务厅党组成员、副厅长张永明慰问红河州优抚对象。

2022 年 7 月 28 日，云南省退役军人事务厅党组成员、副厅长张永明带队上线《金色热线》栏目。

2022 年 10 月 9 日，云南省退役军人事务厅党组成员、副厅长唐贵聪赴昆明市军创园调研。

2022 年 10 月 12 日，云南省退役军人事务厅党组成员、副厅长唐贵聪赴大理调研军创企业。

2022 年 11 月 9 日，云南省退役军人事务厅党组成员、副厅长唐贵聪赴文山调研军创企业。

2022 年 6 月 25 日，云南省退役军人事务厅一级巡视员郭华检查指导云南省 2022 年转业军官安置考试工作。

2022 年 7 月 1 日，云南省退役军人事务厅一级巡视员郭华主持“七一”主题党日活动暨 2022 年“万名党员进党校”第二次专题培训。

2022 年 10 月 11 日，云南省退役军人事务厅一级巡视员郭华率队深入临沧市进行督查和检查考核。

2022 年全国“最美退役军人”岩罕陆。

2022 年 7 月 11 日，云南省 2022 年中央垂管及省级单位接收转业军官报名大会在昆明市召开。

2022 年 7 月 25 日，2022 年全国褒扬纪念系统工作人员培训班在昆明市举办。

2022 年 7 月 27 日，云南省退役军人事务系统信访工作人员业务能力培训班在昆明市举办。

2022 年 7 月 29 日，“云南这十年”系列新闻发布会退役军人工作专场发布会在昆明市举行。

2022 年 9 月 17 日，云南省退役军人就业创业工作会议在昆明市召开。

2022 年 6 月 15 日，云南省“兵支书”能力提升培训班在昆明市举办。

2022 年 7 月 29 日，昆明市退役军人就业创业展厅启动仪式。

2022 年 5 月 17 日，昭通市退役军人事务局同昭通仁安医院举行拥军优抚医疗服务合作协议签订仪式。

2022 年 8 月 1 日，曲靖市召开 2022 年“八一”慰问驻曲（驻训）部队座谈会。

2022 年 12 月 1 日，玉溪军供站组织开展全要素野外应急保障演练。

2022 年 1 月 12 日，保山市委、市政府、人大、政协领导带队走进驻地部队开展 2022 年军民双拥共建春节慰问活动。

2022 年 5 月 13 日，楚雄州举行退役军人和其他优抚对象优待证首发仪式。

2022 年 12 月 27 日，红河舰在厦门市举行入列仪式。

2022 年 8 月 13 日，文山州举办 2022 年退役军人光荣返乡欢迎仪式。

2022 年 6 月 30 日，普洱市组织开展首场“老兵永远跟党走——老兵宣讲”活动。

2022 年 7 月 29 日，西双版纳州组织自主择业军转干部开展庆“八一”建军节活动。

2022 年 8 月 31 日，大理州举行“老兵永远跟党走——苍洱老兵宣讲”实践活动启动仪式暨首场宣讲。

2022 年 8 月 26 日，德宏州召开退役军人事务工作领导小组第三次全体会议暨双拥工作领导小组全体会议。

2022 年 8 月 3 日，丽江市成立丽江市退役军人矛盾纠纷诉调对接工作室。

2022 年 8 月 1 日，怒江州委、州政府走访慰问驻地部队。

2022 年 7 月 18 日，迪庆州举行退役军人法律援助工作站揭牌仪式。

2022 年 8 月 12 日，临沧市金融系统军人服务窗口正式启用。

《云南省退役军人事务年鉴 2023》
编委会

《云南省退役军人事务年鉴2023》
编写组成员

王　都	王成立	王绍波	邓后义	朱元军
刘惠萍	汤华林	字登明	农布江初	杜少春
李　兰	李宏君	李荣先	杨　雪	杨　湛
杨　霏	邱　玮	何必发	何星雨	张　苏
张世文	张孝强	陈义祥	易　湘	和　娟
周关蓉	赵灵杰	段晓东	姜振宇	袁　媛
高江凯	唐小军	陶明海	陶智宇	曾祥坤

（按姓氏笔画排序）

编辑说明

《云南省退役军人事务年鉴 2023》是关于退役军人事务工作的专业性史料工具书，旨在为全面、系统、准确、科学地记录云南省退役军人事务工作发展概况，存史资政，为云南省退役军人事务系统工作者和关心、关注退役军人事务工作的广大读者提供借鉴和参考。

《云南省退役军人事务年鉴 2023》收录 2022 年云南省退役军人事务工作相关资料，全书共分 8 个部分，包括党和国家领导人关于退役军人工作的活动和讲话，云南省委、省政府领导关于退役军人工作的活动和讲话，退役军人事务部领导讲话和署名文章，云南省退役军人事务厅领导重要活动，云南省退役军人事务工作，各州市退役军人事务工作，政策法规，大事记。同时设有附录“云南省退役军人事务厅机构和人员情况”。

《云南省退役军人事务年鉴 2023》的编辑出版，是在全省退役军人事务系统的共同努力下完成的。在此，谨向所有参加编辑出版工作的领导和同志表示衷心的感谢！编辑出版年鉴是一项系统工程，涉及方方面面，由于编者能力和水平有限，书中难免有疏漏和不足之处，敬请谅解并给予指正。

编　者

2023 年 5 月

序

2022年，是党和国家历史上极为重要的一年。党的二十大胜利召开，中华民族开启了全面建设社会主义现代化国家、向第二个百年奋斗目标进军的新征程。一年来，云南省退役军人事务系统深入学习贯彻习近平总书记关于退役军人工作重要论述和考察云南重要讲话精神，在省委、省政府的坚强领导下，砥砺奋进、创先争优，推动退役军人工作取得新成绩、焕发新气象。

这一年，党对退役军人工作的领导得到新加强。省委、省政府主要领导既挂帅又出征，多次听取专题汇报，作出指示批示，深入一线解决实际问题。特别是3月短短半个月的时间，省委退役军人事务工作领导小组第6次全体会议，省政府第145次常务会议，分别听取工作汇报，肯定成绩经验，安排部署工作，为退役军人工作高质量发展提供坚强有力的组织保障，“一把手工程”成为云南省退役军人事务工作的金字招牌。

这一年，安置就业工作实现新突破。高标准安置2000多名转业军官和退役士兵，第28年在全国率先高质量完成年度转业军官安置任务，经验做法被退役军人事务部转发全国学习借鉴；军休干部、士兵“三年移交”任务完成率达144%，退役军人事务部、中央军委政治工作部向云南省人民政府致信感谢；组织开展655场招聘活动，新增退役军人就业2万多人，工作经验被中央退役军人事务工作领导小组办公室刊发。

这一年，褒扬纪念工作取得新进展。制定出台《关于加强新时代烈士褒扬工作的若干措施》，公布19个第二批省级烈士纪念设施，实施县级及以下烈士纪念设施整修工程，圆满完成老挝中国烈士陵园修缮任务。隆重举行烈士纪念日向人民英雄敬献花篮仪式和《烈士光荣证》颁授仪式。高质量做好线上线下祭扫服务工作，坚持“N个1”暖心服务，探索走出绿色文明的“云祭扫”云南模式，工作经验做法在全国系统会议上作交流推广。

这一年，尊崇尊重氛围呈现新气象。常态化开展送立功喜报、悬挂光荣牌、老兵宣讲等活动，命名表彰省第十一届双拥模范城（县）、单位和个人；助力300余名随军家属随迁就业，协调帮助1000余名军人子女入学入托。为68万余名退役军人和其他优抚对象办理优待证。评选出25名2022年云南省“最美退役军人”，1名入选2022年全国“最美退役军人”。连续4年提高优抚对象抚恤补助标准。累计下拨优抚资金28亿多元，保障优抚对象的生活水平随经济社会发展稳步提高。

这一年，基层基础工作实现新提升。积极争取省政府在玉溪市召开全省退役军人服务保障体系建设现场推进会议，推动服务保障体系建设从“有”向“优”转变。建设云南省退役军人一体化服务平台，推进军人退役“一件事一次办”政务服务，努力“让数据多跑路，让退役军人少跑腿”。深入开展“法律政策落实年”活动，制定实施《云南省“十四五”退役军人服务和保障规划》等16个政策文件，对258个政策点进行清单化管理、项目化推进，受到退役军人事务部蹲点调研组充分肯定。

这一年，自身建设展现新面貌。以迎接党的二十大召开和学习宣传贯彻党的二十大精神为主线，以实际行动忠诚拥护“两个确立”，坚决做到“两个维护”；持续深化以案促改，打好打赢党风廉政建设翻身仗；全面深化“两个革命”，召开“敢于担当、干事创业”动员部署会议，推动全系统干部职工转作风、下基层、抓落实；加强干部队伍建设，大力选拔优秀年轻干部，重用优秀军转干部，通过风清气正的干部选拔任用，营造奋勇争先、比学赶超的浓厚氛围。

东风浩荡满眼春，万里征程催人急。进入新时代、踏上新征程，云南省退役军人事务工作翻开了新篇章，我们坚信，只要坚定不移地沿着习近平总书记指引的方向勇毅前行，朝乾夕惕，笃行不殆，就一定能开创云南省退役军人事务工作高质量发展新局面，为服务经济社会发展、服务国防和军队建设作出新的更大贡献。

目录

党和国家领导人关于
退役军人工作的活动和讲话

习近平在中国共产党第二十次全国代表大会上的报告

（节选）

如期实现建军一百年奋斗目标，加快把人民军队建成世界一流军队，是全面建设社会主义现代化国家的战略要求。必须贯彻新时代党的强军思想，贯彻新时代军事战略方针，坚持党对人民军队的绝对领导，坚持政治建军、改革强军、科技强军、人才强军、依法治军，坚持边斗争、边备战、边建设，坚持机械化信息化智能化融合发展，加快军事理论现代化、军队组织形态现代化、军事人员现代化、武器装备现代化，提高捍卫国家主权、安全、发展利益战略能力，有效履行新时代人民军队使命任务。

全面加强人民军队党的建设，确保枪杆子永远听党指挥。健全贯彻军委主席负责制体制机制。深化党的创新理论武装，开展“学习强军思想、建功强军事业”教育实践活动。加强军史学习教育，繁荣发展强军文化，强化战斗精神培育。建强人民军队党的组织体系，推进政治整训常态化制度化，持之以恒正风肃纪反腐。

全面加强练兵备战，提高人民军队打赢能力。研究掌握信息化智能化战争特点规律，创新军事战略指导，发展人民战争战略战术。打造强大战略威慑力量体系，增加新域新质作战力量比重，加快无人智能作战力量发展，统筹网络信息体系建设运用。优化联合作战指挥体系，推进侦察预警、联合打击、战场支撑、综合保障体系和能力建设。深入推进实战化军事训练，深化联合训练、对抗训练、科技练兵。加强军事力量常态化多样化运用，坚定灵活开展军事斗争，塑造安全态势，遏控危机冲突，打赢局部战争。

全面加强军事治理，巩固拓展国防和军队改革成果，完善军事力量结构编成，体系优化军事政策制度。加强国防和军队建设重大任务战建备统筹，加快建设现代化后勤，实施国防科技和武器装备重大工程，加速科技向战斗力转化。深化军队院校改革，建强新型军事人才培养体系，创新军事人力资源管理。加强依法治军机制建设和战略规划，完善中国特色军事法治体系。改进战略管理，提高军事系统运行效能和国防资源使用效益。

巩固提高一体化国家战略体系和能力。加强军地战略规划统筹、政策制度衔接、资源要素共享。优化国防科技工业体系和布局，加强国防科技工业能力建设。深化全民国防教育。加强国防动员和后备力量建设，推进现代边海空防建设。加强军人军属荣誉激励和权益保障，做好退役军人服务保障工作。巩固发展军政军民团结。

人民军队始终是党和人民完全可以信赖的英雄军队，有信心、有能力维护国家主权、统一和领土完整，有信心、有能力为实现中华民族伟大复兴提供战略支撑，有信心、有能力为世界和平与发展作出更大贡献！（新华社北京10月25日电）

习近平在海南考察时强调

解放思想开拓创新团结奋斗攻坚克难 加快建设具有世界影响力的中国特色自由贸易港

中共中央总书记、国家主席、中央军委主席习近平近日在海南考察时强调，要坚决贯彻党中央决策部署，坚持稳中求进工作总基调，完整、准确、全面贯彻新发展理念，全面深化改革开放，坚持创新驱动发展，统筹疫情防控和经济社会发展，统筹发展和安全，解放思想、开拓创新，团结奋斗、攻坚克难，加快建设具有世界影响力的中国特色自由贸易港，让海南成为新时代中国改革开放的示范，以实际行动迎接党的二十大胜利召开。

4月10日至13日，习近平在海南省委书记沈晓明、省长冯飞陪同下，先后来到三亚、五指山、儋州等地，深入科研单位、国家公园、黎族村寨、港口码头等进行调研。

10日下午，习近平首先来到位于三亚市崖州湾科技城的崖州湾种子实验室考察调研。习近平听取了科技城规划建设和实验室总体情况介绍，察看了实验室搭建平台支持种业创新成果展示，对海南省探索农业科技创新模式、支撑保障国家粮食安全的做法表示肯定。习近平先后走进大型仪器公共服务中心、精准分子设计育种中心，同科研人员深入交流。习近平指出，中国人的饭碗要牢牢端在自己手中，就必须把种子牢牢攥在自己手里。要围绕保障粮食安全和重要农产品供给集中攻关，实现种业科技自立自强、种源自主可控，用中国种子保障中国粮食安全。要继承和发扬老一辈农业科研工作者胸怀祖国、服务人民的优秀品质，拿出十年磨一剑的劲头，勇攀农业科技高峰。

随后，习近平来到中国海洋大学三亚海洋研究院，了解海洋观测设备与信息服务系统研发应用情况，连线“深海一号”作业平台。前方工作人员向总书记汇报了一线工作情况。习近平向他们表示诚挚问候，嘱咐他们注意安全、保重身体。习近平强调，建设海洋强国是实现中华民族伟大复兴的重大战略任务。要推动海洋科技实现高水平自立自强，加强原创性、引领性科技攻关，把装备制造牢牢抓在自己手里，努力用我们自己的装备开发油气资源，提高能源自给率，保障国家能源安全。

考察途中，习近平下车察看沿海生态环境保护工作，并为他在12年前种下的一棵不老松施肥浇水。习近平叮嘱当地负责同志加强陆海统筹，把生态保护工作作为一项重要任务抓紧抓好。

海南省于2011年4月20日试点实行离岛免税政策。11日上午，习近平来到三亚国际免税城，实地了解离岛免税政策落地实施等情况。习近平指出，要更好发挥消费对经济发展的基础性作用，依托国内超大规模市场优势，营造良好市场环境和法治环境，以诚信经营、优质服务吸引消费者，为建设中国特色自由贸易港作出更大贡献。

11日下午，习近平到海南岛中南部的五指山市考察调研。海南热带雨林国家公园是我国首批5个国家公园之一。习近平深入五指山片区，沿木栈道步行察看公园生态环境，不时停下脚步，询问树木生长、水源涵养、动植物资源保护等情况。他指出，海南要坚持生态立省不动摇，把生态文明建设作为重中之重，对热带雨林实行严格保护，实现生态保护、绿色发展、民生改善相统一，向世界展示中国国家公园建设和生物多样性保护的丰硕成果。

水满乡毛纳村是五指山市一个黎族村寨，近年来积极推进美丽乡村建设，大力发展乡村旅游业。习近平总书记来到村里调研，沿村道边走边看。黎族村民王柏和一家热情将总书记迎进家里。习近平察看院落、客厅、卧室等，在手工茶坊参与炒茶劳动，并买下两袋茶叶。习近平勉励他们把茶叶经营好，把日子过得更红火。

在村寨凉亭内，习近平同驻村第一书记、乡镇乡村振兴工作队队长、村支部书记、老党员、致富带头人代表等亲切交谈，了解当地因地制宜发展特色产业，加强民族传统文化保护传承等情况。习近平强调，推动乡村全面振兴，关键靠人。要建设一支政治过硬、本领过硬、作风过硬的乡村振兴干部队伍，吸引包括致富带头人、返乡创业大学生、退役军人等在内的各类人才在乡村振兴中建功立业。要强化农村基层党组织建设，充分发挥基层党组织战斗堡垒作用。

习近平沿长廊察看黎族特色农产品和黎锦、藤编等非物质文化遗产展示。广场上，歌声悠扬、鼓乐齐奏，村民们跳起竹竿舞迎接远方的客人。习近平亲切地对大家说，很高兴来看望黎族乡亲们，看到你们过上幸福生活，我感到很欣慰。我们全面建成小康社会以后，还要继续奔向全体人民共同富裕，建设社会主义现代化国家。乡村振兴要在产业生态化和生态产业化上下功夫，继续做强做大有机农产品生产、乡村旅游、休闲农业等产业，搞好非物质文化遗产传承，推动巩固拓展脱贫攻坚成果同乡村全面振兴有效衔接。各级领导干部要贯彻党的群众路线，牢记党的根本宗旨，想群众之所想，急群众之所急，把所有精力都用在让老百姓过好日子上。

12日上午，习近平来到地处海南岛西北部的儋州市考察调研。在展示馆，习近平听取洋浦经济开发区建设发展总体情况介绍，并仔细观看了开发区发展历程、建设成就、未来规划以及入驻企业成果等展示。习近平指出，洋浦经济开发区作为海南自由贸易港先行区、示范区，要总结好海南办经济特区经验，用好“中国洋浦港”船籍港的政策优势，大胆创新、先行先试。

随后，习近平来到洋浦国际集装箱码头小铲滩港区，了解港口建设发展情况，同现场作业人员、挂职干部代表等亲切交流。习近平强调，振兴港口、发展运输业，要把握好定位，增强适配性，坚持绿色发展、生态优先，推动港口发展同洋浦经济开发区、自由贸易港建设相得益彰、互促共进，更好服务建设西部陆海新通道、共建“一带一路”。他指出，党中央选派干部来自由贸易港挂职，既体现了党中央对自由贸易港建设的关心和支持，也是对干部的培养锻炼，要发挥挂职干部的积极作用，让他们在基层一线增长才干。

13 日上午，习近平在参观海南全面深化改革开放和中国特色自由贸易港建设成果展后，听取了海南省委和省政府工作汇报，对海南各项工作取得的成绩给予肯定，希望海南以“功成不必在我”的精神境界和“功成必定有我”的历史担当，把海南自由贸易港打造成展示中国风范的靓丽名片。

习近平指出，推进自由贸易港建设是一个复杂的系统工程，要做好长期奋斗的思想准备和工作准备。要继续抓好海南自由贸易港建设总体方案和海南自由贸易港法贯彻落实，把制度集成创新摆在突出位置，强化“中央统筹、部门支持、省抓落实”的工作推进机制，确保海南自由贸易港如期顺利封关运作。要坚持党的领导不动摇，自觉站在党和国家大局上想问题、办事情，始终坚持正确政治方向。要坚持中国特色社会主义制度不动摇，牢牢把握中国特色社会主义这个定性。要坚持维护国家安全不动摇，加强重大风险识别和防范，统筹改革发展稳定，坚持先立后破、不立不破。

习近平强调，要把海南更好发展起来，贯彻新发展理念、推动高质量发展是根本出路。要聚焦发展旅游业、现代服务业、高新技术产业、热带特色高效农业，加快构建现代产业体系。要加快科技体制机制改革，加大科技创新和成果转化力度。要突出陆海统筹、山海联动、资源融通，推动城乡区域协调发展。要着力破除各方面体制机制弊端，形成更大范围、更宽领域、更深层次对外开放格局。

习近平指出，要深入推进农业供给侧结构性改革，加强农业全产业链建设，严守生态保护红线、永久基本农田、城镇开发边界三条控制线。要推进城乡及垦区一体化协调发展，加快推进国家南繁科研育种基地建设，完善天然橡胶产业扶持政策。要深入打好污染防治攻坚战，落实最严格的围填海管控和岸线开发管控措施。要扎实推进国家生态文明试验区建设。热带雨林国家公园是国宝，是水库、粮库、钱库，更是碳库，要充分认识其对国家的战略意义，努力结出累累硕果。

习近平强调，越是深化改革、扩大开放，越要加强精神文明建设。要持之以恒抓好理想信念教育，培育和弘扬社会主义核心价值观，广泛开展群众性精神文明创建活动，不断提升人民文明素养和社会文明程度。要加强诚信建设，倡导遵纪守法、诚实守信的社会风尚。

习近平指出，要实施更多有温度的举措，落实更多暖民心的行动，用心用情用力解决好人民群众的急难愁盼问题，积极探索共同富裕的实现途径。要继续实施减负稳岗扩就业政策，健全重要民生商品保供稳价机制。要全面贯彻党的教育方针，统筹推进义务教育均衡发展和城乡一体化。要全面做好社会治理工作，扎实做好安全生产工作，常态化开展扫黑除恶斗争，严厉打击各类涉海违法犯罪活动。

习近平强调，要坚持严的主基调，深入推进全面从严治党，以党的政治建设为统领推进党的各方面建设。要巩固拓展党史学习教育成果，弘扬伟大建党精神，用好海南琼崖纵队纪念场所、红色娘子军纪念园等红色资源，引导广大党员、干部坚定理想信念，传承红色基因，赓续红色血脉。要加强干部教育培训，引导广大党员、干部用党的创新理论武装头脑，自觉践行初心使命，着力解决“本领恐慌”、能力不足的问题，着力克服形式主义、官僚主义。要夯实基层基础，持续扩大党组织有效覆盖，把各领域基层党组织建设成为坚强战斗堡垒。要保持反腐败的高压态势，准确把握反腐败斗争新的阶段性特征，一体推进不敢腐、不能腐、不想腐，在土地批租、房地产开发、招商引资、项目建设等方面健全制度、堵塞漏洞，营造良好政治生态。

习近平指出，当前全球新冠肺炎疫情仍然十分严重，尤其不能放松防控工作。坚持就是胜利。要坚持人民至上、生命至上，坚持外防输入、内防反弹，坚持科学精准、动态清零，抓细抓实疫情防控各项举措。要克服麻痹思想、厌战情绪、侥幸心理、松劲心态，针对病毒变异的新特点，提高科学精准防控本领，完善各种应急预案，严格落实常态化防控措施，最大限度减少疫情对经济社会发展的影响。

丁薛祥、刘鹤、陈希、何立峰和中央有关部门负责同志陪同考察。（新华社海口4月13日电）

习近平在辽宁考察时强调

在新时代东北振兴上展现更大担当和作为 奋力开创辽宁振兴发展新局面

中共中央总书记、国家主席、中央军委主席习近平近日在辽宁考察时强调，要贯彻党中央决策部署，坚持稳中求进工作总基调，统筹疫情防控和经济社会发展工作，统筹发展和安全，完整、准确、全面贯彻新发展理念，坚定不移推动高质量发展，扎实推进共同富裕，加快推进治理体系和治理能力现代化，深入推进全面从严治党，在新时代东北振兴上展现更大担当和作为，奋力开创辽宁振兴发展新局面，以实际行动迎接党的二十大胜利召开。

8月16日至17日，习近平在辽宁省委书记张国清、省长李乐成陪同下，先后来到锦州、沈阳等地，深入革命纪念馆、河湖治理工程、企业、社区等进行调研。

16日下午，习近平在锦州市首先考察了辽沈战役纪念馆。70多年前，中国共产党指挥人民军队取得辽沈战役胜利。习近平依次参观序厅、战史馆、支前馆、英烈馆，回顾东北解放战争历史和辽沈战役胜利进程，追忆广大人民群众支援前线的感人事迹和革命先烈不畏牺牲的英雄事迹。习近平指出，辽沈战役的胜利，充分体现了毛泽东同志等老一辈革命家高超的战略眼光和战略谋划。解放战争时期我们党同国民党的大决战，既是兵力火力之战，更是民心向背之争。辽沈战役胜利是东北人民全力支援拼出来的，淮海战役胜利是老百姓用小车推出来的，渡江战役胜利是老百姓用小船划出来的。民心是最大的政治，决定事业兴衰成败。只要我们党始终保持同人民群众的血肉联系，始终与人民同呼吸、共命运、心连心，就能拥有战胜一切艰难险阻的强大力量。习近平强调，学习党史是每一位党员的义务。要推动党史学习教育常态化长效化，引导广大党员、干部把学习党史作为必修课和常修课。

习近平亲切会见了老战士老同志和革命烈士亲属代表，向他们表示诚挚慰问。习近平指出，东北人民不仅为辽沈战役胜利和东北解放付出了巨大牺牲，也为新中国建设和抗美援朝战争胜利作出了巨大贡献，党和人民永远不会忘记。我们的红色江山是千千万万革命烈士用鲜血和生命换来的。江山就是人民，人民就是江山。我们决不允许江山变色，人民也绝不答应。吃水不忘挖井人。新中国成立70多年来，经过一代又一代人艰苦奋斗，我们的国家发生了翻天覆地的变化，人民过上了全面小康生活，中华民族屹立于世界民族之林。我们要继续向前走，努力实现中华民族伟大复兴，以告慰革命先辈和先烈。各级党委和政府要关心老战士老同志和革命烈士亲属，让老战士老同志享有幸福晚年，让烈士亲属体会到党的关怀和温暖。红色江山来之不易，守好江山责任重大。要讲好党的故事、革命的故事、英雄的故事，把红色基因传承下去，确保红色江山后继有人、代代相传。习近平祝愿老战士老同志健康长寿、生活幸福、事事如意！

随后，习近平来到锦州东湖森林公园，考察当地加强生态环境修复情况。公园位于小凌河和女儿河交汇处北侧。2014 年起，锦州市对两河进行环境综合整治，并沿河修建了 10 余公里绿化带，形成了滨河健身休闲带状公园。习近平察看小凌河沿岸生态环境。他强调，良好生态环境是东北地区经济社会发展的宝贵资源，也是振兴东北的一个优势。要把绿色发展理念贯穿到生态保护、环境建设、生产制造、城市发展、人民生活等各个方面，加快建设美丽中国。生态文明建设能够明显提升老百姓获得感，老百姓体会也最深刻。要坚持治山、治水、治城一体推进，科学合理规划城市的生产空间、生活空间、生态空间，多为老百姓建设休闲、健身、娱乐的公共场所。

习近平现场听取了辽宁省防汛工作汇报。今年北方雨水偏多，辽宁入汛以来出现多轮强降雨过程，导致农作物受损、群众财产损失。辽宁省委和省政府在中央有关部门支持下，全力做好各项救灾救助工作，及时转移受灾群众近 20 万人，保证受灾群众有饭吃、有衣穿、有干净水喝、有临时安全住处、有病能及时就医，保持了社会大局稳定。习近平十分关心受灾群众的救援安置情况。他指出，8 月仍是北方地区防汛关键期。各级党委和政府要坚持人民至上、生命至上，加强汛情监测，及时排查风险隐患，抓细抓实各项防汛救灾措施，妥善安置受灾群众，确保人民群众生命安全。要做好灾后恢复重建规划，帮助受灾群众尽早恢复正常生产生活。要健全体制机制，完善应对预案，加强对极端天气的预警和防范，提高洪涝地质灾害防御和应急抢险救援能力。当前，一些地方遇到严重干旱，要切实做好抗旱工作。

东湖文化广场上，正在休闲、进行文化活动的群众看到总书记来了，纷纷向总书记问好。习近平亲切地对大家说，中国式现代化是全体人民共同富裕的现代化，不能只是少数人富裕，而是要全体人民共同富裕；中国式现代化是物质文明和精神文明相协调的现代化，要弘扬中华优秀传统文化，用好红色文化，发展社会主义先进文化，丰富人民精神文化生活。党中央高度重视东北振兴。党的十八大以来，党中央实施深入推进东北振兴战略，我们对新时代东北全面振兴充满信心，也充满期待。锦州是一座英雄的城市，也是一座具有独特文化气质和深厚历史文化底蕴的城市。看到这里经过整治，生态环境、人居环境发生了巨大变化，感到很欣慰。希望大家增强保护生态、爱护环境的意识，共同守护好自己的家园。祝愿乡亲们今后生活更幸福更美好！

习近平 17 日在沈阳市考察调研。当天下午，他来到沈阳新松机器人自动化股份有限公司。在企业展厅，习近平听取辽宁新时代东北振兴整体情况介绍，察看辽宁先进科技产品集中展示，并考察了新松公司生产经营、自主创新情况。企业生产车间内，工业机器人、协作机器人、特种机器人等正在进行测试。习近平向技术人员和企业职工询问企业开展核心技术攻关等情况，对企业自主创新和产业化发展取得的成绩予以肯定，表示新松公司体现了中国速度、中国水平。

车间外，企业员工代表围拢在一起，习近平向大家挥手致意。习近平强调，党中央实施创新驱动发展战略，格外重视自主创新，格外重视创新环境建设，努力提升我国产业水平和实力，推动我国从经济大国向经济强国、制造强国转变。当前，经济全球化遭遇逆流，保护主义抬头，但我们要坚持敞开大门搞建设。我国发展既要扎扎实实、步步为营，又要开放包容、互利共赢，积极构建以国内大循环为主体、国内国际双循环相互促进的新发展格局。要坚持自力更生，把国家和民族发展放在自己力量的基点上，牢牢掌握发展主动权。全面建设社会主义现代化强国，实现第二个百年奋斗目标，必须走自主创新之路。要时不我待推进科技自立自强，只争朝夕突破“卡脖子”问题，努力把关键核心技术和装备制造业掌握在我们自己手里。青年人朝气蓬勃、充满活力，是企业发展希望所在。各级党委和政府要营造良好环境，充分激发青年人创新创造活力，鼓励他们在各领域勇于创新、勇攀高峰，为推动新时代东北振兴作出更大贡献。

习近平随后来到皇姑区三台子街道牡丹社区。该社区建于20世纪80年代，共有3000多户居民，近年来经过基础设施改造和服务改善，成为基层治理示范社区。习近平先后走进社区党群服务中心、群众活动中心和养老服务中心，向社区工作者、幸福教育课堂的师生和老年志愿者了解当地加强基层党建、改善人居环境、开展为民服务等情况。在老年餐厅，习近平向正在用餐的老人们询问饭菜价格贵不贵、社区服务好不好、生活上还有什么困难。

习近平走进居民李水家中，察看厨房、卫生间、卧室等，之后在客厅落座并同一家人亲切交谈。大家告诉总书记，社区经过改造，冬天屋里暖和多了，道路积水的问题也解决了，环境好，心情也好。现在孩子上学有着落，老人看病有托底，邻里和睦就像一家人。看到他们日子和美兴旺，习近平十分欣慰。

离开社区时，居民们热情欢送总书记。习近平对大家说，小康梦、强国梦、中国梦，归根到底是老百姓的“幸福梦”。中国共产党的一切奋斗都是为人民谋幸福。他指出，老旧小区改造是提升老百姓获得感的重要工作，也是实施城市更新行动的重要内容。要聚焦为民、便民、安民，尽可能改善人居环境，改造水、电、气等生活设施，更好满足居民日常生活需求，确保安全。要加强社区服务，提升服务功能。老人和小孩是社区最常住的居民，“一老一幼”是大多数家庭的主要关切。我国已经进入老龄化社会。要大力发展老龄事业和老龄产业，有条件的地方要加强养老设施建设，积极开展养老服务。未成年人健康成长事关国家和民族未来，事关千千万万家庭幸福安康。社区要积极开展各种公益性课外实践活动，促进未成年人身体健康、心理健康、心灵健康。要加强社区基层党组织建设，加强和改进社区工作，推动更多资源向社区倾斜，让老百姓体会到我们党是全心全意为人民服务的，党始终在人民群众身边。习近平祝愿大家在新时代东北全面振兴发展中生活一天比一天好。

丁薛祥、刘鹤、陈希、何立峰和中央有关部

门负责同志陪同考察。

8 月 17 日上午，习近平在沈阳亲切接见驻沈阳部队大校以上领导干部和团级单位主官，代表党中央和中央军委，向驻沈阳部队全体官兵致以诚挚问候，并同大家合影留念。张又侠陪同接见。（新华社沈阳 8 月 18 日电）

烈士纪念日向人民英雄敬献花篮仪式在京隆重举行

习近平李克强栗战书汪洋王沪宁赵乐际韩正王岐山出席

天地英雄气，千秋尚凛然。烈士纪念日向人民英雄敬献花篮仪式30日上午在北京天安门广场隆重举行。党和国家领导人习近平、李克强、栗战书、汪洋、王沪宁、赵乐际、韩正、王岐山等，同各界代表一起出席仪式。

壮阔的天安门广场上，鲜艳的五星红旗高高飘扬，人民英雄纪念碑巍然耸立。广场中央，“祝福祖国”巨型花篮表达着对国家繁荣富强的美好祝愿，花篮上“喜迎二十大”的字样传递着全党全军全国各族人民对党的二十大胜利召开的热切期盼。

临近10时，习近平、李克强、栗战书、汪洋、王沪宁、赵乐际、韩正、王岐山等党和国家领导人来到天安门广场，出席向人民英雄敬献花篮仪式。

中国人民解放军军乐团小号手吹响深沉悠远的《烈士纪念日号角》。

“礼兵就位！”随着号令，三军仪仗兵迈着铿锵有力的步伐，正步行进到纪念碑前持枪伫立。

10时整，向人民英雄敬献花篮仪式开始。军乐团奏响《义勇军进行曲》，全场齐声高唱中华人民共和国国歌。

国歌唱毕，全场肃立，向为中国人民解放事业和共和国建设事业英勇献身的烈士默哀。

默哀毕，手持鲜花的少年儿童面向人民英雄纪念碑高唱《我们是共产主义接班人》，并致少年先锋队队礼。

方阵前，以中共中央，全国人大常委会，国务院，全国政协，中央军委，各民主党派、全国工商联和无党派爱国人士，各人民团体和各界群众，老战士、老同志和烈士亲属，中国少年先锋队名义敬献的9个大型花篮一字排开。花篮红色缎带上书写着“人民英雄永垂不朽”的金色大字。

军乐团奏响深情的《献花曲》，18名礼兵稳稳抬起花篮，缓步走向人民英雄纪念碑，将花篮摆放在纪念碑基座上。

习近平等党和国家领导人登上纪念碑基座，在花篮前驻足凝视。鲜艳挺拔的红掌、芬芳吐蕊的百合、轻盈绽放的文心兰，寄托着对人民英雄的深切缅怀和崇高敬意。

习近平迈步上前，仔细整理花篮缎带。随后，习近平等党和国家领导人缓步绕行，瞻仰人民英雄纪念碑。

党的十八大以来，在以习近平同志为核心的党中央坚强领导下，全党全军全国各族人民团结一心、砥砺奋进，党和国家事业取得历史性成就、发生历史性变革。在全面建设社会主义现代化国家、向第二个百年奋斗目标进军的新征程上，我们赓续英烈精神、汲取前进力量，一定能够谱写新的更加辉煌的篇章。

少年儿童和各界代表也依次走到纪念碑前，献上手中鲜花并瞻仰纪念碑。

敬献花篮仪式由中共中央政治局委员、北京市委书记蔡奇主持。

在京中共中央政治局委员、中央书记处书记，部分全国人大常委会副委员长，国务委员，最高人民法院院长，最高人民检察院检察长，部分全国政协副主席和中央军委委员出席仪式。

中央党政军群有关部门和北京市主要负责同志，各民主党派中央、全国工商联负责人和无党派人士代表，在京老战士、老同志和烈士亲属代表，在京功勋荣誉获得者代表、北京冬奥会冬残奥会突出贡献集体和突出贡献个人代表，首都各界群众代表等参加了仪式。（新华社北京 9 月 30 日电）

李克强总理出席记者会并回答中外记者提问

（节选）

就业不仅是民生问题，也是发展问题。有就业才有收入，生活有奔头，也为社会创造财富。我记得去年到企业调研时，有企业负责人跟我说，到了8月份，许多职工向他预支工资，为什么？9月份孩子要交学费。春节前我到西北农村调研，一位农民就告诉我，他一个孩子上大学，一年得花费一万多块钱，还有一个上高中，一年得8000多块钱，靠种几亩地是不行的，必须有打工的收入。我真是为我们的人民群众感动。他们在努力打拼，打工、就业不仅关系当前家庭生计，也在为下一代争取更好的未来。

今年我们加大宏观政策实施力度，财政货币政策要围绕实现就业目标来展开，所以我们强调就业优先也是宏观政策，其他政策要配套，为实现就业目标努力。我们现在每年新增城镇就业必须有1100万人以上，最好有1300万人以上。我总觉得，只要实现了比较充分的就业，就能够实现有些人说的中国经济潜在增长率。有一个实例，2020年疫情严重冲击的时候，我们没有定经济增长指标，但是我们定了一个明确的指标，就是新增城镇就业要900万人以上，结果实现了1100万人以上的新增城镇就业，经济不仅实现了正增长，而且增速达到2.2%，在主要经济体中是唯一实现正增长的。

今年需要就业的城镇新增劳动力达到约1600万人，是多年来最高。高校毕业生1076万，是历年最高。还有近3亿农民工要有打工的机会，还要保障退役军人就业。还有一些企业生生死死，有些人要再就业。城镇新增劳动力是在增长的，要有新的就业平台。对于新增需就业人员，我们要给他们以培训等多方面支持举措，用市场化的方法来解决就业问题。比如这些年我们在推动大众创业、万众创新，促进发展新技术新业态新模式，培育新动能。我们相信普通人有上上智，把他们的特长、聪明才智发挥出来，那就业的大舞台会绚丽多彩。

这里还不得不提到灵活就业，因为这方面有2亿多人，形式多样、覆盖面广。作为一个发展中国家，这种就业形式会比较长期地存在。他们风里来、雨里去，确实很辛苦，很多地方在给他们提供暖心服务。针对他们的劳动权益、社会保障等问题，政府要逐步完善政策，也就是说要给这些“骑手”们系上“安全带”，让灵活就业等新就业形态既解燃眉之急，又激发市场活力和社会创造力。（新华社北京3月11日电）

李克强在第十三届全国人民代表大会第五次会议上的政府工作报告

（节选）

着力保障和改善民生，加快发展社会事业。加大农村义务教育薄弱环节建设力度，提高学生营养改善计划补助标准，3700多万学生受益。减轻义务教育阶段学生作业负担和校外培训负担。超额完成高职扩招三年行动目标。国家助学贷款每人每年最高额度增加4000元，惠及500多万在校生。上调退休人员基本养老金。提高优抚标准。将低保边缘家庭重病重残人员纳入低保范围，做好困难群众帮扶救助。改革疾病预防控制体系。把更多常见病、慢性病等门诊费用纳入医保报销范围，住院费用跨省直接结算率达到60%。严格药品疫苗监管。实施三孩生育政策。加强养老服务。加快发展保障性租赁住房。繁荣发展文化事业和文化产业，创新实施文化惠民工程。营造良好网络生态。积极开展全民健身运动。我国体育健儿在东京奥运会、残奥会上勇创佳绩。经过精心筹备，我们成功举办了简约、安全、精彩的北京冬奥会，也一定能办好刚刚开幕的冬残奥会。

落实落细稳就业举措。延续执行降低失业和工伤保险费率等阶段性稳就业政策。对不裁员少裁员的企业，继续实施失业保险稳岗返还政策，明显提高中小微企业返还比例。今年高校毕业生超过1000万人，要加强就业创业指导、政策支持和不断线服务。做好退役军人安置和就业保障，促进农民工就业，帮扶残疾人、零就业家庭成员就业。深入开展大众创业万众创新，增强双创平台服务能力。加强灵活就业服务，完善灵活就业社会保障政策，开展新就业形态职业伤害保障试点。坚决防止和纠正性别、年龄、学历等就业歧视，大力营造公平就业环境。加强劳动保障监察执法，着力解决侵害劳动者合法权益的突出问题。增强公共就业服务针对性。继续开展大规模职业技能培训，共建共享一批公共实训基地。使用1000亿元失业保险基金支持稳岗和培训，加快培养制造业高质量发展的急需人才，让更多劳动者掌握一技之长、让三百六十行行行人才辈出。

加强社会保障和服务。稳步实施企业职工基本养老保险全国统筹，适当提高退休人员基本养老金和城乡居民基础养老金标准，确保按时足额发放。继续规范发展第三支柱养老保险。加快推进工伤和失业保险省级统筹。做好军人军属、退役军人和其他优抚对象优待抚恤工作。积极应对人口老龄化，加快构建居家社区机构相协调、医养康养相结合的养老服务体系。优化城乡养老服务供给，支持社会力量提供日间照料、助餐助洁、康复护理等服务，稳步推进长期护理保险制度试点，鼓励发展农村互助式养老服务，创新发展老年教育，推动老龄事业和产业高质量发展。完善三孩生育政策配套措施，将 3 岁以下婴幼儿照护费用纳入个人所得税专项附加扣除，多渠道发展普惠托育服务，减轻家庭生育、养育、教育负担。强化未成年人保护和心理健康教育。提升残疾预防和康复服务水平。加强民生兜底保障和遇困群众救助，努力做到应保尽保、应助尽助。

过去一年，国防和军队建设取得重大进展，实现“十四五”良好开局。新的一年，要深入贯彻习近平强军思想，贯彻新时代军事战略方针，扣牢建军一百年奋斗目标，全面加强党的领导和党的建设，全面深化练兵备战，坚定灵活开展军事斗争，捍卫国家主权、安全、发展利益。加快现代军事物流体系、军队现代资产管理体系建设，构建武器装备现代化管理体系，持续深化国防和军队改革，加强国防科技创新，深入实施新时代人才强军战略，推进依法治军、从严治军，推动军队高质量发展。优化国防科技工业布局。完成国防动员体制改革，加强全民国防教育。各级政府要大力支持国防和军队建设，深入开展“双拥”活动，让军政军民团结坚如磐石。（新华社北京 3 月 12 日电）

云南省委、省政府领导
关于退役军人工作的活动和讲话

云南省第十一届双拥模范命名表彰大会举行

深入学习贯彻党的二十大精神和习近平总书记关于双拥工作的重要论述 不断开创全省双拥工作新局面凝聚军民同心合力的强大力量

王宁讲话　王予波宣读命名表彰决定

12月13日上午，云南省第十一届双拥模范命名表彰大会在昆明举行，深入学习贯彻党的二十大精神和习近平总书记关于双拥工作的重要论述，命名表彰双拥模范城（县）、单位和个人，总结交流经验，安排部署工作。

省委书记、省双拥工作领导小组组长王宁出席会议并讲话，省长、省双拥工作领导小组副组长王予波宣读命名表彰决定。

省委、省政府、省军区决定，命名昆明市等10个州（市）、五华区等50个县（市、区）为“云南省双拥模范城（县）”。省委、省政府决定，授予昆明市委组织部等100个单位“云南省爱国拥军模范单位”称号，授予五华区人民武装部等47个单位“云南省拥政爱民模范单位”称号；授予李兆旭等67名同志“云南省爱国拥军模范”称号，授予王荣等22名同志“云南省拥政爱民模范”称号。

王宁代表省委、省人大常委会、省政府、省政协、省军区，向被命名表彰的双拥模范城（县）、单位和个人表示祝贺，向驻滇部队官兵、军烈属、退役军人和其他优抚对象及双拥工作战线的同志们表示诚挚问候，向所有关心支持国防和军队建设的社会各界人士表示衷心感谢。希望受命名表彰的单位和个人珍惜荣誉、再立新功、再创佳绩。希望广大军民弘扬双拥优良传统，不断巩固和发展同呼吸、共命运、心连心的军政军民关系。

王宁指出，近年来，全省军地各级深入学习贯彻习近平强军思想，紧紧围绕实现中国梦强军梦和云南高质量跨越式发展大局，扎实开展双拥工作，军政军民团结的良好局面持续巩固。在新时代新征程上，要深入学习贯彻党的二十大精神和习近平总书记关于双拥工作的重要论述，进一步解放思想、改革创新，不断开创全省双拥工作新局面，凝聚军民同心合力的强大力量。全省各地区各部门要当好强军兴军的“服务队”，全力支持部队练兵备战，更好服务国防和军队建设改革。要紧盯“三后”，把服务保障工作做到广大官兵的心坎上。驻滇部队要发扬优良传统，大力支持地方建设发展。军地各级要加强共建共联共创，推进军地联动、军政协同、军民共建，巩固发展军政军民团结。

王宁强调，全省各地区各部门要加强组织领导，完善工作机制，深化改革创新，强化督查检查，全力推动双拥工作各项任务落地见效，为谱写好中国梦强军梦作出新的更大贡献。

会上，文山壮族苗族自治州、武警云南省总队怒江支队作交流发言。

刘洪建、邱江、李石松、鲁传刚、罗红江、陈玉侯出席会议，和良辉主持。省双拥工作领导小组成员单位负责同志，受命名表彰城（县）军地负责同志、模范单位和个人代表等参加。

会议以视频形式召开，各州（市）设分会场。（云南日报 2022 年 12 月 14 日讯）

省委退役军人事务工作领导小组第六次全体会议强调

深入学习贯彻习近平总书记重要论述 推动全省退役军人工作高质量发展

王宁主持并讲话　王予波石玉钢出席

3月29日，省委退役军人事务工作领导小组召开第六次全体会议，学习贯彻习近平总书记关于退役军人工作重要论述，传达学习中央有关会议精神，听取全省退役军人工作情况汇报，审议2022年工作要点，安排部署下一步工作。

省委书记、领导小组组长王宁主持会议并讲话。省长、领导小组第一副组长王予波，省委副书记、领导小组常务副组长石玉钢出席。

会议指出，要深入学习领会习近平总书记关于退役军人工作重要论述，坚持党的全面领导，坚持为经济社会发展服务、为国防和军队建设服务，坚持以退役军人为中心，坚持改革创新，坚持统筹协调，坚持立足国情实际，坚持党政军民合力推进，把新时代退役军人工作做得更加科学、更加精准、更加有效。

会议指出，今年是党的二十大召开之年，做好退役军人工作，责任重大、意义重大。要主动适应新形势新任务，增强责任感使命感，解放思想、转变思路、创新工作，按照任务项目化、项目清单化、清单具体化的要求，扎实抓好退役军人各项工作。要抓思想政治引领，强化示范带动、荣誉激励，强化退役军人“听党话、跟党走”的意识。要抓精准服务保障，把惠及退役军人各项政策措施全面落实到位。要抓作用发挥，发挥他们在经济建设中的“生力军”作用、在基层治理中的“领头雁”作用、在社会服务中的“志愿者”作用、在国防建设中的“后备军”作用，让退役军人有为有位。要抓拥军支前，持续提高安置质量，巩固深化双拥共建工作。要抓风险隐患防范化解，确保祭扫活动安全稳妥有序，确保社会大局安全稳定。

会议要求，全省退役军人事务系统要切实加强自身建设，抓好政治建设、能力建设、作风建设、基层基础建设，转作风、提效能，提高工作能力和水平。要深刻汲取教训，加强党风廉政建设，营造风清气正、干净干事的良好环境。

领导小组副组长、和良辉出席会议。领导小组成员单位及相关部门负责同志参加。（云南日报2022年3月30日讯）

省政府第 145 次常务会议强调

抓实乡村振兴重点工作　做强做优做大数字经济

（节选）

3 月 14 日，省长王予波主持召开第十三届省人民政府第 145 次常务会议，研究全面推进乡村振兴、数字经济发展、昆明城市品质提升，以及民族、公安、退役军人事务等工作。

会议充分肯定全省公安、退役军人事务等工作。会议强调，要始终把政治建警摆在首位，坚决维护国家政治安全，筑牢边境安全屏障，建设更高水平的平安云南、法治云南。要强化思想政治引领，全面做好服务保障，推动新时代退役军人工作高质量发展。（云南日报 2022 年 3 月 16 日讯）

王予波在昆调研大众创业万众创新工作时强调

树立“双创”鲜明导向　营造“双创”浓厚氛围

9月15日，在2022年全国大众创业万众创新活动周启动之际，省委副书记、省长王予波率队在昆明市调研“双创”工作，强调要深入学习贯彻习近平总书记关于创新创业创造的重要论述和李克强总理讲话要求，把鼓励创新、支持创业的导向树得更加鲜明、氛围搞得更加浓厚，大力激发创新活力、增强发展动能，以高水平“双创”助推高质量发展。

位于呈贡区的昆明互创国际中心是国家级小微企业创业创新示范基地。王予波调研培育地理标志产品、发展“直播带货”等情况，要求大力培育一批市场化、专业化、规范化的“双创”中介服务机构，帮助高校毕业生、妇女等创新创业者开拓发展空间。王予波随机走进正在举行的企业培训活动现场，与10余位创业者亲切交流，仔细询问主营业务、享受的扶持政策、存在的困难等，鼓励大家奋力打拼、争创“专精特新”。他现场交办有关部门负责同志，要与创业服务机构和创业者加强沟通联系，到一线倾听意见建议、解决实际困难。

云南省退役军人就业培训创业孵化基地于2019年设立，在全国首创政企合作建设退役军人创业就业服务平台的模式。王予波来到基地调研创业培训、企业孵化等情况，他指出，退役军人是社会的宝贵财富，要关注他们的创业需求，落实好现有扶持政策，提供更多力所能及支持，做到应培全培、能扶全扶，让退役军人就业创业之路更加顺畅。

王予波在调研中强调，“双创”既是创业者实现个人价值的过程，也是增加就业岗位和社会财富的重要渠道。每位创新创业者都是可爱可敬的，应该得到社会各界的支持。要打造良好“双创”生态，用好用足贷免扶补创业小额贷款、个人创业担保贷款、小微企业创业担保贷款等“双创”扶持政策，提高政策针对性、有效性、可及性，让政策落实到“最后零公里”，在“双创”中培育壮大市场主体。要推动“双创”与“放管服”改革协同发力，激发市场活力和社会创造力，促进大中小企业融通创新协同发展，有力支撑稳增长、稳就业、惠民生。要探索开展“创新创业之星”等评选表彰活动，加大宣传力度，加强舆论引导，营造政府鼓励、社会支持、大众积极参与“双创”的良好氛围。

刘非、孙灿参加调研。

退役军人事务部
领导讲话和署名文章

传承红色基因　淬炼党性修养
以实际行动和优异成绩迎接党的二十大胜利召开

——在“七一”专题党课上的讲话

（2022 年 7 月 1 日）

裴金佳

习近平总书记多次就加强党性教育、提高党性修养作出重要指示、提出明确要求，深刻指出党性是党员干部立身、立业、立言、立德的基石，必须在严格的党内生活锻炼中不断增强。加强党性修养对于每一个党员来说，都是必须要解决好的重大课题。今天是建党 101 周年，在这个庄严的时刻，我结合深化党史学习教育，传承红色基因，淬炼党性修养，进一步加强部内党员干部队伍建设，谈三点认识和体会。

一、重视党性修养是中国共产党的优良传统

党性是一个政党固有的本质特性，也是政党的生命所系、力量所在。马克思主义政党的党性首先是指党的阶级性，也指党的人民性，是阶级性和人民性的统一。马克思曾在《共产党宣言》中对此做了具体阐述，列宁在《社会主义政党和非党的革命性》《再论党性和非党性》等文中也有相关表述。

一个珍视人民的国家必会兴旺发达，一个依靠人民的政党必将基业长青。党的十九届六中全会以宏阔的历史视角和深厚的历史智慧，全面总结了党领导人民进行伟大奋斗的“十个坚持”的宝贵历史经验，明确提出要坚持人民至上，这是由我们党的本质特性和根本宗旨所决定的。为人民而生，因人民而兴，始终同人民在一起，为人民利益而奋斗，是我们党立党兴党强党的根本出发点和落脚点。党中央在疫情防控方面实施“动态清零”政策，就是从党的性质宗旨出发、从我国国情出发而确定的，是党性的生动体现和有力彰显。党性修养是党员的自我教育、自我改造、自我完善，是对共产党本质属性的内化，是党员在改造客观世界中自觉运用党性原则规范自己的行为、克服和抵制各种错误思想、不断改造主观世界、不断开创实践和认识新境界的过程，是党员自强和自律的统一。党性修养包括马克思主义的理论修养、政治修养、思想道德修养、业务修养等。共产党员的党性修养，说到底是树立和坚持正确的立场观、世界观的问题。使自己成为一名真正的共产党员，需要经过长期的磨炼，要在学习马克思主义理论过程中、在建设中国特色社

会主义实践中、在严格的党内生活中，一生自觉地经受考验。

中国共产党在长期的革命实践中，不仅继承了马克思主义的党性思想，而且不断丰富发展。建党伊始，我们党就将党员干部的党性修养水平与共产党的生死存亡联系在一起。在1929年12月的古田会议上，毛泽东同志提出了“着重从思想上建党”的重要原则，明确将对广大党员干部和红军战士的思想教育列为最迫切的任务之一，用坚强的党性修养坚决纠正党内的各种错误思想。1935年12月，中央召开的瓦窑堡会议上，正式确定了从思想上建党的方针，系统阐述了党性修养的基本原则和基本方法，提出要通过不断的党性锻炼“使党变为一个共产主义的熔炉”。1938年10月，毛泽东同志在党的六届六中全会上首次提出“我们党的马克思列宁主义的修养”命题。1939年7月，刘少奇在延安马列学院作了《论共产党员的修养》的演讲，对加强党员修养做了全面系统的阐述，力倡共产党人要自省、自重、自律、自觉地改造世界观。1941年7月，中央政治局通过了党的历史上第一个以党性为主题的文件《中共中央关于增强党性的决定》，批判了当时党内在政治上、组织上、思想意识上存在的党性不纯问题，要求在全党加强纪律教育，用自我批评的武器、加强学习的方法来改造自己、坚定党性。1945年，毛泽东同志为党的七大代表题词——“提高党性”，号召全党同志加强党性锻炼，做党性坚强的共产主义先锋战士。

新中国成立后，我们党根据执政条件所处的环境、任务和党的自身状况，逐步探索开展执政党的党性教育。这一时期，党通过开展大规模的整党整风运动，在全党进行思想、政治、作风、纪律等方面的党性教育。同时，高度重视党员的标准问题。1951年3月召开的第一次全国组织工作会议提出了共产党员标准的八项条件，要求普遍对党员进行怎样做一个合格共产党员的党性教育。1956年，党的八大明确提出“党必须经常进行党内教育”“必须在全体干部和党员中反复地进行全心全意为人民服务的教育”。

党的十一届三中全会以后，面对改革开放和社会主义现代化建设新形势，我们党不断深化对党性和党性教育的认识，探索创新党性教育的新路径。邓小平同志指出，共产党人“提倡党性，反对派性”，要求“所有共产党员都要增强党性”“每个干部都要把党性放在第一位”。这一时期，我们党广泛开展对党员的党性党风党纪教育，逐步实现干部教育经常化、正规化、制度化，推动各级党校成为党员干部党性教育的主渠道。特别是先后在全党开展了“三讲”教育活动、“三个代表”重要思想学习教育活动、保持共产党员先进性教育活动、深入学习实践科学发展观活动等，开创了利用集中教育活动的方式开展党性教育的新路径。

党的十八大以来，以习近平同志为核心的党中央在推进全面从严治党中加强党性教育，推动形成了新时代党性教育的新格局。习近平总书记高度重视党员干部的党性修养和党性教育，强调党性教育的目标是使党员干部“不仅能够震撼一瞬间、激动一阵子，而且能够铭记一辈子、影响一辈子”，进一步凸显了党性教育的极端重要性。全党先后深入开展党的群众路线教育实践活动、“三严三实”专题教育、“两学一做”学习教育、“不忘初心、牢记使命”主题教育、党史学习教育，进行集中性党性教育。同时，严肃党内政治生活，严格各项组织生活制度，将党性教育融入党员日常教育管理，推动党性教育常态化、制度化，实现了集中性教育与经常性教育的有机结合和良性互动。

100 多年来，我们党高度重视并不断加强党性修养，使中国共产党成为一个坚强的马克思主义政党，在应对各种困难挑战的过程中，锤炼了不畏强敌、不惧风险、敢于斗争、勇于胜利的风骨和品质。这是我们党最鲜明的特质和特点。在 100 多年的非凡奋斗历程中，一代又一代的中国共产党人顽强拼搏、不懈奋斗，涌现出一大批视死如归的革命烈士、一大批顽强奋斗的英雄人物、一大批忘我奉献的先进模范，形成了井冈山精神、长征精神、遵义会议精神、延安精神、抗战精神、红岩精神、西柏坡精神、抗美援朝精神、“两弹一星”精神、特区精神、抗洪精神、抗震救灾精神、抗疫精神等伟大精神，构筑起了中国共产党人的精神谱系和红色基因。这些宝贵的精神财富深深融入我们党、国家、民族、人民的血脉之中，为我们立党兴党强党提供了丰厚滋养。

特别是在建党百年之际，习近平总书记聚焦党性之本、回溯精神之源，鲜明提出并深刻阐述了“坚持真理、坚守理想，践行初心、担当使命，不怕牺牲、英勇斗争，对党忠诚、不负人民”的伟大建党精神，深刻揭示了百年大党历经风雨沧桑依然风华正茂的精神密码。“坚持真理、坚守理想”阐明了建党求什么，“践行初心、担当使命”阐明了立党为什么，“不怕牺牲、英勇斗争”阐明了兴党凭什么，“对党忠诚、不负人民”阐明了强党靠什么。伟大建党精神既具有深厚的历史基础，又具有鲜明的时代特征，既是我们党团结带领人民创造百年历史伟业的关键所在，也是我们党团结带领人民进行伟大斗争、建设伟大工程、推进伟大事业、实现伟大梦想的精神坐标，为我们每一名共产党员增强信仰力量、加强党性修养提供了源头活水。

习近平总书记强调，要在锤炼党性上力行，教育引导广大党员干部发扬党的光荣传统、赓续红色血脉，用伟大建党精神滋养党性修养，始终用党性原则修身律己，切实以坚强党性取信于民、引领群众。退役军人事务部是习近平总书记亲自谋划部署、亲自推动组建的中央国家机关新部门，退役军人工作是党和国家整体事业的一个重要组成部分。我部迈上实现第二个百年奋斗目标的新征程，做好“三个表率、一个模范”，实现退役军人工作高质量发展，需要将党重视党性修养这个优良传统传承好、发扬好，自觉从深化党史学习教育中提升党性修养，自觉用伟大建党精神滋养党性修养、激发干事热情，以昂扬精神状态精益求精做好各项工作。

二、新时代加强党性修养的重要性

习近平总书记强调：“办好中国的事情，关键在党，关键在坚持党要管党、全面从严治党。”打铁必须自身硬，我们党是一个在 14 多亿人口的大国长期执政的党，是中国特色社会主义事业的坚强领导核心，党的自身建设和党性修养历来关系重大、决定全局。

随着中国特色社会主义进入新时代，开启全面建设社会主义现代化国家新征程，党的建设和党性修养问题面临更加艰巨而繁重的任务。一方面，从国内来看，我国已成为世界第二大经济体、第一大工业国、第一大货物贸易国和第一大外汇储备国，我们用几十年走过了发达国家几百年完成的工业化历程，已经从一个追赶者变为一个迅速走近世界舞台中央的参与者和领跑者。但要看到，我国发展不平衡不充分的问题仍然突出，全面建设社会主义现代化国家、实现中华民族伟大复兴对我党提出了前所未有的新挑战新要求。改革进入深水区，创新能力不适应高质量发展要求，各种矛盾叠加，风险隐患集聚。从国际来看，当前世界百年未有之大变局加速演进，“东升西降”态势明显，新一轮科技革命和产业变革加速拓展，以及新冠肺炎疫情肆虐，引发全球之变。具体表现为：一是世界经济中心由大西洋两岸向太平洋两岸转移；二是传统的七国集团（G7）统领世界的政治格局正在发生变化，二十国集团（G20）发挥的作用更大，影响更为广泛、更为深远；三是全球化进程发生重大变化，一些国家“退群”“脱欧”，逆全球化现象频现，保护主义、单边主义思潮抬头，多边主义、经济全球化遭遇严峻冲击。我们前进道路上面临着各种各样的挑战和风险。另一方面，党的十八大以来，党中央把全面从严治党纳入“四个全面”战略布局，以前所未有的勇气和定力推进党风廉政建设和反腐败斗争，刹住了一些多年未刹住的歪风邪气，解决了许多长期没有解决的顽瘴痼疾，清除了党、国家、军队内部存在的严重隐患，管党治党宽松软状况得到根本扭转，党风政风焕然一新，社风民风持续向好，重塑了党在人民心中的形象。但也要清醒地认识到，全面从严治党还远未到大功告成的时候。在党长期执政条件下，各种弱化党的先进性、损害党的纯洁性的因素无时不有，各种违背初心和使命、动摇党的根基的危险无处不在，党内存在的思想不纯、政治不纯、组织不纯、作风不纯等突出问题尚未得到根本解决。一些党员干部对全面从严治党和加强党性修养仍然认识上不到位、思想上不适应、行动上不自觉。

我们必须认识到，如果党员干部党性修养不力、信念涣散、组织涣散、纪律涣散、作风涣散，那就无法有效应对党面临的执政考验、改革开放考验、市场经济考验、外部环境考验，也无法克服精神懈怠危险、能力不足危险、脱离群众危险、消极腐败危险，最终不仅不能实现我们的奋斗目标，而且可能严重脱离人民群众。“物必先腐，而后虫生。”我党作为世界第一大党，没有什么外力能够打倒我们，能够打倒我们的只有我们自己。要保证我们党永葆生机活力，担负起新时代的历史使命，始终成为马克思主义执政党，就必须准确把握新时代新阶段的特征和要求，以“革命者必先自我革命”的坚定意志和坚强决心，把党性修养作为必修课、常修课，让坚定的党性在广大党员干部内心深处铸牢、在思想深处扎根，把党建设得更加坚强有力。

我部作为中央国家机关，是践行“两个维护”的第一方阵、贯彻落实党中央决策部署的“最先一公里”，加强党性修养至为重要、极其关键。对于我们来说，加强党性修养是确保新时代退役军人工作沿着正确方向前进的内在要求。退役军人工作是事关中华民族伟大复兴的战略工程、事关改革发展稳定大局的基础工程、事关退役军人和其他优抚对象切身利益的民心工程，退役军人事务部门是党团结引领广大退役军人的桥梁纽带，是管理服务保障广大退役军人的政治机关，这就要求我们必须始终把党的领导贯穿到退役军人工作全过程各方面。加强党性修养，有助于我们提升坚决拥护“两个确立”、坚决做到“两个维护”的思想自觉、行动自觉，确保党中央关于退役军人工作的路线方针政策得到坚决贯彻执行，使我们的工作政治方向不偏、政治效果良好。加强党性修养是坚持以退役军人为中心发展理念的具体体现。我们的政绩观是否正确，工作是不是以退役军人为出发点和落脚点，跟我们的党性修养有着密切关联。只有自觉加强党性修养，增强党性锻炼，才能使我们的党员干部始终树牢宗旨意识，不断夯实全心全意、满腔热忱为退役军人服务的思想根基。加强党性修养是退役军人工作攻坚克难的制胜法宝。当前，退役军人工作已经到了爬坡过坎的关键阶段，政策制度、体制机制、方法手段等各方面的改革创新已经进入了攻坚环节。站在新的起点上，必须通过淬炼党性修养，强化担当意识，才能不断提升改革创新、锐意进取的勇气和信心，在面对困难和挑战时做到毫不畏惧、一往无前。加强党性修养是部内党员干部队伍建设的有力抓手。作为新组建的部门，推动退役军人工作高质量发展，需要一支政治过硬、本领高强、求实创新、能打硬仗的坚强队伍，需要一大批德才兼备、业务精湛、作风优良、又红又专的优秀干部。党员不是天生的，党性不可能与生俱来，党性修养不可能一劳永逸。只有坚持全面从严治党，持之以恒加强党性修养，让我们的党员干部在自我修炼、自我约束、自我改造中得到检视、砥砺和提高，才能真正打造一支忠诚干净担当的干部队伍，才能更加有力地肩负党中央赋予的职责使命。

三、新时代如何加强党性修养

加强新时代党性修养，既要体现传承性，大力发扬红色传统、传承红色基因、赓续共产党人精神血脉；更要突出时代性，认真学习领会习近平总书记关于加强党性修养的重要论述，深刻总结党的十八大以来我们党加强党性修养的伟大实践，在继承和发展的基础上，深入加强党性修养。

（一）加强政治修养

政治修养是党性修养的核心，是党员干部的根本性修养。习近平总书记指出：“保证全党服从中央，维护党中央权威和集中统一领导，是党的政治建设的首要任务，必须常抓不懈。”加强新时代政治修养，必须着重在坚定政治方向、落实政治任务、强化政治担当上下功夫，最核心的要求是坚决捍卫“两个确立”、坚决做到“两个维护”。

我们党成立100多年来的实践证明，什么时候全党坚定维护党中央权威和集中统一领导，党的事业就不断取得胜利；离开了党中央权威和集中统一领导，党的领导就必然弱化、党的事业就必然遭受挫折。遵义会议确立毛泽东同志在党中央的领导地位后，我们党开始形成坚强的领导核心，团结带领中国人民打败日本帝国主义，推翻国民党反动统治，完成新民主主义革命，建立了中华人民共和国。在改革开放的历史进程中，正是有以邓小平同志为核心党的第二代中央领导集体、以江泽民同志为核心党的第三代中央领导集体、以胡锦涛同志为总书记党中央的坚强领导，才能不断地推进中国特色社会主义伟大事业。

党的十八大以来，习近平总书记以非凡的胆识和勇气、顽强的意志品质、坚韧不拔的历史担当精神，以大视野谋划未来、大气魄治党治国治军、大手笔运筹国内国际，带领全党上下砥砺前行，全面建成小康社会气魄之大、全面深化改革力度之深、全面依法治国部署之系统、全面从严治党决心之坚定，可以说是前所未有，所创造的经验和取得的成绩是历史性的、具有世界意义的。回顾党的十八大以来伟大斗争的实践，习近平总书记于非常之时行非凡之事，用非凡之力建非凡之功，充分展现了他作为马克思主义政治家所具有的坚定理想信念、坚强政治定力、高超政治智慧和驾驭全局的雄才大略，展现了他高瞻远瞩、运筹帷幄的领袖风范和心系国家、情系人民的高尚情怀，得到了全党全军全国人民的衷心爱戴和拥护，是实至名归、当之无愧的核心。党和国家事业之所以能够取得历史性成就、发生历史性变革，最根本的就是形成和确立了习近平同志党中央的核心、全党的核心地位，坚持了以习近平新时代中国特色社会主义思想为指导，坚持了党中央权威和集中统一领导。党确立习近平同志党中央的核心、全党的核心地位，确立习近平新时代中国特色社会主义思想的指导地位，反映了全党全军全国各族人民的共同心愿，对促进新时代党和国家事业发展、推进中华民族伟大复兴历史进程具有决定性意义。回顾历史、立足当前、面向未来，“两个确立”是党和国家事业兴旺发达的根本保证，是新的伟大实践的必然选择，能使我们党从容面对世界百年未有之大变局，在大国竞争博弈中立于不败之地。

作为中央国家机关，政治属性是我部的第一属性，讲政治是党员干部的第一要求。全体党员干部必须进一步强化政治机关意识，走好捍卫“两个确立”、践行“两个维护”的第一方阵，不断提高政治判断力、政治领悟力、政治执行力，切实增强“四个意识”、坚定“四个自信”、做到“两个维护”，自觉在思想上、政治上、行动上同以习近平同志为核心的党中央保持高度一致。要严守党的政治纪律和政治规矩，做到党中央提倡的坚决响应、党中央决定的坚决照办、党中央禁止的坚决杜绝。要把贯彻落实习近平总书记关于退役军人工作重要论述、重要指示批示和党中央决策部署作为首要政治责任、政治任务、政治纪律来抓，不折不扣落到实处，持之以恒做好新时代退役军人工作。

（二）加强理论修养

理论修养是党性修养的基石。习近平总书记指出：“要炼就‘金刚不坏之身’，必须用科学理论武装头脑，不断培植我们的精神家园。”

马克思主义是我们认识世界、把握规律、追求真理、改造世界的强大思想武器，是我们党和国家必须始终遵循的指导思想。在近代中国最危急的时刻，中国共产党人找到了马克思列宁主义，并坚持把马克思列宁主义同中国实际相结合，用马克思主义真理的力量激活了中华民族历经几千年创造的伟大文明，使中华文明再次迸发出强大精神力量。马克思主义深刻改变了中国，中国也极大丰富了马克思主义。100 多年来，我们党坚持解放思想和实事求是相统一、培元固本和守正创新相统一，不断开辟马克思主义新境界，实现了马克思主义中国化的 3 次飞跃。

社会主义革命和建设时期，以毛泽东同志为主要代表的中国共产党人，把马克思列宁主义基本原理同中国具体实际相结合，对经过艰苦探索、付出巨大牺牲积累的一系列独创性经验作了理论概括，开辟了农村包围城市、武装夺取政权的正确革命道路，创立了毛泽东思想，这是马克思主义中国化的第1次历史性飞跃。改革开放和社会主义现代化建设新时期，党从新的实践和时代特征出发，在改革开放伟大实践中创立了邓小平理论、“三个代表”重要思想、科学发展观，形成了中国特色社会主义理论体系，实现了马克思主义中国化新的飞跃。

党的十八大以来，以习近平同志为主要代表的中国共产党人，坚持把马克思主义基本原理同中国具体实际相结合、同中华优秀传统文化相结合，坚持毛泽东思想、邓小平理论、“三个代表”重要思想、科学发展观，深刻总结并充分运用党成立以来的历史经验，从新的实际出发，创立了习近平新时代中国特色社会主义思想，实现了马克思主义中国化新的飞跃。在这一过程中，习近平同志对关系新时代党和国家事业发展的一系列重大理论和实践问题进行了深邃思考和科学判断，就新时代坚持和发展什么样的中国特色社会主义、怎样坚持和发展中国特色社会主义，建设什么样的社会主义现代化强国、怎样建设社会主义现代化强国，建设什么样的长期执政的马克思主义政党、怎样建设长期执政的马克思主义政党等重大时代课题，提出一系列原创性的治国理政新理念、新思想、新战略，是习近平新时代中国特色社会主义思想的主要创立者。加强新时代理论修养，最重要的就是用习近平新时代中国特色社会主义思想武装头脑，在学懂弄通做实上下功夫。

要把“懂”作为前提。坚持读原著、学原文、悟原理、知原义，全面系统学、及时跟进学、深入思考学、联系实际学。深刻认识这一思想的时代意义、理论意义、实践意义、世界意义，深刻理解这一思想的核心要义、精神实质、丰富内涵、实践要求，深刻把握贯穿其中的马克思主义立场观点方法，知其然又知其所以然，不断提高马克思主义理论水平。要深入学习习近平总书记关于退役军人工作重要论述，牢牢把握新时代退役军人工作的指导思想、工作原则、目标任务和方法路径，切实增强做好新时代退役军人工作的决心意志。

要把“通”作为关键。将学习领会习近平新时代中国特色社会主义思想同学习马克思主义基本原理贯通起来，同学习党史、新中国史、改革开放史、社会主义发展史贯通起来，同新时代进行伟大斗争、建设伟大工程、推进伟大事业、实现伟大梦想的丰富实践贯通起来，准确把握这一思想的理论逻辑、历史逻辑、实践逻辑。面对退役军人工作的新形势、新任务、新情况、新问题，要善于运用习近平新时代中国特色社会主义思想进行观察、作出分析、推进工作，做到融会贯通、触类旁通。

要把“实”作为落脚点。学习党的创新理论，必须坚持理论联系实际，运用理论指导和推动主观世界和客观世界的改造，让理论落实落地。就退役军人工作而言，学习习近平新时代中国特色社会主义思想还要联系工作实际，转化为贯彻落实习近平总书记关于退役军人工作重要论述、重要指示批示精神和党中央决策部署的工作思路和方法，推动退役军人工作高质量发展。

（三）加强理想信念修养

理想信念是党性修养的重要内容。习近平总书记指出:“我们党始终坚持共产主义远大理想，共产党员特别是党员领导干部要做共产主义远大理想和中国特色社会主义共同理想的坚定信仰者和忠实践行者。对马克思主义的信仰，对社会主义和共产主义的信念，是共产党人的政治灵魂，是共产党人经受住任何考验的精神支柱。”加强新时代理论修养，必须坚定理想信念，鼓起奋进新时代的精气神。

中国共产党从诞生之日起就把马克思主义写在自己的旗帜上，把实现共产主义确立为最高理想。100 多年来，无数中国共产党人不惜流血牺牲，靠的就是这种信仰，为的就是这个理想。革命战争年代，毛泽东同志一家为革命牺牲 6 位亲人，徐海东大将家族牺牲 70 多人，贺龙元帅的贺氏宗亲中有名有姓的烈士就有 2050 人；二万五千里漫漫长征路，红军将士同敌人进行了 600 余次战役战斗，跨越近百条江河，攀越 40 余座高山险峰，穿越了被称为“死亡陷阱”的茫茫草地，创造了气吞山河的人间奇迹，依靠的就是坚定的理想信念和顽强的革命意志。我们要传承好革命先辈舍生忘死的奋斗精神，强化理想信念，砥砺党性修养。

心中有理想信念，前进才有方向。这个信念，是对中国特色社会主义的信念。一个国家实行什么样的主义，关键要看这个主义能否解决这个国家面临的历史性课题，是马克思列宁主义、毛泽东思想引导中国人民走出了漫漫长夜、建立了新中国，是中国特色社会主义使中国快速发展起来。新中国成立 70 多年来，我们国家能够在“一穷二白”的大地上绘出最新最美的画卷，成为世界第二大经济体，并走近世界舞台中央，正是在于我们通过探索找到了一条适合自己的正确道路。正如习近平总书记强调的：“历史和现实都告诉我们，只有社会主义才能救中国，只有中国特色社会主义才能发展中国，这是历史的结论、人民的选择。”坚持和发展中国特色社会主义是一篇大文章，我们这一代共产党人的任务就是继续把这篇大文章写下去，让我们的制度越来越成熟、让我们的道路越走越宽广。

坚定理想信念，必先知之而后信之，信之而后行之。理想信念不是拿来空喊口号的，只有见诸行动才有说服力。就退役军人工作而言，坚定理想信念，关键要坚定对新时代退役军人事业发展的信心。在党的领导下，退役军人工作经受了土地革命、抗日战争、解放战争、和平建设、改革开放的考验和洗礼，不断向前发展。特别是党的十八大以来，在习近平总书记的掌舵领航下，党对退役军人工作的领导全面加强，组织管理从无序到有序、工作运行从不畅到顺畅、政策制度从分散零乱到形成体系、遗留问题从久拖不决到基本攻克，退役军人工作在多个方面取得实质性跨越。正是因为有习近平总书记的坚强领导、英明决策，我们的工作才能迎来今天的大好局面。我们要一以贯之朝着习近平总书记指引的方向前进，一以贯之坚定信心、保持耐心，以强烈的历史主动精神，奋力开创退役军人工作新局面。

（四）加强道德修养

道德修养是党性修养的重要标尺。习近平总书记指出，要引导广大党员、干部传承红色基因，涵养高尚的道德品质。加强新时代道德修养，必须认真贯彻落实习近平总书记关于学史崇德的重要论述，不断提升自己的思想道德品质。

一是对党忠诚。习近平总书记强调，要崇尚对党忠诚的大德，做到始终忠于党、忠于党的事业。对党忠诚，是共产党人首要的政治品质。我们党一路走来，经历了无数艰险和磨难，但任何困难都没有压垮我们，靠的就是千千万万党员的忠诚。每名党员干部要牢记入党时所做的对党忠诚、永不叛党的誓言，铁心跟党走、九死而不悔。要时刻忠诚核心、拥戴核心、维护核心，自觉向习近平总书记对标看齐、向党中央对标看齐。要坚决防止和纠正一切偏离“两个维护”的错误言行，决不当“两面人”“两面派”，决不搞“伪忠诚”“假忠诚”，始终对党忠贞不渝、一心一意，做政治上的明白人、老实人。对党忠诚是具体的、实在的，不是抽象的、虚化的，要切实做到“三个体现”，把对党忠诚体现在坚决贯彻落实习近平总书记重要指示批示和党中央决策部署的行动上，体现在履职尽责、做好本职工作实效上，体现在日常言行上。

二是牢记宗旨。习近平总书记指出，要崇尚造福人民的公德，站稳人民立场。党的根基在人民，血脉在人民，力量在人民。百年征程波澜壮阔，我们党的历史就是与人民心心相印、与人民同甘共苦、与人民团结奋斗的历史，一代代共产党人接续奋斗，始终把人民放在心中最高位置。崇尚造福人民的公德、树牢宗旨意识，是守初心、担使命的必然要求，也是加强党性修养的应有之义。我们要深刻领会习近平总书记“江山就是人民，人民就是江山”的重要论述，坚持全心全意为人民服务的根本宗旨，坚持以人民为中心的发展思想，坚持发展为了人民、发展依靠人民、发展成果由人民共享，把好事实事做到群众心坎上。数千万退役军人和其他优抚对象，是人民的重要组成部分，是我们干好退役军人工作的力量源泉。在推动退役军人工作高质量发展的新征程上，我们要始终坚持一切为了退役军人、一切依靠退役军人，全心全意为退役军人服务，用心用情用力为退役军人办实事、做好事、解难事，不断增强退役军人获得感、幸福感、荣誉感。

三是严于律己。习近平总书记指出，要崇尚严于律己的品德，慎微慎独，清清白白做人、干干净净做事。干部并不是天生具有免疫力的，有些干部甚至年轻干部，就是因为对自己要求不严，思想上松懈一寸，导致行动上越出一尺，在纪律方面栽了跟头，自己身败名裂甚至家破人亡，这些惨痛教训让人倍感严于律己的珍贵。我们要教育引导干部算好经济账、名誉账、家庭账、自由账，做到慎微慎初慎独，严格要求自己，以党章和党规党纪为遵循，把“严”的主基调长期坚持下去，突出严守政治纪律，带动组织纪律、廉洁纪律、群众纪律、工作纪律、生活纪律等党的其他纪律全面严起来，始终做到知敬畏、存戒惧、守底线。党员干部要认真学习党章和《关于新形势下党内政治生活的若干准则》《中国共产党廉洁自律准则》《中国共产党纪律处分条例》，以此对照检视自身的不足和问题，增强纪律意识，做到警钟长鸣。要严明政治纪律，维护党中央权威，决不允许背离党中央要求另搞一套；必须维护党的团结，决不允许在党内培植个人势力；必须遵循组织程序，决不允许擅作主张、我行我素；必须服从组织决定，决不允许搞非组织活动；必须管好亲属和身边工作人员。要将严于律己体现在日常工作生活当中，从自身做起。干部不是生活在真空中，必要的人际交往是不可避免的，但交往必须有原则、有规矩，给自己装上“防火墙”“过滤网”，不断净化社交圈、生活圈、朋友圈，培养健康情趣，崇尚简朴生活。党员领导干部要带头落实领导干部报告个人有关事项，规范领导干部配偶、子女及其配偶经商办企业行为规定等制度，在履行管党治党责任、严格自律上当标杆、作表率。年轻干部是党的事业的接班人，要练好内功、提升修养，正确对待权力，时刻自重自省，严格自我要求，强化自我约束，扣好廉洁从政“第一粒扣子”，努力成为可堪大用、能担重任的栋梁之材。

（五）加强作风修养

习近平总书记指出：“我们党作为马克思主义执政党，不但要有强大的真理力量，而且要有强大的人格力量。真理力量集中体现为我们党的正确理论，人格力量集中体现为我们党的优良作风。”党的作风就是党的形象，关系人心向背、关系党的生死存亡。

中国共产党自成立之日起，就高度重视党风建设，始终秉持全心全意为人民服务的根本宗旨，在领导中国革命、建设、改革的长期实践中，形成并坚持发扬理论联系实际、密切联系群众、批评与自我批评等一整套优良传统和作风，从而不断保持和提高了党对人民群众的凝聚力、向心力、吸引力，推动了党的事业顺利发展。在革命战争年代，老一辈革命家、共产党员在行动中践行了党的作风要求，抛头颅、洒热血，前仆后继，为人民的解放事业奋勇献身。新中国成立前夕，党中央发出全党务必继续保持谦虚谨慎、不骄不躁的作风，务必继续保持艰苦奋斗的作风要求。在社会主义建设时期和改革开放新时期，广大党员开拓进取、尽职尽责，为社会主义现代化建设事业而不懈奋斗。

党的十八大以来，以习近平同志为核心的党中央以强烈的历史担当和顽强的意志品质，从解决人民群众反映最强烈的不正之风入手，从落实中央八项规定破题，解决了新形势下作风建设抓什么怎么抓的问题。经过整治，群众反映强烈的突出问题得到有效遏制，推动了党风、政风、社会风气好转。但是我们还是要看到，作风问题具有长期性、反复性、顽固性，不可能一蹴而就，毕其功于一役，特别是当前形式主义、官僚主义一定程度上仍然存在。

形式主义、官僚主义同我们党的性质宗旨和优良作风格格不入，是一种顽瘴痼疾。加强新时代作风修养，最紧要的是力戒形式主义、官僚主义，必须在标本兼治上动真碰硬、抓常抓长、久久为功。要坚持刀刃向内，敢于刮骨疗毒，既要解决工作方式方法上的问题，更要解决政绩观、权力观、地位观等主观世界中的问题。要始终坚持实事求是的思想路线，大兴求真务实之风，沉下身子、静下心来，察实情、出实招、干实事、求实效。要扎实开展基层调研工作，切实摸清退役军人所思所想、所期所盼，带着问题去、带着方法回，不断提高工作水平。要驰而不息整治“四风”，全面改进和优化思想作风、学风、工作作风、领导作风和生活作风，以优良的党风促政风带民风。

（六）加强业务能力修养

习近平总书记强调，我们党既要政治过硬，

也要本领高强，要增强干部队伍适应新时代中国特色社会主义发展要求的能力。业务能力修养是党员干部的基本功，贯穿于职业生涯始终。从外部看，当今世界正经历百年未有之大变局，存在着各种可以预料和难以预料的风险挑战，需要解决的问题越来越多样、越来越复杂。从内部看，我国已开启全面建设社会主义现代化国家新征程，经济社会发展和国防军队建设进入新阶段，广大退役军人也提出了新期待、新需求，给我们工作带来了新课题、新挑战。这都迫切需要我们不断提升工作能力，紧跟时代前进步伐，以更高的专业能力、更好的专业精神履行职责使命。

一要提高研究谋划能力。“两个大局”和“两个服务”是谋划退役军人工作的基本出发点。要始终胸怀“两个大局”，心系“国之大者”，立足“两个服务”，自觉把退役军人工作放在世界百年未有之大变局、中华民族伟大复兴战略全局和走好新时代强军兴军新征程中去谋划、部署、推进，提出政策方面的设计考虑、战略方面的规划谋划、策略方面的把握拿捏。要坚持目标导向、问题导向，围绕习近平总书记关于退役军人工作重要论述，围绕退役军人工作高质量发展的内涵特征、目标方向和实现路径，围绕退役军人工作中突出的现实矛盾问题和退役军人关注的热点焦点，加强战略性、全局性、前瞻性、规律性和基础性问题的研究。要统筹战略谋划和战略实施，坚持抓重点带全局，善于牵住“牛鼻子”，通过抓好事关退役军人工作长远发展的关键政策、关键问题、关键环节，以关键性突破带动全局工作创新提升。

二要提高群众工作能力。我部是以服务对象群体命名的部门，退役军人工作直接服务于广大退役军人，这一特殊属性决定了我们必须忠实践行党的群众路线，与时俱进创新群众工作方法，不断提高联系退役军人、服务退役军人的能力水平。要加强对政策法规的把握、理解、运用，深化对法律、经济、哲学、历史、文化、社会、科技、外交、网络等知识的学习，强化办文办会办事的工作能力，不断完善履职尽责必备的知识体系。要掌握群众工作方法，善于凝聚引导群众，学会运用群众语言，说的话让退役军人愿意听、听得进、听得懂。带着爱心、耐心、细心处理相关问题，该解决的推动解决、该解释的耐心解释、该督促地方落实的紧盯不放。要善于与退役军人打交道、交朋友，听真话实话，在解决实际问题的同时做好思想引导工作，更好为退役军人服务。要更好维护群众合法权益。善于发现群众痛痒、拉近群众距离、增进群众感情。要坚持开门问策、集思广益，倾听群众呼声、凝聚群众智慧，使我们的工作得到服务对象认可、赢得服务对象信任。

三要提高狠抓落实能力。习近平总书记反复强调“崇尚实干、狠抓落实”“一分部署、九分落实”，在中央党校（国家行政学院）中青年干部培训班开班式上着重指出，“年轻干部要提高抓落实能力”“干事业不能做样子，必须脚踏实地”。不难看出，“落实”是习近平总书记治国理政的一个关键词。做好新时代退役军人工作，关键在落实，迫切需要提高抓落实能力。近年来，我们先后推动出台了关于加强新时代退役军人工作的意见、退役军人保障法、退役军人工作政策制度改革方案等顶层法律制度，制定了 80 多个配套政策文件，政策制度体系已经基本完善，今后的工作重心要从定政策转到抓落实上来。要发扬钉钉子精神，以“抓铁有痕、踏石留印”的决心，让各项决策部署落实落地、开花结果。要一诺千金，说到就要做到，务求扎实，不开空头支票。对当务之急，立说立行、紧抓快办，不能慢慢吞吞、拖拖拉拉；对长期任务，保持战略定力和耐力，坚持一张蓝图绘到底，滴水穿石，久久为功。要深入基层一线，我们的工作越是临近末端，往往越有难度，越需要全力以赴。倘若政策在“最后一公里”不落实或者落实不到位、落实走样，我们的初衷就无法达成，政策含金量就会大打折扣。要开展好“蹲点抓落实”工作，认真梳理各项政策点落实情况，加强工作指导督促，压紧压实基层责任，切实提升服务对象的获得感。要全力创新创造，积极适应新形势、新情况、新要求，找准切入点和突破口，创新性开展工作，破除惯性思维，杜绝照葫芦画瓢。要加强督查督办，及时发现问题、提出意见，推动问题解决，该通报的通报、该批评的批评、该问责的问责。各级领导干部要发挥好“头雁”作用，以上率下、真抓实干，既带领大家一起定盘子、理思路、开方子，又做到重要任务亲自部署、关键环节亲自把关、落实情况亲自督查。要认真贯彻落实党中央、国务院关于稳住经济大盘的重要决策部署，指导各地用好用足一揽子纾难解困政策，让退役军人应知尽知、应享尽享。

锤炼党性修养是加强党的建设的永恒课题，也是每名党员干部永葆政治本色、践行初心使命的根本途径和终身课题。希望全体党员干部牢记习近平总书记殷殷嘱托，进一步筑牢信仰之基、补足精神之钙，一以贯之加强新时代党性修养，不断巩固拓展党史学习教育成果，用党的百年奋斗重大成就和历史经验增长智慧、增进团结、增加信心、增强斗志，大力推动退役军人工作高质量发展，切实走好第一方阵，为我们党永葆先进性和纯洁性增光添彩，以实际行动和优异成绩迎接党的二十大胜利召开！

在“情暖老兵——为退役军人排忧解难”专项行动启动仪式上的讲话

（2022年8月1日）

裴金佳

习近平总书记高度重视退役军人工作，强调要关爱退役军人、把广大退役军人工作和生活保障好。在喜迎建军95周年之际，今天我们在这里隆重集会，举行“情暖老兵——为退役军人排忧解难”专项行动启动仪式。这是贯彻落实习近平总书记重要指示精神的务实举措，是拓展深化党史学习教育成果的生动实践，有利于凝聚“尊重退役军人、尊崇军人职业”社会共识、浓厚拥军优属社会氛围，有利于广大退役军人深切感受党和政府及社会各界的关怀温暖，进一步坚定听党话、跟党走的思想自觉、政治自觉和行动自觉。

长期以来，社会组织和爱心企业情系退役军人，提供了多种形式的关爱帮扶。中华慈善总会、中国老龄事业发展基金会成立时间较早、服务网络遍布全国、社会影响大，是推动国家慈善事业发展的重要力量，与退役军人事务部门有着天然的联系和血缘关系，一直以来通过各自资源与渠道优势筹集慈善款物，帮扶生活困难退役军人及军属，近两年来分别投入2000万元、900万元款物支持关爱退役军人活动，这次中华慈善总会又协调捐赠1.2亿元款物、中国老龄事业发展基金会投入200万元，充分体现了对退役军人工作的深情厚谊。中国人寿保险（集团）公司作为一家大型央企和全国保险行业的领头羊，积极履行企业的政治责任、经济责任和社会责任，是“全国退役军人就业优秀合作企业”之一，专门为此次活动多方募集善款，设计推出了退役军人及家庭防癌抗癌专属保险卡，提供健康保障服务，有力彰显了支持国防和军队建设、关爱帮扶退役军人的央企担当。上海圆心惠保网络科技有限公司、深圳市洁辰环保科技有限公司作为有影响力的民营企业，致力于弘扬拥军优属的光荣传统，克服当前经济下行和疫情影响，分别捐赠6600万元现金和价值5000万元物资，助力退役军人困难帮扶和生活品质提升，生动展现了践行社会责任的良好形象。北京水滴汇聚公益基金会作为“平民英雄守护”项目的发起方，通过中华慈善总会捐赠100万元现金，对见义勇为的退役军人给予帮扶救助，传递了崇尚英雄、关爱英雄的公益情怀。中国退役军人关爱基金会作为部管社会组织，主动投身公益行动，之前投入1000万元，此次又投入500万元，为困难退役军人和烈属家庭送去特殊关爱。在此，我代表退役军人事务部，对上述社会组织和爱心企业致以崇高的敬意和衷心的感谢！

退役军人事务部自组建以来，锚定“让退役军人成为全社会尊重的人，让军人成为全社会尊崇的职业”这个目标，坚持以退役军人为中心，立足体现尊崇、济难解困，通过强化顶层设计、完善政策措施、创新工作机制，开展常态化走访慰问，满腔热忱服务退役军人，用心用情用力予以帮扶，退役军人获得感、幸福感、荣誉感不断增强。

关爱尊重退役军人是全社会的共同责任。专项行动能够顺利启动，离不开相关社会组织和爱心企业的大力支持。我们要密切协同高效配合，特别是退役军人事务系统要会同相关社会组织和爱心企业，按照专项行动既定安排，精准界定帮扶对象，加强物资分发和资金使用监管，有序推动各项活动开展，确保把好事办好办实；我们要积极拓宽合作领域，本着自愿原则，发挥各方资源优势，助力退役军人帮扶工作从资金支持、物资援助向就业扶持、大病救助、养老服务、子女教育等方面拓展延伸，让广大退役军人在多元需求日益充足的供给中共享幸福美好；我们要构建长效帮扶机制，以此次专项行动为契机，以“情暖老兵”为主题，整合帮扶资源，搭建关爱平台，开展联合行动，汇聚更多公益慈善资源服务退役军人，形成全社会支持退役军人工作、关爱退役军人的磅礴力量，共同推动退役军人工作高质量发展。

在部基层党组织建设质量提升推进会上的讲话

（2022 年 9 月 30 日）

裴金佳

这次会议的主要任务是，深入学习习近平总书记重要批示精神，贯彻落实中央和国家机关基层党组织建设质量提升推进会议精神，总结梳理建部以来基层党组织建设取得的成效，按照中央和国家机关工委“四强”党支部标准，推动部基层党组织建设全面进步、全面过硬，以实际行动迎接党的二十大胜利召开。

一、部基层党组织建设取得明显成效

部党组始终高度重视机关党的建设，我部各基层党组织在部党组坚强领导下，坚决贯彻落实习近平总书记“7·9”重要讲话和关于推进中央和国家机关党的建设重要指示精神，对标对表《中国共产党党支部工作条例（试行）》《中国共产党和国家机关基层组织工作条例》，全力推进党支部标准化、规范化建设，切实发挥“第一方阵”风向标作用，扎实走好“最初一公里”，不断提升党组织建设质量。

一是政治站位不断提升。部党组带头深入学习贯彻习近平新时代中国特色社会主义思想，每周部务会传达学习习近平总书记最新重要讲话、重要指示批示精神，带动并引导各基层党组织把贯彻落实习近平总书记重要指示批示精神作为“一号工程”，建立动态台账、强化督查督办。精心组织部“不忘初心、牢记使命”主题教育、党史学习教育，得到中央指导组、有关上级单位充分肯定。持续深化政治机关意识教育，始终把贯彻落实习近平总书记重要讲话精神和重要指示批示作为坚决拥护“两个确立”、做到“两个维护”的首要政治任务和实际行动。

二是组织体系不断夯实。成立部党的建设和全面从严治党工作领导小组，进一步加强对机关党的建设的全面领导。在机构改革新部门组建中率先成立直属机关党委、纪委，同步建立机关基层党组织，书记为主要负责人兼任，部属事业单位全部实行党组织领导下的主任负责制，推动党建主体责任落到实处。同步配齐机关党建工作机构和党务工作力量。

三是责任意识不断增强。各级党组织书记认真履行第一责任人职责，其他班子成员落实“一岗双责”要求，处室党员主要负责人担任党小组长，形成了主官主抓、各负其责、齐抓共管的局面；用好基层党建述职评议考核这个“指挥棒”，机关党建和业务工作同总结述职、同考核考评，党建考核未达到“好”的党组织书记，年度干部考核不能评为“优秀”，以考促评、以考促建，层层压实责任。

四是建设质量不断提高。在试点的基础上，深化党支部标准化规范化建设，总结推广典型经验和创新案例，高质量完成基层党组织建设质量提升三年行动计划，3个党支部被中央和国家机关工委评为中央和国家机关“四强”党支部，3个党支部工作法被中央和国家机关工委评选收录为党建创新案例。

五是作用发挥不断凸显。充分发挥机关党建政治引领和保障作用，部党组带头落实基层工作联系点制度，各司局党支部、党小组常态化联系退役军人，组建蹲点调研临时党支部，深入乡村、社区，深入退役军人中间，摸清政策瓶颈，打通政策的“最后一公里”。面对疫情，我部迅速响应，组织江西、山西和浙江三省荣军医院组成援鄂医疗队，并成立临时党支部，因工作成绩突出，被授予“全国抗击新冠肺炎疫情先进集体”称号。党员队伍在干中学、在学中练，较好发挥了先锋模范作用，多名机关党员在工作间隙，踊跃报名社区防疫工作，组织青年党员队伍代表我部参加“党在我心中”中央和国家机关青年党史知识大赛并勇夺冠军，今年1名党员被党中央、国务院授予全国“人民满意的公务员”称号。

这些成绩的取得得益于以习近平同志为核心的党中央的坚强领导，得益于习近平新时代中国特色社会主义思想的科学指引，得益于部党组学习贯彻习近平总书记“7·9”重要讲话精神。各级党组织、党务干部和广大党员的辛勤努力、扎实工作，有力推动了党中央的决策部署在我部贯彻落实和重点任务的全面完成，在这里我代表部党组向广大党员和党务干部表示感谢。

二、深入学习贯彻习近平总书记重要批示精神，推动基层党组织建设高质量发展

坚持以提升组织力为重点，以“四强”党支部建设为目标，在5个方面持续用力。

一是强化政治引领。要按照新时代党的建设总要求和新时代党的组织路线，紧扣党中央全面从严治党部署要求和我部“三个机关”建设实际，深刻理解领会“中央和国家机关首先是政治机关”的内涵要求，持续推动政治机关意识教育、对党忠诚教育落实到每个支部，引导广大党员深刻认识“两个确立”的决定性意义，不断增强“四个意识”、坚定“四个自信”、做到“两个维护”，始终在思想上、政治上、行动上同以习近平同志为核心的党中央保持高度一致。要坚持不懈抓好习近平新时代中国特色社会主义思想学习，创新学习形式、丰富学习载体，引导党员干部切实提高政治站位，把学习成果转化为思想认识、政治觉悟、实际行动。

二是建强组织体系。建立健全基层党组织，优化基层党组织设置，促进形成上下贯通、执行有力的组织体系，是机关党建工作的重要内容。要坚持分类指导、科学施策、精准发力，不搞“一刀切”；要科学设置基层党组织，服务中心、烈保中心筹备成立正式党委；要建强基层党支部，对党支部委员空缺的，及时按程序补齐；要研究制定部管社会组织党建工作办法，不断夯实社会组织党建工作基础。

三是严肃党内政治生活。严格执行《关于

新形势下党内政治生活的若干准则》，领导干部要自觉以普通党员身份参加所在党支部、党小组的活动，从思想上、政治上、行动上为党员作出示范。认真落实“三会一课”制度，党支部书记要带头上党课，各党支部、党小组开展形式多样的“微党课”活动，确保组织生活有内容、有效果。坚持和完善民主集中制，严格执行民主生活会、组织生活会等制度，用好批评和自我批评这个锐利武器。利用系统红色资源优势，开展形式多样的主题党日活动，强化党性教育，进一步增强党员干部宗旨意识、使命意识。党的二十大召开后，要把党的组织生活与学习贯彻党的二十大精神紧密结合起来，营造浓厚学习氛围，不断激发前进动力。

四是严格党员教育管理。党员是党的肌体的细胞，是党的活动的主体，要抓住教育监督党员这个基础，建设过硬党员队伍。探索创新党员教育管理新方法，定期对党员干部思想状况进行调研摸底，完善谈心谈话制度，及时有效解决党员干部队伍的思想困惑和模糊认识。要落实好中央和国家机关工委《中央和国家机关党员工作时间之外政治言行若干规定（试行）》和退役军人事务部《党员干部遵守政治纪律和政治规矩行为规范》，加强日常监督管理，做到言有所戒、行有所止。要加强廉政风险防控，抓早抓小、抓出成效。

五是严明党建责任。要抓住党建工作责任制这个“牛鼻子”，牢固树立抓好党建是最大政绩的观点，努力解决党的建设方面存在的突出问题。党组织书记要切实担负起管党治党政治责任，其他班子成员按分工认真履行“一岗双责”。要继续发挥考核“指挥棒”作用，各单位党组织书记党建考核未评为“好”的，年度考核不得评为优秀等次。当前，各单位要把巡视整改工作与党建工作有机统一起来，拿出有力措施，聚焦“病灶”，合力“会诊”，以巡视整改促进党建质量提升。机关党委要强化督导，对标对表、统筹推进，打通整改落实“最后一公里”，确保各项任务真正改到底、改到位。各单位党支部要加强党员教育学习，进一步发挥支部战斗堡垒作用、党员先锋模范作用，不断提高党建水平。

让我们更加紧密地团结在以习近平同志为核心的党中央周围，勠力同心，真抓实干，推动机关党建工作再上新台阶，为退役军人工作提供坚强的组织保障，以实际行动迎接党的二十大胜利召开。

在传达学习贯彻党的二十大精神党员干部大会上的讲话

（2022 年 10 月 25 日）

裴金佳

学习宣传贯彻党的二十大精神是当前和今后一个时期的首要政治任务。习近平总书记参加党的二十大广西代表团讨论时，对学习贯彻党的二十大精神提出了“五个牢牢把握”的要求。我部各级党组织和全体党员干部要坚持以“五个牢牢把握”为重点，深刻领会和理解把握党的二十大的重大意义和战略部署，深刻领会和理解把握党的二十大报告的丰富内涵和精髓要义，切实把思想和行动统一到党的二十大精神上来。

一、党的二十大的盛况和重大意义

本次大会共 2296 名代表，还有部分特邀代表和列席人员。10 月 22 日，万众期待、举世瞩目的大会圆满完成各项议程和崇高使命，在北京胜利闭幕。

党的二十大是在全党全国各族人民迈上全面建设社会主义现代化国家新征程、向第二个百年奋斗目标进军的关键时刻召开的一次十分重要的会议，事关党和国家事业继往开来，事关中国特色社会主义前途命运，事关中华民族伟大复兴。大会高举中国特色社会主义伟大旗帜，以马克思列宁主义、毛泽东思想、邓小平理论、“三个代表”重要思想、科学发展观、习近平新时代中国特色社会主义思想为指导，明确宣示党在新时代新征程上举什么旗、走什么路、以什么样的精神状态、朝着什么样的目标继续前进，是一次指导我们党和国家从胜利走向新的胜利、以辉煌铸就更大辉煌的大会，对于团结和激励全党全国各族人民坚持和发展中国特色社会主义、全面建设社会主义现代化国家、全面推进中华民族伟大复兴具有重大意义。

在大会分组讨论中，代表们高度评价、完全赞同党的二十大报告、中央纪委工作报告和党章修正案，一致认为，党和国家事业取得历史性成就、发生历史性变革，根本在于习近平总书记的掌舵领航，在于习近平新时代中国特色社会主义思想的科学指引。“两个确立”是党在新时代取得的最重大的政治成果、最重要的历史经验，是全党全军全国各族人民的高度共识和共同意志，是党应对一切不确定性的最大确定性、最大底气、最大保证。一致认为，党的二十大报告站在全面建设社会主义现代化国家、全面推进中华民族伟大复兴的高度，深刻阐述了在新的历史条件下坚持和发展中国特色社会主义的一系列重大理论和实践问题，提出了一系列新的重要思想、重要观点、重大判断、重大举措，主题鲜明、内涵丰富、高屋建瓴、视野宏阔，凝聚共识、激励奋进，是新时代新征程坚持和发展中国特色社会主义的政治宣言和行动纲领，蕴含着深厚的政治分量、理论含量、精神能量和实践力量，具有巨大的政治动员力、历史穿透力和前行感召力，是一份顺应全党全国各族人民共同心愿、指引新时代新征程新伟业的好报告。一致认为，中央纪委工作报告全面总结全面从严治党的生动实践、工作成效和认识体会，科学部署新时代新征程深化党风廉政建设和反腐败斗争的目标任务，是一份契合时代要求、体现全党意志、反映群众心声、维护人民利益的好报告，充分彰显了我们党勇于自我革命的鲜明品格，充分展现了我们党深化党风廉政建设和反腐败斗争的坚强决心，必将有力推动新时代新征程全面从严治党向纵深发展。一致认为，党章修正案充分体现了马克思主义中国化时代化的最新成果，充分体现了管党治党的创新经验，充分体现了党的十九大以来党中央提出的治国理政新理念、新思想、新战略，必将对推进党的事业和党的建设更好发挥规范和指导作用，确保党始终成为中国人民的主心骨、中国特色社会主义的坚强领导核心，更好地把中国特色社会主义伟大事业推向前进。一致表示，要深入学习贯彻落实党的二十大精神，统一思想和行动，锚定奋斗目标、扎实努力工作，心往一处想、劲往一处使，以实际行动坚定拥护“两个确立”、坚决做到“两个维护”。

学习贯彻党的二十大精神，首先要深刻领会大会的重大意义。

一要深刻领会党的二十大的重大政治意义。党的二十大的重大政治意义在于这次大会高举中国特色社会主义伟大旗帜，用新时代10年来的伟大变革、伟大成就，以及百年大党的改革发展和治国理政成就展示了科学社会主义的强大活力。10年来，以习近平同志为核心的党中央团结带领全党全国各族人民如期全面建成小康社会，开启全面建设社会主义现代化国家新征程，中华民族迎来了从站起来、富起来到强起来的伟大飞跃，中国特色社会主义焕发出蓬勃生机，制度优势充分彰显。这必将极大激发世界范围内社会主义力量的凝聚力、向心力，必将极大推动科学社会主义发展进步。

二要深刻领会党的二十大的重大理论意义。党的二十大的重大理论意义在于这次大会从世界观和方法论的高度讲透了习近平新时代中国特色社会主义思想的精髓所在，讲明了马克思主义中国化时代化的创新之道，实现了党的创新理论又一次与时俱进，为推进党和国家事业发展提供了思想灯塔、根本遵循和行动指南。

三要深刻领会党的二十大的重大现实意义。党的二十大的重大现实意义在于这次大会明确宣告新时代新征程中国共产党的历史使命，准确锚定了我们当前所处的历史方位，全面部署了当前治党治国治军、内政外交国防的重要任务，科学规划了实现第二个百年奋斗目标的时间表、路线图。这次大会在历史关键节点，以引领百年大党再出发的使命担当擘画新征程，为我们党在新时代团结带领全国各族人民全面建设社会主义现代化国家、全面推进中华民族伟大复兴提供了行动纲领、指明了前进方向，必将对夺取中国特色社会主义新胜利发挥十分重要的指导和保证作用。

党的二十大描绘的宏伟蓝图，突破了地域、国界的限制，不仅为本国人民谋幸福，还把国家发展和世界发展紧密联系起来，持续推动构建人类命运共同体，必将为全球发展进步和全人类幸福生活作出更大贡献。

总体来说，党的二十大是一次高举旗帜、凝聚力量、团结奋进的大会，会议在政治上、理论上、组织上、实践上取得的一系列重大成果，顺应全党全国各族人民共同心愿，适应党和国家工作新形势新任务，体现着百年大党矢志复兴的大志向、引领时代的大担当、一心为民的大情怀、兼济天下的大格局，必将对中国特色社会主义前途命运产生里程碑式的重大影响。

二、全面准确把握党的二十大精神

学习领会党的二十大精神，必须坚持系统全面、准确深入、联系实际，坚持读原著、学原文、悟原理、知原义，学深悟透、融会贯通，做到知其言更知其义、知其然更知其所以然。

（一）大会批准了习近平总书记代表十九届中央委员会所作的《高举中国特色社会主义伟大旗帜　为全面建设社会主义现代化国家而团结奋斗》报告

大会的主要精神集中体现在习近平总书记所作的报告中，报告全面贯彻习近平新时代中国特色社会主义思想，科学分析了国际国内形势，明确提出了党的二十大主题，全面回顾了过去5年的工作和新时代10年的伟大变革，系统阐述了开辟马克思主义中国化时代化新境界、中国式现代化的中国特色和本质要求等重大问题，对全面建设社会主义现代化国家、全面推进中华民族伟大复兴进行了战略规划，对统筹推进“五位一体”总体布局、协调推进“四个全面”战略布局作出了全面部署，为新时代新征程党和国家事业发展、实现第二个百年奋斗目标指明了前进方向、确立了行动指南。这个报告是党和人民智慧的结晶，是党团结带领全国各族人民夺取中国特色社会主义新胜利的政治宣言和行动纲领，是马克思主义的纲领性文件。

报告共分三大板块15个部分。第一板块包括导语和第一至第三部分，是总论；第二板块包括第四至第十四部分，是党和国家各方面事业部署的展开；第三板块包括第十五部分和结束语，主要讲党的领导和党的建设，向全党全军全国各族人民发出号召。我们在学习贯彻中，要切实领会好以下7个方面。

一是深刻领会和把握大会主题。报告阐明的大会主题，是大会的灵魂，是党和国家事业发展的总纲。这个主题是高举中国特色社会主义伟大旗帜，全面贯彻习近平新时代中国特色社会主义思想，弘扬伟大建党精神，自信自强、守正创新，踔厉奋发、勇毅前行，为全面建设社会主义现代化国家、全面推进中华民族伟大复兴而团结奋斗。报告强调，全党同志务必不忘初心、牢记使命，务必谦虚谨慎、艰苦奋斗，务必敢于斗争、善于斗争，坚定历史自信，增强历史主动，谱写新时代中国特色社会主义更加绚丽的华章。

二是深刻领会和把握过去5年工作和新时代10年伟大变革的重大意义。报告全面总结了过去5年和新时代10年取得的伟大成就。5年来，我们党团结带领人民，攻克了许多长期没有解决的难题，办成了许多事关长远的大事要事，推动党和国家事业取得举世瞩目的重大成就。10年来，我们经历了对党和人民事业具有重大现实意义和深远历史意义的3件大事：一是迎来中国共产党成立100周年；二是中国特色社会主义进入新时代；三是完成脱贫攻坚、全面建成小康社会的历史任务，实现第一个百年奋斗目标。报告从16个方面总结10年来的主要工作，包括创立了习近平新时代中国特色社会主义思想，全面加强党的领导，实现了小康这个中华民族的千年梦想，对新时代党和国家事业发展作出科学完整的战略部署，提出并贯彻新发展理念，以巨大的政治勇气全面深化改革，实行更加积极主动的开放战略，坚持走中国特色社会主义政治发展道路，确立和坚持马克思主义在意识形态领域指导地位的根本制度，深入贯彻以人民为中心的发展思想，坚持绿水青山就是金山银山的理念，贯彻总体国家安全观，确立党在新时代的强军目标，全面准确推进“一国两制”实践，全面推进中国特色大国外交，深入推进全面从严治党。新时代10年的伟大变革，在党史、新中国史、改革开放史、社会主义发展史、中华民族发展史上具有里程碑意义。

三是深刻领会和把握习近平新时代中国特色社会主义思想的世界观和方法论。报告指出，要持续推进理论创新，开辟马克思主义中国化时代化新境界，并首次提出习近平新时代中国特色社会主义思想的世界观和方法论。报告强调，中国共产党为什么能，中国特色社会主义为什么好，归根到底是马克思主义行，是中国化时代化的马克思主义行。不断谱写马克思主义中国化时代化新篇章，是当代中国共产党人的庄严历史责任。继续推进实践基础上的理论创新，首先要把握好习近平新时代中国特色社会主义思想的世界观和方法论，坚持好、运用好贯穿其中的立场观点方法。报告以“六个坚持”对习近平新时代中国特色社会主义思想的世界观和方法论做了深入阐述，即必须坚持人民至上、必须坚持自信自立、必须坚持守正创新、必须坚持问题导向、必须坚持系统观念、必须坚持胸怀天下。

四是深刻领会和把握以中国式现代化推进中华民族伟大复兴的使命任务。报告鲜明指出，从现在起，中国共产党的中心任务就是团结带领全国各族人民全面建成社会主义现代化强国、实现第二个百年奋斗目标，以中国式现代化全面推进中华民族伟大复兴。中国式现代化，是中国共产党领导的社会主义现代化，既有各国现代化的共同特征，更有基于自己国情的中国特色。报告系统阐述了中国式现代化5个方面中国特色，即中国式现代化是人口规模巨大的现代化、是全体人民共同富裕的现代化、是物质文明和精神文明相协调的现代化、是人与自然和谐共生的现代化、是走和平发展道路的现代化。报告首次提出了中国式现代化的本质要求，即坚持中国共产党领导，坚持中国特色社会主义，实现高质量发展，发展全过程人民民主，丰富人民精神世界，实现全体人民共同富裕，促进人与自然和谐共生，推动构建人类命运共同体，创造人类文明新形态。报告对全面建成社会主义现代化强国“两步走”战略安排进行宏观展望，提出了到2035年我国发展的总体目标和未来五年的主要目标任务。报告强调，必须增强忧患意识，坚持底线思维，做到居安思危、未雨绸缪，准备经受风高浪急甚至惊涛骇浪的重大考验。前进道路上，必须牢牢把握5个重大原则，即坚持和加强党的全面领导、坚持中国特色社会主义道路、坚持以人民为中心的发展思想、坚持深化改革开放、坚持发扬斗争精神。

五是深刻领会和把握今后一个时期党和国家事业发展的重大举措。报告从第四部分至第十四部分，围绕全面建设社会主义现代化国家、全面推进中华民族伟大复兴，对未来5年的重点工作做了全面部署。在加快构建新发展格局、着力推动高质量发展方面，强调高质量发展是全面建设社会主义现代化国家的首要任务，要坚持以推动高质量发展为主题，构建高水平社会主义市场经济体制，建设现代化产业体系，全面推进乡村振兴，促进区域协调发展，推进高水平对外开放。在实施科教兴国战略、强化现代化建设人才支撑方面，指出教育、科技、人才是全面建设社会主义现代化国家的基础性、战略性支撑，必须坚持科技是第一生产力、人才是第一资源、创新是第一动力，办好人民满意的教育，完善科技创新体系，加快实施创新驱动发展战略，深入实施人才强国战略。在发展全过程人民民主、保障人民当家做主方面，强调要加强人民当家做主制度保障，全面发展协商民主，积极发展基层民主，巩固和发展最广泛的爱国统一战线。在坚持全面依法治国、推进法治中国建设方面，强调要完善中国特色社会主义法律体系，推进依法行政，严格公正司法，加快建设法治社会。在推进文化自信自强、铸就社会主义文化新辉煌方面，强调要建设具有强大凝聚力和引领力的社会主义意识形态，广泛践行社会主义核心价值观，提高全社会文明程度，繁荣发展文化事业和文化产业，增强中华文明传播力、影响力。在增进民生福祉、提高人民生活品质方面，指出为民造福是立党为公、执政为民的本质要求，要完善分配制度，实施就业优先战略，健全社会保障体系，推进健康中国建设，扎实推进共同富裕。在推动绿色发展、促进人与自然和谐共生方面，强调要加快发展方式绿色转型，深入推进环境污染防治，提升生态系统多样性、稳定性、持续性，积极稳妥推进碳达峰碳中和。在推进国家安全体系和能力现代化、坚决维护国家安全和社会稳定方面，强调要健全国家安全体系，增强维护国家安全能力，提高公共安全治理水平，完善社会治理体系。在实现建军100年奋斗目标、开创国防和军队现代化新局面方面，强调必须贯彻新时代党的强军思想，全面加强练兵备战，全面加强军事治理，巩固提高一体化国家战略体系和能力。在坚持和完善“一国两制”、推进祖国统一方面，强调要全面准确、坚定不移贯彻“一国两制”、“港人治港”、“澳人治澳”、高度自治的方针，支持香港、澳门更好融入国家发展大局；要坚持贯彻新时代党解决台湾问题的总体方略，坚定不移推进祖国统一大业。在促进世界和平与发展、推动构建人类命运共同体方面，强调要坚持维护世界和平、促进共同发展的外交政策宗旨，致力于推动构建人类命运共同体。

六是深刻领会和把握以伟大自我革命引领伟大社会革命的重要要求。报告指出，我们党作为世界上最大的马克思主义执政党，要始终赢得人民拥护、巩固长期执政地位，必须时刻保持解决大党独有难题的清醒和坚定。全面从严治党永远在路上，党的自我革命永远在路上，决不能有松劲歇脚、疲劳厌战的情绪，必须持之以恒推进全面从严治党，深入推进新时代党的建设新的伟大工程，以党的自我革命引领社会革命。报告提出，要落实新时代党的建设总要求，健全全面从严治党体系，全面推进党的自我净化、自我完善、自我革新、自我提高，使我们党坚守初心使命，始终成为中国特色社会主义事业的坚强领导核心。一要坚持和加强党中央集中统一领导；二要坚持不懈用习近平新时代中国特色社会主义思想凝心铸魂；三要完善党的自我革命制度规范体系；四要建设堪当民族复兴重任的高素质干部队伍；五要增强党组织政治功能和组织功能；六要坚持以严的基调强化正风肃纪；七要坚决打赢反腐败斗争攻坚战持久战。

七是深刻领会和把握团结奋斗的时代要求。报告强调，全党必须牢记，坚持党的全面领导是坚持和发展中国特色社会主义的必由之路，中国特色社会主义是实现中华民族伟大复兴的必由之路，团结奋斗是中国人民创造历史伟业的必由之路，贯彻新发展理念是新时代我国发展壮大的必由之路，全面从严治党是党永葆生机活力、走好新的赶考之路的必由之路，这是我们在长期实践中得出的至关紧要的规律性认识，必须倍加珍惜、始终坚持，咬定青山不放松，引领和保障中国特色社会主义巍巍巨轮乘风破浪、行稳致远。报告提出，全党要坚持全心全意为人民服务的根本宗旨，不断巩固全国各族人民大团结，加强海内外中华儿女大团结，形成同心共圆中国梦的强大合力。报告号召，全党全军全国各族人民要紧密团结在党中央周围，牢记空谈误国、实干兴邦，坚定信心、同心同德，埋头苦干、奋勇前进，为全面建设社会主义现代化国家、全面推进中华民族伟大复兴而团结奋斗！

（二）大会审议通过了中央纪律检查委员会工作报告

工作报告共分为三大部分。

第一部分从 10 个方面回顾了党的十九大以来纪律检查工作：一是以习近平新时代中国特色社会主义思想为指导，坚定新时代纪检监察工作根本政治方向；二是担负“两个维护”重大政治责任，围绕党和国家工作大局发挥监督保障执行、促进完善发展作用；三是认真履行监督第一职责，充分发挥监督在管党治党、国家治理中的重要基础作用；四是一体推进不敢腐、不能腐、不想腐，推动反腐败斗争取得压倒性胜利并全面巩固；五是锲而不舍落实中央八项规定精神，持续有力纠治“四风”；六是贯彻落实中央巡视工作方针，充分彰显全面从严治党利剑作用；七是坚决整治群众身边的不正之风和腐败问题，切实增强人民群众获得感、幸福感、安全感；八是全面深化纪检监察体制改革，推动完善党和国家监督体系；九是运用法治思想和法治方式正风肃纪反腐，不断提升规范化、法治化、正规化水平；十是弘扬伟大建党精神和自我革命精神，锻造忠诚干净担当的纪检监察队伍。

第二部分从 8 个方面总结了新时代党的纪律检查工作的体会：一是坚持马克思主义中国化时代化最新成果引领和党中央集中统一领导，确保纪检监察工作始终沿着正确方向前进；二是坚持落实全面从严治党政治要求，以“两个维护”实际行动巩固党的团结统一；三是坚持以人民为中心的根本立场，做到执纪执法为民、纠风治乱为民；四是坚持敢于斗争、善于斗争，以永远在路上的清醒和执着正风肃纪、反腐惩恶；五是坚持一体推进不敢腐、不能腐、不想腐，努力取得更多制度性成果和更大治理效能；六是坚持实事求是、依规依纪依法，确保经得起实践、人民、历史检验；七是坚持纪法情理贯通融合，实现政治效果、纪法效果、社会效果有机统一；八是坚持稳中求进、守正创新，不断提升新时代纪检监察工作质量。

第三部分从 5 个方面提出了今后 5 年的工作建议：一是坚持不懈用党的创新理论凝心铸魂，保障党的二十大战略部署落地见效；二是坚定不移推进全面从严治党，推动完善党的自我革命制度规范体系；三是提高一体推进不敢腐、不能腐、不想腐能力和水平，坚决打赢反腐败斗争攻坚战持久战；四是以严的基调强化正风肃纪，推动纠治“四风”常态化长效化；五是牢记打铁必须自身硬，做对党忠诚、为国奉献、为民造福的卫士。

中央纪委工作报告坚持以习近平新时代中国特色社会主义思想为指导，全面贯彻党的十九大和十九届历次全会精神，深入总结党的十九大以来党风廉政建设反腐败工作的情况，深刻提炼纪检监察工作高质量发展的工作体会。学习中央纪委工作报告要与学习大会报告关于全面从严治党部分结合起来，一体把握、融会贯通。

（三）大会审议通过了《中国共产党章程（修正案）》

本次党章修改坚持发扬党内民主，集中全党智慧，保持党章总体稳定，只修改那些必须改的、在党内已经形成共识的内容，使修改后的党章充分体现马克思主义中国化时代化最新成果，充分体现党的十九大以来党中央提出的治国理政新理念、新思想、新战略，充分体现党的工作和党的建设新鲜经验，以适应新形势、新任务对党的工作和党的建设提出的新要求。

党章总纲部分修改的主要内容包括 8 个方面：一是充实完善习近平新时代中国特色社会主义思想的科学内涵和历史定位；二是增写党百年奋斗重大成就和历史经验的内容；三是调整完善党的奋斗目标的表述；四是调整完善社会主义初级阶段方面的内容；五是充实“五位一体”总体布局方面的内容；六是充实国防和军队建设、统一战线、外交方面的内容；七是调整充实党的建设总体要求的内容；八是充实完善坚持党的全面领导的内容。同时，还对党章条文部分做了一些具体修改。要把学习党章修正案作为必修课，做到了然于心、熟练掌握，在实践中坚决贯彻落实。

（四）大会选举产生了新一届中央领导机构

大会选举中央委员 205 名、中央候补委员 171 名、中央纪委委员 133 名。习近平同志在党的二十届一中全会上当选为中央委员会总书记、中央军委主席，一批经验丰富、德才兼备、奋发有为的领导干部进入新一届中央委员会和中央领导机构，充分显示出中国特色社会主义蓬勃兴旺、充满活力。在大会和一中全会的选举中，每次宣布习近平同志全票当选都伴随着长时间、雷鸣般的掌声，这充分表达了全体与会代表深刻领悟“两个确立”、坚决做到“两个维护”的共同意愿，充分体现了总书记在全党全军全国各族人民中的崇高威望，充分证明了全党全国人民对习近平总书记衷心的爱戴拥护，充分反映了亿万中华儿女紧跟伟大复兴领航人踔厉笃行的共同心声，以习近平同志为核心的新一届中央领导集体得到全党全国各族人民的衷心拥护和完全信赖，必将带领亿万人民不断开创中国特色社会主义事业新局面。

我们要认真研读党的二十大报告、修改后的党章和中央纪律检查委员会工作报告，同学习领会习近平总书记在参加广西代表团讨论、党的二十大闭幕会、二十届中央政治局常委同中外记者见面会上的重要讲话精神结合起来，同学习领会党的十八大、十九大精神结合起来，同学习贯彻习近平强军思想、习近平总书记关于退役军人工作重要论述、重要指示批示精神结合起来，同深刻理解习近平总书记亲自谋划设计、亲自部署推动组建退役军人管理保障机构的深远考量和重大意义结合起来，牢牢把握过去5年工作和新时代10年伟大变革的重大意义，牢牢把握习近平新时代中国特色社会主义思想的世界观和方法论，牢牢把握以中国式现代化推进中华民族伟大复兴的使命任务，牢牢把握以伟大自我革命引领伟大社会革命的重要要求，牢牢把握团结奋斗的时代要求，更好用以武装头脑、指导实践、推动工作。

三、深入抓好党的二十大精神学习贯彻

党的二十大对未来5年乃至更长时期党和国家事业发展制定了大政方针，就退役军人工作也作出了明确部署，充分体现了党中央对退役军人工作的高度重视、对广大退役军人的关心关爱，让人备受鼓舞、备受激励。我们要把学习贯彻党的二十大精神作为头等大事来抓，迅速行动、深刻领会，做到学思用贯通、知信行统一。今天的大会既是一次领学宣讲，也是一次动员部署。中央即将就学习贯彻党的二十大精神作出部署，相关通知很快印发。这里提几点要求：

一要提高政治站位，坚决拥护“两个确立”。学习贯彻党的二十大精神，必须深刻领悟“两个确立”对新时代党和国家事业发展、对推进中华民族伟大复兴历史进程的决定性意义，始终做到“两个维护”。二十届一中全会选举产生了新一届中央领导机构，习近平同志继续担任党的总书记、中央军委主席，充分反映了全党全军全国各族人民的共同意志、共同期盼、共同心愿，这是时代大势所趋、事业发展所需、党心民心所向。从广西参选党的二十大代表，到二十大参选中央委员，再到二十届一中全会当选党的总书记、中央军委主席，每次选举习近平同志都是全票当选，充分说明习近平总书记深受全党全国人民的拥护和爱戴，是当之无愧的党的核心、军队统帅、人民领袖。“两个确立”反映了全党全军全国各族人民共同心愿，是百年大党最宝贵的政治经验，是党的十八大以来最重要的政治成果，是全党走好新时代长征路最基本的政治遵循。这一点，我们是有深切体会的。习近平总书记亲自决策组建退役军人管理保障机构，批示推动退役军人服务保障体系建设，带头弘扬英烈精神，视察基层退役军人服务站点，慰问退役军人和其他优抚对象，亲切会见退役军人工作战线的代表和先进个人，先后作出一系列重要指示批示，为做好新时代退役军人工作提供了根本遵循、指明了前进方向。我们要从过去的发展变革中深切感受习近平总书记的风范魅力、格局胸襟、威望盛誉

和雄韬伟略，忠诚拥护核心，衷心爱戴核心，一心紧跟核心。要深刻认识到马克思主义行，说到底是中国化时代化的马克思主义行，正是有习近平总书记作为党中央核心、全党核心的掌舵领航，有习近平新时代中国特色社会主义思想科学指引，全党全国各族人民才有了思想上的“定盘星”、行动上的“指南针”。要在学懂弄通做实上下更大功夫，牢牢把握习近平新时代中国特色社会主义思想的世界观和方法论，坚持好、运用好贯穿其中的立场观点方法，深入贯彻习近平总书记关于退役军人工作重要论述，不断提高政治判断力、政治领悟力、政治执行力，确保退役军人工作始终沿着正确方向前进。

二要加强组织领导，深入开展学习。学习贯彻党的二十大精神，必须步步深入、坚决彻底，精心组织好各项活动，使党的二十大精神转化为全体党员干部的自觉行动。要认认真真、原原本本学习习近平总书记重要讲话和党的二十大文件，深入思考学、联系实际学、笃信笃行学，把学习成效体现在贯彻落实习近平总书记重要指示批示精神和党中央、国务院决策部署的行动上，体现在履职尽责、做好本职工作的实效上，体现在日常言行上，真正做到内化于心、外化于行。各级领导干部要自觉把自己摆进去，带头学习、带头研讨，发挥好示范引领作用，力争认识高一层、学习深一步、实践先一着。各单位要把学习宣传贯彻党的二十大精神与加强班子自身建设结合起来，与带队伍、提能力结合起来，主动抓好党支部、党小组学习，创新学习方式，深入交流研讨，务求取得实效，切忌形式主义。要做好《退役军人事务部学习宣传贯彻党的二十大精神实施方案》的组织实施，周密安排、抓好统筹、搞好保障，制订科学合理的学习计划，有重点、分步骤、多层次开展学习活动，及时配发学习资料，邀请中央宣讲团成员来部授课辅导，组织好党组理论学习中心组学习研讨，分批开展集中培训，确保全员覆盖、不漏一人，营造互学互促、比学赶超的浓厚氛围。

三要加强宣传引领，凝聚奋进力量。学习贯彻党的二十大精神，必须注重思想引领，使党的二十大精神深入人心，转化为退役军人事务系统党员干部和广大退役军人奋进新征程的强大力量。要深入开展群众性宣传，面向社会、面向退役军人组织开展老兵宣讲、典型学习宣传、尊崇关爱行动等特色鲜明、富有实效的活动，用群众语言、身边典型、数据事实说话，增强活动的针对性、实效性、感染力，让受众听得懂、能领会、可落实。要组织开展专题宣传，用好部官网、官微、《中国退役军人》杂志等部属媒体平台，跟进展示学习动态，持续营造浓厚学习氛围。要加强与中央主流媒体和新媒体的沟通协作，积极宣传报道退役军人事务系统开展学习宣传贯彻工作的进展和成效，挖掘退役军人学习贯彻的典型事迹，不断扩大宣传覆盖面。要坚持上下联动，积极发挥各级退役军人服务中心(站)、军休所、荣军优抚医院等的作用，在做好服务中引导退役军人学习领会党的二十大精神，把党中央的声音传达好，把党中央的政策落实好。要突出自身特色，充分发挥系统红色资源富集优势，弘扬英烈精神，讲好红色故事，传承红色基因。要通过信息、简报、专报等平台，及时向上级报告学习贯彻情况，汇总起草我部传达学习贯彻党的二十大精神的情况报告。

四要聚焦主责主业，抓好贯彻落实。党的

二十大报告对“加强军人军属荣誉激励和权益保障，做好退役军人服务保障工作。巩固发展军政军民团结”作出战略部署，这是我们下一步的努力方向和着力重点。要紧紧立足退役军人工作实际，坚持“行”字为先、“干”字当头，把党的二十大重要决策部署落到实处。要对照全面建成社会主义现代化强国“两步走”战略安排，准确把握阶段性特征和主要矛盾，研究提出推动退役军人工作高质量发展的指导方针、思路办法和具体举措。要紧紧抓住未来5年的关键时期，落实好“十四五”退役军人服务和保障规划各项任务，进一步建立健全组织管理体系、工作运行体系、政策制度体系，全面做好退役军人思想政治、就业安置、服务保障、教育管理、权益维护等各项工作。要完整、准确、全面贯彻新发展理念，持续用好深化改革关键一招，坚持问题导向、系统设计、分类保障，着力增强改革举措的前瞻性、系统性、针对性、可行性，在改革中解难题、布新局。要深入贯彻以人民为中心的发展思想，全心全意为退役军人服务，不断提升他们的获得感、幸福感、荣誉感。要坚持常态化联系、经常性走访慰问制度，深入基层一线，深入退役军人中间，了解他们的急难愁盼，按照“尽力而为、量力而行”原则，努力回应和解决退役军人最关心、最直接、最现实的利益关切，切实把党和政府的关心关怀不折不扣送进退役军人心田。要加强军人军属荣誉激励和权益保障，及时了解掌握存在的困难矛盾，督促各地在职责范围内全力协调破解。要动员社会力量做好拥军支前各项工作，巩固发展军政军民团结，健全双拥系统应急应战响应机制，提高退役军人工作服务部队备战打仗的实际能力。要坚持服务与管理并重，创新服务管理方式，激发退役军人自觉性、主动性，逐步实现自我服务、自我管理、自我发展、自我提高。要坚持保障与激励并举，强化思想政治教育，引导退役军人珍惜荣誉、永葆本色，充分发挥他们在经济社会建设方面的生力军作用，使其成为巩固党长期执政根基的重要力量。

党的二十大为我们描绘了全面建设社会主义现代化国家的宏伟蓝图。号角已经吹响，奋斗正当其时。让我们以党的二十大精神为指引，更加紧密地团结在以习近平同志为核心的党中央周围，引领带动广大退役军人同心同德、团结奋斗，奋力开创退役军人工作新局面，在新的赶考之路上交出不负党、不负时代、不负人民的优异答卷。

奋力谱写退役军人工作高质量发展新篇章

——在《中国退役军人》2022年第6期上的署名文章

（2022年6月10日）

裴金佳

党的十八大以来，习近平总书记围绕退役军人工作作出一系列重要论述，深刻回答了新时代退役军人工作“做什么、怎么做、谁来做”等重大问题，这是我们推动工作的根本遵循。我们要深入领会习近平总书记对退役军人工作的科学谋划，准确理解新时代退役军人工作目标方向、重点任务、方法路径等一系列带有方向性、根本性、战略性的重大问题，不断提升履职尽责的政治站位和理论水平；深切感悟习近平总书记对广大退役军人的关心关爱，自觉践行全心全意为人民服务的根本宗旨，贯彻党的群众路线，坚决维护退役军人和军人军属合法权益，努力提供更好保障、更优服务。对于今后工作如何乘势而进、再上台阶，实现高质量发展，我们要从这些方面下功夫。

旗帜鲜明讲政治，着力建强政治机关。一是坚决拥护“两个确立”、增强“四个意识”、坚定“四个自信”、做到“两个维护”，始终在思想上、政治上、行动上同以习近平同志为核心的党中央保持高度一致，忠诚核心、拥戴核心、维护核心、捍卫核心，做到政治上绝对可靠、对党绝对忠诚。在研究确定退役军人事务领域工作思路、目标任务、政策措施时，要自觉向习近平总书记看齐、向党中央看齐，同党的理论路线方针政策对标对表，切实做到党中央提倡的坚决响应、党中央决定的坚决执行、党中央禁止的坚决不做。二是深入学习贯彻习近平新时代中国特色社会主义思想，在学懂弄通做实上下功夫，当好示范。认真学习贯彻习近平总书记关于退役军人工作重要论述，不断提高政治判断力、政治领悟力、政治执行力。通过举办培训班、研讨班、集体学习、理论讲座等多种方式，推动理论学习往深里走、往实里走、往心里走，确保退役军人各项工作政治方向正确、政治效果良好。抓紧编纂《中国共产党领导下的退役军人工作发展史》，在系统梳理建党100年来退役军人工作发展历程的基础上，科学谋篇布局、突出编写重点，完整、准确、全面认识把握建党100年来特别是党的十八大以来的退役军人工作。三是深入贯彻落实习近平总书记重要指示批示精神和党中央重大决策部署，建立健全工作台账，加大督查督办力度，以钉钉子精神，逐件逐条逐项抓好落实，决不能有任何偏差和遗漏。党的十九大报告和十九届历次全会公报、政府工作报告等都对退役军人工作提出要求、作出部署，要按照具体分工方案，把中央的部署安排不折不扣落实到位。

扎实做好党建工作，履行全面从严治党主体责任。各级党组织要认真学习领会、深入贯彻落实习近平总书记在中央和国家机关党的建设工作会议上的重要讲话精神，从严从实抓好党建工作。一是严格履行“一岗双责”。要牢固树立“抓机关党建是本职、不抓机关党建是失职、抓不好机关党建是渎职”的理念，认真履行管党治党政治责任，压实党建工作责任，各单位主要负责同志自觉扛起党建第一责任人职责，扎实推进各级党组织标准化规范化建设，以提升组织力为重点，锻造坚强有力的基层党组织。二是认真推进“四强”党支部建设。要重视建强党小组，发挥党小组作用。落实好“三会一课”等制度，使每一名党员都成为一面鲜红的旗帜，每个支部都成为党旗高高飘扬的战斗堡垒。推动党史学习教育常态化长效化，充分利用我们系统红色资源丰富的优势，巩固拓展深化党史学习教育成果，创立富有特色、立得住叫得响的党史学习教育品牌。三是坚定不移推进党风廉政建设。持之以恒正风肃纪，建设风清气正的政治机关。进一步完善廉政风险点和权责清单，通过健全制度、严格监督、严肃执纪，一体推进不敢腐、不能腐、不想腐。要加强警示教育和纪律教育，增强干部政治意识、制度意识、纪律意识、规矩意识，引导党员干部主动在思想上划出红线、在行为上明确界限，干干净净做人、清清白白做事。

贯彻民主集中制，提升决策能力水平。一是健全完善党组议事规则。科学准确界定“三重一大”事项，凡是作出涉及退役军人工作全局和长远发展的重大决策，都要集体讨论、集体审议、集体决定；凡是出台涉及退役军人切身利益的重要政策，都要严格执行调查研究、征求意见、集体议定等规范程序。二是坚持团结协作。要树立一心向党、一切为公的理念，秉持对事业高度负责的态度，该统筹的科学安排好，该牵头的多方协调好，该配合的主动服务好。要守规矩、讲程序，决策过程中充分发扬民主，广泛征求、充分听取各方意见建议。有关事项一旦作出决定，就要坚决执行、一抓到底，确保落实过程中不偏向、不走样。

持续加强作风建设，推动各项任务落实。一是树牢宗旨意识。坚持以人民为中心的发展思想，始终把退役军人放在心中最高位置，想问题、作决策、办事情坚持从退役军人角度出发，把心思和精力用在解决退役军人最关心最直接最现实的利益问题上，努力让退役军人有更多、更直接、更实在的获得感、幸福感、荣誉感。二是积极担当作为。干工作不挑肥拣瘦、拈轻怕重，要敢于担当、勇于担当，在各种“急难重”任务中接受磨炼摔打、提升能力素养、推动事业发展。单位之间要互相补台、互相帮衬，齐心协力把工作干好。三是坚持问题导向。系统梳理退役军人工作的短板弱项，有针对性地查漏补缺，属于政策制度不完善的要及时完善，属于政策制度有缺陷的要及时修订，属于工作运行不畅的要及时疏通，属于政策执行变形走样的要及时纠正。四是把准工作进度。今年时间已快过半，各单位要对照年度工作要点和既定工作安排，对已完成工作认真盘点、对账销号，对需要长期推动的工作持之以恒抓牢抓实，对未完成工作加紧谋划、加紧推进，对因客观原因难以完成的工作，及时厘清思路，尽早作出调整。持续深化纠“四风”

工作，特别是要力戒形式主义、官僚主义和经验主义。五是抓好蹲点调研。创新工作方式方法，有的放矢提出落实措施、有条不紊逐项加以解决。六是加强督查督办。动态更新工作台账，健全完善督查督办机制，及时跟踪督办事项落实进展情况，确保各类督办事项落实落地。要运用好督查结果，将其纳入年度党建考核重要内容里、体现到干部选拔任用中。求真务实，开拓进取，担当作为，以实际行动和优异成绩迎接党的二十大胜利召开。

赓续双拥传统　努力做到“三新”

——在《中国退役军人》2022年第2期上的署名文章

（2022年2月10日）

钱　锋

当前，我们党、国家和军队各项事业已经进入了新发展阶段。双拥工作涉及军地、事关全局，无论是实现中华民族伟大复兴的中国梦，还是应对世界百年未有之大变局，都需要军地军民紧密团结、发挥优势、相互支持，紧紧围绕中心、更好地服务大局。我们要深入学习贯彻习近平总书记关于双拥工作重要论述和重要指示要求，进一步增强做好双拥工作的使命感责任感，以更高标准、更大担当、更实作风干事创业，扎实做好双拥工作。关键要赓续发扬传统优势、努力做到“三新”：

一、在筑牢军民团结奋进思想基础上要有新发展

拥军优属、拥政爱民是我党我军的优良传统和特有政治优势。各级要坚持用共同理想信念凝聚军心民心，引导广大军民紧密团结在以习近平同志为核心的党中央周围，汇聚起军地同心奋进的磅礴力量。要组织军民认真学习贯彻习近平新时代中国特色社会主义思想和习近平强军思想，学习贯彻习近平总书记关于做好双拥工作、加强军政军民团结的重要论述和重要指示，学习贯彻党的十九届六中全会精神，深刻认识“两个确立”的决定性意义，切实增强“四个意识”、坚定“四个自信”、做到“两个维护”，同心协力巩固扩大党的执政基础。要加强双拥文化建设，创作形式多样、内涵深厚的双拥主题文化作品，讴歌军民携手奋进的时代精神，让爱我人民爱我军成为一种社会风尚和文化自觉。

二、在做好“三后”工作、解决军人后顾之忧上要有新作为

我们要进一步提高思想认识，始终把服务部队备战打仗作为双拥工作的主线，全面助力部队战斗力提升。近年来，国防和军队改革持续深化，部队移防换防、官兵大范围交流成为常态。各地要主动做好新调整组建和移防换防部队服务工作，着力解决“后路”“后院”“后代”问题。“后方”联着“前线”，解除官兵后顾之忧，能够有效激励官兵全力投入练兵备战。要探索实践军地“双清单”制度，推动解决一批急难愁盼和重难点问题；全力支持国防和军队建设，做好支前

保障工作，帮助边疆海岛驻军官兵改善执勤和工作生活条件；一如既往为军人和家属排忧解难，使广大官兵不为后路担心、不为后院分心、不为后代忧心；支持军队继续发挥优势，积极参与经济社会建设；保障优抚安置等财政支出，继续抓好双拥模范创建活动，健全基层双拥服务体系，努力开创双拥工作新局面。

三、在支持国家重大战略实施、维护社会和谐稳定上要有新加强

军地各级要深刻领会“十四五”规划部署要求，充分整合技术、人才、设施等优势资源，积极助力推进京津冀协同发展、长江经济带发展、粤港澳大湾区建设、长三角一体化发展、黄河流域生态保护、“一带一路”高质量发展和生态文明建设等，有效助力国家重大战略实施。军队要继续发扬优良传统，积极参与、支持地方经济建设和社会发展，积极投身抢险救灾、应对突发事件等行动，保护好人民群众的生命财产安全，要持续开展援建行动，在保障和改善民生方面贡献更大力量。军地相关部门要密切配合，协调行动，完善军地协作机制，加强舆论引导、矛盾化解、应急处置等方面的联动协作，提高风险联合防范化解能力，形成维护社会稳定的整体合力。要组织广大军民积极参与文明创建、平安创建和民族团结进步创建等活动，促进基层全面建设，完善基层治理体系。

做好当前和今后一个时期双拥工作，责任重大，使命光荣。让我们更加紧密地团结在以习近平同志为核心的党中央周围，坚决贯彻落实党中央、国务院、中央军委决策部署，围绕更好服务党和国家工作大局、国防和军队建设全局，更加深入扎实地做好双拥工作，不断巩固坚如磐石的军政军民团结，为实现中华民族伟大复兴的中国梦和强军梦凝聚磅礴伟力，以优异成绩迎接党的二十大胜利召开！

坚持立魂、立心、立风、立行 持续推动党员教育取得扎实成效

——在《旗帜》2022年第4期上的署名文章

（2022年4月）

钱 锋

退役军人事务部自组建以来，坚持把党员教育作为党建基础性经常性工程，围绕“党”的要求、“军”的色彩、“新”的元素，注重“赤诚立魂、红色立心、纯净立风、服务立行”，推动党员教育不断走深走实。

一、赤诚立魂，强基固本

对党赤诚是对党员最根本的要求。我部直接服务于国防和军队建设，在党员政治教育上必须坚持更高标准、更严要求。一是将政治机关意识嵌入基因。部党组鲜明提出，把我部建设成为增强“四个意识”、坚定“四个自信”、做到“两个维护”的政治机关，坚持把传达学习习近平总书记最新重要讲话、指示批示和党中央重大决策部署作为部党组会议第一议题，同步建立习近平总书记重要指示批示督办落实台账。持续开展强化政治机关意识教育，引导党员干部带头做到“两个维护”，走好第一方阵。二是将政治理论武装贯通上下。部党组坚持“季度定主题、月度定专题”，持续学深悟透习近平新时代中国特色社会主义思想，与学习党的十九届六中全会精神、习近平总书记关于退役军人工作重要指示批示相结合，深刻领会领悟，自觉笃信笃行。部领导深入支部引学辅学，支部书记带动党员跟进学习，在青年党员中，开展“悦读·悦享·悦青春”主题活动，线上线下分享体会，不断从理论学习中获得启迪、增长才干、凝聚力量。三是将政治忠诚品质融入血脉。把好入部“第一个关口”，坚持把政治标准作为衡量考察人选是否合格的第一标准，确保入部人员对党忠诚可靠。扣好入部“第一粒扣子”，聚焦政治能力建设，连续3年把政治教育作为新任职干部、新入部人员培训的主题主线和重要内容。筑好入部“第一道堤坝”，将政治纪律和政治规矩作为入部教育、日常教育的必修内容，把党的政治纪律和政治规矩挺在前面，教育党员自觉知敬畏、存戒惧、守底线。

二、红色立心，聚能起航

保护红色资源，传承红色基因，赓续共产党员人的精神血脉，对退役军人事务部门既是职责

更是使命。一是在保护红色资源中强党性。加大对红色资源保护力度，联合多部门出台《关于建立英雄烈士保护部门联动协调制度的意见》，实施“全国县级及以下英雄烈士设施整修工程”，保护英雄烈士及烈属合法权益。有序推进境外烈士墓迁移，高规格举行在韩志愿军烈士遗骸迎回安葬仪式，在潜移默化中教育党员厚植对党忠诚、为党奉献的政治底色。二是在弘扬英烈精神中固信念。结合烈士纪念日及传统节日，开展“百年英烈”褒扬纪念系列活动、“守护·2021清明祭英烈”宣传教育活动、“为烈士寻亲”专项活动，营造崇尚英烈、捍卫英烈、学习英烈的浓厚氛围。组织全国红色故事讲解员大赛，开展“重温烈士家书、重温入党志愿书、重温入党誓词”教育活动，引导党员以先烈为镜净化灵魂、提升境界、坚定理想信念。三是在强化荣誉激励中守初心。评选全国“最美退役军人”“最美拥军人物”，挖掘不同行业、不同年龄退役军人的感人事迹，邀请“共和国勋章”获得者、全国模范退役军人张富清事迹报告团作报告，使广大党员在学习中了解榜样、在学习榜样中深受教育。

三、纯净立风，磨砺品质

退役军人事务部全新组建、白手起家，既在艰辛付出中推动了事业发展，又在战胜挑战中练就了过硬队伍，为党员教育发挥了特殊作用。一是以组织建设引领队伍。突出提升组织力重点，聚焦党支部发挥政治引领作用，印发《全面推进党支部标准化规范化建设工作方案》，选拔优秀干部到党建岗位，举办党务干部培训班，培养党建工作明白人。武汉新冠肺炎疫情发生后，火速从退役军人事务系统抽调医务人员组建医疗队驰援武汉，医疗队临时党支部被授予“全国抗击新冠肺炎疫情先进集体”称号。二是在艰苦环境磨砺队伍。建部初期，面对人少事重、办公地偏远等诸多难题，部党组带领全体党员迎难而上、拼搏奋斗。在临时租用的办公场所，边组建机构，边推进工作；在粉尘环绕、嘈杂噪声的装修环境中，边谋划长远发展，边解决遗留问题；在“5加2”“白加黑”的挑灯夜战中，边着手顶层设计，边落实目标任务。党员队伍在干中学、在学中练，较好发挥了先锋模范作用，11名青年党员分别获得中央和国家机关工委五四青年奖章、五一劳动奖章、青年学习标兵等荣誉。三是用关心关爱凝聚队伍。我部人员来自120多家单位，迫切需要增进认同、加深融合。我们牢固树立“一家人”“一盘棋”思想，着力塑造整体概念、整体形象，推动机构人员融合、思路理念融合、职能职责融合、运行机制融合、思想感情融合，努力做到合心合力合拍。支部书记定期与党员谈心谈话，及时摸清思想底数，想方设法为大家解决后顾之忧。坚持党建带群建，丰富文体活动，培植团结协助、快乐工作、健康生活的情操，努力营造安心舒心的干事环境。部直属机关工会被评为“中央和国家机关模范职工之家”。

四、服务立行，助力国防

作为退役军人事务部门，服务对象是军人，身边同事有军人，部党组要求党员干部虚心向军人学习，热忱为军人服务。一是学习军人精神。叫响“向解放军学习”的口号，学习“首战用我”的勇气，重大任务关键工作时，勇于站得出、冲得上。学习“攻坚克难”的底气，面对急难险重任务，能力适用、个个顶用。学习“业务尖兵”的精气，成为工作中精通业务的行家里手。在“党在我心中”中央和国家机关青年党史知识竞赛中，我们用打仗的思维、胜战的准备、军人的血性勇夺大赛冠军，成为学习军人的最好检验。二是感悟军人艰辛。遴选青年党员寒冬走入漠河边关、酷暑进入三沙哨所，实地感悟军人的牺牲奉献，增进为军服务的情感认同。坚持“信访岗位锻炼”机制，全方位多维度聆听意见建议，通过接访了解军人、学习政策、认清使命。探索“军地深度合作”组训模式，组织到军队院校学习培训，体验军队生活、遵守军队纪律、学习军人作风。三是丰富服务举措。坚持以退役军人为中心，以实施《中华人民共和国退役军人保障法》为契机，在全系统开展“法律政策落实年”活动，以钉钉子精神抓实抓细。落实常态化联系退役军人制度，了解退役军人急难愁盼问题，千方百计为退役军人办实事、解难题。持续开展“情暖老兵·关爱帮扶”公益行动，拓宽资金筹措渠道和帮扶援助方式，以我们的真情服务换取他们的真心相托，以我们的辛苦指数提升他们的幸福指数。

坚持以人民为中心
推动新时代优抚工作高质量发展

——在《中国退役军人》2022年第9期上的署名文章

（2022年9月10日）

钱　锋

优抚工作是党的群众工作，也是稳固党的执政基础的重要工作。在以习近平同志为核心的党中央坚强领导下，优抚工作坚持以人民为中心，注重顶层设计，持续夯实基础，各项工作推进有序，不断取得新的成绩。当前，面对复杂变幻的百年未有之大变局，我们更要始终坚持以习近平新时代中国特色社会主义思想为指导，深刻把握新时代优抚工作的形势任务，进一步增强做好优抚工作的使命感责任感，全面推进新时代优抚工作高质量发展，维护军人军属合法权益，奋力书写新时代优抚工作的新篇章，以实际行动迎接党的二十大胜利召开。

一、深入学习习近平总书记关于退役军人工作重要论述，增强做好优抚工作的责任感使命感

党的十八大以来，以习近平同志为核心的党中央高度重视退役军人工作。习近平总书记亲自谋划设计、亲自部署推动组建退役军人管理保障机构，并就优待抚恤、烈士褒扬等作出一系列重要论述和重要指示批示，为我们做好新时代优抚工作奠定了坚实基础，提供了根本遵循。

习近平总书记强调，中华民族是英雄辈出的民族，新时代是成就英雄的时代。全党全社会要崇尚英雄、学习英雄、关爱英雄，大力弘扬英雄精神，汇聚实现中华民族伟大复兴的磅礴力量；中央和国家机关、地方各级党委和政府要支持国防和军队建设，做好退役军人安置、伤病残军人移交、随军家属就业、军人子女入学等工作；各级党委和政府要关心老战士老同志和革命烈士亲属，让老战士老同志享有幸福晚年，让烈士亲属体会到党的关怀和温暖；必须做好退役军人管理保障工作。该保障的要保障好，该落实的政策必须落实，不能让英雄流血又流泪。

我们要认真学习领会这些重要论述和重要指示，吃透精神实质，切实转化为推动新时代优抚工作的思想理念、思路举措、工作方法，站在捍卫“两个确立”、做到“两个维护”的政治高度，坚持以人民为中心，进一步做实做细优抚工作，大力营造尊重关爱革命功臣的浓厚社会氛围，不断提升优抚对象的获得感、幸福感和荣誉感，为

实现中国梦强军梦作出新的贡献。

二、坚持全心全意为优抚对象服务，让优抚对象获得感成色更足

优抚工作要紧紧围绕优抚对象对美好生活的新期待，以维护优抚对象切身利益、保障优抚对象的合法权益为工作出发点，着力解决优抚对象的急难愁盼。

稳步提升优抚保障水平。近几年，面对世纪疫情等不利影响，国家仍以较大幅度提高了退役军人和其他优抚对象的抚恤补助标准，让他们充分感受到党和政府的关心关爱，确保他们的基本生活得到有效保障。要继续积极争取中央财政支持，提高优抚对象抚恤补助标准，确保他们的生活水平随经济社会发展稳步提高，共享改革发展成果。

不断拓展优待服务范围。退役军人事务部已与20家企业展开合作，为优待证持证人提供金融、通信、加油、出行、快递等领域优待服务。各省、市、县退役军人事务部门也大力发动社会力量提供丰富优待服务。要更加注重精神激励和物质优待并重，不断健全优抚对象荣誉体系，强化优待证持证人的精神褒扬和荣誉激励举措。同时，不断提高优待证的“含金量”，让持证人享受到实实在在的优惠优待。注重国家和地方优待联动，注重政府和社会优待统筹，各地要加快推出优待证持证人享受优待的目录清单，为优抚对象提供更加丰富的优待服务。

持续增强精准服务能力。积极推进抚恤补助资金发放领域放管服改革，建立享受国家定期抚恤补助优抚对象年度确认制度，采取上门服务和线上自助相结合的方式完成年度确认，让广大优抚对象享受到更加方便快捷的服务。指导各地做好抚恤补助资金按月发放工作，加强资金使用管理，确保资金安全准确发放，提高精准化管理水平。开展残疾人员证件换发和残疾等级评定专项核查工作，更好保障相关对象待遇落实及合法权益维护。对生活确有困难的优抚对象，加大帮扶力度，做到应帮尽帮。

确保优抚政策落实落细。紧紧围绕落实《中华人民共和国退役军人保障法》《中华人民共和国军人地位和权益保障法》，印发《关于加强军人军属、退役军人和其他优抚对象优待工作的意见》，出台《立功受奖军人家庭送喜报工作办法》《退役军人名录和事迹载入地方志实施办法（试行）》，修订《伤残抚恤管理办法》《军人抚恤优待条例》《残疾退役军人医疗保障办法》《优抚对象医疗保障办法》等，优抚工作法律政策的“四梁八柱”已基本建立。在继续推动优抚工作法制化、规范化的同时，要更加注重政策制度的落实，用钉钉子的精神，采取蹲点调研、督促检查等方式，让每一个法条、每一项政策真正从纸上走下来，让广大优抚对象看得见、摸得着、享受得到。

稳步推进优抚事业单位改革。《关于推进优抚医院改革发展的意见》已颁布，《优抚医院管理办法》《光荣院管理办法》也已修订。要坚持优抚医院、光荣院的优抚属性，以服务保障优抚对象为主责主业，在此前提下积极向人民群众提供优质医疗服务和康养服务。优抚医院要尽快融入国家医疗卫生服务体系，光荣院要尽快融入国家养老服务体系，不断提升服务保障能力水平。

着力打造实干队伍。秉持全心全意为优抚对

象服务的根本宗旨，带着感情、温度做工作，真诚关注优抚对象的所思所盼、所急所难，努力解决和回应他们最关心、最直接、最现实的利益关切。深入开展优抚系统培训练兵，加强岗位能力标准体系建设，不断提高广大干部职工特别是一线工作人员的政策理论、调查研究、出谋划策、统筹协调、执行落实能力。改进工作作风，着力锤炼过硬本领，培塑良好形象。

三、立足当前，着眼长远，不断推动新时代优抚工作高质量发展

坚持贡献导向。优抚工作是为党争取民心、稳定民心、凝聚民心的工作。新时代优抚工作要始终坚持待遇与贡献相匹配的基本原则，重点、优先保障为国防和军队建设作出突出贡献的优抚对象，对属于参战退役军人、烈士子女、功臣模范的退役军人、长期在艰苦边远地区或者特殊岗位服役的退役军人等优先安置，随迁子女优先保障。参战、荣获二等功以上奖励等条件的退役军人名录和事迹载入地方志。

坚持荣誉激励。指导各地做好常态化悬挂光荣牌工作，更好发挥荣誉激励和社会价值导向作用，彰显军人尊崇感。组织军队英模中健在的老同志、烈士和因公牺牲人员遗属、优抚对象等代表参加重要庆典活动，不断提高优抚对象的荣誉感。每年组织烈士遗属、荣立二等功以上功勋的退役军人、最美退役军人、全国爱国拥军模范等部分优抚对象进行短期疗养，营造全社会崇军拥军良好氛围。

坚持合源聚力。始终坚持行政部门履行主体责任、服务体系发挥重要平台有效抓手、社会力量作为必要补充有益支持的原则，充分调动各方面的资源优势，加强军地之间的无缝衔接，统筹中央和地方的协同推进，推动政府和社会共同发力，形成顺畅高效的工作运行机制，切实凝聚推进优抚工作的强大合力。

在退役军人事务部2022年全面从严治党暨党风廉政建设工作会议上的讲话

（2022年3月15日）

林国耀

部党组召开全面从严治党暨党风廉政建设工作会议，深入学习贯彻中央纪委六次全会精神，回顾总结加强党的建设、全面从严治党和党风廉政建设工作，部署今年任务，对引领和保障退役军人工作高质量发展具有重大意义。下面我就贯彻落实中央纪委六次全会精神、切实加强部全面从严治党、党风廉政建设，讲3点意见。

一、深学深悟习近平总书记关于党的自我革命战略思想，进一步增强全面从严治党永远在路上的政治自觉

习近平总书记在中央纪委六次全会上发表重要讲话，深刻总结新时代党的自我革命成功实践，深刻阐述全面从严治党取得的历史性开创性成就、产生的全方位深层次影响，对坚持不懈把全面从严治党向纵深推进、迎接党的二十大胜利召开作出战略部署，是推进新时代党的建设新的伟大工程的基本遵循，为新时代纪检监察工作高质量发展提供了行动指南。习近平总书记的重要讲话特别是关于党的自我革命战略思想，具有很强的政治性、理论性、指导性、针对性，我们要深入学习领会，切实把思想统一到全会精神上来。

首先，要深刻体悟自我革命是党跳出历史周期律的“第二个答案”，深刻认识新时代推进党的自我革命的重大意义。

跳出历史周期律，这是关系党千秋伟业的一个重大问题，关系党的生死存亡，关系我国社会主义制度的兴衰成败。对于这个问题，我们党始终在思索、一直在探索。抗战胜利前夕，毛泽东同志在延安的窑洞里给出了第一个答案，就是“让人民来监督政府”。建党百年之际，习近平总书记深刻总结党的百年奋斗历史经验，特别是党的十八大以来新的实践，给出了第二个答案，这就是自我革命。自我革命就是补钙壮骨、排毒杀菌、壮士断腕、去腐生肌，不断清除侵蚀党的健康肌体的病毒，不断提高自身免疫力，防止人亡政息。习近平总书记指出，100年来，党外靠发展人民民主、接受人民监督，内靠全面从严治党、推进自我革命，勇于坚持真理、修正错误，勇于刀刃向内、刮骨疗毒，保证了党长盛不衰、不断发展壮大。

全面从严治党是新时代党的自我革命的伟大

实践，党的十八大以来，面对“四大考验”日益严峻复杂、“四种危险”更加尖锐凸显的内外形势，以习近平同志为核心的党中央以将自我革命进行到底的非凡勇气，把全面从严治党纳入“四个全面”战略布局，以前所未有的勇气和定力推进党风廉政建设和反腐败斗争，刹住了一些多年未刹住的歪风邪气，解决了许多长期没有解决的顽瘴痼疾，清除了党、国家、军队内部存在的严重隐患，管党治党宽松软状况得到根本扭转。全面从严治党取得了历史性、开创性成就，产生了全方位、深层次影响，党在革命性锻造中更加坚强。

全面从严治党、推进自我革命，彰显了我们党不忘初心、牢记使命，以史为鉴、开创未来的政治自觉，体现了我们党对长期执政的规律性认识达到了新高度。回望我们党的百年征程，既是一部波澜壮阔的社会革命史，也是一部激浊扬清的自我革命史，是一部以伟大自我革命保障和推动伟大社会革命的历史。向第二个百年奋斗目标迈进的新征程，我们党领导人民进行伟大社会革命，涵盖领域的广泛性、触及利益格局调整的深刻性、涉及矛盾和问题的尖锐性、突破体制机制障碍的艰巨性、进行伟大斗争形势的复杂性，都是前所未有的。走好新的赶考之路，必须更加自觉地坚持以伟大自我革命引领伟大社会革命，将自我革命进行到底。

其次，要深刻体悟自我革命的核心要义，深刻把握新时代坚持自我革命、深入推进管党治党的基本要求。

党的十八大以来，全面从严治党的伟大实践开辟了党的自我革命的新境界。对此，习近平总书记从党和国家事业发展全局的高度进行了深刻总结，提出了“六个必须”。这就是：全面从严治党、推进自我革命必须坚持以党的政治建设为统领，坚守自我革命根本政治方向；必须坚持把思想建设作为党的基础性建设，淬炼自我革命锐利思想武器；必须坚决落实中央八项规定精神、以严明纪律整饬作风，丰富自我革命有效途径；必须坚持以雷霆之势反腐惩恶，打好自我革命攻坚战、持久战；必须坚持增强党组织政治功能和组织力凝聚力，锻造敢于善于斗争、勇于自我革命的干部队伍；必须坚持构建自我净化、自我完善、自我革新、自我提高的制度规范体系，为推进伟大自我革命提供制度保障。“六个必须”是从新时代党的自我革命成功实践得出的宝贵经验，是开辟百年大党自我革命新境界的奥秘所在，为我们在新的伟大征程上始终坚持自我革命、坚持不懈把全面从严治党向纵深推进指明了前进方向、明确了基本要求。

建设什么样的长期执政的马克思主义政党、怎样建设长期执政的马克思主义政党，这是新时代我们必须答好的“强党之问”。对此，习近平总书记在中央纪委六次全会上用“九个坚持”进一步作出了回答：坚持党中央集中统一领导，坚持党要管党、全面从严治党，坚持以党的政治建设为统领，坚持严的主基调不动摇，坚持发扬钉钉子精神加强作风建设，坚持以零容忍态度惩治腐败，坚持纠正一切损害群众利益的腐败和不正之风，坚持抓住“关键少数”以上率下，坚持完善党和国家监督制度，形成全面覆盖、常态长效的监督合力。这 9 条规律性认识，是党百年奋斗历史经验的成功运用，是对马克思主义建党学说的继承和发展。必须深刻领悟，切实运用到实践中去，以高度的历史主动和政治自觉推进新时代党的自我革命。

最后，要深刻体悟反腐败斗争“四个任重道远”阶段性特征，切实把思想行动统一到全会对推进全面从严治党的部署上来。

习近平总书记在十九届中央纪委六次全会上深刻分析当前依然严峻复杂的反腐败斗争形势，强调必须清醒认识到，腐败和反腐败较量还在激烈进行，并呈现出一些新的阶段性特征，防范形形色色的利益集团成伙作势、“围猎”腐蚀还任重道远，有效应对腐败手段隐形变异、翻新升级还任重道远，彻底铲除腐败滋生土壤、实现海晏河清还任重道远，清理系统性腐败、化解风险隐患还任重道远。只要存在腐败问题产生的土壤和条件，腐败现象就不会根除，我们的反腐败斗争也就不可能停歇。

习近平总书记要求，面对依然严峻复杂的反腐败斗争形势，我们要保持清醒头脑，决不能滋生已经严到位、严到底的情绪，永远吹冲锋号，牢记反腐败永远在路上。对推进今年全面从严治党工作，习近平总书记从6个方面作出部署：一是巩固拓展党史学习教育成果，更加坚定自觉地牢记初心使命、开创发展新局。二是强化政治监督，确保完整、准确、全面贯彻新发展理念。三是保持反腐败政治定力，不断实现不敢腐、不能腐、不想腐一体推进的战略目标。四是加固中央八项规定的堤坝，锲而不舍纠“四风”、树新风。五是加强年轻干部教育管理监督，教育引导年轻干部成为党和人民忠诚可靠的干部。六是完善权力监督制度和执纪执法体系，使各项监督更加规范、更加有力、更加有效。赵乐际书记要求纪检监察机关深入学习贯彻习近平总书记关于党的自我革命的战略思想，发扬彻底的自我革命精神，在维护党的集中统一领导、督促贯彻落实党的理论和路线方针政策、捍卫党的先进性和纯洁性上忠诚履职，并对6个方面的任务做了具体部署，对这些部署我们要深入学习领会，结合部内全面从严治党工作实际，结合部内党员干部队伍实际，结合退役军人事务系统实际，切实抓好贯彻落实。

二、始终保持清醒头脑，进一步增强全面从严治党的责任感紧迫感

建部伊始，部党组就提出“初始即严”“一严到底”，切实扛起全面从严治党主体责任，坚决贯彻党中央决策部署，把管党治党作为基础工程，坚持与机构组建、业务开展一同谋划部署、一同推进落实，有力服务保障退役军人事业发展。过去的1年里，部党组坚持以政治建设为统领，推进政治机关建设，深刻领悟“两个确立”的决定性意义，切实做到“两个维护”。扎实推进党史学习教育，深入学习习近平新时代中国特色社会主义思想和习近平总书记关于退役军人工作重要论述，不断增强“两个维护”的政治自觉、思想自觉、行动自觉。认真落实全面从严治党主体责任、监督责任，坚持抓班子、带队伍，从严教育监督管理干部。坚决纠“四风”、树新风，部署开展“法律政策落实年”活动，持续整治影响退役军人工作开展和政策落实的突出问题。深化廉政风险防控，开展内部巡视式监督检查，严肃查处违纪问题，不断加强党风廉政建设和反腐败工作，努力营造和维护积极向上、干事创业、风清气正的政治生态。部内全面从严治党取得新成效，凝神聚力、干事创业、积极作为的氛围愈

发浓厚，推动退役军人工作取得了新的成绩。党对退役军人工作的领导全面加强，“三个体系”基本建成，军改期间安置任务圆满完成，退役军人安置就业、服务保障、褒扬纪念、信访稳定等重点工作成效明显，社会尊崇氛围日益浓厚，有力维护大局稳定，为经济社会发展和国防、军队建设作出了应有贡献。

同时，必须清醒认识到，对照党中央的要求、对照新的形势需要、对照广大退役军人的期盼，退役军人工作还存在差距，全面从严治党的政治引领和政治保障作用还需要进一步加强。

首先，中国特色社会主义进入新时代，踏上实现第二个百年奋斗目标新的赶考之路，党中央对全面从严治党提出了更高要求。办好中国的事情，关键在党，关键在党要管党、全面从严治党。在中央纪委六次全会上，习近平总书记深刻分析当前反腐败斗争新的阶段性特征，向全党发出新的冲锋号令，强调要以迎接和开好党的二十大为主线，深入推进党风廉政建设和反腐败斗争，推动全面从严治党乘势而上、再接再厉，确保党和国家事业行稳致远。全面从严治党是新时代党的自我革命的伟大实践，反腐败是最彻底的自我革命。要深入学习领会习近平总书记的重要讲话精神，深刻认识全面从严治党的重大意义，准确把握反腐败斗争的阶段性特征，进一步提高认识，统一思想，永葆自我革命精神，不断增强全面从严治党永远在路上的政治自觉。

其次，退役军人工作进入新阶段、迈上新征程，需要更好发挥全面从严治党的引领和保障作用。组建退役军人事务部，是以习近平同志为核心的党中央着眼推进新时代强国强军伟业作出的重大决策，是事关党和国家工作全局的战略抉择。一方面，随着党和国家事业发展进入新的阶段，“三新一高”对退役军人工作提出了更高要求。退役军人工作必须完整准确全面贯彻新发展理念，进一步提升政策的科学性和精准性，提高服务保障的质量和效益。另一方面，退役军人工作作为国防和军队建设的重要组成部分，面对百年未有之大变局，面对实现中华民族伟大复兴的宏伟目标，必须自觉放到强国强军事业中来思考和推动。在向第二个百年奋斗目标迈进的过程中，退役军人既是宝贵的人才资源，又是国家安全和社会稳定的重要力量。加强对退役军人的服务保障，实现好维护好退役军人的利益，充分发挥退役军人的作用，离不开全面从严治党的政治引领和政治保障。

最后，部内党员干部队伍中存在一些需要引起重视的问题，全面从严治党工作还存在薄弱环节。驻部纪检监察组在监督工作中发现，部内个别领导干部纪律规矩意识还不够强，对自身要求不够严格，暴露出对党员干部的教育管理监督还存在不足，廉政风险防控机制建设还需要加强。站在新的历史起点上，我们面临的任务更加艰巨、挑战更加严峻。部内各级党组织和领导干部要深刻领悟习近平总书记关于反腐败斗争要永远吹冲锋号的要求，从我们党跳出历史周期律的政治高度，深刻认识全面从严治党是新时代党自我革命的伟大实践，始终保持正视问题的自觉和刀刃向内的勇气，切实增强忧患意识、风险意识，不断增强责任感、紧迫感，敢于善于斗争，勇于自我革命，把全面从严治党向纵深推进。

三、不断增强战略定力，进一步抓好全面从严治党各项工作

面对新的形势任务，部内各级党组织和领导干部要进一步提高政治站位，落实全面从严治党要求，落实中央纪委六次全会的工作部署，以更加坚定积极的态度、更加务实有效的举措、更加深入扎实的作风，推动全面从严治党各项工作取得新成效，引领和保障退役军人事业高质量发展。

（一）加强政治建设，坚决捍卫“两个确立”、做到“两个维护”

要把党的政治建设摆在首位。以学懂弄通做实习近平新时代中国特色社会主义思想为主线，强化理论武装，巩固拓展党史学习教育成果，深入学习贯彻党的十九届六中全会精神，深入学习宣传贯彻党的二十大精神，推动各级党组织和党员干部深刻领会“两个确立”的决定性意义，切实增强“四个意识”、坚定“四个自信”、做到“两个维护”。要学深悟透、坚决贯彻习近平总书记关于退役军人工作重要论述，聚焦“国之大者”“军之大事”带头贯彻落实习近平总书记关于退役军人工作重要指示批示和党中央重大决策部署，落实“三新一高”要求，坚决防范和纠正打折扣、搞变通、跑偏走样等问题，推动退役军人工作高质量发展取得新成效。要紧扣民心这个最大的政治，以退役军人为中心，把精力和心思用在破难题、克难关、着力解决退役军人群体最关心最直接最现实的利益问题上，不断提升退役军人的获得感、幸福感。

（二）加强廉政教育，增强拒腐防变免疫力

要立足提高党员干部思想觉悟、精神境界，切实加强廉政教育。组织深入学习党规党纪和法律法规，增强纪法意识。要严格执行政治纪律，带动各项纪律全面从严、一严到底。要加强廉洁文化建设，落实好《关于加强新时代廉洁文化建设的意见》，站在勇于自我革命、保持党的先进性和纯洁性的高度，从思想上固本培元，提高党性修养，提高拒腐防变能力。要把廉洁要求贯穿日常教育管理监督之中，引导领导干部廉洁自律，立身垂范，把握好政商交往界限，处理好亲清关系，努力形成亲不逾矩、清不远疏，公正无私、有为有畏的新型政商关系。要重视家风家教，以身作则管好配偶、子女，本分做人、干净做事。要加强对年轻干部的教育管理监督，越是重点选拔的越要重点管理，越是有培养潜力的越要严格要求，决不能选了任了就放之不管，引导年轻干部坚定理想信念，强化使命担当，正确对待权力，时刻自重自省，严守纪法规矩，扣好廉洁从政的“第一粒扣子”。年轻干部要按照习近平总书记要求，牢记清廉是福、贪欲是祸的道理，勤掸“思想尘”、多思“贪欲害”、常破“心中贼”，牢牢守住政治关、权力关、交往关、生活关、亲情关，筑牢拒腐防变防线。要深入开展警示教育，用身边事教育身边人，实现查处一案、教育一片的效果，促使干部知敬畏、存戒惧、守底线，增强干部自我约束的自觉。

（三）严格正风肃纪，坚决反对腐败

要树立正确政绩观、权力观，坚决纠治影

响党中央关于退役军人决策部署贯彻落实、漠视侵害退役军人合法权益、加重基层工作负担的形式主义、官僚主义。要严格遵守中央八项规定精神，发扬艰苦奋斗精神，厉行勤俭节约，对违规发放津贴补贴、借培训名义搞公款旅游、餐饮浪费等问题，不吃公款吃老板、不吃本级吃下级等隐形变异问题，露头就打，从严处理，加大点名道姓通报曝光力度。要坚持反腐败无禁区、全覆盖、零容忍，坚持重遏制、强高压、长震慑，坚持有案必查、有腐必惩。要完善一体推进不敢腐、不能腐、不想腐，保持对腐败的压倒性力量常在，深入剖析案件，查找体制、机制、管理、监督方面的漏洞，以案促改、以案促治。

（四）完善权力监督制约制度机制，增强监督协同

各级党组织是党内监督的责任主体，要切实履行监督主责，提升监督力度，充分履职尽责。要自觉落实“一岗双责”，看好自己的门，管好自己的人，做到真管真严、敢管敢严、长管长严，决不能当“老好人”。机关纪委和各单位纪委及纪检委员要发挥监督专责作用，敢于监督、善于监督，协助党组织全面从严治党，推动党组织主体责任、书记第一责任人责任和纪委及纪检委员监督责任贯通联动、一体落实，确保全面从严治党政治责任落到实处。要坚决贯彻落实《中共中央关于加强对“一把手”和领导班子监督的意见》，强化对履行“一岗双责”、依规依法履职用权、廉洁自律等情况的督促检查。要主动接受监督，自觉接受监督，习惯在监督和约束中工作生活。

今年，驻部纪检监察组将以习近平新时代中国特色社会主义思想为指导，深入贯彻中央纪委六次全会精神，推进派驻监督更高质量，更好发挥监督保障执行、促进完善发展作用，推动部全面从严治党向纵深发展。重点抓 4 个方面：一是强化政治监督，重点围绕学习贯彻习近平新时代中国特色社会主义思想、贯彻落实习近平总书记重要指示批示精神和党中央重大决策部署、学习贯彻党的二十大精神、聚焦“三新一高”等重大战略和防范化解退役军人事务领域重大风险等方面开展监督检查。二是做实日常监督，进一步加强与部党组及部内单位的日常沟通，密切关注“四风”苗头性、倾向性、隐蔽性问题，加强廉政审查工作，严肃查处违反中央八项规定精神行为。三是严格正风肃纪反腐，严格规范办理信访举报，做好线索处置和审查调查工作，严肃查处腐败问题，用好“四种形态”，深化“三不”一体推进。四是促进各类监督贯通协同，继续做好与部党组专题会商，加强对机关纪委履职情况的监督指导。积极配合中央巡视工作，监督做好巡视整改。

在2022年度第二次网信专题会议上的讲话

（2022年7月22日）

常正国

今天的部网信专题会议，主要任务是总结分析上半年网信工作特别是数据集中统一整合工作，审议相关标准规范，研究部署下一步任务。数据集中统一整合是退役军人工作数字化转型的前提和基础，是今年部党组谋划的一项重点专项任务，下面就抓好这项工作，我讲3点意见。

一、充分肯定前期取得的工作成绩

数据集中统一整合工作经过3个月的积极推进，按照最初的方案一步一个脚印取得了很多成果，有些甚至是历史性的突破，很有意义。

（一）彻底解决了标准不统一的问题

一方面首次制定了完备的人员类别信息标签标准，既兼容了历史复杂情况，又满足了当前服务保障需要；既覆盖了所有管理服务对象，又做到了无交叉重复、统计口径准确一致，为人员数据的集中统一管理打下坚实基础。另一方面形成了首部行业信息化标签标准，针对人员、组织机构信息不一致的问题，编制了人员基础信息、服役信息、就业信息、服务保障信息及机构性质、机构级别信息等，共6个方面46类信息标签标准，实现了退役军人事务部门行业标准“零”的突破。

（二）有效处理了数据不准确的问题

一是为有效提高业务信息系统数据质量，我们全面筛查了国家退役军人信息数据库、各业务信息系统数据，编制了退役军人事务部门信息资源目录清单，规定了各司（局）数据的范围、用途和更新方式等，为各类数据的精准管理提供基本依据。二是针对在筛查过程中发现的几十万个问题数据，按照信息资源目录清单确定的职责分工，由相应业务司（局）对数据质量负责，制定了数据修正实施方案和各类数据修正的具体方式方法，通过各业务领域下发各地核实修正，8月底前，将全部处理完成。三是针对业务信息系统数据不能全面反映业务工作的情况，启动了就业创业、优抚、军供3个系统的升级改造，确保了业务信息系统对统计报表数据的全面覆盖。

（三）互联互通取得了阶段性进展

我们制定了数据协同管理机制，明确人员信息以建档立卡系统为基本信息入口、不同业务信息系统根据不同权限补充业务信息，组织机构、行政区划由统计系统和服务中心（站）管理系统分工维护、各业务信息系统统一使用。在此基础上编制了互联互通技术方案，明确了数据库和业务信息系统的数据交换方式和后续技术实施计划安排，打牢了数据实时共享应用的基础。

前期工作取得的成效，主要得益于部党组的坚强领导、各单位的密切配合和工作人员的担当奉献，是大家共同努力的成果。在肯定成绩的同时，我们也要看到存在的问题，主要是部分工作推进不够顺利，未按照月度计划严格落实，或提交的成果质量不高，需要返工回炉，导致工作延期。这方面规财司要加强协调，及时提醒督办。

二、进一步提高工作站位

数据之于信息化，就像地基之于盖房子，基础不牢地动山摇。只有数据搞准了，信息化对业务工作的驱动支撑作用才能发挥显现出来，所以，我们还是要坚定不移地推进这项工作，切实把思想和行动统一到部党组的部署要求上来，进一步提高工作站位。

（一）从实现精准管理的角度看，必须进一步加快数据统一的步伐

习近平总书记指出，信息是国家治理的重要依据。现在我们的数据库和各个系统里都各自汇集了大量工作数据，但是系统间数据不互通，“信息孤岛”现象依然存在，只有按照一定的标准把这些数据科学有效、条理清晰地统一起来，才能彻底解决各系统间数据不一致的问题，才能精准掌握退役军人各个方面的信息，及时响应退役军人实际诉求，开展针对性、精细化的管理保障。

（二）从实现实时共享的角度看，必须进一步加快数据整合的步伐

月初，国家政务数据共享协调小组召开第一次全体会议，明确要求各部委要深入推进数据共享应用，为“放管服”改革提供重要支撑。我们必须把数据全面整合起来，这样才能共享真实的数据，推进与公安、教育、人社、卫健、住建、医保等部门打通，实现军人退役“一件事”办理，方便退役军人享受子女入学、医疗、保障性住房等方面的优惠政策，让退役军人获得感成色更足。

（三）从实现科学决策的角度看，必须进一步加快数据集中的步伐

习近平总书记强调，要建立健全大数据辅助科学决策和社会治理的机制，推进政府管理和社会治理模式创新。我们要尽快形成退役军人大数据资源，将退役军人各方面数据集中起来，挖掘数据中蕴含的价值，实现退役军人工作数据的全方位、实时化展示，通过数据分析，为政策创制、精准研判、辅助决策提供支撑。数据汇聚到一定阶段，形成更全面、更智能的数据库，甚至能预测发展趋势、预警风险隐患。

三、全力完成既定目标任务

信息化经过几年的建设，已建成国家退役军人信息数据库，上线了 32 个业务信息系统，基础打得不错。针对数据集中统一整合工作，我们成立了工作组及专班，建立了月度清单制、半月督导制，原本估计整合起来会比较顺利，但随

着工作的深入推进，目前来看，任务仍然艰巨。一是数据集中统一整合不是单纯的技术实施工作，要综合考虑业务实际需要和技术可行性。由于新中国成立以来退役军人相关政策法规不断发展变化，不同时期的安置方式、保障措施等不尽相同，产生了复杂的退役军人身份类别，在制定人员类别标签标准时，需要按照相关法律法规、政策文件对人员类别进行全面梳理，并与各司（局）、地方、军队都达成一致，在4轮修改完善的基础上才最终定稿，已经超出了信息化技术范畴，需要各司（局）的紧密配合、大力支持。二是数据集中统一整合涉及协同推进的事项多，这次需要整合的有19个业务信息系统，标准已经制定了，信息中心要按统一标准抓紧改造系统，各业务司（局）也正在修正问题数据，为了确保系统数据全面可靠，各司（局）还要抓紧推进系统功能升级和全面应用，涉及多方面工作，各项工作相互关联、相互影响，任何一方面做不好，都会拖后工作进度，需要统筹谋划、协同推进。三是数据集中统一整合实施路径复杂。经梳理，同一个退役军人最多可能在5个业务信息系统中同时存在，在不同业务信息系统里的信息不一致，以谁为准？同一个退役军人的服役信息、安置信息、就业信息、服务保障信息可能由不同的业务司（局）管理，技术上怎么实现互联互通？需要精准的设计、科学的论证，才能确保数据不会出现冲突、重复、“多头管理”等情况。这些都需要我们认真把握、妥善处理。下一步，要注意抓住几个重点工作：

（一）推进标签标准应用

现在人员、组织机构的标签标准都已确定，下一步就是要推进应用。一方面要加强培训，向各地宣贯标准内容和统一标准的重要意义，指导各地提升标准使用能力；另一方面要结合退役军人工作高质量发展示范区建设，开展标准试点试用，为标准全面铺开应用积累经验。可以在京津冀选取一个地方，再从深圳、上杭等地选取一些地方进行试点。这项工作的推进情况要形成工作简报向中央报送，届时请秘书局、办公厅积极配合。

（二）明确数据管理权责

前期规财司梳理清楚了管理服务对象的类别信息，但是在推进各类人员数据整合的过程中，发现相关数据的管理权责还不够清晰，部分人员的数据由多个司共同管理，权责存在交叉，有的人员数据目前还没有人管。规财司还是要牵头把这项工作抓起来，制定数据管理权责清单，给每类数据都找个管理责任单位，必要情况下可以提出意见建议，从“三定”上明确相关职责。责任明确了，问题数据才能根治，数据质量才能上得去。

（三）实现数据互联互通

现在互联互通技术方案已经制定，后续的技术工作，信息中心要重点承担起来。今年信息中心既要全力推进国家平台建设，又要负责整合工作的技术实施，任务很重。但互联互通等工作，本身就是国家平台的重要建设内容。信息中心还是要把两个方面的工作结合起来，协同推进，确保在8月全面打通信息化平台的数据通道，在10月实现统计报表从各业务信息系统自动生成、实时提取。

（四）实时展示业务数据

前期信息中心制定了数据大屏建设方案，也拿出了大屏设计图的初稿，但还不是很完善，下一步规财司、信息中心要与各业务司抓紧沟通确认，进一步优化设计，做到简洁美观、重点突出，通过数据大屏能够一目了然地了解各业务工作的开展情况。搬迁到办公新址后，要向部党组做一次展示汇报，届时请各司（局）负责同志对本领域业务数据做讲解说明。各司（局）要加强对数据的审核把关，确保用真实、有效的数据说话。如果这项工作做好了，可以说我们的信息化工作又迈上了一个新的台阶。

数据集中统一整合是信息化与业务工作深度融合的一个过程，任务很重，也很难，大家一定要在思想上高度重视，协同配合、步调一致、扎实推进，给这项工作画上一个完满的句号。

在全国退役军人就业创业工作推进会上的讲话

（2022 年 11 月 3 日）

常正国

这次全国退役军人就业创业工作推进会，主要任务是：深入学习贯彻党的二十大精神，深刻领悟习近平总书记关于退役军人工作重要论述，围绕新形势新任务新要求，统一思想认识，明确工作思路，交流经验做法，对当前和今后一个时期退役军人就业创业工作进行动员部署，推进贯彻落实。

近一年来，在习近平总书记和党中央、国务院的亲切关怀下，各级退役军人事务部门认真贯彻各项决策部署，坚持把做好退役军人就业创业工作作为重要政治任务，纳入全局工作统筹安排，摆在突出位置狠抓落实，有效应对国内外经济形势变化和新冠肺炎疫情影响，全力保就业、保退役军人市场主体，退役军人就业形势保持整体稳定，取得明显成效。一是就业创业政策体系基本完善。出台鼓励民营企业招用自主就业退役军人、促进优秀退役军人到中小学任教、支持创业创新、加强就业困难帮扶、做好从事个体工商户经营有关工作、用足用好优惠政策、妥善处理高职扩招退役士兵学生资助问题等 7 个方面政策文件，支持退役军人就业创业的力度进一步加强，服务保障相关机制举措进一步健全，体现尊崇尊重、服务保障并重的就业创业政策制度体系基本成型。二是就业竞争力有所增强。持续开展适应性培训、职业技能培训，衔接做好退役大学生士兵复学工作，6700 余名退役军人通过专项计划就读研究生，首批高职扩招退役军人毕业生 30 余万人今年顺利毕业，更高质量就业的基础进一步夯实。三是就业渠道规模稳步拓展。深入推进与企业签约合作，全国各级签约企业数量达 1.3 万家，2022 年提供岗位近 40 万个，助力退役军人充分就业。继续拓宽行业合作，与交通运输部海事局合作推进“浪花计划”、与外交部驻外服务局联合选拔培养退役军人从事驻外使领馆安保服务、与应急管理部开展消防救援人员定向招聘，奋力打通优秀退役军人到中小学任教的机制渠道，为退役军人提供更丰富的就业选择。四是创业扶持环境不断优化。全国 3550 个退役军人就业创业园地相继设立，退役军人创业创新大赛、创业创新成果展交会等平台有力搭建，全国“军创英雄汇”带岗带货活动顺利举办，创业新时代——全国退役军人创业创新录、各级“退役军人创业光荣榜”有计划刊发，退役军人创业群体的社会影响力和关注度大幅提升。五是服务国家战略作用日渐凸显。投身乡村振兴方面，多次召开电视电话会议专门部署，返乡入乡就业创业退役军人人数持续增加，目前已超过43万人，学历、年龄也大幅优化。推动区域协调发展方面，京津冀、长三角建立起一体化协同发展机制，培训资源共用、就业岗位共享已初步推开。

同时也要清醒地看到，目前工作中仍面临不少矛盾问题。一是退役军人就业竞争压力有增无减。受到疫情反复和经济下行压力加大影响，企业用工岗位收缩，许多退役军人创业企业生产经营受到较大影响，稳岗压力较大。加之今年需要就业的退役军人人数翻倍，首批高职扩招退役军人毕业生叠加本年度新增退役军人，总数超过60万人，岗位供给缺口加大，退役军人面临的就业形势依然十分严峻。二是教育培训的针对性依然不强。财政经费保障不足、各地资源分布不均、培训项目落后于经济社会发展需要，导致退役军人学不到"真功夫"，或者学到的技术仍然不能支持他们充分稳定就业，与退役军人的期望和需求有较大差距。三是各方力量参与融合不够充分。退役军人就业创业工作涉及的就业创业补贴、担保贷款、公益性岗位、园地建设运营、公务员和事业单位招录等平台和资源分散在多个部门，社会组织、中介机构和企业在提供就业创业咨询、投融资对接、项目咨询、适岗教育、职业技术培训及吸纳就业等方面存在诸多优势，凝聚合力的"契合点"还需继续挖掘。这些问题，有些是老问题、有些是新问题，我们要具体分析、深挖根源，把解决这些问题作为下步就业创业工作的着力点和突破口。

下面我对做好今后一段时期的退役军人就业创业工作，讲几点意见。

一、提高政治站位，将思想行动融入党和国家事业全局

就业是民生之本、稳定之基，就业创业始终是广大退役军人最关心最直接最现实的利益问题。我们要进一步提高政治站位，不断提高做好退役军人就业创业工作的思想自觉和行动自觉。一是把思想和行动统一到习近平总书记关于退役军人就业创业工作重要指示批示上来。深刻领会习近平总书记对退役军人就业创业工作的科学谋划，准确理解新时代退役军人就业创业工作的目标方向、重点任务和方法路径，充分认识退役军人的"人才属性"，真正认清做好退役军人就业创业工作是国之大事、民之关切，自觉以习近平总书记重要指示批示精神为根本遵循推进实际工作。二是全面对标落实党的二十大精神和党中央、国务院决策部署。党的二十大报告提出，实施就业优先战略，强化就业优先政策，健全就业公共服务体系，加强困难群体就业兜底帮扶，消除影响平等就业的不合理限制和就业歧视，使人人都有通过勤奋劳动实现自身发展的机会；强调做好退役军人服务保障工作。我们要自觉把退役军人就业创业工作放到国家就业优先战略大局中谋划布局，对标对表贯彻党的二十大精神，落实好党中央、国务院关于就业工作的决策部署。三是坚定推动实现"让退役军人成为全社会尊重的人"的目标。就业创业是退役军人实现其社会价值的主要渠道。就业好，人心就稳定，退役军人的作用就能发挥好，继而才能获得社会的认可和尊重。我们要立足工作全局，着眼退役军人特点需求，加强扶持力度，深挖市场潜力，创新工作机制模式，利用社会各方力量，促进退役军人

更加充分稳定就业，助推就业创业工作高质量发展。

二、狠抓政策落地，确保优先优惠落到实处

做好退役军人就业创业工作必须坚持以钉钉子精神抓落实。我部成立以来，就业创业领域已经先后出台39个政策文件，还有2个文件正在会签即将印发，各地也因地制宜地制定了相关配套文件或拿出了具体举措。一是要加强宣传解读。将部级层面和当地配套政策通过多种途径宣传，及时推动相关工作，尽可能缩短政策变现时间差，努力让服务对象更快更好享受改革发展红利。同时也要积极汇总推出涉及就业创业普惠性政策的文件“工具箱”，让退役军人更加便捷地了解优惠政策、实现应享尽享。《退役军人就业创业促进条例》目前已经初步征求了军地相关部门和各地意见，正在按程序推动出台，届时各地要及时学习领悟、加强宣传解读，推动条例落实落地。二是要及时督查推动。紧紧围绕政策文件中的相关要求，深入基层一线、深入退役军人中间了解工作进展和落实情况，及时进行调查研究、专题探讨，逐条逐项对照跟进、查缺补漏，确保政策举措落到退役军人身上。三是要加强跟踪问效。把政策落实成效作为检验工作的重要标准，重视政策落实成效的评估检验和总结推广，形成完整的工作闭环。对取得了较大成效的地方，在全国通报表扬并宣传推广特色经验做法；对收效甚微的地方，协助分析问题，研究推动路径；对于动作较慢，甚至没有推动落实的地方，要加强督促。

三、加强协同协作，统筹推动工作更深更实发展

退役军人就业创业工作涉及的领域广、层面多，要紧贴新时代退役军人工作的目标任务，强化协同协作，确保工作各个环节有机衔接、深度融合。一是加强部门合作。要结合现有政策，建立完善与各部门间的合作机制，深入扩展具体合作项目。例如，在“民营企业招聘月”“金秋招聘月”等活动中设置退役军人优先招用岗位板块，借助高技能人才队伍建设项目、职业技能大赛培养选拔一批退役军人技术人才，在各级各类展交会中设置退役军人专场或专区，在相关部门建立的创业孵化基地（园区）挂牌设立就业创业园地或专区等。要强化各级党委退役军人事务工作领导机构作用发挥，压实各部门做好退役军人就业创业工作的政治责任，确保中央各项决策部署不折不扣地落到实处。希望在座各位多向党委政府负责同志请示汇报，推动各相关部门多算政治账、大局账、国防账、安全账，心往一处想、劲往一处使，敢于触及深层次矛盾问题，把促进退役军人就业创业的各种关系打通捋顺。二是加强系统协作。“弹钢琴”要10个手指都动起来，1个手指是敲不出协奏曲的。要把就业创业工作同退役军人事务系统的其他各项工作有机结合起来。例如，利用“优待证”发放完善退役军人就业创业台账，将创业带动退役军人就业的先进典型纳入“双拥模范”“最美退役军人”评选，指导事业单位、社会力量举办招聘会、创业成果展交会等，进一步提高全系统的整体效能。三是加

强区域联动。针对各地尤其是东西部之间、城乡之间就业机会和培训资源的不平衡问题，要依托乡村振兴、区域协调发展、东西部对口援助协作及开发区建设等国家战略部署，加强岗位资源共享、培训资源共用、平台资源共建，为退役军人提供更多选择、更优服务。

四、坚持创新思维，聚焦矛盾问题务求突破

就业创业是一项全新工作，必须要坚持创新思维。特别是各地要发挥优势，善于用活用好地方事权，聚焦问题、因地制宜、试点探路，创新出更多务实举措。一是要在帮助退役军人树立正确就业观上有进展。要探索把适应性培训前置到办理退役手续、领取退役补助之前，推动全员参加，上好回归地方的第一课。要丰富引导方式方法，通过集中授课、实地参观、座谈讨论等多种方式，宣传讲解政策、分析就业形势、交流经验教训，帮助退役军人更快更好融入社会，进入市场。二是要在增强教育培训针对性上有突破。探索机制方法，推动实现培训资金异地结算，助力退役军人享受更优教育资源。探索同有关部门、机构和企业开展项目制培训，用好就业补助资金和企业资源，聚焦提升退役军人适岗技能。加快推动职业技能培训目录更新，结合当地产业需求为退役军人提供有一定技术含量的培训科目。三是要在继续拓宽就业渠道上有亮点。继续扩大签约合作企业范围，抓好优先招聘岗位落实。探索与公安辅警、公路铁路管理运营等更多产业行业合作，扩大就业空间。深入推进退役军人投身乡村振兴，引导他们结合当地产业优势和特色创业就业。扎实推进优秀退役军人到中小学任教工作，鼓励有条件有能力的退役军人通过学习培训到更多学科任教。推动国防教育辅导员职业体系建设，鼓励引导退役军人投身国防教育领域。有条件的地方还要引导有实力的个体工商户吸纳退役军人就业，并为他们提供精准指导服务。四是要在凝聚更多力量参与上有成效。协调发挥公共就业服务机构作用，调动市场化机构和就业创业志愿服务团队的积极性，有针对性地为退役军人提供职业介绍、职业指导、就业援助、创业扶持等服务。探索更多金融支持形式，用好各地就业创业联盟及导师队伍，为退役军人提供更加实惠、更加专业的就业创业指导帮扶。探索在当地退役军人较多的企业设置退役军人就业服务站或退役军人就业之家，补充完善退役军人就业服务体系，将工作延伸到每一名退役军人。

五、夯实基础建设，力争就业服务更加精细更高质量

一是要扎扎实实摸清底数。准确掌握底数是精细化服务的基础，也是中央巡视组提出的整改要求。要借助常态化走访、部门间数据比对等途径，尽快摸清自主就业退役士兵就业情况及需求，了解复学、深造、培训情况和意愿，掌握退役军人创办的市场主体数量、类型及经营情况，做到“底数清、情况明”。要充分用好部里和各地的信息化平台建设成果，利用大数据动态掌握就业信息，下大力气把台账系统做细，为精准决策奠定基础。二是要推动基层服务中心（站）发挥更大作用。基层退役军人服务中心（站）是退役军人服务体系的末端，最能直接体现就业服务

工作效能。要不断优化工作方法，克服人少事杂的现实阻力，将就业创业与矛盾化解、困难帮扶等事务性工作有机整合、统筹推进。要重视履行就业创业帮扶职能，定期对退役军人就业情况进行摸底统计，认真开展政策宣传和岗位推送，畅通就业诉求的反映渠道，将“最后一公里”走实。三是要持续抓好干部队伍建设。干部队伍就是推进工作取得实效的关键。要继续加强政治能力建设，提高干部队伍的政治判断力、政治领悟力、政治执行力，牢牢树立做好退役军人就业创业工作是政治任务的理念。要加强业务培训和指导，不断提升退役军人事务系统就业创业条线工作人员，特别是基层工作人员的业务能力和政策水平，适应新时代退役军人就业创业工作的新形势、新任务、新要求。部里已经连续 2 年开办了 9 期骨干培训班，按照“3 年轮训一遍”的计划，明年还要继续开办，各地要积极组织参加，同时搞好自己省里的培训工作。要持续抓好作风建设，坚持带着感情、带着责任、带着温度投入工作，以过硬作风推动工作，出实招、办实事、求实效，让广大退役军人得实惠。

今天参会的各地退役军人事务部门负责同志，回去后要向当地党委退役军人事务工作领导小组汇报这次会议的精神，切实健全工作机制，加强统筹指导，把退役军人就业创业工作抓实抓细抓具体，确保今年工作高质量收尾，明年工作高标准谋划。

做好退役军人就业创业工作责任重大、使命光荣。让我们更加紧密地团结在以习近平同志为核心的党中央周围，深入学习贯彻党的二十大精神，认真落实党中央、国务院决策部署，迎难而上、奋力进取，持续推动退役军人更加充分稳定就业，不断推动退役军人就业创业工作再上新台阶！

传承红色基因　弘扬英烈精神 奋力谱写新时代烈士褒扬工作新篇章

——在《中国退役军人》2022 年第 10 期上的署名文章

（2022 年 10 月 10 日）

常正国

英雄烈士事迹和精神是中华民族共同的历史记忆和宝贵的精神财富，是激励全国各族人民为实现中华民族伟大复兴中国梦而不懈奋斗的力量源泉。烈士褒扬工作是党的重要政治优势，事关经济社会发展和国防军队建设，事关党心军心民心。在迈向第二个百年奋斗目标新征程上，我们要深刻领悟“两个确立”的决定性意义，增强“四个意识”、坚定“四个自信”、做到“两个维护”，心怀国之大者，传承红色基因，弘扬英烈精神，奋力谱写新时代烈士褒扬工作新篇章，以实际行动迎接党的二十大胜利召开。

深刻领悟习近平总书记重要指示精神，牢牢把握新时代烈士褒扬工作根本遵循

习近平总书记高度重视烈士褒扬工作，党的十八大以来，习近平总书记从实现中国梦强军梦的战略高度，亲自谋划部署推动烈士褒扬工作，躬亲垂范，缅怀先烈的红色足迹遍布国内 20 余个省份及境外多个国家，39 处英烈纪念设施或其他革命纪念场馆，向人民英雄、抗美援朝志愿军烈士敬献花篮，用实际行动告诫全党同志要高举红色旗帜，牢记英烈事迹和精神。习近平总书记就烈士褒扬工作作出一系列重要指示，要求铭记历史、牢记为新中国诞生而浴血奋战的烈士英雄，强调在全社会树立崇尚英雄、缅怀先烈的良好风尚，指出要加强对烈士纪念设施的规划、建设、修缮、管理维护，要大力弘扬英烈精神。这一系列重要指示精神，深刻回答了烈士褒扬方向性、根本性、战略性问题，为做好新时代烈士褒扬工作提供了科学指引和根本遵循。我们要坚决贯彻落实习近平总书记关于烈士褒扬工作重要指示精神，按照党中央统一部署，深刻领会“服务经济社会发展、服务国防和军队建设”的时代意义和重要内涵，深刻认清担负的重大政治责任和重要历史使命，充分发挥烈士褒扬工作凝心铸魂、传承红色基因的宣传教育作用，为全社会奋进新征程、建功新时代凝聚强大精神力量。

践行初心使命，烈士褒扬工作基础不断牢固

退役军人事务系统始终坚持以习近平新时代中国特色社会主义思想为指引，提请以中央名义印发《烈士纪念设施规划建设修缮管理维护总体工作方案》《关于加强新时代烈士褒扬工作的意见》，持续完善烈士褒扬政策体系，夯实烈士纪念设施红色教育阵地，不断丰富纪念缅怀活动的形式内容，崇尚英烈、缅怀英烈、学习英烈、捍卫英烈、关爱烈属的意识逐步深入人心。

（一）服务国家经济社会发展作用日益明显

应对突如其来的新冠肺炎疫情，及时褒扬疫情防控牺牲烈士，为坚决打赢疫情防控的人民战争、总体战、阻击战提供强大精神支持。规划建设红军长征湘江战役纪念园，隆重安葬红军烈士遗骸，公布第3批80处国家级抗战纪念设施、遗址名录和185名著名抗日英烈、英雄群体名录，缅怀先烈、牢记历史。围绕庆祝中国共产党成立100周年、新中国成立70周年、纪念抗战胜利75周年、抗美援朝出国作战70周年举行系列纪念活动，连续9年迎回9批共913位在韩中国人民志愿军烈士遗骸归国安葬，彰显中国共产党“百年大党、风华正茂”光辉形象。

（二）红色教育阵地建设管护持续深入

积极推动将烈士纪念设施规划建设和提质改造纳入了“十四五”社会服务兜底线项目，中央财政列支专项经费20亿元实施县级以下烈士纪念设施整修工程，优化展陈讲解内容，充分彰显红色教育功能，为助力党史学习教育、青少年爱国主义教育提供坚实阵地。实地勘察近百处境外烈士纪念设施，与相关国家磋商百余次，完成朝鲜、赞比亚、巴布亚新几内亚等11国15处修缮工程，境外烈士纪念设施缅怀先烈、传承友谊的作用不断彰显。

（三）烈士烈属合法权益得到有力维护

中央财政连续18年以较大幅度提高烈属定期抚恤金标准，普遍为烈属家庭悬挂光荣牌，邀请烈属代表参加重大活动、烈士纪念日公祭仪式，通过“为烈士寻亲”为2700余名烈士寻找到亲人。推动将英雄烈士保护纳入党和国家功勋荣誉表彰制度体系，13个部门联合建立英雄烈士保护部门联动协调制度，及时依法惩处“蜡笔小球”、罗某平等极少数侵害烈士名誉、荣誉等行为，有力维护烈士烈属合法权益。

（四）英烈事迹和精神广为传承弘扬

打造红色文化宣传品牌，指导创作《英雄回家》《你记得我 我就活着》《1950他们正年轻》等主题影视作品，讲好党的故事、革命的故事、英烈的故事。编撰《烈士英名录》，在中国共产党历史展览馆展陈7000余名中华著名烈士事迹，连续举办两届英烈讲解员大赛等系列主题活动，营造崇尚英烈、关爱烈属的社会氛围。会同共青团中央等部门联合印发《关于用好烈士褒扬红色资源　加强青少年爱国主义教育的意见》，组织“红领巾心向党”“以青春之我　耀信仰之光”学习实践，引导广大青少年厚植爱党、爱国、爱社会主义的情感。

秉承英烈精神，推动烈士褒扬事业行稳致远

随着我国开启全面建设社会主义现代化国家新征程，弘扬英烈精神、赓续红色血脉、让红色江山代代相传成为新时代赋予烈士褒扬工作的重要使命任务。我们必须始终坚持以习近平新时代中国特色社会主义思想为指导，准确把握新时代新要求，稳中求进、开拓创新，以更加昂扬的精神状态，推动新时代烈士褒扬工作高质量发展。

（一）坚持党的领导

牢牢把握新时代烈士褒扬工作的鲜明政治属性，把党的领导贯彻到事业发展全过程，贯彻为经济社会发展服务、为国防和军队建设服务总方针，落实党中央、国务院重大决策部署，不断健全新时代烈士褒扬工作机制，用英烈事迹和精神教育引导广大干部群众砥砺初心使命、厚植爱国情怀、弘扬民族精神，在全社会凝聚缅怀革命先烈、铭记光辉党史、砥砺奋勇前进的精神力量。

（二）坚持精神激励

褒扬彰显烈士家庭甘于牺牲奉献的精神风范，在解决好烈属后续生活保障、救助帮扶援助等实际问题的同时，注重荣誉激励和精神褒奖，突出关爱尊崇，着力提升烈属获得感、幸福感。要搭建发展平台，完善烈士子女教育优待，拓宽烈属就业渠道，着力培养和挖掘优秀烈属典型，鼓励参与基层社会治理，切实发挥烈属在新时代中国特色社会主义建设中的作用。

（三）坚持创新发展

加强烈士纪念设施提质改造，完善设施设备，挖掘烈士纪念设施承载的英烈事迹和精神，丰富纪念缅怀元素。加强英烈研究员、讲解员队伍建设，苦练宣传教育“内功”，提升专业队伍能力素养。抓住网络时代特点，深入应用互联网、大数据、人工智能、VR等信息技术手段，探索形成烈士纪念设施保护管理利用贴近群众、动员群众、融入群众的新局面。

（四）坚持价值引领

突出抓好著名英烈、重大活动、重要时节宣传，运用新媒体、新技术和群众喜闻乐见的形式，培育厚植尊崇英烈的社会风尚。开展英烈遗物、家书、史料收集整理，完善《烈士英名录》，加强英烈文化研究，丰富英烈精神内涵。广泛开展英烈纪念活动，优化烈士寻亲政府服务平台，发挥国家烈士遗骸搜寻队和国家烈士遗骸DNA鉴定实验室作用，动员引导志愿服务力量参与英烈褒扬，弘扬英烈精神，赓续红色基因。

在中央单位和北京市军转安置考试工作任务部署会上的讲话

（2022年6月9日）

杨友斌

今天我们召开中央单位和北京市军转安置考试工作任务部署会。我就做好这项工作讲几点意见：

一、思想上要高度重视

军转安置工作是党中央和习主席关注的大事，事关转业军官切身利益、事关社会大局稳定、事关国防和军队建设，大家要把安置考试作为当前工作的重中之重，切实摆上高位、大事大抓。一是要加强学习，学习好习主席关于军转安置工作重要指示批示精神、党和国家有关政策法规，以及今年考试的方案预案和工作要求等，切实把思想统一到党中央、国务院、中央军委决策部署上来。二是要健全组织，各单位要把今年的新情况新要求向本单位领导汇报好，对照方案明确的任务分工，进一步建立健全工作组织，明确岗位职责，切实为抓好落实提供坚强保证。三是要深入动员，搞好思想再发动、工作再部署，讲清楚军转安置考试的重要性、神圣性，进一步强化光荣感、使命感，切实服好务、尽好责。

二、力量上要精干高效

安置考试专业性强、准备时间短、工作头绪多，组建一支过硬队伍是前提，更是关键。我感到，参与的同志要具备4个方面要求：一要懂政策，对军转安置政策、考试程序流程、疫情防控要求等要熟知于心。二要有经验，监考人员、阅卷人员、保障人员要从有2年以上参与组织大型考试的人员中遴选。三要能吃苦，面对繁杂的协调保障事项，能够严谨细致、按时完成。四要善攻坚，越是艰难越向前，特别是领导干部要紧盯场地布设、秩序维护、疫情防控等重点工作，全程参与进去、亲自推动落实。各单位要结合实际把人员配备好，确保事事有人抓、件件能抓好。

三、工作上要密切配合

参与考试组织保障的，既有国家部委、军委机关，又有市区部门、基层单位，还有学校和事业单位，层级多、人员多、程序多，工作中搞好协调联动、形成一盘棋很重要。一是要在思想上配合，各单位要树牢大局意识，摒弃本位主义、部门思维，做到心往一处想、劲往一处使。二是要在业务上配合，要主动沟通对接，在疫情防控、审核报名、考务保障等跨部门、跨单位、跨军地的工作上无缝衔接，形成合力。三是要在行动上配合，要相互补台、相互帮衬，特别是处在一线的公安、交管、应急及学校相关工作人员，要加强沟通、协调联动，共同发现解决好工作中可能出现的矛盾问题。

四、保障上要精准细致

考试面上考的是考生，背后检验的是保障。我们要用全面周到、精益求精的保障，让每名考生感受到组织的关心。要突出抓好 4 个方面：在参考注意事项上，及时对报名时间程序、考试着装规定、疫情防控要求、“两证一卡”准备等事项逐一明确、列成清单，采取书面、电话或微信群等方式，不落一人地通知到每名考生。在考试用品准备上，为每名考生准备好红黑签字笔、稿纸、备用口罩、消毒湿巾、矿泉水等物品，装在文件袋中，提前摆放在桌角上。在场地设置规范上，合理安排体温检测区、隔离等候区、考场管控区、车辆停放区等，每个区域都要安排专人值守，每个路口都要设置路牌指引、每个考场都要张贴座次安排，做到一目了然、一清二楚。在医疗卫生保障上，安排好现场救护人员、车辆，备好防暑降温及常用急救药品，提前协调好接诊医院和绿色通道。

五、考风上要从严要求

裴部长专门作出批示，强调要重视保密、考风考纪监督工作。在这方面怎么严格都不为过。考试前，要加强考卷管控，对参与命题人员、印制保管人员、押送运输人员等加强管理监督，防止跑风漏气；要提前组织好考风考纪教育，讲清楚作弊的严重后果。考试中，要统一着部队体能训练服，禁止携带使用电子设备，全程开启信号屏蔽器，监考人员要认真履职。考试后，要严密组织好阅卷判分、统计汇总等工作。在这里强调一点，所有工作人员要廉洁自律，一经发现有徇私舞弊现象，将严肃处理、绝不姑息。

六、安全上要守住底线

按照高考标准，坚持底线思维，备足保底手段，确保万无一失。要搞好疫情防控，及时跟进北京市相关要求调整完善防控方案，备足测温仪、口罩、消毒液等防疫物资，严格落实考前 14 天健康监测、48 小时核酸监测、现场测温查码、全程佩戴口罩等硬性要求。要加强安全教育，引导考生考前注意休息，不要饮酒和剧烈运动，不要洗凉水澡，防止身体不适影响参考；自驾前往的，在时间上要打好提前量，不要开快车，确保交通安全，出现突发情况要及时向单位报告。要完善措施预案，如要全面检查考场电路、楼层电梯等，消除安全隐患；要设置移动电源车，提前进行应急供电演练，一旦需要及时顶上；要协调网信部门加强相关舆情监测，及时处置在组织保障、考风考纪等方面可能出现的负面舆情，严防被人借题发挥，造成负面影响。

强化使命担当　走好第一方阵
以优异成绩迎接党的二十大胜利召开

——在“七一”专题党课上的讲话

（2022 年 7 月 8 日）

杨友斌

根据计划安排，今天我围绕“强化使命担当、走好第一方阵，以优异成绩迎接党的二十大胜利召开”这个主题，和大家作个学习交流。确定这个主题主要有 4 点考虑：一是领袖有要求，习近平总书记在多个场合强调，中央国家机关要强化政治意识、担当精神，做好“三个表率”。二是中央有部署，中央和国家机关工委明确 2022 年党课主题是“走好第一方阵，我为二十大作贡献”。三是部里有安排，部机关党委下发通知，要求各级领导干部在“七一”前后讲好党课，营造团结奋进、勇于担当、主动作为的浓厚氛围。四是现实有需求，当前正处于年度大项任务攻坚期，需要我们进一步统一思想、深化认识，激发奋进前行的动力和意志。下面我从退役军人工作的历史由来、地位特点、努力方向 3 个方面谈一谈肤浅的认识。

一、退役军人工作的历史由来

退役军人工作，拥有悠久深厚的历史渊源。

（一）起源于氏族部落

在原始社会，由同一血缘关系结成的氏族和血缘相近氏族组成的部落，是最早的群体组织，最多时中原地区有上万个氏族部落，其中有巢氏、燧人氏、伏羲氏、神农氏、轩辕氏是最大的 5 个氏族部落。氏族部落之间为争夺地盘、抢占资源经常发生战争。公元前 2700 年，黄帝在阪泉和涿鹿先后击败了炎帝与蚩尤。对战争中死伤的士兵，由巫师祭祀超度；对作战勇猛的士兵奖励工具食物。这些就是最早的抚恤优待。

（二）传承于华夏文明

奴隶社会和封建社会，历朝历代都建有自己的军队，也非常重视退役军人工作。在西周时期，战死的军人都置备葬具、妥善安葬，受伤的给予照料。在春秋战国时期，参战军人全家免除徭役和赋税，在秦国立战功的军人退役后还分给田产。在西汉时期，专门为战亡军人立碑修庙。到了宋朝，出现了伤残军人国家供养制，同时对裁减下来的兵员统一发放遣散费。清朝更是建立了《退伍兵暂行办法章程》等较为完整的优抚安置制度。这些都构成了富有中华民族人文特色的退役军人工作经验做法。

（三）发展于革命初创

1927 年，八一南昌起义，我们党缔造了人民军队，就此掀开了党领导退役军人工作的全新篇章。在红军时期，着眼服务保障军队生存壮大和创建红色根据地，围绕“打土豪、分田地”，重点开展抚恤优待工作，对红军战士及其家属分房分地，免除捐税，统一安置伤残军人。在抗日战争时期，着眼打破经济封锁、巩固敌后根据地、扩大统一战线，广泛开展“拥军优抗、拥政爱民”运动，先后制定抗战遗属抚恤办法和抗战军人家属优待条例，极大地鼓舞了军心士气、抚慰了家属。在解放战争时期，着眼服务夺取全国胜利，积极做好军属优待、烈属抚恤、英烈褒扬和拥军支前工作，各解放区人民支援前线的热情空前高涨。据统计，仅在淮海战役中，就有民工 540 余万人，运送弹药 1400 多万斤、粮食 9 亿余斤。陈毅同志曾深情地讲：“淮海战役的胜利是人民群众用小车推出来的。”这些在革命战争年代形成的宝贵经验，为退役军人制度的健全完善奠定了坚实基础。

（四）借鉴于外国经验

世界各国都非常重视退役军人工作，也有许多有效的经验做法。一是强化政府职能。美国的退伍军人事务部排名仅次于国防部，人数最多，全系统共 23.5 万人。俄罗斯设有军人社会问题委员会，第一副总理担任主任。英国等欧洲国家也在国防部设有退役军人管理机构。二是注重完善政策。美国施行以社会化保障为基础的一系列安置政策，出台的法律法规是世界上最多最全的。德国、英国等国家不断完善货币化安置和系统培训、扶持就业等政策机制。三是引入社会服务。美国将私营企业、社团组织接收退役军人作为参与政府采购的基本条件，对接收达到一定比例的企业单位实行税收优惠，并每年组织不少于 7.5 万名志愿者为退役军人提供超过 1.1 万小时的义工服务。日本、韩国设立专门的协助退役军人就业的基金会、协会等。四是重视褒扬激励。美国等高级军官退休时，总统或副总统亲自出席退休仪式，每年 11 月 11 日放假一天，举行盛大游行，庆祝老兵节日。俄罗斯青年结婚主动到无名烈士墓献花，成为重要的婚礼仪式。这些都为我们立足国情军情做好退役军人工作提供了有益借鉴。

（五）壮大于强国复兴

新中国成立后，退役军人工作经历了新中国成立初期大规模集体转业安置、社会主义现代化建设时期优抚安置褒扬全面规范、改革开放时期鼓励引导广大退役军人创新创业等发展阶段，特别是党的十八大以来，以习近平同志为核心的党中央着眼实现中华民族伟大复兴的中国梦，立足国防和军队现代化建设战略需要，总结历史经验、擘画未来发展，一体谋划、一体部署、一体推进退役军人工作，自上而下组建退役军人管理保障机构和服务保障体系，推出一系列重大改革举措，解决了许多长期想解决而没有解决的难题，办成了许多过去想办而没有办成的大事，退役军人工作取得了重大历史性成就。我们在座的同志都亲身经历了这一重大变革，在白手起家、平地起楼，推进新时代党的退役军人工作开局起步中作出了突出贡献。

二、退役军人工作的地位特点

习近平总书记指出，退役军人管理保障是关系军队稳定和社会大局稳定的大问题。我理解，可以从以下5个方面来认识。

（一）退役军人工作为党而立

这是退役军人工作的首要政治定位。在党的领导下，退役军人工作始终坚持围绕中心、服务大局，组织退役安置、伤残抚恤、拥军优属，为夺取革命胜利、巩固政权稳定、推动社会发展发挥了重要作用、作出了积极贡献。我们做退役军人工作，就是要把广大退役军人紧紧地团结在党的周围，教育引导他们坚定政治信仰、站稳政治立场，永远听党话、跟党走，努力成为党长期执政的可靠力量。

（二）退役军人工作为军而生

这是退役军人工作的根本指向。退役军人工作与军队建设相生相伴，从职能定位上来看，军队是直接作战、我们是间接为战；从管理链路上来看，军队管“前半段”、我们管“后半段”；从服务对象上来看，军队是服务“当事人”、我们是服务“关联人”；从协作运行上来看，军队是“需求方”、我们是“供给方”。例如，我们的安置工作，深化国防和军队改革期间，积极服从工作大局，接收安置军转干部和政府安排工作的退役士兵多达160多万人，既有力支持了部队塑身转型，也为地方输送了大量人才。又如，我们在随军家属就业安置、子女教育入学这些事关官兵切身利益的事情上，也做了大量的工作，仅2021年就为2万多名家属解决了就业问题，协调8万多名子女就读好的学校。做好退役军人工作，就是要为部队解难题办实事，让他们轻装上阵、专谋打赢。

（三）退役军人工作为国而兴

这是退役军人工作的价值体现。新中国成立之初，毛主席一声令下，百万人民军队从战斗队转为工作队，屯垦戍边、挺进北大荒，成为社会主义建设初期的重要生力军；改革开放以来，组织广大退役军人积极投身经济社会建设大潮，很多人都成为行业的领军人才，像我们熟知的任正非、王健林等。进入新时代，退役军人工作更是主动服务国家发展大局，注重政策支持，激励引导广大退役军人融入稳边固边、乡村振兴、社会治理等。目前，全国有超过24万个退役军人志愿服务组织、350多万名退役军人志愿者奋战在社会治理、疫情防控和应急救援一线。做好退役军人工作，就是要推进退役军人由“军事人力资源”向“经济社会发展力量”转化，让他们成为强国复兴的重要力量。

（四）退役军人工作为民而来

这是退役军人工作的核心理念。退役军人工作说到底就是要服务保障好退役军人，这也是坚持以人民为中心的发展思想在退役军人事务领域的重要体现。我们党历来关心优待退役军人，毛主席曾指出，复员军人是人民的功臣，应给予应有的政治待遇。小平同志也讲，对军转干部，地方要承担起来，把他们安置好。习近平总书记更是反复强调，要关爱退役军人，要满腔热忱地为退役军人服务。这也是成立退役军人事务部的初衷。退役军人事务部组建这几年，先后出台了100多项政策法规，传递了党的温暖和关怀。在退役士兵保险接续方面，解决了280多万名退役士兵的养老和医疗问题。在军休方面，积极为老干部排忧解难，推动老旧小区提质升级、更新改造，为他们安度晚年创造了良好环境。做好退役军人工作，就是要坚持以退役军人为中心，不断提高我们的服务保障水平和能力，让退役军人获得感幸福感成色更足。

（五）退役军人工作为战而强

这是退役军人工作的现实要求，更是义不容辞的责任。当前，我国国家安全形势严峻复杂，以美国为首的西方国家千方百计对我们进行战略围堵，“四海两边”安全态势不容乐观，战争的风险不是离我们很远，而是随时都有可能擦枪走火、发生战争。退役军人是重要的国防后备力量，如何能够做到一有战事，就能及时征召，这是我们退役军人工作必须要高度关注和切实做好的重要职责。我经常讲，负责退役军人工作的同志就是“穿着便装的军人”，我们现在做的工作就是为官兵练兵备战添动力，就是为部队备战打仗作贡献。

三、退役军人工作的努力方向

我到部里工作这段时间，结合分管工作做了一些思考。总的考虑是，贯彻习近平总书记的重要指示，做好新时代退役军人工作，必须坚持和加强党的全面领导，坚持在党的旗帜下培根铸魂，始终聚焦服务经济社会发展、服务国防和军队建设，聚力政策创制攻坚，加快提升服务质效，全力服务备战打仗，以功成不必在我、功成必定有我的历史担当，高标准高质量完成好党和人民赋予我们的时代重任，接续推进退役军人工作实现跨越式发展。具体可以从4个方面来聚焦用力。

（一）在培塑对党忠诚上聚焦用力

退役军人事务部首先是政治机关，对党忠诚是政治机关的灵魂。必须始终从政治上思考问题，打牢思想根基、夯实组织基础，永远在党的旗帜下前进。一要提高政治站位，始终胸怀国之大者，注重从党和国家重大决策部署中思考把握退役军人工作的定位要求，在推动落实国家重大战略规划中主动把握退役军人工作发展的历史契机，特别是落实习近平总书记和中央领导同志关于退役军人工作的重要批示必须不折不扣、全力以赴。二要深化理论武装，在全面深入学习《习近平谈治国理政》第一、二、三、四卷等原著原文的同时，跟进学习习近平总书记最新重要讲话精神，深入领会习近平总书记关于退役军人工作重要论述，力求体系化、系统化掌握习近平新时代中国特色社会主义思想精神实质，真正融入对退役军人工作的指导实践，转化成提升工作站位、厘清工作思路、破解发展难题的具体对策措施。三要加强机关党建，认真学习领会、深入贯彻落实习近平总书记在中央和国家机关党的建设会议上的重要讲话精神，从严从实抓好党建工作，严格履行“一岗双责”，压紧压实党建工作责任，司主要负责同志要自觉扛起党建第一责任人职责。要认真推进“四强”党支部建设，重视发挥党小组的作用，落实好“三会一课”等制度，特别是要发挥系统红色资源优势，巩固拓展深化党史学习教育成果，力争每个支部都能创建富有特色的党建品牌。坚定不移推进党风廉政建设，加强警示教育和纪律教育，引导全体党员知敬畏、守底线。四要强化作风养成，树牢宗旨意识，想问题、做决策、办事情都要从退役军人角度出发，把心思精力用在解决他们最关心最直接的切身利益问题上。坚持主动担当，勇于在急难险重的任务中接受锤炼、提升本领。强化时间观念，凡是定了的事就雷厉风行、紧张快干，干就干成、干就干好，决不能误时误事。

（二）在推动法规建设上聚焦用力

作为国家部委机关，研究制定政策、推动政策落实是我们的重要职责。一是要熟悉掌握现行政策，把来龙去脉、核心政策点和贯彻执行中的问题不足都要一一搞清楚，特别是主干业务政策的保障原则、具体标准都要烂熟于胸，甚至倒背如流。二是要加强调查研究，带着问题、盯住难点，沉到基层一线、走近退役军人，切实做到摸到听到、眼见为实，既要把问题找全找准，也要从问题中跳出来，真正掌握住背后的规律，这样制定出来的政策才是普适性的、根本性的。三是要积极协调推动，凡是退役军人欢迎的、对推动工作有利的好的政策点，要主动登门、不怕碰壁，要敢于争取、善于协调，不达目的不罢休。四是要强力推进政策落实，充分利用这次部里统一组织的“蹲点抓落实”活动，一个点位一个点位地走、一项政策一项政策地核，属于政策不完善的，要采取打补丁、发通知的方式及时完善；属于落实不到位的，要现场指出、现地督办，问题不解决不撒手，同时举一反三、以点带面，全面彻底推进落实。

（三）在创新安置模式上聚焦用力

安置任务的完成和安置质量的提升，很大程度上取决于安置方式的创新完善。随着军事人力资源政策改革基本落地，军官安置数量大幅减少，但安置的批次也在增加，由一年一次调整为每季度一次，逐月领取退役金扩大到军士。这些变化，都要求我们对安置模式进行及时调整完善。要坚持系统观念，积极衔接军地改革要求，从移交接收、岗位安排、教育培训、待遇落实 4 条链路上，对安置政策制度体系进行整体优化，增强制度的协同性。要坚持问题导向，聚焦退役军人所思所盼，从安置工作运行机制入手，着力抓重点、解难点、通堵点、除盲点，健全完善各项政策规定，使之更加成熟定型。要坚持精细服务，发挥基层退役军人服务中心（站）作用，推进“一站式”退役安置手续办理，加强待安置期教育管理，为退役军人提供高效便捷服务。要坚持凝聚合力，充分发挥我国社会主义制度优势和军政军民团结政治优势，健全完善统一领导、分工负责、军地协作、分级实施、社会参与的退役军人安置体制机制，形成强大工作合力，营造关心关爱退役军人的浓厚社会氛围。

（四）在搞好军休服务上聚焦用力

要坚持开门办所，积极适应社会化服务方向，打破军休所多年沿袭的大包大揽、封闭单一的服务管理模式，融入社会购买服务，引入社会力量和资源，提供个性化服务，满足军休人员多元化需求，特别是要重点做好失能、半失能军休人员养老服务。要建强保障机构，推进老旧军休小区改造，完善配套设施建设，办好“军休老年大学”，常态化推出精品课程，打造军休文化品牌，重点做好《兵心》话剧评奖展演工作，为广大军休人员营造和谐舒适的休养氛围。要激励军休人员发挥余热，打造军休智库，组建医疗义诊队、文艺服务队等志愿服务队伍，组织军休人员讲革命传统、讲战斗故事、讲奋斗历程，让他们老有所为、老有所乐。

以高质量退役军人安置服务中国梦强军梦

——在《中国退役军人》2022年第12期上的署名文章

（2022年12月10日）

杨友斌

党的二十大报告提出，加强军人军属荣誉激励和权益保障，做好退役军人服务保障工作。在意气风发向第二个百年奋斗目标进军的新征程上，我们要深入学习领会并全面贯彻落实党的二十大精神，坚持妥善安置、合理使用、人尽其才、各得其所的方针原则，自信自强、守正创新，推动退役军人安置工作高质量发展，不断增强广大退役军人获得感、幸福感、荣誉感，为推进强国强军事业贡献力量。

回顾新时代10年伟大历程，充分认识退役军人安置工作的历史成就

党的十八大以来，以习近平同志为核心的党中央团结带领全党全军全国各族人民撸起袖子加油干、风雨无阻向前行，推动党和国家事业取得举世瞩目的重大成就。习近平总书记高度重视退役军人安置工作，围绕妥善安置退役军人、发挥退役军人作用作出一系列重要论述，为做好新时代退役军人安置工作提供了根本遵循。在党中央的坚强领导下，各地各部门高度重视退役军人安置工作，主要领导高位推动、军地部门合力共为、退役军人事务系统担当作为，持续提升安置质效，有力服务了强军兴军大局和改革发展稳定全局。

一是政策制度体系日趋完善。立足新时代新要求，坚持“立、改、废、释”并举，研究起草《退役军人安置条例》，制定安排工作退役士兵服役表现量化评分办法，围绕规范移交程序、落实安置待遇、加强档案管理等方面配套出台了10余个政策性文件，开展安置政策文件清理工作，政策制度不断完善，改革效能持续释放。

二是安置方式途径不断拓展。建立逐月领取退役金安置制度，加大市场化安置方式改革探索，更好满足退役军人多元化需求。创新开展转业军官“直通车”安置，实行专业人才对口安置，提高人岗匹配度。改进中央单位接收安置转业军官办法，完善中央企业接收安置安排工作退役士兵措施，不断优化安置办法。出台鼓励政策，引导退役军人到党和人民最需要的地方建功立业。

三是安置目标任务高质完成。树立重德才、重实绩、重贡献的安置导向，健全“阳光安置”工作机制，认真做好年度退役军人安置工作，加快接收安置长期滞留部队的军休人员和伤病残退

役士兵，积极做好跨军地改革部队人员落户和改革期间退出消防员安置，全力支持深化国防和军队改革。4 年多来，累计接收安置 185 万余名退役军人，其中 33 万名转业军官和安排工作退役士兵被安置到机关、群团组织、事业单位和国有企业。

四是历史遗留问题有力破解。积极稳妥开展安置遗留问题化解工作，维护退役军人合法权益。特别是，按照党中央决策部署，全面完成部分退役士兵基本养老保险集中补缴工作，惠及 285.3 万名退役士兵，基本医疗保险进入常态化办理阶段。这一工作的完成，不仅接续了退役老兵们的保险保障，而且传递了党的关心关怀。

聚焦新征程强国强军目标，准确把握退役军人安置工作的时代要求

党的二十大，对实现建军 100 年奋斗目标、实现第二个百年奋斗目标作出全面部署。退役军人安置工作肩负着“两个服务”的职责使命。新形势下，必须回答好新课题、完成好新使命，做到国防和军队建设前进一步、经济社会发展一步，退役军人安置工作就跟进一步。

一是深化国防军队改革，对加强政策制度衔接提出更高要求。这轮深化国防和军队改革，通过重塑重构领导指挥体制、现代军事力量体系、军事政策制度，人民军队体制一新、结构一新、格局一新、面貌一新，在军事人力资源、军人待遇保障、功勋荣誉体系、军人权益维护等方面密集出台了一系列法规制度。这就要求我们必须搞好退役军人安置政策制度的有序衔接，在思想理念、体制机制、实践举措等各方面加强协调适应，确保军地改革整体联动、相互衔接，为建设巩固国防和强大军队提供有力支持。

二是实施人才强军战略，对鲜明立起安置导向提出更高要求。强军之道，要在得人。人才是推动我军高质量发展、赢得军事竞争和未来战争主动的关键因素。退役军人安置工作，关系退役军人切身利益，关系部队军心士气。这就要求我们必须紧紧围绕新时代人才强军战略，健全匹配服役贡献的安置机制，树立服役时间越长、实绩贡献越大、退役安置越好的鲜明导向，激励部队官兵一门心思谋打仗、聚精会神抓备战，吸引更多优秀青年投身军营，促进军地人才有机融合。

三是服务对象需求期盼，对优化提升安置质量提出更高要求。退役军人安置工作是帮助退役军人实现身份转变、融入社会、发挥作用的重要过程，广大退役军人不仅希望“有岗可安”，而且希望能够在新岗位上更好发挥作用、实现人生价值。这就要求我们必须树牢“以退役军人为中心”的工作理念，深挖安置潜力，优化安置办法，提升安置质量，不断满足广大退役军人对美好生活的新向往、新期待。

四是推进中国式现代化，对发挥退役军人作用提出更高要求。退役军人经过部队严格教育训练和重大任务考验，是党和国家的宝贵财富，是一片人力资源“富矿”。这就要求我们必须提高退役军人安置工作的科学化精细化水平，加强思想政治引领，进一步把优质的军事人力资源有效转化为经济社会发展的人才资源，更好地把退役军人集聚到党和人民事业中来，引导他们成为各行各业的优秀建设者和巩固党长期执政的坚定力量。

紧扣新使命深化改革创新，坚决扛起退役军人安置工作的政治责任

新征程是充满光荣和梦想的远征。蓝图已经绘就，号角已经吹响。我们必须坚持以党的二十大精神为指引，深入贯彻落实习近平强军思想和习近平总书记关于退役军人工作重要论述，把妥善安置退役军人作为一项重要政治任务，作为事关国家发展和军队建设的一件大事，作为支持强军兴军、服务备战打仗的实际行动，扛牢政治责任，强化使命担当，以实际行动捍卫“两个确立”、践行“两个维护”。

一是更加注重强化党的全面领导。按照党管干部、党管人才的原则，把退役军人安置工作摆在突出位置，加强组织领导，高位统筹推动。创新安置机制，压实安置责任，健全监督方式，确保党中央关于退役军人安置工作的方针政策得到全面贯彻和有效执行，让军人成为全社会尊崇的职业，让退役军人成为全社会尊重的人。

二是更加注重抓好政策制度建设。坚持系统观念，积极衔接军地改革要求，从移交接收、岗位安排、教育培训、待遇落实 4 条链路上，对安置政策制度体系进行整体优化，增强制度的协同性。坚持问题导向，聚焦退役军人所思所盼，从安置工作运行机制入手，着力抓重点、解难点、通堵点、除盲点，健全完善各项政策规定，使之更加成熟定型。

三是更加注重坚持精准精细服务。科学编制安置计划，加大岗位筹集力度，持续优化机关、群团组织、事业单位和国有企业接收安置转业军官和安排工作退役士兵的结构比例。加强精准安置的改革探索，健全完善有利于发挥退役军人能力专长的安置办法，有效盘活退役军人和安置岗位“两个资源”，促进人岗相适、人事相宜。发挥基层退役军人服务中心（站）作用，推进“一站式”退役安置手续办理，加强待安置期教育管理，为退役军人提供高效便捷服务。

四是更加注重凝聚共识合力共为。退役军人安置是一项跨军地、跨部门、跨领域的系统工程，涉及工作安排、待遇保障、教育培训、家属安置等各个方面，要充分发挥我国社会主义制度优势和军政军民团结政治优势，健全完善统一领导、分工负责、军地协作、分级实施、社会参与的退役军人安置体制机制，形成强大工作合力，营造关心关爱退役军人的浓厚社会氛围。

在上海退役军人学院成立仪式上的讲话

（2022 年 1 月 11 日）

马飞雄

今天，我们在这里隆重集会，举行上海退役军人学院成立挂牌仪式，这是退役军人事务系统的一件大事、喜事，具有重要的里程碑意义。

习近平总书记历来高度重视教育工作和退役军人工作，强调“要让教师成为让人羡慕的职业”“要让军人成为全社会尊崇的职业”。上海退役军人学院的成立，将让人羡慕和让人尊崇的两项特殊职业有机结合起来，是创造性贯彻落实习近平总书记重要指示的重大举措和生动实践，必将对促进教育事业和退役军人事业融合发展产生重大而深远的影响。

上海市委市政府有着重视支持国防和军队建设的光荣传统，新中国成立初期积极响应党和国家“备战备荒为人民”“好人好马上三线”的号召，迁建重点国防科工企业到中西部地区，全力支援三线国防建设。改革开放以来坚持把服务部队备战打仗摆上重要位置，持续开展拥军优属“六送”活动，着力破解驻沪部队战备训练生活急需和广大官兵“三后”问题急盼。这次又拿出专门指标、筹措专门资金、集中专门编制，率先成立上海退役军人学院，主动承担优秀退役军人到中小学任教试点任务，必将为全国推开这项工作、拓展新的安置渠道，提供可复制可推广的“上海模式”。

教育部立足教师队伍补充优化，退役军人事务部着眼军事人才资源转化，共同谋划实施优秀退役军人到中小学任教试点工作，上海退役军人学院的成立标志着这项试点工作从设想开始走向实施，必将为优秀退役军人在教育领域建功立业开辟新的天地。

雄关漫道真如铁，而今迈步从头越。上海退役军人学院的成立只是迈出了关键的第一步，要真正实现从优秀退役军人到优秀人民教师的转变还任重道远。

希望上海师范大学发挥独特优势，把退役军人学院办成培养优秀教师的摇篮。坚持党建引领与思想铸魂相结合，将师大新时代党建示范院校的政治优势，转化为引导退役军人学生用习近平新时代中国特色社会主义思想武装头脑的胜势。坚持因材施教与创新培养相结合，将师大专业底蕴深厚、师资力量雄厚的学术优势，转化为培养退役军人教师人才的胜势。坚持探索实践与总结经验结合，将师大管理退役军人学院特有的体制机制优势，转化为推动退役军人师范教育工作高质量发展的胜势。

希望退役军人事务系统履行职能使命，把优秀退役军人组织引导到教育领域发挥作用。上海市退役军人事务局要充分履职尽责、主动作为，动员推荐最优秀的退役军人依法按规进入退役军人学院学习，协助教育部门和学院做好退役军人学生教育管理保障工作，为圆满完成试点任务提供有力支撑。各地退役军人事务部门要主动跟进、学习借鉴上海有益经验做法，因地制宜制定实施方案，主动做好政策储备，积极寻求各方支持，为这项工作全面铺开及早谋篇布局。

希望优秀退役军人立志教育报国，把个人发展融入党和国家教育事业大局之中。要珍惜政策机遇，树立为党育人、为国成才的人生目标，积极报考上海退役军人学院等师范类院校；入学后要珍惜学习机会，专心致志汲取知识养分，增强教育教学本领；入职后要珍惜军人荣誉，继续发扬部队优良作风，退役不褪色、退伍不退志，永远做“最可爱的人”；要坚持立德树人，强化使命担当，安心从教、热心从教、舒心从教、静心从教，努力做教书育人的楷模。

在“荣光行动”宣传联盟启动仪式上的致辞

（2022 年 2 月 26 日）

马飞雄

今天，退役军人事务部、中国东方航空集团有限公司（简称“东航集团”）联合开启“中国退役军人空中保障专班号”，并与人民日报数字传播公司、快手科技公司和10多家军创企业等，共同启动“荣光行动”宣传联盟，这是惠及广大退役军人的又一件好事、喜事。

习近平总书记高度重视退役军人工作，指出要满腔热忱为退役军人服务，切实把好事办好。“中国退役军人空中保障专班号”开启，“荣光行动”宣传联盟成立，是贯彻落实习近平总书记关于退役军人工作重要论述的务实举措，是联合社会力量做好退役军人工作的生动实践，必将通过整合各类资源、展示各家所长，在凝聚“尊重退役军人、尊崇军人职业”社会共识、浓厚拥军优属社会氛围等方面发挥不可替代的特殊作用。

长期以来，东航集团始终把“东航梦”融入“中国梦”的伟大历史进程，积极履行社会责任，拓展航空军创项目，开发双拥公益、惠军产品，接收安置退役军人，为支持退役军人工作作出了突出贡献。今天下午我们参观的空保支队、飞行一线，就有不少退役军人，他们在这里发挥才干、建功立业，令我十分欣慰。这充分体现了东航集团领导对退役军人工作的高度重视和对退役军人的关心关爱。

中国联航从军转民而来，本身拥有人民空军的基因；10多家军创企业，延续着军人血脉；人民日报数字传播公司、快手科技公司有着拥军热情。大家一直关注退役军人工作，在宣传舆论引导、吸纳退役军人就业、惠军数字产品开发等方面给予了极大的帮助，彰显了应有的使命担当和社会责任。

退役军人事务部组建近4年来，锚定“让退役军人成为全社会尊重的人，让军人成为全社会尊崇的职业”这个目标，坚持以退役军人为中心，各项工作取得新进展、实现新突破，退役军人获得感、幸福感、荣誉感不断增强。部属宣传中心聚集中心、服务大局，成立刚满1周年，“中国退役军人”融媒体品牌就形成矩阵，《中国退役军人》杂志发行量突破41万份，担当起退役军人事务系统思想政治引领、社会舆论引导重任，宣传力和影响力显著提升，得到了中央领导的充分肯定。

“中国退役军人空中保障专班号”开启、“荣光行动”宣传联盟成立，只是搭建了一个宣传交流的平台，仅仅迈出了十分关键的一步，但要真正实现“汇集各家所长、凝聚示范之力、共享尊崇之光”的目标还任重道远。

希望“荣光行动”联盟成员不忘合作初心，共担责任使命。突出宣传习近平总书记重视退役军人工作、关爱退役军人，聚焦破解退役军人工作难点堵点，回应广大退役军人所需所盼，充分发挥宣传联盟的组织力、号召力、战斗力、凝聚力，坚持守正创新，传递歌颂党和政府重视关爱退役军人及其工作好声音，弘扬唱响退役军人工作主旋律，创作反映退役军人好作品。

希望“荣光行动”联盟成员发挥引领作用，汇聚磅礴力量。一方面，做实做细“中国退役军人空中保障专班号”，带头接收安置退役军人就业创业，帮助军人军属排忧解难，积极营造拥军优属良好氛围；另一方面，带动辐射更多优秀企业加入联盟中来，联动多方资源，协调各方力量，凝聚起宣传退役军人工作、服务退役军人的强大阵容，共同推动退役军人工作高质量发展。

希望退役军人宣传系统积极当好主角，再创佳绩。要不断尝试新手段，设计新形式，发挥新创意，全方位讲好退役军人故事，“绘”就退役军人工作立体画面，让退役军人的相关宣传报道往深里走、向实里走、往心里走。要积极跟进、主动报道联盟各成员单位服务退役军人工作、帮助退役军人的经验做法，推动体制内外宣传力量优势互补、资源共享和业务联动。

在“老兵永远跟党走——老兵宣讲”启动仪式暨“传承红色基因，强国复兴有我”巡回宣讲首场报告会上的致辞

（2022年7月22日）

马飞雄

习近平总书记高度重视思想宣传工作，强调要开展先进模范学习宣传活动，弘扬英雄精神，营造崇尚先进、见贤思齐的浓厚氛围。在喜迎建军95周年之际，我们在这里隆重集会，共同见证“老兵永远跟党走——老兵宣讲”实践活动启动仪式，现场聆听老兵故事、领略老兵风采、感悟老兵精神，意义十分重要。

“老兵永远跟党走”活动，是退役军人事务系统在庆祝建党百年活动实践中孕育的特色品牌，是引导退役军人自我激励、自我完善、自我提高的群众性教育实践，活动一经推出就得到社会各界特别是广大退役军人的热情参与。今年下半年，我们党将召开第二十次全国代表大会，这是党和国家政治生活中的一件大事。为进一步强化退役军人思想政治引领，退役军人事务系统层层组建“老兵宣讲团”，深入开展“老兵永远跟党走——老兵宣讲”实践活动，围绕强化政治意识、开展国防教育、培塑文明新风、激励创新有为等重点内容，常态化开展群众性宣讲活动，动员和激励广大退役军人不忘初心、奋发有为，以实际行动服务经济社会发展、服务国防和军队建设。

希望老兵宣讲实践活动，牢牢把握正确政治方向和价值导向，聚焦宣讲“两个确立”的决定性意义，聚力唱响爱党爱国爱军爱社会主义的时代主旋律，充分发挥优秀退役军人教育引领作用，引导带动广大退役军人自觉把听党话、跟党走的忠诚誓言，转化为再立新功、再创佳绩的时代风采，持续凝聚起奋进新时代、逐梦新征程的磅礴力量。希望老兵宣讲团成员坚决做习近平新时代中国特色社会主义思想的坚定信仰者和积极传播者，广泛宣讲好新时代的原创性思想、变革性实践、突破性进展、标志性成果，以示范行动把好传统带入新征程，将好作风传承新时代。希望以本次启动仪式和巡回宣讲为起点，组织一系列接地气、聚人气的特色宣讲活动，强化主题宣讲带动、网络宣讲辐射功能，在全社会广泛讲述新时代老兵故事、展现新时代老兵风貌、反映新时代退役军人工作成效，大力营造喜迎党的二十大胜利召开的浓厚氛围。

预祝“老兵永远跟党走——老兵宣讲”各项活动圆满成功，结出丰硕成果！

云南省退役军人事务厅领导
重要活动

吉宏龙佳到楚雄州调研指导退役军人工作

6月9日至10日，省退役军人事务厅党组书记、厅长吉宏龙佳到楚雄州调研指导退役军人工作。

来到楚雄州、姚安县退役军人服务中心，南华县沙桥镇、姚安县前场镇、楚雄市灵秀社区退役军人服务站，吉宏龙佳认真听取工作人员情况介绍，详细查看工作台账，认真观看退役军人工作宣传片，在了解到楚雄州退役军人服务保障机构不仅落实编制、人员、经费，并且立足实际开拓创新，探索出“五抓五到位”“八个一”等服务举措，拓展深化出17项退役军人服务管理措施获得广大退役军人高度赞誉时，吉宏龙佳给予充分肯定，他指出，楚雄州各级党委、政府、驻楚部队高度重视退役军人工作，为建好建强退役军人服务保障体系提供了坚强保障，全州退役军人事务系统干部职工勠力同心、真抓实干，基层工作人员敬业奉献，认真履职尽责，做到了底数清、情况明，服务保障场所建设突出“军”的特色和元素，文化氛围浓厚，服务保障工作开展结合实际、开拓创新、有声有色，切实把党和政府的关心关怀送到了退役军人和优抚对象心中，真正把好事办好、实事办实，让退役军人的“获得感”成色更足。

走进楚雄州双拥主题公园，八县两市的双拥工作展示栏、由五角星造型构建的步行道以及随处可见的双拥元素，与青龙河碧波荡漾的河面、清新淡雅的园林景观相互映衬，让人眼前一亮，又潜移默化传递着双拥文化。吉宏龙佳认真听取楚雄州退役军人事务局负责同志介绍八县两市的双拥工作特色和亮点，他强调，楚雄州的双拥工作氛围浓厚、扎实有效，尤其是社会化拥军工作，特色鲜明、成效显著，社会各界，特别是企业和社会组织，积极发挥自身资源优势，为军人军属提供优先、优质、优惠服务，形成“一家有兵、全力保障”的关爱体系，弘扬“一人当兵、全家光荣”的优良传统，尊崇军人职业、尊重退役军人的氛围显著增强。驻楚部队立足实际，积极投身楚雄经济社会建设，遂行抢险救灾任务，巩固脱贫攻坚成果并推进乡村振兴等，全州军政军民团结蔚然成风。

在楚雄州退役军人就业创业基地，吉宏龙佳实地考察退役军人就业创业信息系统建设、教育培训机构建设、就业创业咨询服务等工作，在云南欣绿茶花股份有限公司、云南泛联信息技术有限公司等军创企业，吉宏龙佳与退役军人创业者面对面交流，了解军创企业建设发展、生产经营、带动就业等方面情况，对军创企业顶住疫情压力，立足资源优势，面向市场，发扬工匠精神，在特色农业发展、数字信息技术等方面攻坚克难、突破创新、增收致富带动就业方面取得的成绩，给予充分肯定。他强调，就业是民生之本，要加强沟通协调，争取人力资源社会保障、国资委、工商联等部门的支持，建强教育培训机构，提升教育培训水平；要开发岗位资源、拓宽就业渠道、实现更高质量就业；要落实税收金融优惠政策，加大创业指导和扶持力度，通过创业带动就业；要摸清就业创业底数，实施精准帮扶，不断提升就业创业工作实效。

6月10日上午，吉宏龙佳与楚雄州退役军人事务局干部职工代表座谈交流。

楚雄州委常委、军分区大校政委黄玉春，副州长程鹏、王建雄，州退役军人局、南华县、姚安县等有关负责同志参加调研，省委退役军人事务工作领导小组办公室秘书处、省退役军人事务厅办公室、思想政治和权益维护处、省退役军人服务中心、省退役军人培训中心有关负责同志随同调研。（云南省退役军人事务厅门户网站2022年6月10日讯）

吉宏龙佳到玉溪市调研指导退役军人工作

5月10日，省退役军人事务厅党组书记、厅长吉宏龙佳到玉溪市调研指导退役军人工作。

在澄江市退役军人服务中心，江川区九溪镇、六十亩村退役军人服务站，吉宏龙佳在详细了解服务中心（站）人员、编制、经费等落实情况，实地察看业务办理流程、听取工作人员汇报，并认真查阅相关台账资料后，对玉溪市退役军人服务保障体系建设情况给予充分肯定，他指出，玉溪市委、市政府坚决贯彻落实习近平总书记对退役军人服务保障体系建设要做到“全覆盖”、“五有”的重要指示精神，统筹保障人员、机构、编制、经费等方面建设，服务保障体系健全完善、作用发挥明显，工作经验值得全省退役军人事务系统学习借鉴。他强调，退役军人服务中心（站）是服务退役军人的“最后一公里”，责任重大、使命光荣，要切实加强退役军人信息采集、摸清服务对象底数，为精准服务保障打下坚实基础，要认真履职尽责，把各项服务保障工作做好，多为退役军人和优抚对象办实事、办好事，让他们感受到党和政府的关心关怀，要加强与相关部门沟通协调，完善机制，多措并举，努力解决他们的急难愁盼问题。

走进澄江市“双拥”主题公园，随处可见军民互动雕塑、国防知识牌匾、双拥文化景观石、新时代强军梦标语等元素，吉宏龙佳认真聆听工作人员的介绍，仔细观看园内的图片、文字，他指出，澄江市“双拥”主题公园将双拥主题与当地文化有机结合，因地制宜，在宣传双拥知识、开展国防教育的同时，展现澄江市的双拥成就，做法富有成效。他强调，要进一步深化拓展“双拥”主题公园的经验做法，着力把公园打造成具有双拥文化特色的国防教育和双拥宣传阵地，要深入浅出，多使用群众容易懂、喜欢听的语言、文字宣传双拥工作，弘扬双拥文化，让群众在休闲漫步中潜移默化接受双拥熏陶和国防教育，进一步营造“军爱民，民拥军，军民鱼水一家亲”的浓厚氛围。在江川区唐淮源烈士纪念馆，吉宏龙佳详细了解唐淮源烈士在中条山抗日战斗中壮烈殉国的英雄事迹，他指出，缅怀革命先烈，让思想受到洗礼，心灵产生触动，回想过去那段峥嵘岁月，我们要向革命先烈表示崇高的敬意，永远怀念他们、牢记他们，传承好他们的红色基因。

在云南佳海农业产业有限公司，吉宏龙佳与退役军人创业者夏宇面对面交流，认真听取该企业创办历程、商业模式、运营状况和发展规划等方面的情况介绍，对公司负责人夏宇在企业创办过程中，直面困难、敢为人先、勇于拼搏、吃苦耐劳的品质给予高度肯定，对企业积极带动当地农户、退役军人、军属开展花卉种植，并提供技术指导、产品收购、解决销路，最终实现增收致富的做法给予高度赞扬。他指出，就业是民生之本，创业是就业之源，就业创业始终是广大退役军人最关心最直接最现实的利益问题。云南佳海农业产业有限公司因地制宜，引进国外先进技术和品种，组织农民和退役军人大力发展花卉产业，不仅实现企业自身的快速发展，也带动了大量农户、退役军人、军属就业、增收致富，走出一条“成功创业带动就业增收”的新路子，是退役军人就业创业的成功案例、先进典型，经验值得推广。他强调，要切实增强做好退役军人就业创业工作的责任感和紧迫感，坚持以市场需求为导向、以教育培训为基础、以搭建平台为抓手、以稳定就业为目的，推动退役军人就业创业工作创新发展。要突出就业创业工作重点，引导退役军人投身乡村振兴、发展高原特色农业，通过创业带动就业上下功夫、见成效。要加强对就业创业工作的组织领导，健全工作机制、推动政策落实、搞好典型宣传、强化示范引领，奋力推动退役军人就业创业工作取得新突破，迈上新台阶。

玉溪市政府秘书长范永光，市退役军人局、澄江市、江川区等有关负责同志参加调研，省委退役军人事务工作领导小组办公室秘书处、省退役军人事务厅办公室、就业创业处、思想政治和权益维护处、省退役军人服务中心、省退役军人培训中心有关负责同志随同调研。（云南省退役军人事务厅门户网站 2022 年 5 月 11 日讯）

吉宏龙佳到省军休中心休养科宣讲党的二十大精神

11月25日，省退役军人事务厅党组书记、厅长吉宏龙佳到省军休中心休养科看望慰问军休干部，宣讲党的二十大精神。

吉宏龙佳指出，党的二十大是在全党全国各族人民迈上全面建设社会主义现代化国家新征程、向第二个百年奋斗目标进军的关键时刻召开的一次十分重要的会议，取得了十分重要的政治成果、理论成果和实践成果，要深刻领会党的二十大确定的一系列重要思想、重要观点、重大战略、重大举措，深刻领悟“两个确立”的决定性意义，增强“四个意识”、坚定“四个自信”、做到“两个维护”，切实把思想和行动统一到党的二十大精神上来。

吉宏龙佳强调，党的二十大报告内容丰富、立意高远，既有政治上的高瞻远瞩和理论上的深邃思考，也有目标上的科学设定和工作上的战略部署。要全面把握过去5年工作和新时代10年伟大变革的重大意义，全面把握习近平新时代中国特色社会主义思想的世界观和方法论，全面把握中国式现代化的中国特色、本质要求和必须牢牢把握的重大原则，全面把握党的二十大作出的各项战略部署，全面把握以伟大自我革命引领伟大社会革命的重要要求，以实际行动落实好党的二十大报告中关于退役军人工作的决策部署。

吉宏龙佳强调，军休工作是退役军人工作的重要组成部分，是服务建军百年奋斗目标的重要支撑。全系统军休服务管理保障机构要深入学习贯彻习近平强军思想、习近平总书记关于退役军人工作重要论述和考察云南重要讲话精神，认真贯彻落实“十四五”退役军人服务和保障规划，着力夯实工作基础，不断推进军休服务管理机构建设，推动军休工作高质量发展。要聚焦军休干部的关切和期盼，坚持服务与管理并重，优化服务管理方式，在老旧小区改造、两个待遇落实等方面创新思路方法举措。要通过走访慰问、集中座谈等方式，近距离倾听军休干部的心声，努力回应和解决军休干部最关心、最直接、最现实的利益关切，以实际行动让退役军人获得感成色更足。

吉宏龙佳鼓励军休干部深入学习贯彻党的二十大精神，不断强化听党话、跟党走的政治自觉思想自觉行动自觉，紧密团结在以习近平同志为核心的党中央周围，积极为军休工作建言献策，凝聚力量助推新发展、建功新时代、奋进新征程。

军休干部代表表示将认真学习党的二十大精神，发挥好党员先锋模范作用，听党话、感党恩、跟党走。厅办公室、军休服务管理处主要负责同志参加集中宣讲活动。（云南省退役军人事务厅门户网站2022年11月25日讯）

吉宏龙佳赴猛硐瑶族乡铜塔村调研并看望慰问驻村工作队员

10月12日，省退役军人事务厅党组书记、厅长吉宏龙佳一行赴麻栗坡县猛硐瑶族乡铜塔村委会调研巩固拓展脱贫攻坚成果同乡村振兴有效衔接工作，出席定点帮扶工作座谈会，看望慰问驻村工作队员。

在听取猛硐瑶族乡和驻村工作队情况汇报后，吉宏龙佳对猛硐乡党委和厅驻村工作队的工作表示充分肯定，指出驻村工作队扎根基层，为国守边，为改善边疆群众生活做了许多好事实事，取得了较好成效。

吉宏龙佳强调，驻村工作队员要继续服从当地党委、政府安排，坚守自身岗位，加强学习实践，严守纪律规矩，注意安全防护，善始善终完成驻村任务，为乡村振兴和强边固防做出更大贡献，以实际行动和优异成绩迎接党的二十大胜利召开。

文山州副州长李松涛，州退役军人局、麻栗坡县有关负责同志陪同调研。省委退役军人事务工作领导小组办公室秘书处、厅办公室、思想政治和权益维护处、就业创业处、褒扬纪念处、机关党委（人事处）有关负责同志参加座谈。（云南省退役军人事务厅门户网站2022年10月13日讯）

吉宏龙佳为全厅党员干部讲党课

11月18日下午，省退役军人事务厅党组书记、厅长吉宏龙佳以“牢牢把握自我革命的时代要求，奋力书写好中国式现代化的云南退役军人工作新篇章”为主题，为全厅党员干部讲授廉政党课。厅党组成员、副厅长肖海主持会议。

吉宏龙佳从“自我革命是‘窑洞之问’的新时代答卷、坚持刀刃向内是自我革命的核心要义、以自我革命的精神书写好中国式现代化的云南退役军人工作崭新篇章”三个方面与大家作了交流。

吉宏龙佳指出，党的十八大以来，面对较为严重的特权思想和特权现象，屡禁不止的“四风”问题和触目惊心的贪腐问题，以习近平同志为核心的党中央创造性提出了关于党的自我革命的战略思想，深刻回答了中国共产党人如何实现自我革命、实现怎么样的自我革命的问题，开辟了百年大党自我革命新境界。党的二十大决定，把“党的自我革命永远在路上，不断健全党内法规体系，强化全面从严治党主体责任和监督责任，一体推进不敢腐、不能腐、不想腐”等内容写入党章，为我们在新时代新阶段推进党的建设新的伟大工程指明了方向、提供了根本遵循。

吉宏龙佳要求，全厅各级党组织和广大党员干部要深入学习贯彻党的二十大精神，深刻领会党的自我革命的时代要求，进一步增强忧患意识、强化底线思维，以“刀刃向内”的勇气将自我革命进行到底，坚持不懈推进全面从严治党向纵深发展，以党的自我革命引领社会革命，以永不懈怠、一往无前的姿态奋力推动新时代云南退役军人工作高质量发展。一要坚持政治铸魂，坚定不移强化政治建设。要抓实政治学习，学习好、宣传好、贯彻落实好党的二十大精神，做到真学、真信、真用；要坚定理想信念，树立家国情怀，提高思想境界，自觉涵养忠诚、锤炼党性；要胸怀“国之大者”，想问题、作决策、抓落实都要自觉对标习近平总书记关于退役军人工作重要论述和考察云南重要讲话精神。二要坚持学习提能，奋力跑在本领恐慌之前。要加强学习，更新知识，做到学以致用、用以促学、学用并举；要眼睛向外，开阔眼界，研究吃透政策，学习借鉴先进经验做法；要注重总结，提升自己，把工作做得更好。三要坚持团结协作，在全省退役军人事务系统大力推行“政治坚定、竭诚服务、追求卓越、清正廉洁”机关文化和价值理念，凝聚推动工作的强大合力。四要坚持铁规律己，树牢正确的选人用人导向，狠抓干部队伍建设，始终做到秉公用权，始终坚持挺纪在前。五要敢于奋勇争先，以学习贯彻党的二十大精神为引领，进一步加强军人军属荣誉激励，做好退役军人服务保障工作，巩固发展军政军民团结，凝聚退役军人奋进力量，坚决扛起服务建军百年奋斗目标重大责任。

厅党组成员，省管一级巡视员，厅机关各处（室）及各直属事业单位，业务主管基金会党员、干部参加集中学习。（云南省退役军人事务厅门户网站2022年11月18日讯）

吉宏龙佳到云南省退役军人综合服务大厅调研指导工作

9月14日，省退役军人事务厅党组书记、厅长吉宏龙佳到云南省退役军人综合服务大厅调研退役军人、其他优抚对象优待证申领发放及服务对象来访接待等工作。

吉宏龙佳听取了全省优待证办理、来访接待情况汇报，详细了解业务办理、服务对象反馈情况等，对工作当前取得的进展给予肯定。

吉宏龙佳指出，优待证是持证人彰显荣誉的载体、享受优待的凭证，优待证的申领发放事关每一名退役军人和其他优抚对象的切身利益，要把好事办好、实事做实。各级工作人员一定要提高政治站位，认真履职尽责，提升服务水平，加快推进优待证申领发放工作进度。

吉宏龙佳要求，要带着温度和质感做好退役军人来访接待工作，畅通信访渠道，用好退役军人信访信息系统，最大限度“让数据多跑路，让退役军人少跑腿”。

吉宏龙佳强调，云南省退役军人综合服务大厅是展示新时代退役军人服务保障工作风貌的窗口，必须把工作做深做细做实做好，全面落实各项政策，不断提升服务保障水平，以优异成绩迎接党的二十大胜利召开。（云南省退役军人事务厅门户网站2022年9月14日讯）

吉宏龙佳率工作组赴丽江市开展重点工作督查和检查考核

10月8日至10日，省退役军人事务厅党组书记、厅长吉宏龙佳率退役军人事务综合督查和检查考核工作组赴丽江市开展督查检查考核。

工作组一行先后到宁蒗县小凉山平叛烈士陵园搬迁拟选地址，宁蒗县新营盘军创企业红发农林科技有限公司，古城区、宁蒗县退役军人事务局、退役军人服务中心等地，通过实地走访、查阅台账、座谈交流等方式，就退役军人事务重点工作推进情况进行调研督查。

在听取工作情况汇报后，吉宏龙佳指出，丽江市退役军人事务部门在市委、市政府的坚强领导下，认真贯彻落实习近平总书记关于退役军人工作重要论述和考察云南重要讲话精神，紧扣省委退役军人事务工作领导小组部署要求，突出重点、狠抓落实，服务保障体系建设推进有力，褒扬纪念、移交安置、就业创业、双拥创建、权益维护等重点工作有特色、有亮点、有成效。

吉宏龙佳强调，要认真整改工作组发现的问题和工作中存在的薄弱环节，大力推进法律政策落实，着力破解突出矛盾问题，不断提升服务保障水平，坚决守住安全稳定底线；要持续深化退役军人就业创业工作，进一步摸清底数、掌握实情，抓好培训、建好平台，争取政策，能扶尽扶，奋力闯出一条退役军人就业创业工作跨越发展的新路；要认真贯彻落实全省退役军人服务保障体系建设现场推进会议精神，落实“五有”“全覆盖”要求，统筹解决好基层退役军人服务中心（站）有人干事、有钱干事问题，发挥好基层退役军人服务站人熟、地熟、情况熟的工作优势，努力为退役军人提供优质高效服务。

吉宏龙佳强调，要对照省委退役军人事务工作领导小组第6次全体会议精神，对照年初印发工作要点，对照今年部署的12项重点攻坚任务，认真总结经验、查摆不足、改进工作，把年度各项工作往前面赶、往实里抓，以实际行动迎接党的二十大胜利召开。

丽江市人民政府副市长赵怀，市委退役军人事务工作领导小组成员单位负责同志，省委退役军人事务工作领导小组办公室秘书处、厅办公室、思想政治和权益维护处、就业创业处、褒扬纪念处主要负责同志参加了调研督查工作。（云南省退役军人事务厅门户网站2022年10月10日讯）

吉宏龙佳率工作组赴文山州开展重点工作督查和检查考核

10月11日至13日，省退役军人事务厅党组书记、厅长吉宏龙佳率退役军人事务综合督查和检查考核工作组到文山州开展督查检查考核工作。

工作组一行先后到文山市、麻栗坡县、西畴县实地调研督查了烈士陵园、军创企业、双拥公园、基层退役军人服务站建设等重点工作推进情况，到州退役军人事务局查阅了工作台账并开展座谈交流。

吉宏龙佳指出，在文山州委、州政府的坚强领导下，文山州退役军人事务部门认真贯彻落实习近平总书记关于退役军人工作重要论述和考察云南重要讲话精神，紧扣省委退役军人事务工作领导小组部署要求，突出重点、狠抓落实，在组织领导、烈士祭扫、移交安置、服务体系建设、双拥创建等重点工作上交出了“文山答卷”。

吉宏龙佳强调，要进一步压实属地责任，强化源头治理，发挥好退役军人服务中心（站）人熟、地熟、情况熟的优势，用心用情用力做好退役军人领域矛盾纠纷和重大风险排查化解工作；要聚焦部队备战打仗，补齐短板弱项，持续巩固双拥工作良好局面；要认真贯彻落实全省退役军人服务保障体系建设现场推进会议精神，解决好基层退役军人服务站有人干事、有钱干事的问题，推动服务保障体系建设提质增效，为退役军人提供更加优质高效的服务；要发扬争先精神，统筹《“十四五”退役军人服务和保障规划》推进和年度任务落实，持续深化退役军人就业创业工作，落细落实优待抚恤措施，推动退役军人工作高质量发展；要以此次督查为契机，继续发扬传承“老山精神”“西畴精神”，以强烈的责任意识和担当精神推进各项工作，以实际行动迎接党的二十大胜利召开。

工作组在文期间，还看望慰问了困难退役军人，走访慰问了老山连队并送上慰问品，并到麻栗坡县猛硐乡铜塔村委会调研了厅驻村工作队工作情况。

文山州委副书记、州长马忠俊，州委副书记李朝伟，副州长陈鸷成、李松涛，州退役军人局主要负责同志参加了有关阶段的调研督导工作，省委退役军人事务工作领导小组办公室秘书处、厅办公室、思想政治权益维护处、就业创业处、褒扬纪念处、机关党委（人事处）负责同志参加了调研督查工作。（云南省退役军人事务厅门户网站2022年10月13日讯）

吉宏龙佳带队赴省人力资源社会保障厅交流对接退役军人就业创业工作

9月7日上午，省退役军人事务厅党组书记、厅长吉宏龙佳同志带领有关处（室）负责同志一行，就进一步做好退役军人就业创业工作，赴省人力资源社会保障厅开展专题交流对接。省人力资源社会保障厅党组书记、厅长杨榆坚，云南技师学院院长张泽斌，省就业局等有关单位负责同志参加座谈。

吉宏龙佳厅长通报了退役军人就业创业工作基本情况。他说，3年多来，省退役军人事务厅在省人力资源社会保障厅等部门大力支持下，共同出台了多项扶持政策，联合开展700余场招聘活动，提供就业岗位50余万个，实现退役军人新增就业4.8万人，为3700多名退役军人发放创业担保贷款4.6亿多元，帮助870户退役军人“零就业家庭”至少一人就业，在保障广大退役军人享受普惠性扶持政策和公共服务基础上再给予优待。

吉宏龙佳厅长代表省退役军人事务厅充分感谢省人力资源社会保障厅多年来所给予的关心支持，并就共同创建全省首家退役军人学院、进一步加大退役军人就业创业政策扶持力度、推进退役军人一体化服务平台建设等工作进行了深入交流。

杨榆坚厅长对省退役军人事务厅所取得的各项工作成绩表示祝贺，在相互学习、充分沟通基础上，对共同创建退役军人学院等建议表示肯定和支持。人社系统将贯彻落实好习近平总书记关于退役军人工作重要指示批示精神，围绕“让军人成为全社会尊崇的职业”目标，整合双方资源，充分发挥各自职能作用，共同做好退役军人就业创业工作；要把退役军人纳入人社大就业、大社保体系和人才队伍建设的重要工作对象，为他们提供更高质量、更优质的人力资源和社会保障服务。

下步，两厅将进一步加强沟通交流，共同争取上级和有关部门支持，出台切实有效措施，充分发挥好退役军人宝贵人才资源优势，为国防和军队建设和全省经济社会发展作出更大贡献。

（云南省退役军人事务厅门户网站2022年9月7日讯）

吉宏龙佳出席全省退役军人事务系统敢于担当干事创业动员部署会并作动员讲话

5月13日，全省退役军人事务系统敢于担当、干事创业动员部署会在昆明召开。会议以习近平新时代中国特色社会主义思想为指导，深入学习贯彻习近平总书记关于退役军人工作、作风建设重要论述和考察云南重要讲话精神，全面贯彻落实省委王宁书记讲话精神和省委、省政府关于推进作风革命、加强机关效能建设工作的部署要求，全面兴起作风革命、效能革命的热潮，提振敢于担当、干事创业的精气神，以作风大转变，效能大提升，奋力开创全省退役军人工作高质量发展新局面。省退役军人事务厅党组书记、厅长吉宏龙佳出席会议并作动员讲话。

吉宏龙佳指出，全省退役军人事务系统坚决贯彻落实习近平总书记关于退役军人工作重要论述，紧紧围绕“让军人成为社会尊崇的职业”目标，打基础、建机制、强服务、谋创新，全省退役军人组织管理体系、工作运行体系、政策制度体系不断完善，移交安置、褒扬纪念等工作走在了全国前列，但对标习近平总书记重要论述和指示批示，对标党中央的决策部署，对标省委、省政府的工作要求仍有不少差距，特别是作风建设方面存在的突出问题，必须引起高度重视，通过扎扎实实抓作风转变，真正做到敢于担当、干事创业。

吉宏龙佳强调，没有好的作风和敢于担当、干事创业的精气神，就跑不好新时代的接力赛，跑不出发展的加速度，闯不出高质量跨越式发展的新路子，必须以作风革命、效能革命激活全系统广大党员干部的责任意识、使命担当，以等不起的紧迫感、慢不得的危机感、坐不住的责任感，旗帜鲜明讲政治、加强学习提素质、对标先进创一流、攻坚克难促突破、与时俱进谋创新、转变作风抓落实，在新的历史起点上推动全省退役军人事务系统各项工作纵向长足进步、横向不断进位、整体迈上新台阶，力争在全国树品牌、展形象，奋力冲进第一方阵。

吉宏龙佳要求，要坚持整体推进与重点突破相结合，聚焦退役军人“急难愁盼”问题，紧紧围绕今年明确的12项重点攻坚任务，全力以赴抓好云南退役军人学院、省退役军人医疗康养中心、省级就业培训和创业孵化基地建设，集中力量打好攻坚战，擦亮云南退役军人工作品牌。

吉宏龙佳指出，要树立鲜明的选人用人导向，谁干事就支持谁，谁干成事就重用谁，让有为者有位、能干者能上、优秀者优先，打造一支敢于担当、干事创业的干部队伍；要持续加强团结协作，形成心往一处想、劲往一处使，同心同德、众志成城的浓厚氛围；要大力推进全面从严治党，做到态度不变、决心不减、尺度不松，打好党风廉政建设和反腐败斗争的翻身仗。以时不我待、只争朝夕、勇立潮头的紧迫感，以守土有责、守土负责、守土尽责的责任感，锐意进取、真抓实干、攻坚克难、创造佳绩，奋力开创退役军人工作高质量发展新局面，以优异成绩迎接党的二十大胜利召开。

会议以电视电话会议方式召开。厅党组成员、副厅长肖海、张永明出席会议。驻厅纪检监察组有关负责同志，厅机关全体公务员，直属事业单位中层以上领导人员，各州（市）、县（市、区）退役军人事务局干部职工参加会议。（云南省退役军人事务厅门户网站2022年5月13日讯）

吉宏龙佳以普通党员身份参加机关党委（人事处）党支部专题组织生活会

5月19日下午，机关党委（人事处）党支部召开深刻汲取张胜震严重违纪违法案件教训暨党风廉政建设专题组织生活会，厅党组书记、厅长吉宏龙佳以普通党员身份参加。

会议通报了会前准备、谈心谈话、意见建议征集、对照检查等情况，每位党员联系思想和工作实际作了发言，吉宏龙佳同志带头剖析发言，开展批评与自我批评。

吉宏龙佳指出，2021年，省退役军人事务厅党风廉政建设责任制评定为“基本合格”等次，特别是张胜震严重违纪违法，成为全国首个退役就“褪色”的“落马厅长”，给云南退役军人事务系统形象、干部队伍思想、退役军人和优抚对象感情造成了严重冲击和负面影响。机关党委（人事处）是党建、党风廉政建设、干部监督管理的主责、主业部门，也是以案促改、以案促建的牵头部门，肩负着重要职责使命。

吉宏龙佳强调，机关党委（人事处）的职能定位，工作性质、职能职责和地位作用，决定了这里的干部必须是最讲政治、最讲党性、最讲忠诚的“纪律部队”，要把对党绝对忠诚作为最基本的政治素养、最根本的政治要求、最重要的政治品格，时时事事处处坚定捍卫“两个确立”、坚决做到“两个维护”；要深刻汲取张胜震当“两面人”、做“两面派”的教训，自觉涵养忠诚、锤炼党性，把习近平新时代中国特色社会主义思想学到根子上、用在实践中，切实把思想理论武装和理想信念教育熔为一炉，认真查纠思想上的偏差、认识上的不足，在大事小事的考验中扣问初心、践行使命，把绝对忠诚融入血液、浸入灵魂。

吉宏龙佳指出，党建、党风廉政、意识形态、干部人事工作政治性、政策性、专业性强，没有“金刚钻”，就揽不了这个“瓷器活”。适应新任务、把握新要求、迎接新挑战，更好履行责任，就必须要练好内功、提升修养、增强本领，充满“电”、加满“油”，锻造履职尽责、争先出彩的真本事。全体同志要从自身承担的工作出发、从自身知识结构出发，坚持“缺什么、补什么”、“需要什么、学什么”，学思用结合、知信行统一，把读书学习作为一种追求、一种爱好、一种健康的生活方式、一种积极的人生态度，养成在学习和研究下工作的良好习惯，真正练就干事创业的宽肩膀、真本领。

吉宏龙佳要求，在作风革命、效能革命中，机关党委（人事处）的干部要带好头、作表率，真正把态度正起来、状态立起来、精神扬起来，积极投身对标先进、争创一流的火热实践。当前，“以案促改”任务艰巨繁重，支部集体换届的压力还比较大，党风廉政建设的规定动作大部分还没有完成，干部人事密集调整后加强思想淬炼、政治砺炼、工作磨炼等方面还有很多事情要做，越是这个时候，越是要牢固树立效率意识、质量意识，不等不停、理直气壮、义不容辞、敢抓敢管、攻坚克难，以自我革命的精神破除思想积弊，以抓铁有痕的力度改进工作作风，努力在自身岗位上取得更加优异的成绩。

吉宏龙佳要求，要以张胜震严重违纪违法案件为教训，主动净化“朋友圈”、优化“社交圈”、规范“工作圈”，把清正廉洁视为自己的政治生命，时刻保持如履薄冰的警醒，敬畏党、敬畏人民，敬畏党纪、敬畏国法，堂堂正正做人、坦坦荡荡做事，平平常常生活。要持之以恒贯彻中央八项规定精神，艰苦奋斗、厉行节约，坚决抵制享乐主义、奢靡之风。要自觉接受监督，习惯在受监督和约束的环境中工作生活，在履行管党治党责任、严格自律上作出示范。

厅深刻汲取张胜震严重违纪违法案件教训暨党风廉政建设专题组织生活会第四督导组到会指导。（云南省退役军人事务厅门户网站2022年5月19日讯）

吉宏龙佳看望慰问省荣军医院集中供养残疾军人

1月27日，在新春佳节即将到来之际，受省委、省政府委托，省退役军人事务厅党组书记、厅长吉宏龙佳带队到省荣军医院看望慰问集中供养的残疾军人，为他们送去党和政府的关怀和温暖，并致以节日的祝福。

在慰问座谈会上，吉宏龙佳回顾了过去一年全省退役军人事务系统在习近平新时代中国特色社会主义思想的指引下，以及省委、省政府的坚强领导下取得的成绩。他表示，新的一年，省退役军人事务厅将深入贯彻落实习近平总书记关于退役军人工作重要论述和考察云南重要讲话精神，坚持以退役军人为中心，推动退役军人工作高质量发展，以优异成绩迎接党的二十大胜利召开。

吉宏龙佳强调，荣军医院的老功臣曾经勇往直前，浴血奋战，为保家卫国作出了重要贡献，省退役军人事务厅干部职工将用心用情用力做好各项服务保障工作，努力让功臣们病有所医、老有所养、安享晚年。

座谈会后，吉宏龙佳一行到病房看望卧床的赵国光、李应阳、王志宏3位残疾军人，询问他们的身体状况、存在的困难，为他们送去节日的祝福。

厅党组成员、副厅长张永明，厅机关有关处室、省荣军医院负责人参加慰问。（云南省退役军人事务厅门户网站2022年1月27日讯）

吉宏龙佳到猛硐瑶族乡宣讲党的二十大精神并调研定点帮扶工作

12月9日，省退役军人事务厅党组书记、厅长吉宏龙佳到文山州麻栗坡县猛硐瑶族乡宣讲党的二十大精神，调研定点帮扶工作。

吉宏龙佳一行实地查看了昆老村龙山村小组进村道路修复、猛硐乡在建茶叶精制加工厂项目推进、猛硐村委会服务大厅改造等情况，主持召开定点帮扶座谈会。

吉宏龙佳强调，要把学习宣传贯彻党的二十大精神作为当前和今后一个时期的首要政治任务，深入开展“大学习、大宣讲、大培训、大调研、大落实”活动，在全面学习、全面把握、全面落实上狠下功夫，切实把思想和行动统一到党的二十大精神上来。充分发挥驻村工作队也是战斗队、宣传队的作用，把党中央的决策部署及时宣传到基层群众，为加强乡村基层治理出谋划策。

吉宏龙佳指出，一年来，在猛硐乡党委、政府的支持下，在挂职、驻村同志的辛勤努力下，厅定点帮扶工作把巩固拓展脱贫攻坚成果、防止规模性返贫作为底线任务，在落实帮扶增收、乡村人才培养、促进产业发展、加强基层治理和推进强边固防等方面取得了明显成效，进一步增强了猛硐乡的内生发展动力。

吉宏龙佳要求，全体驻村工作队员要开展全面准确的调研，创新方式方法，因地制宜为所在村发展出谋划策。要严守纪律，切实加强自身建设，紧紧围绕巩固拓展脱贫攻坚成果与推进乡村振兴的工作部署，时刻铭记“驻村先驻心，驻心更驻行”的理念，始终保持“时时放心不下、事事马虎不得、处处担当作为”的责任感、使命感，牢固树立“今天再晚也是早、明天再早也是晚”的效率意识，扎根农村，担责于身，勤学苦练，全力推动各项工作出成果、见实效。

厅党组成员、副厅长唐贵聪，厅办公室主要负责同志参加宣讲和调研。文山州、麻栗坡县退役军人事务局主要负责同志参加调研。（云南省退役军人事务厅门户网站2022年12月9日讯）

吉宏龙佳出席全省退役军人就业创业工作会议并讲话

9月17日，省退役军人事务厅召开云南省退役军人就业创业工作会议，深入学习领会习近平总书记关于退役军人工作重要论述，认真贯彻落实省委退役军人事务工作领导小组第六次全体会议、省政府第145次常务会议精神和9月15日省委副书记、省长王予波视察省退役军人就业培训创业孵化基地时指示精神，总结成绩、交流经验、分析形势，安排部署当前和今后一个时期全省退役军人就业创业工作。厅党组书记、厅长吉宏龙佳出席会议并讲话。

吉宏龙佳指出，全省退役军人事务系统组建3年多来，坚决贯彻落实党中央、国务院决策部署和省委、省政府工作要求，抓好教育培训、开发优质岗位、搭建推介平台，推动退役军人就业创业工作取得阶段性成效。3年来，全省退役军人事务系统共组织线上线下专场招聘活动1139场，提供就业岗位723320个，帮助63375名退役军人实现就业。扶持4233名退役军人创业，发放创业担保贷款5.5886亿元。5万余名退役军人成功创业，2021年为国家纳税29亿多元。

吉宏龙佳强调，王予波同志9月15日视察调研退役军人就业培训创业孵化基地时所作的指示要求政治站位高、解决问题实、支持推动大，极大地增强了全系统做好退役军人就业创业工作的信心和决心，激发了大家干事创业的热情和斗志，各级退役军人事务部门要认真学习、深刻领会，坚决抓好贯彻落实，高质量做好退役军人就业创业工作。一要加强教育培训。以实现充分就业为导向，以适应性培训为基础，建立技能培训与学历教育互为补充的教育培训体系，切实打通从专业技能提升到稳定就业、成功创业的道路。启动实施“红星专项培训计划”，积极推进退役军人学院（学校）建设，大力开展适应性培训和技能培训，增强退役军人就业竞争力。二要“打通堵点、突破难点”，全面提高就业服务质量。加快退役军人就业创业工作信息化建设，建立就业创业信息化台账，动态掌握就业创业情况。全面运用大数据、云服务、互联网+、手机APP等信息化手段提升退役军人就业创业工作质量和服务水平。强化退役军人就业创业政策扶持力度，落实稳岗就业政策，开展“一对一”帮扶援助。三要支持鼓励创业创新。结合我省优势资源和产业发展方向，紧紧围绕服务乡村振兴、推进产业升级和打造“双创升级版”，研究和制定奖补措施，对退役军人创办的企业给予更多的政策支持。引导和支持有专长的退役军人到新技术、新产业、新业态等国家和省重点扶持的行业领域创业。四要加强组织领导。要压实工作责任、健全工作机制、加强队伍建设，深入推进作风革命、效能革命，廉洁用权、干净干事、踔厉奋发、勇毅前行，奋力开创云南退役军人就业创业工作新局面，用实际行动迎接党的二十大胜利召开。

省退役军人事务厅党组成员、省管一级巡视员，全省16个州（市）退役军人事务局主要领导及各州市就业创业科负责人，厅机关各处（室）、直属事业单位主要负责人参加了会议。10个州（市）在会议上作交流发言。（云南省退役军人事务厅门户网站2022年9月17日讯）

肖海带队赴临沧检查指导工作

近日，厅党组成员、副厅长肖海一行4人深入临沧市临翔区、双江县看望企业军转干部、自主择业军转干部和军休干部，实地了解军休服务管理机构规范化建设等项目推进情况，听取退役军人事务工作情况汇报，对全市退役军人工作取得的成绩给予肯定，并对下步工作提出要求：一是要全力维护社会稳定。抓好《信访工作条例》的学习贯彻，围绕中央和省厅要求，做好本系统内的维稳工作。二是要做好退役军人服务管理工作，认真落实中央和云南省各项优抚政策；加强退役军人的思想政治引领，激励退役军人在强边固边、疫情防控、乡村振兴、民族团结、示范创建等工作中发挥积极作用。三是要做好退役军人“十四五”规划实施。根据省厅“十四五”规划内容，结合实际，思考谋划和认真推动“十四五”规划落实。四是要加强资金使用管理。严格按照资金管理使用办法有关规定，管好、用好、监督好每一项资金。发挥资金效益，并加强对县（区）资金使用情况的跟踪问效。五是要加强作风建设。紧密结合党建党风廉政建设推进作风革命加强机关效能建设要求，以优良作风助推退役军人工作实现高质量发展。（云南省退役军人事务厅门户网站2022年5月27日讯）

肖海带队开展春节走访慰问军休干部活动

为贯彻落实军休干部“两个待遇”，1 月 20 日，受省退役军人事务厅党组书记、厅长吉宏龙佳的委托，党组成员、副厅长肖海同志代表厅党组对军队离退休人员开展春节走访慰问活动，向他们致以节日的问候和新春的祝福，并送去慰问金和春联。

肖海同志每到一户，都与他们促膝谈心、嘘寒问暖，关切询问他们的身体生活状况，叮嘱他们要保重身体、安享晚年，向他们介绍省退役军人事务厅一年来各项工作开展情况，诚挚感谢他们对军队发展作出的重要贡献，高度赞扬了他们离休不离岗、退休不褪色，积极发挥余热、奉献社会的崇高品质，同时衷心祝愿军休干部春节愉快、健康长寿、阖家幸福。

军休干部纷纷表示，要从点滴做起，加强自身学习和教育，为军休工作的发展进步献言献策，继续发挥余热，以实际行动感谢组织的关怀和照顾，为构建和谐军休传递正能量。

肖海同志要求省军休中心深入贯彻落实习近平总书记关于退役军人工作重要论述和党中央、省委决策部署，进一步提高政治站位，强化责任担当，不断创新服务模式，提升保障水平，坚持在政治上关心、生活上照顾、精神上关怀军休干部，认真细致地做好服务工作，真正让军休干部政治上有荣誉感、组织上有归属感、生活上有幸福感，确保广大军休干部乐享天年。

厅军休服务管理处负责同志、省军休中心有关工作人员参加走访慰问。（云南省退役军人事务厅门户网站 2022 年 1 月 21 日讯）

肖海带队深入基层开展“八一”走访慰问活动

在建军95周年、“八一”节即将来临之际，7月25日，省退役军人事务厅党组成员、副厅长肖海带队，代表厅党组深入中央驻滇和省属企业，入户走访慰问困难退休企业军转干部，将党和政府对退役军人的关心、关怀送到家中。

每到一户，肖海都与退休企业军转干部和家属亲切交谈，了解生活情况和困难，开展思想疏导和政策宣传，叮嘱要以积极心态、健康快乐安享晚年，鼓励他们继续发扬军人军属优良作风和传统，永葆军人本色，为构建和谐社会贡献力量。省供销社所属省日用工业品公司退休干部潘旺金因病长期卧床，肖海入户到床边探视、询问病情、了解困难，与家属亲切交谈。

肖海还与企业陪同人员交流，希望各单位关心关爱退役军人，要通过登门走访、召开座谈会等形式，面对面了解困难、听取意见、宣传政策，切实帮助解决生活中遇到的实际困难，积极营造全社会尊崇退役军人的氛围。（云南省退役军人事务厅门户网站2022年7月26日讯）

肖海出席全省军休干部党支部书记培训班

为深入学习贯彻习近平总书记关于军休工作的重要论述，贯彻落实关于加强新时代离退休干部党的建设工作的意见，进一步规范军休党支部建设，增强全省军休干部党支部书记的政治素质和业务能力，引领军队离退休干部党员听党话、跟党走，省退役军人事务厅于6月22日至23日在玉溪举办了全省军休干部党支部书记培训班。

厅党组成员、副厅长肖海同志出席培训班。肖海同志强调：一是要注重加强对军休干部的思想教育引导。要组织军休干部认真学习贯彻习近平新时代中国特色社会主义思想和党的十九大和十九届历次全会精神，忠诚拥护“两个确立”、坚决做到“两个维护”，增强“四个意识”、坚定“四个自信”。二是要注重学习转化。要将培训班学到的知识应用到实际工作中，切实做好军休干部党建工作，旗帜鲜明讲政治。三是要注重发挥军休干部作用。充分发挥军休干部政治优势、经验优势、威望优势，引领军休干部在建言献策、基层治理、传承红色基因、志愿服务等方面发挥积极作用。

省委老干部局副局长陈云平专题讲授《做好新时代离退休干部工作》，军休服务管理处主要负责同志作开班动员讲话，并传达学习了习近平总书记关于军休工作的重要论述，玉溪市委党校专家围绕习近平新时代中国特色社会主义思想、党务工作知识等内容开展专题培训。两天的培训，既有党的理论学习，也有党建工作知识的辅导，既有红色教育基地现场教学，又有参观军创企业、党性体检等活动。

通过此次培训，军休支部书记将更加自觉做习近平新时代中国特色社会主义思想的坚定信仰者、忠实实践者、有力传播者，确保军休干部党支部工作始终沿着正确的政治方向扎实前进，确保军休干部离岗不离党、退休不褪色，永远听党话、跟党走，以实际行动迎接党的二十大胜利召开。（云南省退役军人事务厅门户网站2022年6月27日讯）

肖海带队检查指导军休服务体系提质改造工作

11月17日，省财政厅党组成员、副厅长邹宁和省退役军人事务厅党组成员、副厅长肖海率队赴昆明市军队离退休干部刘家营干休所、白马庙干休所、分散安置管理所等军休服务管理机构实地检查指导军休服务体系提质改造工作。

刘家营干休所重新铺设污水管道，全面改造提升基础管网，解决了多年来困扰军休干部的下水堵塞、庭院淹水问题；合理规划散步和活动场地，排除卫生和安全隐患，解决军休干部日常生活烦恼；积极引入社会化服务，和汇悦养老院共建军休爱心幸福食堂，解决所内高龄、独居和行动不便的军休干部及遗属“吃饭难”等问题。

白马干休所规划建设了活动场所、道路、停车场、绿化等设施，为军休干部营造了一个美丽、整洁、舒心的幸福家园，得到军休干部一致好评。

昆明市分散安置管理所计划改造基础设施、优化房间功能、安装无障碍设施、建设昆明市军休老年大学，打造集政治学习、文体活动、健康服务为一体，面对昆明市全体军休干部开放的综合性场所，助力军休干部老有所学、老有所为、老有所乐。

云南军休服务管理机构建设按项目实施补助以来，共安排补助经费5344万元，对全省44个军休所提质改造，“对症下药”综合整治局军休老旧小区，整合资源规划军休干部活动场所，军休服务机构提质改造工作成效显著，环境面貌大幅改善，军休干部的荣誉感、归属感和获得感显著增强。

在实地察看三个军休机构项目建设后，邹宁、肖海分别对军休服务管理机构提质改造工作提出要求，一要加强专项资金管理使用，加大对资金使用全过程监管力度，确保专款专用，切实提高资金使用效益。二要“把钱用在项目上、用在军休干部上”，用心用情用力为军休干部提供精细精准服务。三要加强与住建部门、民政部门、社区街道的对接，整合盘活现有资源，统筹推进军休服务体系提质改造工作。四要积极引进社会优质资源，创新服务方式，拓展社会化服务，引导社会力量为军休干部服务，切实提高军休干部服务管理水平。

省财政厅社保处、省退役军人事务厅军休处、昆明市退役军人局有关负责人参加了检查指导工作。

（云南省退役军人事务厅门户网站2022年11月18日讯）

肖海出席“云南省军休干部服务管理机构星级示范单位”授牌仪式

10月13日，省退役军人事务厅在五华区军休中心举行“云南省军休干部服务管理机构星级示范单位”授牌仪式，省退役军人事务厅副厅长肖海同志参加授牌仪式并为五华区军休中心颁发“五星级示范单位”标牌。

通过命名五星级四星级军休干部服务管理机构单位，将有力促进云南省军休服务管理工作制度化、规范化、标准化，全面提升服务管理水平，进一步增强军休干部获得感、幸福感、荣誉感。

省财政厅社保处、省退役军人事务厅军休服务管理处、省军休中心和昆明市、五华区退役军人事务局等部门负责同志及五华区军休中心部分军休干部代表参加了授牌仪式。（云南省退役军人事务厅门户网站2022年10月13日讯）

肖海出席厅国家安全工作领导小组会议和保密工作委员会全体会议

3月2日，省退役军人事务厅召开厅国家安全工作领导小组会议和保密工作委员会全体会议，传达学习习近平总书记总体国家安全观重要论述精神和中央、省委国家安全及机要保密工作有关文件精神，通报有关涉密案件、案例情况，总结省退役军人事务厅2021年国家安全、保密工作，安排部署2022年重点工作。厅党组成员、副厅长、厅国家安全工作领导小组副组长、厅保密工作委员会副主任肖海就全省退役军人事务领域国家安全和机要保密重点工作作安排。

会议要求，要牢固树立总体国家安全观，牢牢把握落实国家安全责任重点任务，扎实有效抓好全省退役军人事务领域国家安全工作。要提高思想认识，坚持党管保密根本原则，统筹发展和安全，不断增强做好保密工作的使命感、责任感、紧迫感；要加强教育管理，加大保密宣传教育力度，推动保密教育培训制度化、规范化、经常化；要筑牢保密防线，进一步修订完善保密管理制度，深入排查梳理风险点，切实消除失泄密风险隐患，确保党和国家秘密绝对安全。

省退役军人事务厅国家安全工作领导小组及其办公室全体成员、保密工作委员会全体委员及其办公室全体成员参加会议。（云南省退役军人事务厅门户网站2022年3月2日讯）

张永明率队赴红河、文山调研指导双拥和褒扬纪念工作

近日，省退役军人事务厅党组成员、副厅长张永明率队，采取实地走访、查阅台账、座谈交流、问卷调查等方式，深入红河州、文山州部分烈士陵园、革命烈士纪念馆、驻地部队、双拥广场（双拥主题公园）、双拥共建学校、基层退役军人服务中心（站）开展实地调研。

张永明针对调研过程中反映发现的矛盾问题，从进一步加强双拥工作组织领导、宣传教育、拥军优属、拥政爱民、军民共建、军民关系，以及抓好烈士纪念设施规划建设、提升改造、维护管理工作落实提出要求，并与有关部门和单位就优抚医院规划建设等工作进行座谈交流。

省委退役军人事务工作领导小组办公室秘书处、厅褒扬纪念处有关负责同志，文山州退役军人事务局、麻栗坡县退役军人事务局有关负责同志参加调研。（云南省退役军人事务厅门户网站 2022 年 7 月 11 日讯）

张永明到玉溪市调研退役军人服务保障体系建设工作

6月29日，省退役军人事务厅党组成员、副厅长张永明率队到玉溪市（江川区、红塔区）调研退役军人服务保障体系建设，走访基层退役军人服务站，深入云南佳海农业产业有限公司九溪基地、玉溪市退役军人就业创业园了解有关工作情况和先进经验做法，在玉溪市主持召开退役军人服务保障体系座谈会，与工作人员作了交流。

会议要求，各级退役军人事务部门要切实提高政治站位，胸怀“国之大者”，狠抓退役军人服务保障体系建设各项措施落实，要进一步压实主体责任，明确工作标准、工作时限，形成压力层层传导机制，充分发挥退役军人服务机构功能作用，进一步提升退役军人服务保障体系实体化运转水平。

会议强调，各级退役军人服务保障机构要在认真落实上级党委政府安排部署的基础上，把握政策核心，立足工作实际，因地制宜因时制宜地开展工作。要围绕乡村两级退役军人服务保障体系建设的组织架构、工作职责、工作流程、工作成效等进一步谋划思考，整合工作力量，用好有利资源，夯实基层工作基础，突出鲜明特色，展示地方亮点，发挥示范带动作用，提升基层退役军人服务保障水平。

会议要求，要抓实开展作风革命、效能革命，勇于担当，敢闯敢试敢为人先，推动形成一套可参考可借鉴可推广的运行模式。要进一步提炼总结乡镇“七位一体”工作法、村（社区）“四位一体”工作法，摸清经验做法和基本规律，找准工作主线，为进一步开展工作提供参考借鉴。省厅有关处室要加强调研指导，认真选树典型，加强宣传推广，让各州市学习有榜样、借鉴有参照、落实有方法。通过全省共同努力，使退役军人服务保障工作再上新台阶。

玉溪市政府秘书长范永光，玉溪市退役军人事务局、江川区、红塔区等有关负责同志参加调研，省退役军人事务厅思想政治和权益维护处、就业创业处、省退役军人服务中心有关负责同志随同调研。（云南省退役军人事务厅门户网站2022年7月1日讯）

张永明率队到巧家县开展退役军人事务综合督查

近日，省退役军人事务厅党组成员、副厅长张永明率队到巧家县开展退役军人事务综合督查。

督查组一行深入巧家县退役军人事务局、县退役军人服务中心，白鹤滩镇、玉屏街道、蒙姑镇等退役军人服务站，对退役军人移交安置、就业创业、拥军优抚、褒扬纪念、权益维护及服务保障体系建设等工作开展全面督查。督查组还走访慰问了伤残退役军人、困难退役军人代表，与慰问对象亲切交谈，详细了解他们的身体状况、生产生活情况，并为他们送上慰问金，对他们为国家和人民作出的贡献表示感谢，鼓励他们永葆本色，继续为经济社会高质量发展作出应有贡献。

张永明强调，各级退役军人事务部门要坚持深入学习贯彻习近平总书记关于退役军人工作重要论述和考察云南重要讲话精神，进一步提高政治站位，扎实做好退役军人各项工作，持续推进退役军人服务保障体系建设，切实提升退役军人服务保障能力和水平，不断增强退役军人获得感、幸福感和荣誉感。（云南省退役军人事务厅门户网站 2022 年 10 月 12 日讯）

张永明率队赴九龙红军烈士洞开展专题调研

近日，云南省退役军人事务厅党组成员、副厅长张永明率调研组赴九龙红军烈士洞开展专题调研。

张永明一行实地踏勘了九龙红军烈士洞，现场听取规划设计、项目推进、文物保护等情况汇报，并对下步工作提出要求。一要认清形势，合力推动。九龙红军烈士洞是记录和传承历史，激励和教育后人的重要场所，加快推动烈士陵园建设势在必行，要广泛收集烈士的先进事迹和红色故事，深度挖掘革命历史，大力弘扬英烈精神，共同营造全社会缅怀先烈、崇尚英雄、学习前辈的浓厚氛围。二要科学统筹，分类指导。明确目标任务及时间节点，对史料的收集表述要严谨、周密、准确。三要以时不我待的担当精神狠抓落实。要在确保安全和质量的前提下，倒排工期、“挂图作战”，抓紧时间做好前期准备工作，确保按期完成烈士陵园项目建设。四要坚持稳字当头，稳中求进。强化责任担当，注重细节，提升效能，做好相关保密工作。

省委宣传部、省委党史研究室、省文化和旅游厅、省公安厅治安总队、省财政厅、省退役军人事务厅相关负责人，昆明市退役军人事务局负责人及市级相关单位负责人等参加调研。（云南省退役军人事务厅门户网站2022年4月19日讯）

张永明参加《金色热线》栏目

7月28日，受省退役军人事务厅党组书记、厅长吉宏龙佳委托，厅党组成员、副厅长张永明率有关处室和直属事业单位负责人做客云南广播电视台《金色热线》直播节目，就听众、网友关注的退役军人优待证申领发放、移交安置、就业创业、军休服务管理等热点、焦点问题进行解答。

全省退役军人事务系统干部职工通过电视、网络直播和电台广播等形式收听收看，16个州（市）退役军人事务局负责人在线参与相关问题的答复工作。（云南省退役军人事务厅门户网站 2022年7月28日讯）

张永明出席云南省“老兵永远跟党走——老兵宣讲”实践活动启动仪式暨首场宣讲在昆举行

为加强退役军人思想政治引领，喜迎党的二十大胜利召开，6月23日上午，云南省退役军人事务厅在昆举行了云南省“老兵永远跟党走——老兵宣讲”实践活动启动仪式暨首场宣讲，全省退役军人事务系统2000余人通过视频形式参加活动，省级宣讲团成员、退役军人代表、省退役军人事务厅干部职工130余人在主会场参加活动，宣讲团成员、云南省退役军人关爱基金会副理事长蔡朝东作首场宣讲。云南省退役军人事务厅党组成员、副厅长张永明出席相关活动，并为省级老兵宣讲团14名成员颁发聘书。云南省退役军人事务厅党组成员、厅办公室主任唐贵聪主持启动仪式。

活动现场，71岁的退役军人蔡朝东，以《军魂万岁》为题，全面展示了他坚定的信念、顽强的意志、雷厉风行的作风、高度的组织纪律观念，从忠孝、责任两个方面诠释了“军魂”的丰富内涵、核心要义和精神实质，深刻阐述了新时代培育军魂、宣传军魂、弘扬军魂、践行军魂的重大现实意义，让全系统退役军人和退役军人工作者接受了一次全面深刻的政治教育、思想淬炼和精神洗礼，进一步深化了对爱国情怀、理想信念、牺牲奉献、责任担当的理解和认识，增强了全省退役军人事务系统干部职工做好新时代退役军人工作的历史使命感和政治责任感。

为做好“老兵永远跟党走—老兵宣讲”实践活动，全省组建了省、州（市）、县（市、区）三级“老兵宣讲团”，将采取线上与线下、个人与组团、主题与网络和社会宣讲相结合的方式，围绕强化政治意识、传承红色基因、服务乡村振兴、培塑文明新风、激励创新有为、政策宣传解读等六个方面，深入党政机关、企事业单位、大中专院校开展主题宣讲，以老兵身份、从老兵视角、用老兵语言深入宣讲党的百年奋斗成就特别是党的十八大以来退役军人工作取得的突出成绩，深入宣讲人民军队的壮大历程特别是党的十八大以来强军兴军的伟大实践，深入宣讲新时代奋斗故事特别是退役军人忠诚报国为民、投身改革发展、服务奉献社会的感人事迹，激励和动员广大退役军人和退役军人工作者“不忘初心、牢记使命”，以实际行动为全面建设社会主义现代化国家、实现中华民族伟大复兴的中国梦不懈奋斗，以优异成绩迎接党的二十大胜利召开。（云南省退役军人事务厅门户网站2022年6月23日讯）

唐贵聪到曲靖市调研退役军人就业创业工作

10月11日，省退役军人事务厅党组成员、副厅长唐贵聪率队到曲靖市调研退役军人就业创业工作。调研组深入军创企业进行实地调研，了解掌握军创企业发展状况、困难问题、意见建议和吸纳退役军人就业情况。

唐贵聪对曲靖市退役军人就业创业工作取得的成绩给予了充分肯定，要求曲靖市退役军人事务系统要以建设云南副中心城市的标准，充分结合自身优势积极谋划和推进退役军人就业创业工作，引导更多的龙头企业关心关爱退役军人，充分吸纳退役军人就业，为助推我省经济社会高质量跨越式发展贡献力量。（云南省退役军人事务厅门户网站2022年10月13日讯）

唐贵聪赴铜塔村宣讲党的二十大精神并调研乡村振兴工作

11月9日，省退役军人事务厅党组成员、副厅长唐贵聪到麻栗坡县猛硐瑶族乡铜塔村委会宣讲党的二十大精神，并调研乡村振兴工作和走访看望挂包户。

在铜塔村上戈主村小组，唐贵聪一行深入农户家中，以拉家常的方式详细了解他们生产生活、种植养殖、经济收入等情况，给他们送上粮油等慰问品，让他们感受到党和政府的温暖，同时鼓励他们要坚定信心、持续奋斗，争取让钱袋子更鼓，让日子更好。

在铜塔村委会，唐贵聪以座谈的形式听取厅驻村工作队员的工作成效和认识体会，对厅驻村工作队的工作表示充分肯定，强调工作队员要加强学习，珍惜基层锻炼机会；要踏实工作，不断积累工作经验；要善于总结，不断完善自身；要严于律己，严格遵守各项规章制度和驻村纪律，以勤奋务实的作风树立良好形象。

唐贵聪向扎根边疆的乡村干部、厅驻村工作队员宣讲党的二十大精神。他强调，要深刻把握党的二十大召开的重大意义，从历史中不断汲取经验和智慧，铭记和践行“三个务必”，把党的二十大精神落实到基层工作、退役军人工作、农业农村工作中去，要以虚心、耐心、热心、细心、满怀信心的状态，讲政治、顾大局，把党的惠民政策落实到底。（云南省退役军人事务厅门户网站2022年11月10日讯）

唐贵聪到省退役军人培训中心党支部开展党建工作调研

10月20日，省退役军人事务厅党组成员、副厅长唐贵聪到省退役军人培训中心党支部开展党建工作调研。

通过听取省退役军人培训中心党支部工作情况汇报，与支委开展调研谈话，查阅支部党建台账，唐贵聪充分肯定了今年以来支部党建工作取得的成绩，分析指出了存在的问题和差距，并对进一步抓好支部党建工作提出四点要求：一是要强化理论武装，深入学习领会党的二十大精神。认真学习宣传贯彻党的二十大精神，是当前和今后一个时期全党全国的首要政治政务，培训中心党支部和支部全体干部职工要切实提高政治站位，立即行动起来，迅速掀起学习贯彻党的二十大精神热潮，迅速掀起学习宣传贯彻习近平新时代中国特色社会主义思想的高潮，通过自学、集中学习、“三会一课”等形式，原原本本学、全面系统学。通过深入学习领会，深刻领悟“两个确立”的决定性意义，切实增强“四个意识”，坚定“四个自信”，做到“两个维护”，切实把思想和行动统一到党的二十大精神和党中央决策部署上来，凝聚起推动云南退役军人工作高质量发展的强大动力。二是要强化责任意识，扛稳压实党建、党风廉政和意识形态责任。支部书记要牢记自己的第一身份是党员，第一职责是为党工作，认真履行党建“第一责任人”的责任，做到重要工作亲自部署，重大问题亲自过问，重点环节亲自协调，对照党建、党风廉政建设和意识形态工作责任清单、项目清单、考评清单，逐条逐项抓好落实；支部委员要切实履行“一岗双责”职责，强化责任担当，认真抓好职责范围内各项工作落实。要主动配合开展巡察工作，对照巡察组指出的问题，认真制定整改方案，从严从实抓好整改落实工作。三是要强化规范模范意识，持续深入推进支部规范化建设和“云南模范机关”创建，根据省委省直机关工委统一部署和厅机关党委安排，进一步巩固提升支部规范化建设水平；积极开展“对标先进、争创一流”主题实践活动，努力将培训中心党支部建设成为讲政治、守纪律、敢担当、有效率的模范支部、示范支部。四是要坚持守正创新，以高质量党建推动工作高质量发展。要坚决克服党建与业务“两张皮”现象，推进党建工作和业务工作深度融合；要坚持守正创新，针对机构改革后培训中心职能职责调整变化，以及厅党组赋予的专项工作任务，积极主动担当作为，思考谋划推动工作创新发展的思路和措施，努力实现各项工作有新的突破，取得新的成效，实现新的发展，以新担当承载新使命，以新作为展现新风貌。

厅机关党委专职副书记、人事处处长王昌平一同参与调研。（云南省退役军人事务厅门户网站2022年10月20日讯）

唐贵聪主持组织开展“老兵永远跟党走——老兵宣讲”活动暨“万名党员进党校”第四次专题培训

8月5日下午，省退役军人事务厅组织开展“老兵永远跟党走—老兵宣讲”活动暨“万名党员进党校”第四次专题培训。

活动邀请全国、云南省“老兵永远跟党走”宣讲团成员王锦志老师，以《弘扬“老山精神”坚定理想信念》——“理想 信念 责任”为主题，为全省退役军人事务系统以及部分退役军人代表作了一场形象生动、振奋精神的宣讲报告，让与会人员接受了一次全面深刻的政治教育、思想淬炼和精神洗礼。

结合宣讲活动，厅领导强调，全省退役军人事务系统要强化爱党为党的政治自觉，增强为民服务的工作情怀，发扬艰苦奋斗的优良作风，以更加昂扬的斗志，更加务实的举措，踔厉奋发、笃行不怠，不断开创新时代全省退役军人工作新局面，以优异成绩迎接党的二十大胜利召开！

厅党组成员、副厅长唐贵聪主持活动，驻厅纪检监察组组长张鸿建，省管一级巡视员郭华，厅机关各处（室）、各直属事业单位在主会场参加活动，各州（市）、县（市、区）以视频会议形式参加。（云南省退役军人事务厅门户网站2022年8月5日讯）

唐贵聪出席第二届全国退役军人创业创新大赛决赛云南省参赛项目赛前辅导启动会

为进一步做好赛前准备工作，10 月 31 日，第二届全国退役军人创业创新大赛决赛云南省参赛项目赛前辅导启动会在省退役军人就业培训创业孵化基地召开，云南树多多电子商务有限公司、大理瑾研生物科技有限公司、怒江高黎一号农牧科技有限公司将代表我省参与决赛角逐。省退役军人事务厅党组成员、副厅长唐贵聪出席会议并讲话。省创业创新导师、大赛参赛选手、就业创业处相关人员参加。

会议指出，全国退役军人创业创新大赛是退役军人战线规格最高、规模最大、影响最广的创业创新赛事。当前大赛已进入比赛倒计时，有关部门要高度重视，精心组织，全面对标赛事要求，全盘把握“以赛促创、以赛促学”的工作主旨，合理安排训练任务，科学组训施训，切实提高选手参赛水平。参赛选手要充分发挥退役军人顽强拼搏的精神，坚定信心，全力以赴固强项、补弱项，以充足的准备和饱满的斗志迎接大赛。要立足云南资源优势，精心打磨项目特色和亮点，最大限度把云南风采充分展现出来，力争在国赛中取得好成绩，擦亮云南军创品牌。

会后，参赛选手紧锣密鼓地投入到备赛训练中。创业导师将从赛制出发，结合我省参赛企业的特色优势，通过一对一辅导和实战演练，为选手们讲解评委关注要点，帮助选手建立和熟悉路演的结构化思维和形象化表达。（云南省退役军人事务厅门户网站 2022 年 11 月 4 日讯）

郭华率队赴临沧市开展退役军人事务工作综合督查

10月11日至13日，省退役军人事务厅一级巡视员郭华率队深入临沧市对服务保障体系建设、双拥模范城（县）创建等退役军人事务重点工作进行督查检查考核。

工作组一行先后深入临沧市双江县、临翔区等地，通过实地调研、资料查阅、现场问答等方式，就双拥工作、退役军人事务部门作用发挥和重点工作落实等情况进行全面督查，走访慰问了部分困难退役军人代表，并为他们送上慰问金。

13日上午，在督查检查考核工作情况汇报会上，督查组对临沧市退役军人工作及双拥模范城（县）创建工作给予充分肯定，并指出，要深入学习贯彻习近平总书记关于退役军人工作重要论述，坚决贯彻落实党中央、国务院和省委、省政府对退役军人工作的决策部署，提高政治站位，完善服务体系建设，凝聚多方力量，持续为退役军人提供高质量、全方位的服务保障。要挖掘退役军人资源优势，激发广大退役军人的自豪感、荣誉感、责任感，推动形成尊崇关爱退役军人的良好社会风尚。（云南省退役军人事务厅门户网站2022年10月14日讯）

郭华带队开展“七一”走访慰问活动

为庆祝中国共产党成立101周年，省退役军人事务厅以多种形式对退役军人、烈士遗属和老党员、困难党员进行“七一”走访慰问。

省退役军人关爱基金会联合农业银行云南省分行（理事单位）开展“传承红色基因——红军长征途经（云南）地老兵帮扶行动”，在红军长征途经云南的7个州（市）、30个县（市、区）开展集中帮扶走访慰问活动，共计支出87.78万元，对1254名红军亲属、帮助红军巧（抢）渡金沙江的老艄公后人、90岁以上退役军人、烈士遗属等关爱对象进行走访慰问。

由省管一级巡视员、机关党委书记郭华带队，通过各基层党组织开展“主题党日”活动的方式，对4名离休干部老党员、9名生活困难党员开展走访慰问，详细了解慰问对象的思想动态和具体诉求，积极帮助他们排忧解难，并致以节日的问候和良好祝愿。

慰问对象纷纷感谢组织对他们的关心关怀，表示将秉承先烈遗志，忠诚拥护“两个确立”，坚决做到“两个维护”，继续发扬革命精神、传承红色基因，起好模范带头作用，以实际行动迎接党的二十大胜利召开。（云南省退役军人事务厅门户网站2022年7月6日讯）

郭华带队深入州县乡村开展督查工作

近日，由省退役军人事务厅省管一级巡视员郭华带队的省委退役军人事务工作领导小组办公室第四督查组到西双版纳州和普洱市对退役军人事务综合工作、服务保障体系建设专项工作、双拥模范城（县）创建等内容开展督查考核。

督查组通过听取工作汇报、检查工作台账、实地检查工作情况等形式开展督查工作，深入了解各级退役军人事务有关工作落实情况，总结提炼好经验做法，帮助基层发现并整改问题。督查期间，督查组看望慰问了部分困难退役军人。

督查组要求，各级退役军人事务部门和服务保障机构要深入贯彻落实习近平总书记关于退役军人工作重要论述和考察云南重要讲话精神，对标对表党中央决策部署和省委、省政府工作要求，深入推进法律政策落实，拓宽安置渠道，强化就业创业扶持，持续深入做好双拥共建，加大服务保障力度，推动退役军人工作高质量发展，以实际行动迎接党的二十大胜利召开。（云南省退役军人事务厅门户网站 2022 年 9 月 27 日讯）

郭华主持召开 2022 年转业军官安置工作有关事宜研讨会

6 月 2 日，云南省退役军人事务厅组织召开 2022 年转业军官安置工作有关事宜研讨会。驻滇各军兵种联络单位政治工作部（处）人力资源处（科）、解放军和武警部队转业办、昆明市退役军人事务局相关负责同志参会，并就相关事宜进行研讨交流。会议由省退役军人事务厅一级巡视员郭华主持。

省退役军人事务厅在前期充分调研和征求意见的基础上，结合云南省实际，组织军地有关单位对安置考试成绩在综合成绩中的占比、双选环节接收单位设置报名条件比例、安置考核计分标准三个方面的有关情况进行深入讨论交流，为进一步做好 2022 年度转业军官安置工作奠定良好基础。

研讨会现场，来自军地双方的负责同志热烈讨论、相互交流，有针对性地提出有关意见建议。与会同志一致认为，要提高政治站位，切实把军转干部安置工作作为一项十分重要的政治任务完成好。要加强组织领导，树立一盘棋思想，军地各有关部门密切配合、共同努力，高质量落实好 2022 年转业军官安置工作，以优异成绩迎接党的二十大胜利召开。（云南省退役军人事务厅门户网站 2022 年 6 月 2 日讯）

驻厅纪检监察组赴呈贡调研人力资源服务产业园和退役军人创业园建设情况

近日，驻省人力资源社会保障厅纪检监察组组长张鸿建、省退役军人事务厅一级巡视员郭华一行，赴呈贡区调研人力资源服务产业和退役军人就业创业园区建设情况。

实地查看园区建设和入驻企业发展情况，听取工作情况汇报，与相关企业负责人开展座谈后，张鸿建强调，人社和退役军人工作部门要加强沟通、协调和配合，深入领会习近平总书记关于退役军人工作重要指示批示精神，围绕“让军人成为全社会尊崇的职业”要求，整合区域内政府、企业、社会各类资源，共同做好军创园建设和退役军人就业创业工作。要把退役军人群体纳入人社大就业、大社保体系和人才队伍建设的重要工作对象，为他们提供更高质量、更优质的人力资源和社会保障服务，充分发挥好广大退役军人在服务地方经济发展、保卫国家安全、维护社会稳定等方面的重要作用。

张鸿建要求，呈贡区人社和退役军人事务部门认真贯彻落实习近平总书记重要指示批示精神和党中央、国务院决策部署要求，结合呈贡地处昆明市行政中心和高校密集的特点，以改革创新精神，全力做好高校毕业生、退役军人的人才服务、就业创业和社会保障工作。积极借鉴重庆、深圳等地先进经验，结合面向南亚、东南亚辐射中心建设和自身产业发展实际，下大力加快省级、国家级人力资源产业园、退役军人就业创业园区建设，为高校毕业生、退役军人等重点群体提供多方位、高质量、全流程的职业介绍、档案托管、就业指导、技能培训、创业孵化等服务。

（云南省退役军人事务厅门户网站2022年5月17日讯）

郭华出席“戎归彩云南　就业再启航”2022年退役军人专场招聘会

6月25日，由省退役军人事务厅主办、前锦网络信息技术（上海）有限公司（前程无忧招聘网）承办的“戎归彩云南 就业再启航”2022年云南省退役军人专场招聘会在昆明市工人文化宫举行。省退役军人事务厅一级巡视员郭华出席启动仪式并巡场。

本次招聘会采取“主动邀约、提前预约”的线下交流与“云端送岗、线上双选”的线上招聘相结合的模式，通过开展退役军人建档立卡、就业信息普查、编制就业岗位参考目录和汇编就业创业政策等工作，多渠道与退役军人、军属沟通交流，了解掌握其职业技能和就业创业意向，“一人一档”建立退役军人、军属求职信息库。依托“戎归启航”云南省退役军人就业服务平台及云南省退役军人就业服务云平台开展职业测评和定向供岗，实现就业需求精准掌握、就业岗位精准推送、就业政策精准宣传，以精准的服务促进云南省退役军人高质量稳定就业。

本次招聘会共有167家企业参与招聘，提供涵盖制造业、建筑业、服务业及高新技术产业等多行业6000余个就业岗位，线上累计参与人数32691人，线下2800余人参与招聘活动，线上线下共计3200余人初步达成就业意向。为应对疫情影响，持续为退役军人提供充足就业岗位，做到就业服务不断线，2022年退役军人专场招聘会线上招聘将持续至今年12月，广大退役军人求职者可实现“一部手机找工作”的就业创业服务。

今年以来全省各级退役军人事务部门共组织线上线下专场招聘会437场，为退役军人提供就业岗位288267个，47487名退役军人参加招聘活动，帮扶就业困难退役军人622名，公益性岗位安置就业困难退役军人907名。（云南省退役军人事务厅门户网站2022年6月25日讯）

郭华出席云南省2022年安排工作退役士兵和退出消防员移交安置工作会议

6月14日，云南省2022年安排工作退役士兵和退出消防员移交安置工作会议在昆召开。

会议深入学习贯彻习近平总书记关于退役军人工作重要论述和考察云南重要讲话精神，进一步贯彻落实党的十九大和十九届历次全会、中央退役军人事务工作领导小组第十二次全体会议和省委退役军人事务工作领导小组第六次全体会议精神。回顾总结2021年全省安排工作退役士兵和退出消防员移交安置工作，分析当前形势，研究矛盾问题，解读政策规定，部署下阶段重点工作。

会议指出，过去一年，全省退役军人事务系统坚决贯彻落实党中央决策部署，始终坚持服从军事改革和部队建设大局，抓住重点，高效完成退役士兵和退出消防员移交安置工作；始终坚持以退役军人为中心的服务宗旨，攻坚克难，高位推动各项工作稳步发展，受到上级的肯定和部队官兵的赞誉，实现接收单位、部队、安置对象三满意，成绩来之不易，值得珍惜，更需要在今后工作中发扬光大。

会议强调，安置地退役军人事务部门切实提高政治站位，强化责任担当，坚持稳中求进工作总基调，确保年度安置任务稳妥扎实推进；切实加强教育培训，做好服务管理，引导退役士兵和退出消防员树立正确的择业观，尽快适应军地转变、融入社会；切实注重安置质量，严格落实执行相关安置优惠政策，维护退役士兵和退出消防员合法权益；切实压实工作责任，跟踪指导问效，确保整体工作全程依法依规有序高效开展。

省退役军人事务厅一级巡视员郭华、移交安置处相关负责同志，各州（市）退役军人局分管领导、移交安置处（科）负责同志，以及军地联合审档工作专班工作人员参加会议。（云南省退役军人事务厅门户网站2022年6月14日讯）

云南省退役军人事务工作

秘书处、双拥办

一、秘书处 2022 年工作情况

组织召开中共云南省委退役军人事务工作领导小组第六次全体会议，制定印发中共云南省委退役军人事务工作领导小组 2022 年工作要点，对全年工作作出安排部署。

组织开展全省退役军人事务综合督查、退役军人服务保障体系专项督查，提出整改建议 91 条，不断夯实全省退役军人基层基础，推动全省退役军人事务工作高质量发展。

组织开展退役军人事务协调工作案例、党委退役军人事务工作领导机构示范工作法研究，楚雄州、玉溪市、普洱市等地工作做法被中央退役军人事务工作领导小组秘书局转发。

聚焦“喜迎二十大”，组织开展“老兵永远跟党走——老兵宣讲”、学唱《退役军人之歌》等活动，聘请“老兵宣讲团”成员 14 名，组织开展线上、线下宣讲活动 40 余场，覆盖授课对象 36 万余人。

二、双拥办 2022 年工作情况

组织开展云南省第十一届双拥模范命名表彰活动，命名云南省双拥模范城（县）60 个，表彰云南省双拥模范单位 147 个、模范个人 89 名，进一步激发全省广大军民爱国拥军、爱民奉献的政治热情。

组织开展随军家属专项招聘活动 300 余场，917 名军人家属达成就业意向，协调 300 余名随军家属随调随迁就业、1000 余名军人子女入学入托。

大力营造向往军营、尊崇军人、尊重退役军人的良好氛围，组织开展云南省首届双拥主题文艺作品征集评选活动，协调云南广播电视台组织开展“情系老兵—云岭双拥高端访谈”节目，常态化开展“情系边海防官兵”拥军优属活动，联合云南省军区政治工作局发布《新时代驻滇部队拥政爱民倡议书》，组织开展 16 个州（市）与 16 个边防基层一线连队结对共建试点活动。

办公室

2022 年，在厅党组的坚强领导下，省退役军人事务厅办公室坚持围绕中心、服务大局，积极发挥承上启下、沟通内外、协调左右的作用，有力保障了省委、省政府各项决策部署，以及厅党组各项工作要求的贯彻落实，为各项退役军人工作顺畅高效运转提供了坚强保障。

一、作风革命、效能革命深入推进

起草整治形式主义官僚主义问题推进作风革命的意见，在全厅大力推进作风革命、加强机关效能建设。根据省效能办《关于印发〈2022 年度作风革命效能革命考评指标〉的通知》要求，对相关考评指标进行任务分解、明确责任分工，形成云南省退役军人事务厅 2022 年度作风革命效能革命考评指标任务分解方案，确定 12 项攻坚任务并完成 3 次调度，开设专刊宣传全省退役军人事务系统推进作风革命加强机关效能建设工作情况。起草厅 2022 年度工作综合绩效考评办法（试行），客观评价厅机关各处（室）、直属事业单位年度工作情况，把抓落实作为全面深入推进“两个革命”的落脚点，着力改进抓落实方法，提高抓落实效果。

二、“参谋助手”作用充分发挥

认真完成向退役军人事务部、省委、省政府请示报告和有关省领导、厅负责同志讲话稿等重要文稿撰写任务，起草各类文稿 400 余篇，150 余万字。牵头完成全省退役军人事务局长会议、全省退役军人事务系统敢于担当干事创业动员部署会、39 次厅党组会、11 次厅长办公会等各类会议的组织筹备及服务保障工作；严把各类文件文字关、格式关、时效关，共收办各类文件 4462 件。加强督查督办，以“督得全、督得准、督得实”，推动“办得快、办得好”，完成贯彻落实习近平总书记关于退役军人工作重要论述和考察云南重要讲话精神及省委工作要点、130 件省领导批示、省政府工作报告重点任务落实情况的督查办理工作，牵头做好退役军人事务部蹲点抓落实工作组实地调研服务保障工作。

三、信息宣传工作亮点频出

云南发布采用信息 29 条，印发情况简报 44 条，厅官网累计发布信息 1606 条，微信公众号累计发布信息 1379 条。向退役军人事务部报送《云南省委省政府高度重视、高位推动退役军人工作高质量发展》工作简报，退役军人事务部办公厅11月7日转载工作简报供各地参考借鉴，省委书记、省长和分管副省长同时在该简报上作出肯定性批示。厅领导带领相关处（室）和直属事业单位负责人做客云南广播电视台《金色热线》直播节目，就听众、网友关注的退役军人优待证申领发放、移交安置、就业创业、军休服务管理等热点、焦点问题进行解答。参加“云南这十年”系列新闻发布会退役军人工作专场发布会，厅领导出席发布会并回答有关记者提问。突出重点工作、重大会议、重要时间节点，开展专题策划、主题约稿、系列报道。在党的二十大期间，做好厅官网“飘红”，二十大学习标语滚动播放等工作，开设《深入学习宣传贯彻党的二十大精神　坚决扛起服务建军百年奋斗目标重任》专栏，营造浓厚学习氛围，激发全系统砥砺前行力量。

四、保密安全工作扎实推进

认真落实保密、国家安全工作任务，加强厅机关平安建设，签订2022年度平安建设目标管理责任书；认真落实安全生产有关规定，做到定期检查、及时检修。严格落实《中华人民共和国保密法》及相关规定，不断改进工作措施，多次组织召开国家安全、保密宣传教育大会，坚持以总体国家安全观为指导，紧密结合常态化疫情防控实际，组织观看国家安全、保密宣传教育片，开展“国家网络安全宣传周”系列活动，利用工作微信群，创新开展保密知识每周小课堂，累计宣传23次，切实筑牢网络安全工作防线。

五、疫情防控工作有力有序

常态化开展“两码”查验、公共区域消杀等防控措施。11月28日，省退役军人事务厅办公室接工作人员报告核酸检测阳性后，第一时间向党组请示汇报，并持续向省委、省政府总值班室、驻厅纪检监察组报告处置情况；及时请省疾控中心专家研判疫情状况，进行流调排查密接人员，切断传播链。疫情发生期间，办公室全体人员坚守在疫情防控第一线，妥善处理疫情，保障退役军人工作正常运转。

六、服务保障水平明显提升

积极做好厅机关服务保障工作，及时配备正常办公所需的软硬件设备，保证各项工作有序开展。做好办公场所维护改造，完成厅机关办公区东西两侧办公楼外立面应急抢修工作。做好党的二十大期间、汛期、节假日、日常值班工作。进一步明确公务接待等8项具体工作有关事项，严格执行政府采购招标程序，做好厅机关固定资产清理、院内环境整治等工作；加强厅机关办公区综合管理，规范人员出入和车辆停放秩序，规范公务用车使用管理，提高车辆使用效益，降低运行成本，保障公务出行。

七、政务服务政务公开实效性针对性不断增强

践行以人民为中心的发展思想，牵头负责政务服务军人退役“一件事一次办”事项梳理、协同办理，为退役军人集成提供退役报到、户

口登记（退役军人恢复户口）、核发居民身份证、预备役登记、社会保险和医疗保险参保、退役士兵自主就业一次性经济补助金的给付等服务。优化 12345 政府服务便民热线，截至 11 月 22 日，接听诉求、咨询件 200 余次，均已在线答复；转办 12345 工单 17 件，回复率、满意率均为 100%。以服务国防和军队改革建设为重点，加强政策发布解读和正面舆论引导，按照国务院办公厅要求统一规范发布规章网络文本格式，配合省政府信息公开申请受理中心做好公开申请答复工作。

政策法规

2022年，政策法规处在厅党组的坚强领导下，坚持以习近平新时代中国特色社会主义思想为指导，深入贯彻习近平总书记关于退役军人工作重要论述和考察云南重要讲话精神，深入贯彻习近平法治思想，认真落实法治政府建设要求，退役军人工作法治化、制度化、规范化建设稳步推进，逐步形成系统完备的退役军人政策制度体系。

一、接续开展“法律政策落实年”云南活动

将制定《云南省退役军人就业创业园地管理办法》《优抚对象医疗保障办法》《省级烈士纪念设施评定标准》等14项“法律政策落实年”重点工作纳入厅重点攻坚项目清单并推动落实。深入开展“法律政策落实年”258个政策点落实情况的统计分析工作，形成《关于“法律政策落实年”政策点完成情况的报告》和有关台账，得到部蹲点调研组充分肯定。

二、持续推进立法工作取得新成效

一是对《云南省拥军优属规定》《云南省义务兵家属优待规定》《云南省军人抚恤优待规定》《云南省退役士兵安置规定》4件省政府规章完成打包修改工作，经省政府第152次常务会议审议通过并以省政府令第223号公布。二是将制定《云南省英雄烈士纪念设施保护管理办法》列入省政府2022年立法计划，并印发《云南省退役军人事务厅关于做好省政府2022年立法工作计划的通知》，明确立法步骤、责任单位和时间安排。三是配合司法厅开展立法工作调研，统筹推进立法进程，落细落实年度立法工作计划的各项任务。

三、强化推进政策制度体系建设

制定印发了《关于印发〈2022年政策文件制定清单〉的通知》，包含16件2022年拟制定的政策文件任务，明确责任单位和时间节点，配合各处（室）、单位制定出台《云南省“十四五”退役军人服务和保障规划》《关于加强退役军人司法救助工作的实施意见》《关于延长进一步扶持自主就业退役士兵创业就业有关税收政策执行期限的公告》《云南省退役军人、其他优抚对象优待证管理办法实施细则（试行）》《云南省人民警察伤残评定工作规程（试行）》等政策文件，进一步为全省退役军人工作提供政策保障。

四、持续开展政策法规清理汇编工作

一是对标对表退役军人事务部清理废止的文件，牵头组织各处（室）和各州市退役军人事务局分别对本级对应的文件进行清理。二是编辑《退役军人事务工作政策法规汇编（第二卷）》2册，收纳了324件法律法规、政策文件、政策解读、领导讲话等内容，分发到省、州、县、乡四级退役军人事务部门和服务保障机构。三是编辑《退役军人事务工作政策法规汇编（内卷）》3册分发到各处室，为打造熟悉政策、精通业务的退役军人事务干部队伍提供条件、奠定基础。

五、牵头办理建议提案

一是牵头及时办理人大代表在审议发言期间提出的2件建议回复，及时接收2022年交由省退役军人事务厅办理的10件“省两会”正式建议提案和1件全国人大建议，印发《云南省退役军人事务厅关于认真办理2022年建议提案的通知》，按照五级责任制做好厅内交办工作。对各具体办理处（室）的办理工作进行跟踪督办，及时汇总办理情况。13件建议提案均按时办理完成，结果均为满意，满意率达100%，向省政府办公厅报送了建议提案办理工作总结，向省人大常委会办公厅报送了题为《省退役军人厅高标准办理人大建议 助推退役军人事业高质量发展》的约稿件。二是编辑《建议提案办理材料汇编》，对2018年厅组建以来办理的建议提案及有关领导讲话、政策法规、工作通知、回复内容等进行梳理汇总，分发到省、州、县三级退役军人事务部门。三是召开建议办理工作汇报会，工作得到省人大常委会视察组充分肯定。四是向省政府办公厅报送人大代表建议、政协提案承办先进单位和个人推荐材料，向省政协提案委推荐好提案，我处1名同志被省人大常委会表彰为“建议办理工作先进个人”。

六、推进全面深化改革工作

一是提请厅党组会议专题传达学习中央全面深化改革委员会和省委全面深化改革委员会历次会议精神，年初对改革工作作出具体安排，年中进行调度推进，年终进行工作总结。二是贯彻落实《云南省退役军人事务厅全面深化改革工作规则》的通知，印发《云南省退役军人事务厅关于做好2022年全面深化改革工作的通知》，进一步明确各项改革任务的时间点、路线图和责任单位，有力推进5项改革任务按时按质完成。三是向省委改革办报送了年终改革工作总结、自检自查报告、对账检查材料和考评台账。四是向省委改革办报送了9条改革信息、改革经验做法等材料，被采用1条。

七、深入推进法治政府建设工作

一是提请厅党组2022年第6次会议传达学习本省法治政府建设实施纲要，对省退役军人事务厅法治政府建设工作作出具体安排。二是制定印发《关于进一步规范法律顾问工作的通知》《关于印发公职律师管理办法的通知》，完成法律顾问招标评标工作，签订法律顾问服务合同，聘请法律顾问单位1家、法律顾问11名，支付第一年法律顾问服务费。三是制定印发《关于印发国家工作人员旁听庭审活动实施办法的通知》《关于印发宪法宣誓组织实施办法的通知》《关于印发〈行政处罚自由裁量权适用办法〉〈行政处罚裁量基准表〉〈行政执法包容审慎监管“减免责”清单〉的通知》《关于印发行政复议与行政应诉管理办法的通知》等法治建设制度。四是完成依法治省落实简政放权推进简政便民专项督查。五是有序完成对云南省新时代烈士褒扬工作具体措施等政策文件的合法性审核，全过程参与烈士评定、残疾退役士兵移交等重大行政决策事项并提出法律意见，审核合同协议并出具法律意见书85份，提出法律建议395条，向省政府办公厅报送了法律顾问和合法性审核工作有关经验材料。六是开展行政执法案卷评查工作并向省司法厅报送案卷评查工作报告。七是向各州市退役军人事务局印发通知收集数据和典型案例，向退役军人事务部报送了本省退役军人法律援助工作的数据、经验做法和典型案例，有关典型案例被采用。八是进一步规范行政执法监督工作，向省司法厅申报厅法制督察人员，获颁法制督察证3张。九是配合业务处室办理行政复议案件3起，起草行政复议答复书等材料。十是政策法规处王都同志被省政府表彰为“云南省法治政府建设工作先进个人”。

八、有序开展各项普法工作

一是实施全省退役军人事务系统“八五”普法规划，制定印发《云南省退役军人事务厅2022年度普法计划》。二是印发《云南省退役军人事务厅关于认真组织学习宣传贯彻〈中华人民共和国行政处罚法〉的通知》，开展《中华人民共和国行政处罚法》学习宣传活动。三是组织开展“宪法在你身边”宪法知识在线答题活动、“美好生活　民法典相伴”主题宣传活动、“4·15”国家安全教育日普法宣传及在线答题活动、全国行政复议和行政应诉线上培训、法律援助法线上答题活动、线上旁听庭审活动等普法宣传教育活动，及时向有关部门报送工作情况报告。四是在厅官方网站公布6个“以案释法”案例。五是向省委依法治省办报送18条法治信息，其中2条被采用。

九、开展课题研究工作

一是落实《关于印发决策咨询研究课题管理办法的通知》，完成厅2020年度5个省级部门决策咨询研究课题的归档备案等工作，向各处室发出通知，对各处室负责的课题进行成果转化运用情况统计，按“项目工作法”提出转化运用计划并呈报厅领导。二是继续组织实施省退役军人事务厅“云南省退役军人在决战脱贫攻坚和推进乡村振兴中发挥作用情况的调查与研究”“云南探索直通车式安置办法研究”2个2021年度课题，2个课题均已完成结题评审和归档备案工作。三是按照省政府发展研究中心要求申报2022年度课题。

十、完成其他重点工作任务

一是参与政府安排工作退役士兵、伤残退役士兵移交、信访、投诉举报等具体个案处理工作，提供法律顾问服务。二是按照省社会信用体系建设部门联席会议办公室的要求，继续做好2022年信用云南有关工作，按月报送工作数据，按季度报送工作情况。三是按要求完成退役军人事务综合督查等4项督查检查任务，梳理经验做法、问题困难并提出工作建议，起草完成督查报告。四是进一步加强自身建设，开展保密教育和保密自查工作，修订完善政策法规处廉政风险内容和防控措施，认真落实处务会制度、常态化联系退役军人制度、挂包帮有关工作，完成2023年度预算申报工作。

思想政治和权益维护

一、开展常态化学习宣传，营造尊崇尊重社会氛围

2022年4月21日，中共云南省委宣传部、云南省退役军人事务厅、云南省军区政治工作局印发《关于开展2022年度云南省“最美退役军人”学习宣传活动的通知》，从16个州（市）、省直部门和企事业单位等85家单位推荐的134名候选人中，评选出25名云南省“最美退役军人”，并从中遴选出4名候选人参加评选全国“最美退役军人”。云南省报送的岩罕陆同志被选树为全国“最美退役军人”。12月14日在云南广播电视台举办2022年度云南省“最美退役军人”发布仪式，展示最美退役军人在各个领域所作出的优秀成绩。

二、加强教育培训，促进“兵支书”作用发挥

落实云南省退役军人事务厅、云南省委组织部、云南省民政厅、云南省军区政治工作局2021年4月联合下发的《关于在全省优秀退役军人中大力培养村（社区）基层组织带头人的通知》，选调昆明、玉溪、楚雄3名“兵支书”代表赴贵州仁怀参加退役军人事务部组织的“兵支书”培训。6月13日至16日，举办百名“兵支书”进课堂能力提升培训班，为广大“兵支书”精进不休、博采众长搭建平台。

三、推进志愿服务工作开展，发挥退役军人优势作用

根据《关于开展2022年云南省学雷锋志愿服务“五个一批”先进典型宣传推选活动的通知》要求，按照“自下而上，遴选把关，事迹突出，择优推选”的原则，推荐上报“最美志愿服务工作者”。云南省推荐上报的关祖祥被评为退役军人学雷锋志愿服务“最美志愿服务工作者”。

四、高位推动退役军人服务保障体系建设

9月24日，在玉溪市召开全省退役军人服务保障体系建设现场推进会，探索推广“七位一体”［乡镇（街道）党（工）委书记兼任退役军人服务站站长抓总、武装部长兼任副站长具体负责，专武干部、派出所民警、事业编制人员、政府购买服务人员和退役军人志愿服务队负责人共同负责］、“四位一体”［村（社区）党总支书记兼任村级服务站站长主抓、负责民兵工作的村

（社区）“两委”班子成员具体负责、村（居民）小组长担任信息员直接联系、退役军人志愿服务队负责人参与］工作运行机制，统筹推进“一心两家三站”（党群服务中心、青年民兵之家、退役军人之家、征兵工作服务站、涉军维权服务站、退役军人服务站）综合阵地建设，依托便民服务中心（站）“全科社工”，积极推行“前台综合受理、后台分类审批、综合窗口出件”的“一口受理、一窗通办、集成服务”模式，推动基层退役军人服务中心（站）达标建设。

五、强化困难退役军人帮扶援助

元旦、春节期间对全省重点优抚对象进行普遍慰问的基础上，全省投入4300余万元，对老红军、老党员、生活困难人员等会同部队及相关部门组成慰问组进行分类走访，慰问困难退役军人3900余人。各级协调军地领导对部分现役军人家属和退役军人家庭进行入户走访，省退役军人关爱基金会单独安排70余万元对全省16个州市528名重点困难对象组成省慰问组入户走访。在全系统开展“喜迎二十大——为退役军人排忧解难”专项行动，对困难帮扶援助服务系统在库的困难退役军人全部走访到位，倾听老兵心声，帮助排忧解难。

规划财务

一、全力推进重点工作

（一）编制印发实施“十四五”规划

落实国家《“十四五”退役军人服务和保障规划》和《云南省“十四五”退役军人服务和保障规划》；3月以省委办公厅、省政府办公厅、省军区办公厅名义印发《云南省“十四五”退役军人服务和保障规划》，在全国走在前列；4月印发《云南省“十四五”退役军人服务和保障规划任务分工方案》；5月召开《云南省“十四五”退役军人服务和保障规划》贯彻实施工作会议；5月印发厅内分工方案；开展退役军人服务保障设施“兜底线”工程2023年项目储备，对各地项目需求进行初步摸底。2022年中央预算内投资4个项目3200万元，配合各业务处室做好项目实施。

（二）认真做好统计工作

一是组织各处室、直属事业单位和全省16个州（市），129个县（区），3个经济开发区共计623家数据单位参加了退役军人事务部组织的统计调查工作视频培训会议，对数据进行实时在线答疑；二是高质量完成全省退役军人事务统计2021年年报，2022年第一、第二、第三季度季报编制上报工作。

二、全面加强财务管理

（一）完成预决算工作

一是完成2021年部门决算编制。组织厅机关及直属事业单位开展2021年度财务决算，2021年度收入合计174 576万元。其中，财政拨款收入155 165.06万元，占总收入的88.88%；事业收入107.9万元，占总收入的0.06%；其他收入19 303.03万元，占总收入的11.06%；2021年度支出合计164 930.25万元。其中，基本支出4464.03万元，占总支出的2.71%；项目支出160 466.22万元，占总支出的97.29%。同时加强对直属事业单位决算编报的指导，及时批复直属事业单位决算，并在规定时间内完成了决算公开。二是完成2022年预算批复和公开。2月，省财政厅批复省退役军人事务厅2022年预算93 831.13万元（含省对下项目74 307.34万元），及时批复各直属事业单位并按要求对预算进行公开。三是抓好2023年预算编制。提前精心筹划并召开2023年度经费预算编制会议，会同省财政厅、人力资源社会保障处多次组织召开厅机关预算编制培训和协调会，组织参加全省预算编制培训会议；委托专业机构对各处室编报情况进行逐条审核，先后20余次对编制情况进行修改完善，9月底完成预算编制“一上”工作，上报预算资金7.89亿元。四是及时回复人大预算工委对于2022年预算质询，同时配合云南省财政厅对2020—2021年度预决算公开情况进行自查，并对相关工作进行自评。

（二）强化内控制度报告

汇总5家直属事业单位基础数据并选出省退役军人培训中心作为省退役军人事务厅典型案例上报财政，完成《2021年度行政事业单位内部控制报告》填报工作，上报云南省退役军人事务厅（部门）行政事业单位内部控制报告。

（三）加强预算绩效监控

一是向省财政厅按时上报《绩效目标表》《预算资金支出情况表》；二是按时完成中央项目、省级项目、直属事业单位2021年33个项目绩效自评工作；三是2022年项目资金绩效目标填报实现全覆盖，建立项目支出绩效运行跟踪监管机制；四是组织各处（室）及直属事业单位填报2022年第一、第二、第三季度共27个项目绩效运行监控采集情况表。

（四）加强审计工作

一是为全面核实财政预算资金支出情况和使用绩效，做到有效配置财政资金，4—6月，委托第三方对全省16个州（市），129个县（市、区）优抚对象医疗保障经费开展绩效评价，对优抚对象补助经费218 456.85万元、县级以下纪念设施整修工程补助资金12 500.3万元和烈士纪念堂馆建设及改陈布展补助资金3360万元开展专项审计；二是完成2022年开展的专项内部审计和绩效评价，对查出的问题及时判定整改方案并要求相关处室和州（市）进行整改，进一步规范财政资金管理，提高资金使用效益，为今后相关政策的调整、优化和完善提供决策参考。

（五）强化资产管理工作

一是组织厅机关和直属事业单位对国有资产租赁情况进行统计，按时上报资产月报表，确实做到账账相符、账实相符，同时完成全厅2021年772.53万元资产年报编报工作；二是协助办理原民政厅所属资产的转隶工作，5家直属事业单位已完成资产划转。

（六）按程序做好政府采购相关工作

一是按政府采购相关规定，完成2022年厅机关40个政府采购项目的采购意向公示工作；二是完成47个采购项目的采购预算申报工作；三是配合采购处室进行政府采购相关工作。

（七）建立预算执行进度分析月通报制度

为加强全面预算管理，准确掌握各处室和直属事业单位资金使用情况，进一步规范和加强资金使用的监督和管理，减少资金冗余，提高资金使用效益，建立了预算执行进度月通报制度，每月1日至5日对各处室及直属事业单位预算执行进度进行通报，定期分析预算执行中存在的问题，研究下一步整改措施，督促加快推进预算执行进度，确保预算执行达标。截至9月底，省退役军人事务厅预算资金累计执行12.32亿元，总体预算执行率为88.06%，达到预算执行进度要求。

（八）加强“三公”经费执行管理

按照“过紧日子”的要求，严控“三公”经费。一是接受财政部云南监管局“三公”经费检查，并针对问题反馈情况及时通报、完善机制，编写整改方案，落实整改措施。二是组织各处（室）直属事业单位对2022年“三公”经费执行情况进行自查，并及时对问题进行整改。

（九）做好日常工作

及时申请财政工资统发，及时足额发放人员工资和奖金；按时完成职工基本养老保险、职业年金、医疗保险、住房公积金等申报和缴存工作；按照新个税征收政策，按月足额申报个人所得税，并在规定时限完成2021年度个人所得税年度汇算；及时做好非税收入申报上缴工作；认真细致地做好会计报销、会计原始凭证、记账凭证的审核、记账、核销等日常会计核算和会计监督工作；及时、准确地处理各项费用的支付及报销工作，努力为全厅干部职工提供保障服务。

三、积极开展业务培训，加强制度建设

（一）梳理和完善内控管理制度

一是组织开展厅内控制度的梳理和完善工作。结合实际对需编制的管理制度对应政策依据和支撑进行梳理；二是向各州、市退役军人事务局，各直属事业单位，省统计局等征求意见和建议后，第六次厅长办公会审议通过了《云南省退役军人事务统计工作管理办法》，已于8月9日印发实施。

（二）积极协调相关部门，开展业务培训工作

一是1月组织各处室、直属事业单位和全省16个州（市），129个县（区），3个经济开发区，共计623家数据单位参加了退役军人事务部组织的统计调查工作视频培训会议。二是5月组织厅机关及直属事业单位人员参加内控制度培训班，对《云南省退役军人事务厅内控管理制度》涉及的13项制度办法进行讲解。三是7月组织厅各处（室）、各直属事业单位主要负责人、政府采购相关人员、直属事业单位财务人员参加省财政厅组织的政府采购政策讲解及电子卖场操作培训。四是7月组织厅各处（室）、直属事业单位财务人员参加2023年部门预算编制培训会。

（三）完成巡视整改回头看

按要求切实落实涉及规划财务处的12条整改措施，明确整改责任、任务和时限，积极推进整改工作。

移交安置

2022年，移交安置处深入学习贯彻习近平总书记关于退役军人工作重要论述和考察云南重要讲话精神，认真落实党中央、国务院和省委、省政府决策部署，在厅党组坚强领导下，全面建设迈上新台阶，移交安置工作取得新成效。

一、任务完成有质效

一是在全国率先高质量完成年度转业军官安置任务。以“质量安置、精准安置”为目标，圆满完成250余名转业军官、3名随调家属安置工作。全省除10余名转业军官自愿申请安置到驻昆高校（医院）外，其余全部安置到公务员岗位（3名家属均对口安置）。其中，7名荣获二等功以上奖励的功臣模范、3名涉核岗位人员得到照顾安置，20余名团职干部进入各级党政机关，实现了安置工作惠及个人、家庭、军队和社会的综合效益。退役军人事务部单独上报下发云南省转业军官安置工作做法，中央退役军人事务工作领导小组办公室《简报》第38期也同步刊发，充分肯定了云南省第28年在全国高质量率先完成年度转业军官安置任务。二是高效推进政府安排工作退役士兵和退出消防员安置工作。坚持高质量安置好1600余名退役士兵，不断通过密切军地协同、强化服务保障、及时化解矛盾、创新工作举措、确保安置实效。省级单位协调统筹318个安置计划岗位，占安置任务数的19.4%，州（市）、县（区）分别按照相关规定足额提供岗位，确保安置对象选择空间充足。退役军人事务部《退役军人工作信息参考》和官网均转发、刊发了云南省退役士兵安置工作做法。三是伤病残退役士兵移交任务圆满完成。在各级合力推动下，共完成8名伤病残军人入滇移交（1～4级伤病残初级士官和义务兵3名、5～6级精神病初级士官和义务兵5名），通过省级统筹、军地协商，自2009年以来首次将1名残疾军人安置到云南省荣誉军人康复医院集中供养。

二、难点工作有成果

针对“云南省跨军地改革集体转制部队退役军人落户计划数位列全国第四，随调家属安置数位列全国第二的实际”，及时成立工作领导小组，在国家层面没有明确政策支撑、明确要求支持的前提下，积极牵头协调组织、编制、人力资源社会保障、国资等职能部门，从省级层面出台《云南省退役军人事务厅等5部门关于进一步做好跨军地改革集体转制部队退役军人随调家属安置工作的通知》，先后完成1.4万余名转改人员落户工作，全省90余名（昆明地区60余名）随调家属得到妥善安置，实现了转制部队、转改官兵和家属“三满意”目标。

三、矛盾化解有准度

一是积极推进解决专业技术干部定职定级问题。认真分析现行政策规定，在国家未出台相关政策、相关职责职能不在省退役军人事务厅的情况下，多次与省军区、省委组织部等有关单位沟通协商，委托省军区转业办商请驻滇各部队起草了《关于专业技术军官定职定级的意见建议》(简称《建议》)，并根据《建议》提供参考依据，解决了现行军衔制度下军官职务层级的对应关系。同时，积极向上报告情况，请求在国家层面给予政策支撑，最大限度地化解矛盾。二是认真解决由政府安排工作退役士兵的安置遗留问题。大力开展“化解矛盾护权益”主题活动，先后下发《加快推进年度退役士兵移交安置工作的通知》和《关于进一步优质高效做好退役士兵移交安置工作的通知》，积极统筹协调岗位，化解15名近5年来在安置中未选岗、选岗后未报到的退役士兵矛盾问题。同时，联合相关职能部门组成督查组，先后赴昆明、曲靖、昭通、大理、丽江5个州（市）开展安排工作退役士兵安置调研督察，督导各地高质量完成年度移交安置任务；积极协调财政、人力资源社会保障、医保等职能部门，多次召开协调会，推动解决退役士兵待安置期、待上岗期保险补缴事宜；在军地联合协作、大力推动下，圆满完成了滞留武警部队2019年因公1级分散供养伤残义务兵戴操（植物人）的移交任务，推进解决了安置到省政协退役士兵刘高霖和云南边防总站滞留伤残士兵刘长生的移交问题，不断维护退役军人合法权益。三是稳妥处理信访上访问题。贯彻落实“首办责任制”，依据政策规定，认真办理信访回复，热情做好电话咨询服务；定期分析研判移交安置业务领域的政策、舆情风险，在重大节日等敏感时间节点对涉及本处业务诉求的群体约访座谈；按照迎接党的二十大工作要求，由厅分管领导带队、移交安置处负责人参与，先后赴4个州（市）开展督查检查，认真查找隐患、强化措施办法、督促工作落实，确保党的二十大期间安全稳定。

四、创新措施有深度

一是完善规章制度。为促进退役士兵安置工作高质量发展，制定出台了《云南省退役士兵安置工作领导小组办公室工作规则》《云南省退役士兵安置工作领导小组办公室关于由政府安排工作退役士兵统筹调剂安置办法（试行）》，进一步提高了岗位计划使用的精准性和科学性，缓解了市（州）安置任务压力。二是展开政策研究。结合部、厅“十四五”规划和重点工作任务清单，与云南大学共同完成了“云南探索‘直通车’式安置办法研究”课题研究。通过军地座谈、研讨交流等形式，对《云南省省级单位计划分配转业军官安置考核计分标准》进行修改完善，研究讨论云转组〔2012〕2号文件中营级以下职务和专业技术职务转业军官考试考核综合成绩的计算办法、省级单位按年度安置计划50%的指标在规定时间内提出转业军官报名条件的计算办法，为国家出台《关于加强新时代转业军官安置工作的意见》《退役军人安置条例》等政策后结合省情、社情实际出台配套措施打下了坚实基础。

五、教育培训有实效

一是扎实做好转业军官适应性培训。依托“云南省干部在线学习学院”平台，分网络录播培训和网络在线学习两个阶段开展培训，开设云南党政机构设置与职能、公务员制度及管理等11门课程，邀请知名教授、有关厅局领导、转业军官代表讲授工作心得、介绍实践经验，培训参训率达99.6%、合格率达100%。二是积极组织政府安排工作退役士兵适应性培训。采取“区域办班、集中管理、同步受训”的办法，分16个片区，组织政府安排工作退役士兵参加专业化、系统化、精准化适应性培训，全省1642人参训，参训率达100%。三是认真组织系统内业务培训。聚焦加强政治建设、提升业务能力、解决难点问题，利用组织州（市）审查移交档案时机，对16个州（市）退役军人事务局移交安置工作人员进行业务培训，进一步规范工作程序、提高施策水平、增强业务能力。

就业创业

2022年全省退役军人事务系统全面落实党中央、国务院及省委、省政府稳住经济的一揽子政策措施，统筹经济社会发展和疫情防控，用好用足现有政策，扎实推进自主就业退役军人教育培训、就业创业各项工作，千方百计稳定和扩大就业。全省各级退役军人事务系统共组织线上线下专场招聘会655场，为退役军人提供就业岗位42.83万余个，帮助2.16万名退役军人实现就业。为684名退役军人争取创业贷款1.19亿元，协助税务部门为5.7万个军创企业减免7.69亿元。军创企业实现利税40.5亿元。

一、高位推动稳就业

省委、省政府高度重视退役军人创业工作，把退役军人就业创业工作摆在突出位置。王宁书记、予波省长亲自部署、高位推进退役军人工作。省委退役军人事务工作领导小组第六次全体会议、省委第33次常委会议、省政府第145次、第160次常务会议，研究部署退役军人工作。将退役军人作为"稳就业"的重点对象，保障退役军人在享受普惠性就业创业扶持政策和公共服务基础上再给予优待；把退役军人就业创业工作纳入各级党委、政府督查督办事项，开展督查检查，狠抓末端落实，确保工作落实到位。召开全省退役军人就业创业工作座谈会总结成绩，交流经验、分析形势，安排部署全省退役军人就业创业工作。

二、强化服务稳就业

一是抓好就业岗位开发。实施"政府权威推荐、退役军人市场选择"就业模式，搭建"云南省退役军人就业推介云平台"，建设退役军人岗位库。组织开展"戎归彩云南　就业再起航"云南省退役军人招聘会、"随军家属专场招聘会"、"2022年全省民营企业招聘月活动"，扩大就业岗位供给，打通就业信息"堵点"。二是抓好就业。推行"信息化+常态化联系+就业服务"模式，组建州（市）、县（市、区）、乡（镇）三级退役军人就业信息普查工作队伍，建立就业、创业、培训3个需求清单，完成30万名自主就业退役军人信息普查，实现就业困难退役军人动态监测、及时认定。三是强化政策宣传。全面梳理国务院关于扎实稳住经济的一揽子政策6个方面33项具体措施及本地出台的各领域具体优惠政策，将含金量高的纾困帮扶、税收减免、教育培训、就业促进等优惠政策编印成《自主就业退役军人就业创业手册》发放给退役军人，共计发放1万余册，同时通过新媒体广泛宣传，打通政策宣传“最后一公里”。指导云南省个体私营经济协会成立退役军人专业委员会，充分发挥行业协会的桥梁纽带作用，精准宣传助企纾困政策。四是抓好高职院校毕业生退役士兵就业工作。召开2022年高职扩招退役军人毕业生就业工作会，与省教育厅、高职院校、就业合作单位合力推进工作，全省退役高职扩招退役军人毕业生就业率达到86%。五是强化就业创业服务体系建设。全省各级退役军人事务部门均设立了就业创业工作机构，各级服务中心（站）明确了就业创业工作职责，开设了服务窗口，建立了退役军人就业创业信息管理系统。退役军人事务部门新加入各级就业工作领导小组成员单位，将退役军人纳入就业工作重点帮扶群体。建立军地、成员单位联动机制，成立省退役军人关爱基金会，协助省个体私营经济协会成立退役军人专业委员会，构建行政机关、事业单位、社会力量“三驾马车”同向发力的良好格局。

三、强化政策稳就业

针对制约退役军人就业创业、教育培训的体制性瓶颈问题，全面梳理涉及12个部门单位的28项政策点，逐项开展研究和协商沟通。联合相关部门出台了《关于延长进一步扶持自主就业退役士兵创业就业有关税收政策执行期限的公告》《云南省关于加快提升创新创业活力若干政策措施》《关于做好退役士兵教育培训工作的实施意见》《云南省退役士兵就业职业目录参考》《云南省退役军人就业创业园地认定管理办法（暂行）》等一系列退役军人就业促进创业扶持政策，在保障退役军人享受普惠性就业创业扶持政策和公共服务基础上再给予优待。积极协调省人力资源社会保障厅出台文件，明确医疗卫生和其他基层事业单位招聘中，开发专项岗位定向招录当地户籍退役士兵。

四、强化帮扶稳就业

一是加大就业困难人员帮扶力度。帮助800多户“零就业家庭”至少一人就业，帮扶就业困难退役军人620多名，城镇公益性岗位安置就业困难退役军人900多名。二是加大创业帮扶力度。制定《云南省退役军人创办的中小微企业纾困发展创新创业专项行动实施方案》《优化营商环境监督治理专项行动实施方案》，按照全面摸排联系、做实帮扶台账、建优建强创新创业平台、优化创业服务的工作步骤，帮助退役军人创办的中小微企业纾困发展，扶持有创业意愿退役军人成功创业。

五、强化培训稳就业

一是把教育培训与适应转变相结合。紧紧抓牢适应性培训这一关键环节，做到全员即退即训、应训尽训。帮助退役军人迈好人生转段、工作转轨、事业转型的关键一步。二是把教育培训与成功就业相结合。针对退役军人专业技能与社会需求不匹配、社会适应性不高、培训与就业结合不紧密、招聘活动形式化等现实问题，组织3869名退役军人参加职业技能培训，帮助退役军人提升就业竞争力。三是把教育培训与个人成长相结合。为帮助退役军人提高学历层次、改善知识结构，采用多种形式广泛宣传，在官方网站、公众号及主流媒体平台设置专区宣传退役军人学历教育优惠政策，全省共有1348名退役军人复学，606名退役军人参加专升本、研究生等各类学历提升考试，309名退役军人通过考试被录取。

六、强化扶持促创业

充分发挥创业孵化基地作用，认真组织开展创业K课堂、2022年云南省创新创业大赛专题培训、“汇融赋能　送惠入企”创业担保贷款服务活动、“金融赋能，精准问策”军创企业金融政策与产业对接会、创业圆桌论坛分享会、军创大讲堂等专题活动，切实为军创企业及有创业意愿的退役军人提供便捷、优质、全方位的创业服务。积极组织参加各级各类创业大赛，加大宣传报道力度，增加社会影响力，激发广大退役军人投身大众创业、万众创新的热情。联合省科技厅、省农业农村厅共同开展各类创业创新项目大赛，组织参加第二届全国退役军人创业创新大赛等赛事，共斩获大赛一等奖2个、二等奖5个、三等奖11个、优胜奖8个。在各类大众创业万众创新大赛中，军创企业以占全省市场主体1.6%的数量，取得了12%获奖项目的优秀成绩，凸显了退役军人在大众创业万众创新上的重要作用。开展关于解决部分退役士兵基本养老保险补缴25 529人、基本医疗保险费补缴997人，实现老有所依、老有所养。

军休服务管理

2022年，军休服务管理处在厅党组的坚强领导下，深入学习贯彻习近平总书记重要讲话精神和军休工作的重要论述，聚焦服务强军兴军，加强云南省政策制度设计，加快滞留部队问题解决，加速服务管理转型升级，不断推进新时代军休工作治理体系和治理能力现代化，进一步增强军休人员荣誉感、获得感和幸福感。

一、认真落实军休干部的"两个"待遇

一是严格按照政策规定和标准，及时做好全省军休干部和无军籍职工的人员经费、服务管理机构经费、机构用房资金的分配和拨付工作，全年累计拨付、发放经费14.7亿余元，确保了6000多名军休干部、3300多名无军籍职工和400余名遗属的政治和生活待遇得到落实。二是完成了军休干部护理费和医疗补助、遗属生活补助44批次112人的审批工作。

二、落实应接尽接，超额完成离退休士兵接收安置任务

坚持运用“一线工作法”深入部队、服务上门、军地联动、攻坚克难，高质高效圆满完成三年集中移交安置工作。把三年集中移交安置作为减轻部队负担、服务练兵备战的政治责任，积极协调部队，采取军地移交安置推进会、重点人员专题协调会、军地联动联审等措施，做到应接尽接、即交即接，全面实现“只要部队交得出，我们就能接得住”的目标。同时，主动指导基层，进一步规范程序手续、协商解决疑难杂症，压茬推进档案审核、待遇确定、关系转移接续等业务工作，高质高效完成移交安置任务。2022年省军休干部和退休士官实际接收近200人，接收任务完成率达280%，超额完成三年集中移交安置任务，退役军人事务部联合中央军委政治工作部向云南省委省政府发来感谢信给予表扬。

三、开展军休服务管理机构星级评定，进一步提升云南省军休服务管理水平

对照《云南省移交政府安置的军队离休退休人员服务管理机构星级评定实施办法》(简称《实施办法》)，在全省范围内开展军休服务管理机构星级评定工作，评选出五星级单位3家、

四星级单位12家，督促全省军休服务管理机构对照《实施办法》查缺补漏改进，带动各地不断提升军休服务管理水平，保障军休干部养老服务质量。

四、举办“云岭军休”系列活动，丰富军休干部精神文化生活

一是组织开展2022年全省功臣军休干部荣誉疗养活动，增强军休干部荣誉感、归属感、获得感。二是举办全省军休干部党支部书记培训班，进一步规范军休干部党支部建设，增强全省军休干部党支部书记的政治素质和业务能力。三是举办“喜迎二十大、军休心向党”庆祝建军95周年和党的二十大胜利召开系列活动，引领广大军休干部听党话、跟党走，喜迎党的二十大胜利召开。

五、自主择业军转干部和逐月领取退役金退役军人工作

按时发放自主择业军转干部退役金，及时拨付中央和省级配套自主择业服务管理经费，开展自主择业军转干部“春节”“八一”建军节慰问活动。接收逐月领取退役金退役军人66人，及时拨付逐月领取退役金退役军人退役金。

六、复员干部和企业军转干部工作

2022年全省接收复员干部20余名，各地退役军人事务部门积极与部队协调，按照相关政策和计划如期完成年度任务。

开展年度企业军转干部数据更新，制定标准、测算划拨资金，探索加强日常管理和中央驻滇及省属单位（企业）属地化管理办法，进一步提升管理科学化、规范化水平。

拥军优抚

2022年，拥军优抚处在厅党组的坚强领导下，深入学习贯彻习近平总书记关于退役军人工作重要论述和考察云南重要讲话精神，按照“对标先进、争创一流”的工作思路，狠抓自身建设、加大优抚政策落实力度、拓展优抚工作内容、加强优抚服务体系建设，切实维护退役军人和其他优抚对象的合法权益。

一、完善政策机制，不断增强服务保障能力

牵头省公安厅等9部门，印发《云南省人民警察伤残评定工作规程的通知（试行）》，进一步规范人民警察伤残评定工作；印发《云南省退役军人和其他优抚对象建档立卡工作方案》《云南省退役军人和其他优抚对象建档立卡工作实施细则》，按照“分级负责、属地管理”原则，全面推行退役军人和其他优抚对象建档立卡工作；积极协调省财政厅、省卫生健康委、省医保局制定《云南省优抚对象医疗补助“一站式”费用结算办法（试行）》，筹备搭建全国首家省级优抚对象医疗补助结算平台，提供快速、便捷的费用直接结算服务，减轻优抚对象医疗费用垫付压力，畅通服务优抚对象享受医疗保障待遇的“最后一米”。

二、提升工作能力，确保政策落实落细

积极争取中央、省级财政支持，继续第4年按10%增幅提高优抚对象抚恤补助标准，连续于9—10月启动优抚对象价格临时补贴与物价上涨联动机制，全年累计下拨中央和省级财政优抚资金28.85亿余元，确保优抚对象的生活水平随经济社会发展稳步提高。严格审核程序，认真做好残疾等级评定工作，全年共审核评（调）残相关材料1000余份。指导各地退役军人事务部门发挥荣誉激励和社会价值导向作用，彰显军人尊崇感，全年共悬挂光荣牌2万余块，为27万余名重点优抚对象发放年画。建立享受国家定期抚恤补助优抚对象年度确认制度，采取上门服务和线上自助相结合的方式完成年度确认，工作进度完成训练率达99.99%。

三、强化正风肃纪，不断提高优抚资金监管力度

坚持主体责任和监督责任同向发力，完成覆盖16个州（市）134个区域的2021年度优抚对象补助经费专项审计，制定下发《云南省退役军人事务厅关于抓紧推进优抚对象数据核查发

现问题整改工作的通知》《云南省退役军人事务厅关于开展优抚资金专项整治工作的通知》，对23 007条问题数据和320条经费问题，全部以拉单列表的形式向相关单位作了通报反馈，督促制定风险防控措施、明确整改时限和责任人，确保问题整改到位，确保数据客观真实、准确无误，防止发生违规违纪违法问题，全面堵塞廉政风险隐患。同时，扎实推进相关问题整改清零，组织问题整改“回头看”，转化巩固专项审计和绩效评价工作结果，强化各级正确管理和合理使用优抚资金的责任感和主动性。

四、聚焦重点工作，不断推动优抚工作高质量发展

一是稳步推进优抚事业单位改革，召开云南省荣誉军人康复医院改革发展现场办公会，成立云南省荣军优抚医院改革发展指挥部和全省优抚医院改革发展领导小组，加大对省荣誉军人康复医院、红河州优抚医院、玉溪市优抚医院指导力度，聚集服务优抚对象主责主业，严格落实优抚医院职能定位不变，推进项目申报进度，根据轻重缓急和实施条件，分步骤、分年度稳步推进优抚医院建设。二是不断提升优待证申领发放效率，紧盯昆明、楚雄、保山、文山、昭通等州市，确保待审核率常态化控制在3%以下。同时，对昆明、曲靖、昭通未申领优待证人数较多的地区，积极加强工作指导和统筹调度，整合资源，形成工作合力，确保应办愿办人员提交申请，2022年，全省优待证申办人数74万余人，审核通过70万余人，完成制证67万余人。三是认真落实省财政厅等17部门印发的《云南惠民惠农财政补贴资金“一卡通”管理使用问题专项治理方案》，查纠问题70个，率先在全省完成2022年“一卡通”管理目标任务，受到省财政厅的肯定并发来感谢信，在全省退役军人事务系统实现惠民惠农财政补贴资金“一张清单管制度、一个平台管发放、一个群众一张卡、全程监督一张网”的目标，积极维护了广大退役军人和优抚对象合法利益。

褒扬纪念

2022年，褒扬纪念处坚决贯彻落实习近平总书记关于退役军人工作重要论述和考察云南重要讲话精神，切实提高政治站位，把做好褒扬纪念工作作为忠诚拥护“两个确立”、坚决做到“两个维护”，传承弘扬英烈精神、赓续红色血脉的具体体现，在厅党组的坚强领导下，强作风、提效能，褒扬纪念工作不断取得新进展、新成效。

一、着力加强褒扬纪念政策制度创制

一是出台《关于加强新时代烈士褒扬工作的若干措施》。国家上位文件出台后，褒扬纪念处第一时间拟制文件并按程序报请省委、省政府、省军区同意后印发本省《关于加强新时代烈士褒扬工作的若干措施》，明确新时代烈士褒扬工作总体要求，从健全烈士褒扬工作体系、做好关心关爱烈属工作、加强烈士纪念设施建设管护、宣传弘扬英烈精神、强化烈士褒扬工作保障等方面提出17条具体措施，强化制度引领。二是健全英雄烈士保护工作体制机制。制定出台《云南省退役军人事务厅等20部门关于建立英雄烈士保护部门联动协调制度的意见》，充分发挥各有关部门职责作用，形成英雄烈士保护工作合力。三是制定出台《云南烈士纪念设施保护管理办法（试行）》，进一步加强烈士纪念设施保护管理。

二、全力做好烈士祭扫工作

一是加强统筹协调。春节收假第一周，会同省公安厅、省交通运输厅、省文化和旅游厅下发《关于做好2022年重要时间节点烈士祭扫组织服务和安保维稳工作的通知》，对全年烈士祭扫工作作出具体安排。2月18日，全国烈士祭扫工作视频部署会议召开后第2天，迅速组织召开全省烈士祭扫工作视频部署会，对烈士祭扫再动员、再安排。3月15日，筹备召开了和良辉副省长出席，省退役军人事务厅和省委政法委、省委网信办、省公安厅、省交通运输厅、省文化和旅游厅、省信访局和16个州（市）政府及部分县（市、区）分管领导参加的2022年全省烈士祭扫工作视频调度会，对烈士祭扫工作进行了再研究、再强调、再部署。同时，向全国各省、自治区、直辖市、兵团退役军人事务厅（局）致函共同做好2022年烈士祭扫工作。二是加强重要节点管控。建立祭扫期间“零报告”制度，下发《关于做好2022年清明期间烈士祭扫相关工作的通知》，坚持“稳”字当头，加强信息收集研判，密切关注重点群体、重点地区、重点人员。践行“一线工作法”，重要时间节点派出工作人员赴烈士祭扫重点地区红河州、文山州驻点督导，确保主场主责和属地责任落实到位。强化宣传引导，统一宣传口径，在机场、各收费站、服务站悬挂张贴横幅、标识，落实烈士祭扫人员优先通道，广泛宣传烈士祭扫依法缴纳过路费、烈士祭扫优先优惠等措施。强化与政法、网信、公安、信访、交通、文化旅游等部门的协调对接，第一时间互通共享信息情报，密切关注网上舆情，及时果断处置有关情况，切实维护烈士尊严和荣誉，维护好党和政府形象。三是坚持人民为中心。下拨烈士祭扫重点地文山州、红河州补助经费205万元，在做好实地祭扫服务保障的基础上，大力倡导绿色、文明的“云祭扫”，切实让烈属、退役军人感受到尊重、关怀和温暖。对有实地祭扫愿望的烈属，要求户籍地退役军人事务部门要及时对接，了解需求，预约祭扫时间，提前通报祭扫地，按照有关规定安排好烈属在本地的食宿行程，推广落实好“六个一”等暖心服务。对不能到实地祭扫的烈属，祭扫地根据烈属预约需求，组织开展线下“代亲祭扫”，及时通过网络发送给烈属。持续加大宣传引导力度，通过退役军人事务部官网、中华英烈网、各地网络祭扫平台参与“2022·奋进·网上祭英烈”活动，在网络平台为烈士献花、点烛、鞠躬和寄语留言，实现足不出户祭奠英烈，切实让烈属、退役军人感受到尊重、关怀和温暖。2022年2月10日至5月5日，全省共接待实地祭扫人员38 836人次。

三、竭力推进烈士纪念设施建设管护

一是公布第二批省级烈士纪念设施。将评定公布一批省级烈士纪念设施作为年度重点攻坚工作，经县级自评申报，州（市）初审，省级实地评审，厅长办公会议研究，通过“云南发布”“云南省退役军人事务厅”微信公众号等媒体平台进行公示，并报请省政府批准后，于10月27日印发《云南省退役军人事务厅关于公布第二批省级烈士纪念设施的通知》，公布镇雄烈士陵园等19处烈士纪念设施为省级烈士纪念设施，并报退役军人事务部进行备案。二是加大资金投入。争取2022年社会服务设施兜底线工程中央基建投资3200万元，对4个烈士陵园进行改扩建和升级改造；下拨中央、省级财政资金2190.1万元（中央优抚事业单位补助资金990.1万元，省级财政专项补助资金1200万元），用于县级以下烈士纪念设施整修工程项目中84处烈士陵园修缮、9处烈士纪念设施建设修缮项目的第二次补助，4处烈士纪念设施提质改造项目第一次补助和2处烈士纪念设施建设前期工作补助。三是圆满完成县级及以下烈士纪念设施整修工程验收评审。根据中央资金绩效评价要求，结合工作实际，研究制定全省县级以下烈士纪念设施整修工程验收评审指标体系和评分细则，设置5个一级指标、11个二级指标、32个得扣分点，在县级自评、州（市）抽查基础上，按政府采购程序确定并委托第三方机构采取实地和线上相结合的方式开展拉网式全覆盖检查评审，高质量、圆满完成171个县级以下烈士陵园修缮和基础配套设施建设及2188处零散烈士纪念设施、烈士墓的集中搬迁和就地修缮等建设任务。该项目实施情况得到退役军人事务部的肯定。四是有序推进在老中国烈士陵园修缮工程。有力有效调解施工单位、老兵设计团队、浮雕制作单位等多方矛盾，有序推进疫情防控形势下施工人员、大型浮雕出境及调整、安装等各项工作。组织指导纳莫中国烈士陵园“8·26”洪灾灾后恢复工作正有序开展。

四、奋力传承弘扬英烈事迹和精神

一是隆重举行烈士纪念日活动。严格执行疫情防控措施和要求，牵头统筹军地各部门、各单位，“9·30”烈士纪念日在昆明抗战胜利纪念堂隆重举行向人民英雄敬献花篮仪式，省委书记、省人大常委会主任王宁，省委副书记、省长王予波，省委副书记石玉钢等省党政军领导，与各族各界代表一起，向云南人民英雄纪念碑敬献花篮，缅怀烈士功绩，传承革命精神，凝聚奋进力量。庄严举行2022年《烈士光荣证》颁授仪式，副省长和良辉出席仪式并为烈士遗属颁授《烈士光荣证》。规范指导全省县级以上党委和政府以不同形式举行了公祭（纪念）烈士活动。二是有序推进《云南英烈及纪念设施大典》编纂工作。印发大典编纂工作通知，规范编纂体例，明确工作要求，将此项工作完成情况纳入全省综合绩效考评。三是依法依规、严格做好烈士评定工作。指派专人全流程跟踪指导各地做好申报烈士评定相关工作，2022年，省政府评定陈仕德、蔡晓东、李应德、李美玉、李新文5名同志为烈士，并按程序报退役军人事务部备案。

机关党委

机关党委（人事处）坚持以习近平新时代中国特色社会主义思想为指导，以党的政治建设为统领，在厅党组的坚强领导下，认真贯彻新时代党的组织路线，围绕中心、服务大局，凝聚人心、汇聚力量，聚焦主业、担当作为，聚焦深化理论武装、推进正风肃纪、夯实基层基础，努力为云南省退役军人工作提供坚强有力的政治、思想、组织、作风和纪律保证。

一、坚定不移走好“两个维护”第一方阵

组织开展党组理论学习中心组学习11次、“万名党员进党校”9次，抓牢抓实基层党组织“三会一课”“主题党日”等全员学习培训，推动习近平新时代中国特色社会主义思想往实里走、往深里走、往心里走，推动理想信念教育常态化开展。持续深化政治机关意识教育，不断提高从政治上认识问题、谋划工作、抓好落实的能力和本领。教育引导干部职工深刻领悟“两个确立”的决定性意义，把思想和行动统一到党的创新理论上来，把学懂弄通做实习近平新时代中国特色社会主义思想、习近平总书记关于退役军人工作重要论述和考察云南重要讲话精神，作为推动工作落细落小的根本方法论，坚决走好捍卫“两个确立”、做到“两个维护”的第一方阵。以常态化、长效化开展党史学习教育活动和“我为退役军人办实事”活动为抓手，组织推动各基层党组织着力解决退役军人急难愁盼问题，激励引导广大退役军人永远跟党走、建功新时代。

二、刀刃向内纵深推进全面从严治党

持续开展纪律作风专项整顿，深入整治“四风”老问题和新表现，坚决纠治脱离基层、漠视群众等“机关病”，坚决整顿“推拖绕”“散浮夸”等不良作风。把“以案促改”作为忠诚拥护“两个确立”、坚决做到“两个维护”的实际行动，细化5个方面23条整改措施，以刀刃向内的勇气、自我革命的精神抓实“以案促改”工作。全面深化问题“大起底”“大排查”“大整改”活动，修订完善《廉政风险防控手册》。坚持不敢腐、不想腐、不能腐一体推进，坚持逢会必讲、有案必学、有警必示。持续深化巡察监督，加强巡察规范化建设，组织开展3个基层党组织巡察。旗帜鲜明地支持驻厅纪检监察组核查问题线索，严肃查处刘兴邦违纪违法犯罪问题，对所在单位党支部3名负责人问责处理。严把“禁入”关口，将与张胜震案有关联的2个公司列入“黑名单”，

对张胜震违规干预的7个工程和采购项目逐个复盘，建立领导干部插手干预工程项目发包和政府采购项目记录通报和责任追究制度。

三、持之以恒大抓基层实现提质增效

牢牢把握模范机关创建目标要求，在强化标准提高质量、突出重点补齐短板、完善制度落实落地上持续用力，以规范化建设示范党支部和“云岭先锋红旗党支部”创建为抓手，推动基层党组织全面进步、全面过硬。积极构建“1+2+N”党建工作体系，研究制定基层党建重点任务项目清单，厅党组书记、党组领导班子成员、基层党组织书记抓基层党建工作责任清单，每月开列党支部党建工作清单，压紧压实各级党组织主体责任和党组织书记第一责任人责任“两个责任”，对机关、事业单位、社会组织党支部实施分类指导。统筹谋划组织机构设置调整，撤销联合党支部，以处室为单位成立4个党支部，一体贯通处室(单位)主体责任和一把手“第一责任人”责任。组织16个基层党组织提前进行换届选举，选优配强班子成员，切实增强党支部组织力、战斗力。积极为党建工作高质量发展搭建制度保障平台，研究制定系列规章制度22个。开展“党建带群建”行动，建立健全“六带六建”工作机制，充分发挥群团组织暖人心、聚人心、筑同心的桥梁纽带作用，努力构建党建引领群团融合发展工作格局。研究制定“对标先进、争创一流”主题实践活动方案及重点业务指标考评细则，组织各支部找准党建业务结合点，研究制定推进目标顺利完成的时间表、路线图，努力推动各项工作在全省做表率、全国争先进、整体上台阶。指导省荣誉军人康复医院深挖红色资源，讲好红色故事，打好红色品牌，被省委省直机关工委命名为第二批省级机关党性教育现场教学点。视频短片《如愿》被评为2022年云南省直机关“党的创新理论我来讲”十佳理论宣讲作品，省退役军人事务厅被评为优秀组织单位。

四、坚持不懈推进队伍建设激发生机活力

选优配强政治过硬、适应新时代要求、具备创新发展能力的各级领导班子。组织开展3批次21名处级领导干部选拔任用、6批次15名公务员职级晋升，机关内部转任12人，对70%处室(单位)“一把手”进行调整，提拔“80后”处级年轻领导干部13人。充分彰显实干者实惠、吃苦者吃香、有为者有位用人导向，进一步提振精气神，凝聚正能量，努力以用人环境的风清气正促进政治生态山清水秀。抓牢抓实干部职工教育培训工作，组织干部职工参加省委组织部、省直机关工委调训和学习强国、干部在线等网络学习，到厦门大学举办党务干部政治素质和履职能力培训班，邀请知名专家学者和优秀退役军人代表围绕“贯彻新发展理念　推进高质量发展”等主题进行专题授课。认真履行干部管理监督责任，制定并严格执行借调工作人员、请(休)假和外出报备等制度，按时组织开展领导干部报告个人有关事项工作。注重在脱贫攻坚和疫情防控等主战场锻炼干部，及时调整补充驻村工作队员，认真开展乡村振兴工作。

省荣誉军人康复医院

一、主要工作

（一）做好集中供养残疾退役军人服务保障工作

全力保障在院集中供养30名残疾退役军人的诊疗、康复、精神慰藉、邀请专家会诊及外院住院治疗保障工作。建立联动服务机制，全天候提供医疗、休养服务，在中国人民解放军联勤保障部队第920医院开通绿色通道，及时保障残疾退役军人外出就医需求。护送残疾退役军人到昆明长和天城康复医院进行专业康复治疗。医护人员利用查房时间，深入与他们沟通交流，讲解健康知识，疏导心理困惑，了解所思所盼，充分发挥家庭医生与心理医生的双重职能，确保残疾退役军人和家属思想稳定、积极休养。严格落实各项优抚抚恤政策和规定，根据国家政策及时提高抚恤补助标准，定期足额发放抚恤补助，落实各项生活补助。

（二）聚焦主责主业，做好优抚对象来昆疗养体检工作

全年接诊门诊患者及云南省老年公寓患者9200余人次。积极完成辖区疫情防控指挥部工作调度安排，2022年以来，共派出95班次，213人次，采集核酸123 000余人次份，较好完成了高速路口及社区核酸采集任务。顺利完成三批次共240名优抚对象体检及在昆疗养期间的医疗保障工作，并开展了健康、保健知识讲座和疫情防控知识讲解。

（三）加强人才队伍建设

通过“走出去请进来”的方式，分批选送干部职工到四川省革命伤残军人休养院、贵州省荣誉军人康复医院、贵州省遵义荣誉军人康复医院、昆明长和天城康复医院参观见学。组织医护骨干12名到中国人民解放军联勤保障部队第920医院、昆明医科大学第二附属医院跟岗学习，邀请昆明医科大学、云南省康复医学会和昆明市建筑设计研究院专家团队来院调研指导，为更好地服务残疾退役军人和其他优抚对象、锤炼过硬人才队伍积蓄力量。

（四）医院亮点工作

紧紧围绕《云南省“十四五”退役军人服务和保障规划》目标，研究制定《云南省荣誉军人康复医院2022—2025年发展计划与建设方向概念方案》，按照“大专科、小综合”的思路，依托“云南省荣军优抚医院建设项目”，加强基础设施建设，做精做强特色专科品牌，积极创建

二级康复专科医院。挖掘红色资源、修缮院展陈馆，讲好红色故事，省荣誉军人康复医院展陈馆被省委省直机关工委命名为第二批省直机关党性教育现场教学点；在院荣誉老兵主动传承红色基因，播撒人间大爱，《轮椅上的“播火者”》《血染疆场　残志坚》等视频片被云南广播电视台广泛报道，《跨越千里的“尊崇份量”》新闻稿被《人民日报》、中国军网刊登。与昆明学院共建教学实习基地，开展多方位、多层次、多元化的教学合作。编排文艺节目《如愿》深入部队、社区宣讲，《如愿》被省直机关工委评为“党的创新理论我来讲”十佳理论宣讲作品。

二、领导关怀

2022 年 1 月 12 日，厅党组成员、副厅长张永明同志到省荣誉军人康复医院看望慰问集中供养的残疾退役军人及干部职工，并与残疾退役军人交流，了解残疾军人的生活、思想状态，询问他们需要解决的困难。

2022 年 7 月 29 日，厅党组书记、厅长吉宏龙佳代表省委、省政府到省荣誉军人康复医院看望慰问集中供养的残疾退役军人，致以节日问候并送上慰问金。

2022 年 8 月 31 日，厅党组成员、副厅长张永明同志带队省委退役军人事务工作领导小组办公室秘书处党支部、省退役军人事务厅思想政治和权益维护处党支部、省退役军人事务厅拥军优抚处党支部、省医疗保障局待遇保障处党支部、云南省军区保障局党支部、省荣誉军人康复医院党总支联合开展主题党日活动。

2022 年 12 月 5 日，厅党组书记、厅长吉宏龙佳同志，厅党组成员、副厅长张永明同志到省荣誉军人康复医院召开疫情防控专题会议，安排部署疫情防控工作。

省军队离退休人员服务中心

2022年，离退休人员服务中心坚持以习近平新时代中国特色社会主义思想为指导，深入学习宣传贯彻党的二十大精神，深刻领悟“两个确立”的决定性意义，增强“四个意识”、坚定“四个自信”、做到“两个维护”，坚持以为移交政府安置的军队离退休人员提供服务、落实全省军休干部政治待遇和生活待遇为宗旨，事不畏难、行不避艰，以实干践行承诺，始终把为军休干部服务放在最高位置，着力解决军休干部急难愁盼问题，着力推动新时期云岭军休工作高质量发展。

一、加强军休干部思想政治引领

一是在政治上关心关怀军休干部。2022年1月，由厅领导、省军区代表的省委、省政府慰问团到昆明等军休服务管理机构对军休干部进行走访慰问，使他们切身感受到党和政府的关怀。二是加强军休干部思想政治建设。教育引导军休干部始终胸怀中华民族伟大复兴战略全局和世界百年未有之大变局的“两个大局”，保持革命军人的红色情怀。三是开展专题学习研讨。精心组织《学习习近平总书记对军休工作的重要指示、批示精神》专题内容，把军休政策理论学习形成常态化，先后学习《中华人民共和国退役军人保障法》《关于加强新时代退役军人工作的意见》《关于进一步提升移交政府安置的军队离休退休干部服务管理水平的通知》《军队离休退休干部服务管理办法》等一系列军休业务政策法规文件，促进军休工作相关法律法规政策知识的了解和掌握，以学法学制度有效提升军休服务管理工作水平。四是改进和创新军休干部党组织。2022年11月成立省军休中心党总支、工作人员党支部、离退休人员党支部，基层党组织建设进一步加强，政治功能全面彰显，组织功能不断提升，基层党组织“战斗堡垒”作用和党员先锋模范作用有效发挥。

二、扩大军休干部服务保障供给

一是落实津补贴到位。严格执行有关政策规定和标准，及时足额发放军休人员的离退休金和各类补贴补助。二是及时核报老干部住院伙食补助费，按规定核报军休干部丧葬费和抚恤费，按时办理收缴、报销军休干部工会医疗互助等费用。三是每月按时向医保中心申报并发放离休干部门诊医疗费用、尽量缩短报销周期，并及时组织传达有关生活待遇文件，使军休人员对各项待遇执行条件、标准和时间做到心中有数。四是大力支持昆明市盘龙区开展适老化试点工作，探索失能、失智、重病、高龄、独居、空巢等军休干部社会化服务模式；坚持共性服务和个性化服务相结合，与云南老年之家敬老院签订养老服务协议，为全省移交政府安置的军队离休退休干部、退休士官、随军家属遗属、无军籍职工提供贴心、优质的养老服务；落实军休干部体检制度，组织军休干部在昆明非悦健康体检中心开展医疗健康服务。

三、提升解决基层调研问题的能力

一是扎实做好全省军休干部家属、遗属的医疗、门诊、生活补助审核工作，对下达云南省2020—2022年用于移交政府安置军队离退休干部服务管理机构用房项目的退役安置补助资金，对15个州（市），28个军休服务管理机构的资金使用进度及时进行跟踪、监督。二是完成对基层军休服务管理机构的学习、调研、蹲点等工作，对五华区等10个服务管理机构进行走访调研、交流学习，为基层军休服务机构存在的困难及时出谋划策、排忧解难。

四、落实军休系列活动

一是组织有关州（市）军休功臣50人在红河州弥勒市参加为期7天的疗养活动，增强了军休人员的幸福感、获得感、荣誉感。二是在玉溪市组织开展军休干部党支部书记培训班活动，提升党支部的业务知识水平和服务管理保障军休干部的能力。三是承办昆明市“喜迎二十大　军休心向党”文体比赛活动，保障服务能力全面提升。四是云南省军队离退休干部活动中心自2022年以来，接待全省退役军人军休干部（含个人）共40批次436人开展军休文体活动。

五、完善军休服务管理考评机制

一是按照《云南省移交政府安置的军队离休退休人员服务管理机构星级评定实施办法》，对昆明市等15个军休服务机构开展星级评定实地抽检工作，经过自评自荐、现场评定、综合评审、会议研究、结果公示、复议审核等环节，共评出五星级3个、四星级12个军休服务管理机构。二是协助军休处完成军休干部移交接收安置工作。严格落实“随退随审、即交即接”工作制度，做到应接尽接，超额、圆满完成军休干部移交接收安置工作，荣获退役军人事务部和中央军委政治工作部来信感谢。

六、抓好思想引领和激励军休干部永葆政治本色

一是做好宣传，把握意识形态的话语权。运营维护“云岭军休”微信公众平台和“云岭军休”网站，编辑更新信息580篇/次。全年共收到16个州（市）报送信息稿560篇，采用533篇。做好全国军休安置服务管理信息系统数据维护，完成全省军休干部退休证样证打印469份，增强了军休干部的荣誉感。二是做好文明创建工作，巩固市级文明单位成果，全年度开展“我们的节日”6次。三是开展好2022年度“云岭大讲堂·军休讲堂”系列活动。在昆明主城区和地州组织举办全省军休干部“云岭大讲堂·军休讲堂”党史学习教育宣讲活动6场。四是发挥好军休干部的经验优势、威望优势，完成《红色故事》（上

中下三册）的文字、图片等校对工作，印刷图书800余套，打造“云岭军休”品牌，讲好“红色故事，传承红色基因”，积极动员军休干部投身公益事业和志愿服务活动，为党和人民事业作出新贡献。

七、自身建设焕发新气象

一是扎实开展“作风革命、效能革命”，结合军休实际，制定《扎实推进敢于担当干事创业工作措施6条》，扎实开展“两个革命”，推动全体干部职工作风大转变、效能大提升、军休工作大发展。二是制定省军休中心“对标先进、争创一流”业务工作目标责任，对标上海军休服务管理优势强项，研究制定云南军休服务管理晋级进位方案，力争通过3年努力，推动云岭军休工作跻身全国第一方阵。三是深入推动“我为群众办实事”活动，开展结对帮扶，主动进社区做好“双报到、双服务、双报告”；按照国家乡村振兴战略目标任务，2名驻村工作队员扎实开展卓有成效的帮扶工作。四是抓好新冠疫情防控工作，按照厅办公室和驻地社区相关要求，制定应急预案，完善疫情防控工作措施，报送每日防控情况，疫情防控工作取得了预期效果。

省退役军人服务中心

2022年，退役军人服务中心以推动退役军人服务保障体系建设实现“从有到优”转变为主线，聚焦广大退役军人期盼，持续夯实基层工作基础，不断丰富服务载体形式，进一步提升服务保障成效。

一、巩固基层服务保障基础

认真落实全省退役军人服务保障体系建设现场推进会议精神，组织各地学习借鉴玉溪乡级“七位一体”、村级“四位一体”工作格局和“两家三站”工作运行机制，有效整合工作资源，促进基层融合发展，提升退役军人服务保障能力。指导各地将退役军人事务工作纳入村级组织“大岗位制”，通过定岗位、定职责、定待遇措施，为进一步解决村级退役军人服务站人员、经费、场地等问题提供保障。组织开展2022年度全国退役军人服务中心（站）“百名优秀主任（站长）”遴选报送工作，3名同志入选，通过选树先进典型，进一步激励各级退役军人服务中心（站）工作人员干事创业、锐意进取。开展全省退役军人服务机构站点入驻高德地图工作，截至2022年底共入驻完成15 934个，为群众查询办事地点提供便利。

二、大力营造关心关爱氛围

协助退役军人事务部、中国退役军人关爱基金会、中华慈善总会等开展“边防伤残军人和烈士遗属帮扶援助”活动、“情暖老兵——为退役军人排忧解难”困难烈属家庭帮扶公益项目、“平民英雄守护”项目，使用资金41万元，帮扶慰问130名服务对象。依托省退役军人关爱基金会，深入开展2022年“情暖老兵·关爱帮扶”春节慰问、“情系八一·关爱老兵”、“赓续红色血脉——红军长征云南途经地老兵关爱帮扶行动”、“助力乡村振兴——八千里边防老兵帮扶行动”、“抗疫情、慰老兵、送温暖”捐赠慰问、“临时应急性关爱帮扶”等活动，使用资金369.41万元，帮扶慰问服务对象3302人。协助省退役军人关爱基金会、中国人寿云南省分公司为2022年度退出现役的退役军人赠送一年期保险保障，为退役军人及其家庭提供“关爱退役军人保”保险专属优惠产品。指导做好困难退役军人“防癌抗癌专属保险卡”捐赠工作，协助云南省26 354人完成保险免费申领，免费申领率达89%。2022年，共鼓励、引导企业和社会组织帮扶慰问服务对象3432人，高效运用帮扶资金410.41万元，帮扶援助成效日益显著，关爱尊崇氛围更加浓厚。

三、持续丰富服务保障内容

突出需求导向，坚持“课程创新、学用结合”原则，采取“集中授课+实地观摩”的方式，组织192名优抚对象参加4期种植养殖技能培训，帮助参训人员拓展视野、提升技能、增强致富能力。圆满完成3期238名优抚对象疗养活动，让优抚对象分享高质量发展成果、共享高品质幸福生活，获得疗养对象的充分肯定和一致好评。通过开通咨询电话、开设工作交流群、开展业务培训等方式，指导各级退役军人服务中心（站）依法依规做好优待证申请受理、核实、发放等工作，提升服务保障能力水平，将荣誉激励措施落到实处。

四、加强干部队伍能力建设

持续抓好基层退役军人服务中心（站）人员能力建设，围绕退役军人服务保障体系建设、《信访工作条例》解读等内容，举办1期100人的全省退役军人“兵支书”能力提升培训班、1期135人的全省退役军人事务系统信访工作人员业务能力提升培训班，不断提升“兵支书”助力基层治理、乡村振兴的能力，激励他们在村（社区）退役军人服务站建设中发挥带头作用、更加主动服务，指导基层退役军人服务中心（站）人员进一步做好来访接待、信访办理等工作，依法依规做好信访工作，切实维护退役军人合法权益。

省军供站

2022年，军供站以习近平新时代中国特色社会主义思想为指导，认真学习宣传党的二十大精神，坚决贯彻落实习近平总书记关于退役军人工作重要指示批示精神，聚焦建军一百年奋斗目标，全力服务军队备战打仗，发扬军供战线优良传统，用心用情做好军供保障工作，圆满完成了各项军供保障任务，年度军供保障人次大幅增加，受到了任务部队和驻地军代室的高度赞誉，云南省军供站被中共云南省委、省政府授予“爱国拥军模范单位”称号。

一、牢固树立以兵为本、为兵服务意识，为部队提供优质高效军供服务保障

全省各军供站坚决贯彻落实习近平强军思想，牢固树立“为国防建设服务、为部队服务”的宗旨意识，克服人员少、设施设备相对落后的不利影响，发扬军供战线优良传统，用心、用力、用情为部队提供热情周到的服务，全力服务部队备战打仗军供保障需求。省军供站根据部队2022年演习、训练、机动多，应急保障任务重的实际，指导各站及时修订应急保障预案，克服新冠疫情影响，确保军供保障绝对安全，在做好严格防控的前提下，想部队所想、急部队所急，将姓军为战举过头顶，将拥军为兵植入骨髓，千方百计为过往部队提供安全、保密、快速、及时、准确、优质的军供保障服务，圆满完成了中（中国）老（老挝）“和平开车——2022”人道主义医学救援联合演习军供保障任务，将军供站打造成温馨的“军人之家”。

二、科学整合保障力量，加强联合保障训练，提高区域化军供保障能力

针对当前部队军供保障需求人数多、持续时间长及军供保障力量少及分散的特点，省军供站积极发挥组织协调作用，主动服务基层军供站，整合军供保障资源科学编组保障力量，积极探索跨区域联合保障模式，开展跨区联合保障训练，组织普洱市3个军供站完成了“一市三站”及大理、楚雄、保山“三市三站”的联合军供保障实战，提升了大规模、长时间持续军供保障能力；主动对接部队，做好新建军供站接收工作，做好了昆明南站、蒙自北及香格里拉军供站的接收准备工作，香格里拉军供站编制获迪庆州编办批准；联合南部战区、大理军代室，形成军地联系协调机制，全力推进下关军供站迁建项目落地开工。

三、积极适应形势任务变化，持续加强机动能力建设，创新军供服务保障方法

指导各军供站根据部队备战打仗对军供保障的需求，建立定点保障与区域保障、一般保障与应急保障、自身保障与社会化保障互补并举的新模式。全省军供站积极探索野战保障模式，着力配备智能化制膳设备、野战军供设备，有效提高了应急保障和野外军供保障的能力水平。持续改善军供站机动保障条件，为玉溪、楚雄、保山、临沧、红河等州（市）配备了必要的送餐及野外制膳设备，确保了任何情形下都能实施安全、快捷、保密的军供保障。大力加强智慧厨房建设，指导各站将有限的经费用在购置智能化、自动化厨房设备上，重点军供站普遍购置了智能化的餐厨设备；积极拓展军供保障新内容，根据部队及官兵需求，进一步探索提供物品代购、加油充电、医疗救治、心理疏导等综合立体服务，为途经官兵切实解决生活难题。

四、以提高保障能力为重点，全力推进军供站提质改造

围绕设施完善、设备先进、训练有素、管理科学、反应快速、保障有力的目标，强力推进军供站能力提升项目实施。规范开展军供站项目申报评审工作，联合省财政厅制定下发了《云南省退役军人事务厅　云南省财政厅关于做好军供站及优抚事业单位设施设备维修改造更新等项目申报评审的通知》，规范了军供站项目申报的方法、程序；组织军供站编制好建设规划，拓宽军供事业保障经费，投入中央及省级资金 1620.00 万元，推进昆明、曲靖、开远、普洱、广通 5 个军供站提升改造项目，普洱、广通军供站提前完成了“十四五”建设目标。

省退役军人培训中心

一、圆满完成云南省2022年转业军官适应性培训任务，为云南省第28年在全国高质量率先完成年度转业军官安置任务作出了积极贡献

一是高质量完成培训工作，协助厅移交安置处完成2021年第三、第四季度和2022年第一季度符合在云南安置的转业军官档案审核工作。二是创新培训模式。在省委退役军人事务工作领导小组部署下，结合新冠疫情防控常态化形势要求，积极探索远程在线直播模式，通过线上线下相结合的方式，在全国率先开展转业军官适应性培训。

二、积极推进信息化建设

一是按照省委、省政府关于做好党的二十大网络安全保障工作的部署要求，制定了厅党的二十大网络安全保障工作方案，以实际行动喜迎党的二十大胜利召开。二是紧扣退役军人全生命周期服务需求，开展全省退役军人一体化服务平台（一期）项目建设。借助“互联网+”、云计算和大数据等信息技术，推动信息化建设与退役军人事务工作的深度融合，实现了云南省退役军人事务信息化建设从“无”到“有”的突破。三是结合实际，完成报告厅、视频会议室改造项目，进一步提升了会议服务保障能力和水平。四是结合网络安全形势任务，完善厅网络安全应急预案，定期发布网络安全工作提醒，对电子设备和软件工具的使用提出要求，有效应对网络安全事件和威胁，保障了内部网络安全稳定运行。五是配合厅办公室做好省政府办公厅政务服务“一网通办”、“一件事、一次办”和厅官网改版相关工作。

三、积极做好后勤保障工作

一是严格加强如安街56号院内自我防控，监督物业方认真做好如安街办公区疫情防控管理工作，对退役军人周转房实行“楼栋长”管理制度，及时掌握人员流动信息和健康状况，落实动态上报制度。二是配合厅办公室积极做好厅机关办公楼外立面维修方案、可研报告草拟上报工作，同时坚持把保障厅机关正常运转作为后勤保障工作的重中之重，抓好如安街办公区设施设备维修维护工作，切实改善了为退役军人服务的办公环境和服务能力，树立了机关良好形象。三是切实规范和加强固定资产管理。完善固定资产清查制度，成立固定资产清查工作组，对固定资产进行全面清查、核实、盘点，及时更新台账，细

化日常管理，优化固定资产配置，发挥固定资产最佳效能。四是从严做好闲置国有资产出租出借，防止国有资产流失。规范出租出借收入管理，按规定及时、足额缴纳国有资产收益，盘活闲置国有资产，提升了国有资产使用效益。

四、加强自身能力建设

一是加强内控体系建设。省退役军人培训中心坚持以制度管人、按制度办事、靠制度管理的理念，用制度规范日常工作行为，实现内部管理制度化。二是抓住契机，积极探索事业单位改革方向，由“要我改”主动变为“我要改”。在厅党组的大力支持下，拓展了职能，选任2名中心领导班子成员，选任1名同志为综合科科长，并调入4名同志，优化了人员结构，为深化事业单位改革初步取得了阶段性成效。三是根据省委组织部要求，在厅机关党委（人事处）指导下，认真做好副科级及以上领导干部的档案专审工作，促进了事业单位档案管理规范化。四是文件管理工作实现了规范化。严格规范文件收、发、送、阅、审、存、借流程，按文件保密要求，对文件的存档采用分级、分类、编号登记管理，确保了文件管理的安全性及延续性。

各州市退役军人事务工作

昆明市

2022年，昆明市退役军人事务系统深入学习贯彻习近平总书记关于退役军人工作重要论述，紧紧围绕新时代退役军人服务和保障发展要求，加强党对退役军人工作的集中统一领导，全面贯彻落实《中华人民共和国退役军人保障法》，统筹退役军人服务和保障发展新目标、新思路和新任务，充分发扬昆明市拥军优属、拥政爱民的优良传统，建立权威、高效、顺畅的工作协调机制，形成党委统一领导、退役军人事务系统牵头主抓、地方和军队相关部门支持配合、社会共同参与的工作格局，全面推进昆明市退役军人事业蓬勃发展。

一、夯基础定制度，全面提升保障能力

加强退役军人思想教育。把加强思想政治工作贯穿到退役军人工作全领域、全过程、全方位，做好退役军人党员组织关系转接工作，确保每一名退役军人党员都纳入党组织有效管理。组织普法宣传教育活动，教育引导广大退役军人尊法、学法、守法、用法。培树正面典型，深入挖掘爱党爱国、爱岗敬业、勤劳致富、自强不息、无私奉献的退役军人先进典型，展示新时代退役军人工作的新成效；开展"当好排头兵"大讨论大竞赛活动。印发《昆明市退役军人事务局开展"当好排头兵"大讨论大竞赛活动工作方案》，明确了"一三四十"的工作目标，即"全省表率、全国创一流、整体上台阶"一个总体目标；"坚持目标导向、问题导向、结果导向"三个导向；"找差距、找问题""大调研、大竞赛""转作风、提效能""干部能力提升"四大专项行动。着力解决好业务不够精湛、保障不够有力、服务不够到位等问题，不断提升全市服务和保障能力水平；系统规划保障服务。印发《昆明市"十四五"退役军人服务和保障规划》。进一步明确了全市退役军人事务系统工作目标和任务，为工作的开展提供了指引。制定《"中国·春城"退役军人志愿服务队伍组建方案》和《昆明市退役军人志愿服务队伍管理办法（暂行）》，打造"中国·春城"退役军人志愿服务队。深入开展2022年村（社区）退役军人服务站及"军人之家"综合目标考核工作，持续推进村（社区）退役军人服务站示范创建工作；制定《昆明市军队离退休干部服务管理机构星级评定实施办法（试行）》。开展军休机构星级评定工作，夯实军休服务管理水平，提升军休机构建设水平和军休服务保障水平；全面统筹服务中心（站）示范创建工作。持续巩固县、乡两级和服务对象300人以上的村（社区）退役军人服务中心（站）示范创建成果，推动服

务对象100人以上的村（社区）退役军人服务中心（站）全部完成达标创建；着力构建基础信息平台。“昆明市退役军人一体化服务云平台项目（一期）”正在建设，目前已完成系统开发，正在运行测试中。

二、优安置扶就业，退役军人就业安置质量更高

安置质量有效提升。坚持服从服务大局，做好政策衔接，完成跨军地转改部队60余名随调家属的选岗安置工作。不断增强安置政策刚性，压实机关、企事业单位接收安置退役军人主体责任，高质量完成军转干部安置。全市提供行政机关、参公单位217个供140名计划分配军转干部选择，提供11个岗位供6名随调家属选择，军转干部、随调家属安置率均达到100%；实现了事业单位只要在不突破编制结构的情况下，均可接收安置符合政府安排工作退役士兵，2022年接收军休安置人员120余人，远超中央下达云南省军休人员安置计划数70人任务目标，占全省实际接收安置数的75%，超额完成任务；就业创业稳步推动。落实退役军人就业创业相关扶持政策，2022年组织协调957家企业提供就业岗位2687个。军创企业、联盟企业、合作企业、授牌企业累计带动退役军人就业7100余人，2022年新增2900余人。举办2022年昆明市退役军人职工职业技能大赛。建立退役军人持续跟踪服务机制，促进就业供需信息有效对接，利用线上线下人力资源市场平台，定期组织退役军人专场招聘会，2022年组织开展就业推荐活动34场次，线上线下参与人数达2.9万余人。建立健全多层次、多样化的教育培训体系。优化就业创业服务，完善扶持政策措施，积极推进退役军人就业创业专属园区建设工作。在昆明市地铁3号线五一路站建设云南省首个退役军人就业创业展厅，大力宣传昆明市退役军人就业创业工作。2022年，昆明军创项目在全国双创周主会场展示。

三、强优待重帮扶，切实做好优抚保障工作

稳步推进拥军优抚优待工作。制定《昆明市退役军人事务局等20部门关于加强军人军属、退役军人和其他优抚对象优待工作的实施细则（暂行）》，给予现役军人17项、现役军人家属33项、残疾军人32项、退役军人33项和遗属32项优待清单，扎实做好拥军优属各项工作。全面开展优待证申领发放工作，累计完成发放优待证12.98万张，占全省比重的25%。落实困难帮扶救助服务。制定《昆明市退役军人事务局关于困难退役军人帮扶救助资金的使用规定（暂行）》，全市帮扶困难退役军人和其他优抚对象1096人，帮扶资金232.44万元。充分利用春节、“八一”建军节等时机，积极开展走访慰问活动，将全市困难退役军人及家属的帮扶解困工作落实落细。

四、抓拥军促共建，服务强国兴军事业

做好双拥模范城（县）创建工作。制定《昆明市争创云南省第十一届双拥模范城（县）工作

实施方案》，高标准做好云南省第十一届双拥模范城（县）创建工作。昆明市、安宁市、五华区、官渡区、嵩明县、富民县、宜良县、呈贡区8个市、县（市）、区成功创建为云南省第十一届双拥模范城（县）；扎实做好拥军优属各项工作。主动适应国防和军队改革发展新要求，密切对接、完善政策，精准服务、强化保障，提高军供保障能力。划拨粮油补贴2700余万元支援部队后勤保障；组织节日走访慰问，投入经费1100余万元；为部队搞好服务保障。组织相关县区积极梳理国防交通基础设施建设“十四五”规划项目共11个；统筹协调做好驻滇某部军事行动交通保障任务。加强双拥、优抚、安置政策落实。聚焦部队战斗力提升，围绕实现打赢目标，加强双拥、优抚、安置等政策措施落实，解决好现役军人“后院、后路、后代”保障问题，为驻昆部队580余名军人子女解决入学转学问题，10余名军人子女享受到中考加分优待，安置随军家属20余名。构建军地合作长效机制。建立军地互提需求、互办实事“双清单”制度，协调军地解决巫家坝片区军事用地置换、省军区农垦大厦烂尾楼改造、宜良军地土地等事宜，构建军地合作长效机制，形成军地联动强大合力。

五、重引领扬正气，尊军崇军的社会氛围更加浓厚

组织开展内容丰富的宣传活动。积极开展首届昆明市“最美退役军人”学习宣传活动和评选活动，评选出乡村振兴带头模范、爱岗敬业奉献模范、自主创业奋斗模范和永葆本色军休模范4个类别20名“最美退役军人”。进一步推动形成“尊崇军人职业、尊重退役军人”的良好氛围，激励广大退役军人不忘初心，永葆本色，积极投身到新时代社会建设工作中。积极参与“老兵宣讲团”活动。根据省委退役军人事务工作领导小组办公室通知要求，昆明市从退役军人中的英雄模范、时代楷模、先进典型、专家学者中推选了3名“老兵永远跟党走——老兵宣讲团”成员报省厅，朱邦瑞、何应学2名老兵成为省级老兵宣讲团的首批成员。推出双拥系列节目。在昆明电视台《子弟兵·老百姓》专栏播出双拥系列节目40余期，推出《老兵故事》，拍摄《安家》《飞吧！纸鹤》等系列微电影14部，集中展现退役军人在部队保家卫国是英雄、在地方建功立业是模范的良好形象。丰富双拥主题设施。充分发挥基层站点作用，推进服务内容项目化，打造1个双拥文化主题公园、1条社会化拥军示范街及9条双拥文化街。推进烈士纪念褒扬工作。启动市级烈士纪念设施评定工作，投入1300余万元资金组织实施烈士纪念设施提质改造工程，指导禄劝县开展九龙红军洞烈士遗骸发掘鉴定及红军烈士遗骸安葬工作，推进市级烈士陵园选址论证等前期工作。完成《云南英烈及纪念设施大典·昆明卷》编纂工作。认真做好重要节点的烈士祭扫服务，配合省委、省政府完成“9·30”烈士纪念日在抗战胜利纪念堂向人民英雄敬献花篮仪式的服务保障工作，发布了昆明市网上祭英烈倡议书，58万余人在小程序上参与网上公祭，开展红色教育等纪念活动170余场次，全市褒扬纪念氛围更加浓厚。

昭通市

2022年，昭通市退役军人事务系统坚持学习贯彻习近平总书记关于退役军人工作重要论述，认真贯彻落实党中央国务院决策部署和省委省政府、市委市政府工作要求，以服务保障退役军人为出发点和落脚点，着力推动全市退役军人工作扎实有效开展。

一、机构建设情况

全市共建成退役军人服务中心（站）1564个［简称“服务中心（站）”］，保障办公面积29 331平方米，落实专兼职人员1928名，全市服务中心（站）基本实现“全覆盖”和“五有”目标；扎实抓好全国示范创建工作，建成全国示范型退役军人服务中心（站）309个，建成“退役军人之家”35个；加强队伍建设，不断提升服务保障能力和水平；昭通市退役军人事务局印发《深入开展“五个家”创建提升退役军人服务保障水平三年行动方案》，在全市开展营造“家”的环境、提升“家”的能力、尽到“家”的责任、给予“家”的慰藉、体现“家”的关爱等“五个家”建设三年行动，推动基础设施、政治文化环境建设等工作提质增效，2022年共制定下发具体项目责任清单五大类60余项，第一年创建目标19项已全部完成；强化调研督导，市人大常委会将退役军人服务保障体系建设列入2022年重点工作，对全市退役军人服务保障体系建设情况开展专题调研，市本级对11县（市、区）开展退役军人事务年度综合调研，全面查摆问题并现场交办督促整改，进一步推动全市退役军人服务保障体系建设规范有序。

二、思想政治和权益维护工作

组织参加云南省“最美退役军人”评选宣传活动，推荐的大关县人民检察院王峰同志荣获“云南省最美退役军人”称号，联合宣传部门集中宣传报道模范退役军人、“最美退役军人”；开展“老兵宣讲进基层、同心共唱一首歌”系列活动，组织老兵宣讲团12个开展宣讲70余场次，引导全系统干部职工和广大退役军人不断增强“四个意识”、坚定“四个自信”、做到“两个维护”；组织优秀退役军人开展“十年发展看今昭”学习交流活动，进一步激励退役军人为全市经济社会发展贡献力量；做好涉退役军人信访稳定工作，全年未出现赴省进京非访和聚集上访情况；开展“喜迎二十大——为退役军人排忧解难”、防癌抗癌专属保险卡捐赠、“平民英雄守护”等工作，切实帮助困难退役军人解决急难愁盼问题。

三、移交安置工作

严格落实安置政策，持续推行考试考核、按综合评分成绩依次选岗、全程接受纪检监察机关监督的办法，推进转业军官阳光安置；充分发挥机关、企事业单位安置主渠道作用，不断提升安置质量；扎实做好滞留部队离退休军人、伤病残士兵接收安置工作。2022 年，全市共接收安置退役军人 700 余人，同时，统筹做好部分退役士兵“两保”接续等工作。

四、就业创业工作

充分利用退役士兵安置报到、“八一”建军节、春节节日慰问等时机，采取集中培训、面对面交流、电话短信、微信平台等形式，全覆盖宣传就业教育培训政策；抓好退役军人教育培训管理、职业技能培训、学历教育等工作，组织 540 余名退役士兵参加各类教育培训；开展退役军人专场招聘会和金秋招聘月活动，2022 年共举办招聘会 51 场，908 家用人单位提供岗位 4540 个；落实扶持政策，全年为退役军人创业减免税收 37 户 104 万元；建立“培训 + 推荐就业”工作机制，加大黄页内承训机构培训合格后的就业推荐力度，把推荐就业纳入对承训机构的重要考核内容，从培训源头促进退役军人充分就业；放宽行政事业单位招聘退役军人报考渠道，在全市行政事业单位招聘考试中设置 8 个公务员、3 个事业单位岗位面向退役军人招录，进一步拓宽退役军人就业渠道，提升就业质量。

五、军休服务管理工作

认真落实军休干部、企业军转干部政治和生活待遇。开展春节期间走访慰问，协调配合各级党委政府和军队有关部门负责人走访慰问军队离退休干部和企业军转干部 248 人次，发放慰问金 12 万余元；完成军休干部年度定期增资工作，足额落实军休干部退休费、生活补助及遗属生活补助，做到文件传达不延时、政策执行不走样、经费兑现不拖欠；开展军休干部、企业军转干部健康检查 90 余人次，看望慰问住院军休干部 20 余次；按规定落实军休干部交通、探亲住院伙食补助等政策，帮助军休干部落实相关优抚待遇，及时协调符合条件的军休干部办理老年优待证等；积极开展企业军转干部关心关爱活动，发放生活困难补助金 362 万元，开展个案救助 12 人次并发放救助金 6 万余元。

六、拥军优抚工作

持续开展“我为群众办实事”实践活动，下拨各类优抚资金 2.2 亿元，帮扶困难退役军人 22 014 人次（其中发放资金和物资帮扶 19 735 人次，提供就业帮扶 502 人次，提供医疗帮扶 985 人次，提供教育帮扶 28 人次，提供养老帮扶 25 人次，其他帮扶 739 人次），评定调整残疾等级 41 人；抓好悬挂光荣牌、送立功喜报及退役军人和优抚对象建档立卡、优待证申领发放等工作，发放现役军人绩效奖励、义务兵及消防员家庭优待金和驻地部队官兵、退役军人代表及其他优抚对象、边海防官兵慰问金共 5097 万元；拓展新时代双拥工作方式，与边防基层连队

31640部队29分队开展城连共建活动；成立昭通市军人随军家属就业安置工作协调领导小组，共为260余名军人随军家属、军人子女提供就业岗位或入学优待保障，着力解决部队“三后”问题；加强双拥宣传，绥江县双拥办拍摄的《翰墨书香颂军魂》获云南省首届双拥主题公益微视频作品优秀奖；积极参加全省第十一届双拥模范评选，永善县、绥江县被命名表彰为双拥模范县，市委宣传部、市人力资源社会保障局、市渔洞水库管理局、镇雄县退役军人事务局、昭通市中医医院、昭通仁安医院获评爱国拥军模范单位，水富市人民武装部获评拥政爱民模范单位，市委编办监督检查科科长王明全、市退役军人事务局优抚权益科科长李惠、水富市退役军人服务中心主任刘明萍、昭通日报社昭阳区记者站副站长莫娟获评爱国拥军模范个人；组织社会力量积极参与双拥共建，与100余家企业或社会组织开展社会化拥军合作，拓展退役军人和其他优抚对象优待目录46项。

七、褒扬纪念工作

组织开展烈士纪念设施管理维护市级评定，完成县级以下烈士纪念设施修缮项目验收工作。2022年全市搬迁零散烈士墓34座、就地修缮81座、修缮陵园外纪念碑5个、整修烈士陵园13个、建设22个烈士陵园的必要配套设施，纪念祭扫环境得到大幅改善。持续开展为烈士寻亲工作，组织做好《云南英烈及纪念设施大典·昭通分卷》编纂。组织开展“清明祭英烈”、“9·30”烈士纪念日等活动，充分发挥烈士纪念设施传承革命精神、赓续红色血脉的教育阵地作用；扎实做好烈士祭扫服务保障工作，2022年累计接待各类祭扫人员1.3万余人次，实现安全、有序、文明、和谐祭扫的目标。

八、自身建设情况

2022年10月12日，市委副书记、市委退役军人事务领导小组常务副组长、市双拥工作领导小组副组长罗永斌主持召开市委退役军人事务工作领导小组暨市双拥工作领导小组全体会议，安排部署退役军人工作。强化党建引领，持续推动党建与退役军人工作实现双融合、双促进、双提升。一是抓好对标争创，突出活动实效。着重围绕政治建设、机关党建和退役军人服务保障体系建设等重点业务，从纵向、横向广泛开展寻标对标，2022年共制定寻标、对标及争创目标20项，有力确保“对标先进、争创一流”主题实践活动扎实有效开展。二是抓实模范创建，打造“五个机关”。深入贯彻落实习近平总书记关于机关党的建设“三个表率，一个模范”重要指示精神，以党的政治建设为统领，围绕提升退役军人服务保障水平目标，着力打造退役军人事务系统精准服务机关、高效业务机关、能力过硬机关、法治机关、清廉机关。三是狠抓“两个革命”，推动作风转变。结合部门实际，实施开展干部作风大提升专项行动，累计查摆问题377个，实施办实事计划48件，办结48件；实施政务服务大提升专项行动，严格贯彻执行退役军人服务保障“1项指南、12个规范、12个流程”，对照建立12个服务项目清单和责任事项清单，推动退役军人服务保障实现项目化运行、清单化管理；根据市监委和有关工作要求，认真组织开展优抚资金和“小切口”民生领域资金专项治理等工作，共排查优抚资金11.2亿元，整改问题12个；始终坚持党要管党、全面从严治党总要求，常态化开展警示教育、廉政党课、廉政谈话等活动；不断筑牢系统干部职工廉政廉洁底线，确保党风廉政建设与退役军人工作同研究、同部署、同检查、同考核。

曲靖市

2022年，在市委、市政府的坚强领导下，曲靖市退役军人事务系统深入学习贯彻习近平新时代中国特色社会主义思想，不断增强“四个意识”、坚定“四个自信”、做到“两个维护”，深入开展党史学习教育成果固化，以高度的事业心、责任感，克服新冠疫情影响，夯实基层基础，积极开拓进取，持续加强组织管理体系、工作运行体系和政策制度体系建设，带着责任、带着感情扎实做好退役军人工作。

一、服务体系建设

服务保障体系建设从有到优深入推进。依托市委重大改革，将退役军人事务工作纳入村（社区）“大岗位制”进行整合，纳入党建引领基层治理三年行动计划工作清单和县乡村为民服务事项清单，按照职责相近、类别相似、人岗相适、分工合理的原则，安排村干部负责退役军人事务工作，补助经费由市级财政通过对下均衡性转移支付予以保障，全市退役军人服务保障体系从有到优实质转变，服务保障水平得到整体提升。陆良县三岔河镇退役军人服务站站长张树贵被退役军人事务部通报表扬为2022年度全国退役军人服务中心（站）“百名优秀站长”。贯彻落实省委退役军人事务工作领导小组第六次全体会议和市委退役军人事务工作领导小组2022年全体会议精神，市政府批复同意设立“曲靖市退役军人关爱基金会”，市级财政分年度注入原始基金400万元。成立退役军人关爱基金会，搭建社会组织参与平台，引导社会力量开展关爱帮扶活动，为全市退役军人事务高质量发展提供有力支撑和坚实保障。

二、优抚褒扬

做好惠民惠农财政补贴“一卡通”专项治理工作，精准核实、下拨各类优抚资金共计3.51亿余元，切实保障了3.46万名重点优抚对象的基本生活和医疗保障，按照每人每月400元的标准向领取国家定期抚恤补助待遇的低保对象及特困人员发放生活困难补助，评调残30余人、抚恤关系转移80余人。为400余名自主择业干部发放退役金4576.27万元，为450余名企业军转干部发放解困资金954.81万元，为470余名企业军转退休干部和部分离休干部发放慰问金28.62万元，接收逐月领取退役金人员2人，落实分配划拨相关经费8.4万元。开展春节、“八一”建军节走访慰问优抚对象，发放慰问金694万元，发放单页年画3.5万张，悬挂光荣牌2062块，送达立功喜报1846余份，其中1份一等功喜报，受理近7.9万余人优待证申领，发放53 803张，进一步提升优抚对象的获得感、幸福感。以“应迁尽迁、集中管护”和建管结合为工作原则，精心组织实施县级及以下英雄烈士纪念设施整修工程，完成160座零散烈士墓搬迁和211座零散烈士墓就地修缮、3个陵园外纪念碑修缮、2个烈士陵园整修，对24个县级以下烈士陵园进行了整修，全部达到“墓体坚实牢固、碑文字迹清晰、主体建筑保护完好、周边环境清洁肃穆、配套设施便捷有效”的标准，将麒麟区老虎山烈士陵园、陆良县青山烈士陵园、宣威乐丰铁道兵烈士陵园确定为市级纪念设施进行保护，其中陆良县青山烈士陵园目前已通过省级考评，将提升为省级烈士陵园，保护管理水平得到了全面提升。组织开展《云南英烈及纪念设施大典·曲靖分卷》编撰工作，解决英烈信息不清、事迹不明等制约烈士褒扬工作的突出短板和问题，实现烈士与烈士纪念设施精准互联，切实提升烈属获得感、荣誉感。开展“清明祭英烈”活动，举行群体性现场祭扫53场4515人次，隆重举行烈士纪念日活动，弘扬英烈精神、赓续红色血脉。

三、双拥共建

市委、市政府主要领导亲自部署，春节、“八一”建军节期间，投入106.6万元走访慰问部队官兵和13名双拥先进典型代表，开展“情系边海防官兵”慰问活动。聚焦部队官兵“三后”问题，协调解决随军家属就业18人、军人子女入学入托151人、享受中考加分政策11人，出色完成饮食饮水保障任务8万余人次，得到了部队官兵的充分肯定和表扬。开展“百业千行齐拥军”活动，公开征集遴选了114家拥军企业和43家拥军社会组织参与社会化拥军工作，为17家企业和3家社会组织代表现场授予“爱国拥军企业”和“爱国拥军社会组织”牌匾，掀起了社会化拥军新热潮。全市开展军民共建活动177场次3748人次，投入85万元进行双拥宣传，营造出“军爱民、民拥军、军民团结一家亲”的浓厚氛围，曲靖市、麒麟区、马龙区、沾益区、富源县、陆良县被命名为云南省第十一届双拥模范城（县），市退役军人事务局等6家单位被表彰为省级爱国拥军模范单位，4人被表彰为省级爱国拥军模范个人，4家部队被表彰为省级拥政爱民模范单位，3人被表彰为省级拥政爱民模范个人。

四、移交安置

2022年，规范透明、阳光安置军转干部20余人，安置数量居全省第2位，接收伤病残退役士兵4人，实现了部队、接收单位和转业干部“三满意”目标。

五、就业创业

及时预算并下拨市级以上专项经费1169.91万元，其中中央74.90万元、省级577.01万元、市级配套518万元；对摸排出的3389家军创企业、7个创业孵化器和38个创新创业平台提供纾困帮扶对接服务；27场招聘活动650余名退役军人及随军家属与用人单位达成就业意向；组织自愿参训的300余名退役军人参加职业技能培训，取证人数为288人；围绕经开区多家用工企业展开调研，初步形成“基地＋产业＋就业”的就地稳定就业新模式；入列“全国退役军人就业合作企业光荣榜”“全国退役军人创业光荣榜”名单的云南驰宏锌锗股份有限公司、云南宇辰物业服务有限公司董事长李侠宣传书籍编撰工作持续推进，我市上报的农产品销售类“军之梦兔业——乡村振兴彰显军人风采”项目进入省级决赛；持续录入退役军人综合服务平台就业创业普查系统相关信息 46 416 人（条），审核 44 968 人（条），通过率达 96.9%；部分退役士兵社会保险补缴受理系统建档 1936 人（份）。

六、权益维护

全面推进“法律政策落实年”活动落地见效。充分利用新闻媒体、电视、广播、电子显示屏、板报、悬挂标语、公交车和出租车广告等多种形式宣传《中华人民共和国退役军人保障法》《中华人民共和国军人地位和权益保障法》等法律政策，征订相关书籍 1000 余册，发表普法文章 20 余篇，开展普法活动 50 余次，发放普法宣传材料 300 余册，视频播放量 30 多场次，通过常态化联系退役军人制度，当好政策“解说人”，确保退役军人思想政治工作贯穿始终。推荐评选云南省“最美退役军人”3 人，评选第一届曲靖市“最美退役军人”10 人，引导广大退役军人永葆军人本色，发扬艰苦奋斗的优良作风。组织开展“老兵永远跟党走・党旗飘扬在心中”知识竞赛活动，引导广大退役军人“退伍不褪色，退役不退志”，听党话，跟党走。全市共有 1780 余名优秀退役军人进入村（社区）“两委”，占比为 13.6%、“兵支书”占村（社区）党组织书记的比例为 13.03%，有退役军人志愿服务者 9715 人，引导他们参与疫情防控、乡村振兴等急难险重任务，加强基层治理、巩固基层政权，为社会经济发展贡献力量。

七、军休军供

全面落实军休人员“两个待遇”政策。始终坚持在政治上关心和尊重老干部，充分结合党组织的各项活动安排，定期和不定期组织军休人员进行政治学习，及时传达党的各项方针和政策，介绍经济形势和改革情况，听取他们的意见建议。接收安置 7 名军休干部，拨付、发放军休资金 4094.09 万元，落实全市 294 名军休干部的政治待遇和生活待遇。与医院协商开通军休干部看病就医绿色通道，规范健康体检制度，努力提高军休干部医疗保障水平。出色完成过往部队饮食饮水保障任务，得到了部队官兵的充分肯定和表扬。组织开展“庆元旦・迎新春”游园活动、“新春送温暖，慰问暖人心”春节慰问活动和“喜迎二十大・庆八一”游园活动，极大程度上丰富了军休干部的精神文化生活，对市军休所等老旧军休小区进行综合整治和提质改造，开展军休所星级评定，以评促建、以评促管、以评促改，提升军休管理服务水平，市军休所被评为“云南省四星级军休服务管理机构”。真心关爱自主择业和企业军转干部。为 400 余名自主择业干部发放退役金 4576.27 万元，为 450 余名企业军转干部发放解困资金 954.81 万元，为 470 余名企业军转退休干部和部分离休干部发放慰问金 28.62 万元，接收逐月领取退役金人员 2 人，落实分配划拨相关经费 8.4 万元。

玉溪市

2022年，玉溪市退役军人事务系统始终坚持以习近平新时代中国特色社会主义思想为指导，贯彻落实党的二十大精神和省委省政府、市委市政府重大决策部署，抢抓机遇、守正创新、踔厉奋发，充分发挥“敢闯敢试、敢为人先”的玉溪精神，不断推进退役军人工作高质量发展。市退役军人事务局被表彰为全市“模范机关创建示范单位”；全省退役军人服务保障体系建设现场推进会在玉溪市成功召开，玉溪市在会上做了经验交流，并得到省委省政府领导的充分认可；玉溪市实现全省双拥模范城创建“八连冠”。

一、党的领导坚强有力

市委主要领导对退役军人事务工作批示3次，主持召开市委退役军人工作领导小组会议1次；市委常委会议专题听取退役军人事务工作情况汇报、研究解决重大问题；市政府主要领导、分管领导亲自部署，推动重要工作落实。落实军队机构向同级党委退役军人事务工作机构派驻工作人员部署。开展2022年退役军人事务综合督查2次，主要围绕贯彻中央、省委和市委关于退役军人工作的重大决策部署进行督促指导；同时，对服务保障体系建设、双拥创建示范和党的二十大信访稳定开展专项督查，有力推动了退役军人事务工作落实。

二、政策制度不断完善

厘清退役军人工作政策标准，找准从政策制度层面推进工作的结合点，科学制定政策措施。率先在全省制定《玉溪市市级烈士纪念设施评定工作实施方案》，为烈士纪念设施管理维护提供制度保证；联合市卫生健康委等部门，建立市级伤残评审医疗卫生专家库，成立市级伤残评审医疗卫生专家小组，精准化、规范化、科学化开展伤残等级评定；联合25个部门制定《关于加强军人军属、退役军人和其他优抚对象优待工作实施方案》，军人军属的获得感得到有效提升；制定下发《关于做好由政府安排工作退役士兵和退出消防员待安排工作期基本保险接续工作的通知》，保障待安置期间退役士兵的待遇；联合18个部门印发《关于建立英雄烈士保护部门联动协调制度的实施方案》，多部门联动发力开展英雄烈士保护；联合军分区制定《融合开展基层武装工作与退役军人事务工作实施方案》，实现入伍和退役服务一体化，开启“全生命周期”探索。

三、思想引领不断强化

激发内生力量，发挥退役军人在乡村振兴和基层社会治理中的作用，不断提升退役军人的社会认可度。树立“排头兵”，把主题教育学习和退役军人先进典型学习结合起来，讲好红色故事、英雄事迹。对2.93万名退役军人党员进行建档立卡，及时纳入基层党组织管理；组建市、县、乡、村四级退役军人志愿服务队793支，参与人数为5911人。在基层政权组织中，有优秀退役军人110人成为“兵支书”、531人成为“兵委员”，兵支书占比为31.9%。抓好“最美退役军人”选塑宣传活动，1人被评定为云南省“最美退役军人”，13人被评定为玉溪市“最美退役军人”。

四、安置就业精准高效

积极探索“直通车”式安置方式，实现人岗相适、人事相宜，圆满完成军转安置任务。搭建“3211”综合服务平台，采取“六个一批”拓宽就业渠道，促进广大退役军人有所作为。实行“80+N”模式推进适应性培训，举办线上线下招聘会69场次。突出“军产学研”一体培塑模式，发挥48个导师团队、11个承训机构和退役军人教育培训中心作用，服务退役军人就业创业。首批认定18家退役军人示范企业，不断挖掘军创企业典型，形成军创带动示范作用。云南佳海农业产业有限公司董事长夏宇、云南玉溪仙福钢铁（集团）有限公司荣登《人民日报》2021年度“全国退役军人创业就业合作企业光荣榜”。

五、军休服务管理工作

做好军休服务管理机构星级评定，市军休所被评为省级“四星级”示范单位。落实军休干部“两个待遇”，核拨军休资金2884.77万元，保障好217名各类军休人员的待遇。召开2022年春节、“八一”建军节座谈会，走访慰问军休干部62人次，生日慰问40人，生病慰问16人。开展全市军休服务管理工作业务培训1次，汇编军休服务管理工作文件，编制军休干部生活待遇清单33项。加强支部党建工作，落实第二党支部“三会一课”等制度，召开支部委员会10次，开展主题党日活动、政治学习活动10次，强化党建工作与军休服务深度融合，以党建引领促进军休业务的发展。

六、优抚褒扬全面落实

2022年足额保障各类资金1.98亿元，共核查重点优抚对象1.68万人；常态化开展送立功喜报426名，营造崇军、尚军氛围。利用春节、“八一”建军节等重点节日，投入494.22万元，“全覆盖”式开展关爱慰问活动。积极推进惠民惠农政策“一卡通”清理工作，精准保障优抚对象待遇。通过实地考察、科学评估，首次评定9处市级烈士纪念设施；实施烈士纪念设施提质改造工程，搬迁、修缮烈士墓395座，修缮纪念碑1座，建设了一批配套设施。清明节期间，开展以“2022·奋进·网上祭英烈”为主题的网上祭扫活动，共有42.52万名网民参与活动。利用玉溪市烈士纪念馆进行红色教育宣讲，累计接待参观人数7000余人次。投入近40万元，编印《玉溪英烈故事选编》。

七、双拥创建成效显著

以创建全省第十一届双拥模范城为抓手，不断提升双拥创建质量。组织开展首届双拥主题公益微视频征集活动，拍摄4部双拥公益微视频，2部在全省获奖。投入资金76万元，开展“情系边海防官兵”慰问活动；完成58 000余人次军供保障任务。深化“双拥在基层”活动，开展文艺演出23场，赠送图书12 000册，开展讲座23场；落实“双清单”制度，解决部队反映的困难和问题18个，事业单位定向招考随军家属10人，开展随军家属专场招聘会1次。统一制作“军人依法优先”标识牌6800块，在车站、银行等窗口进行统一规范摆放。全市建立共建单位86家。推荐玉溪市等5个城市作为“全省双拥模范城（县）”命名表彰对象。

八、保障基础更加夯实

开展村级示范型退役军人服务站创建工作，形成乡镇（街道）“七位一体”工作格局、村（社区）形成“四位一体”工作格局，确保推动“五有”和“全覆盖”落实到位。申请成立玉溪市退役军人关爱基金会，目前已完成项目报批；向国家、省退役军人关爱基金会争取资金14.08万元，用于193人的关爱帮扶。全市完成退役军人建档立卡44 768人，发放优待证30 585张。创新服务模式，在各级消防救援系统成立退役军人活动中心。精细做好服务“进家门”，累计完成796个退役军人服务（中心）站地图录入工作，为退役军人办理业务提供就近就便服务。

九、自身建设不断加强

强化重大事项集体决策和理论学习提升，召开党组会14次、组织党组理论中心组学习6次，坚持第一议题学习习近平新时代中国特色社会主义思想；持续巩固拓展党史学习教育成果，开展“我为群众办实事”活动37项；制定“赛道赶超”工作方案，切实把学习成效转化成推动工作的强大动力。加强党风廉政建设和反腐败工作，严格落实责任制。加强干部队伍建设和人才工作，开展公务员季度考核工作；做好乡村振兴有效衔接，到村开展帮扶项目10个，帮扶资金21.94万元，惠及人口227人。认领责任、压实责任、主动作为，做好意识形态工作、法治工作、保密工作、创文（创卫）工作、河长制工作。

保山市

2022年，保山市退役军人事务系统深入学习贯彻习近平总书记关于退役军人工作重要论述和考察云南重要讲话精神，始终以“让军人成为全社会尊崇的职业”“让退役军人成为全社会尊重的人”为宗旨，上下齐心、迎难而上，扎实开展了退役军人各项工作。

一、机构建设情况

全市建成退役军人服务中心（站）1036个，市、县、乡、村四级退役军人服务保障体系实现了全挂牌、全覆盖。研究制定《保山市“十四五”退役军人服务和保障规划及任务分工方案》《保山市退役军人服务中心（站）规范建设与工作运行指导手册（试行）》，打造“一站式”服务窗口，全市5个县（市、区）、76个乡镇（街道）、6个300人以上村（社区）退役军人服务中心（站）完成全国示范性退役军人服务中心（站）达标创建。建成16个市级退役军人服务中心（站）示范点，示范引领作用不断增强。推动“兵支书”进两委班子，全市957个村（社区）有“兵支书”129人，“兵委员”503人，有3名“兵支书”在“选拔五类人员进乡镇党委领导班子”中提拔为乡镇副职，退役军人作用发挥更加明显。

二、思想政治和权益维护工作

注重思想政治引领，重新调整认定系统干部职工常态化联系对象141人，走访242人次。邀请专家对《中华人民共和国行政处罚法》《信访工作条例》《中华人民共和国民法典》进行专题培训，编发《以案释法》3期，发布典型案例和司法救助案例14个，挂牌成立退役军人法律援助工作站6个，有43人取得《云南省行政执法证》。落实领导带班、科级干部值班制度，定期召开分析研判会，全市共排查涉退役军人矛盾问题19个，已化解10个，有13名列管对象出库。全年共办理信访件70余件，涉及100余人，办理市委书记批示件4件，按期办结率达100%。

三、移交安置工作

不断优化移交安置措施，开展“进军营、送政策、畅安置”政策宣讲20余次，组织业务骨干做客省、市直播间2次，现场解答退役军人关注的热点、焦点问题，全方位讲好安置政策，积极营造支持国防和军队改革、关心关爱退役军人的良好社会氛围；组织100多名退役军人进行安置前适应性培训，探索完善“指令性安置和双向选择相结合”的安置方法，采取预留岗位、先进后出等措施，召开军转干部选岗确认会，组织接收单位和军转干部面对面交流，实行双向选择，达到了军转干部、接收单位和所在部队“三满意”的要求。

四、就业创业工作

从退役军人教育培训入手，改善知识结构，提高就业机会，举办3期380名退役军人参加适应性培训和就业创业专题培训，在第三届“建行杯”云南省退役军人创业创新大赛中，保山市5家军创企业获奖，市局机关连续两年荣获优秀组织奖。协调金融机构帮助解决创业贷款，税务部门为军创企业减免税收100余万元，有109人享受退役军人“贷免扶补”、创业担保贷款500余万元。打通行业壁垒，拓宽就业信息渠道，协调多部门采取线上线下相结合的方式联合开展退役军人专场招聘会，170余家企业提供了生物制药、技工、地产、酒店等3000多个就业岗位，600余名退役军人实现就业。

五、军休服务管理工作

严格落实移交政府安置的军队离退休干部的生活待遇和政治待遇。按年度完成3名军队退休干部退休士官接收安置任务；成功申报1名遗属享受生活补助；提交4名军休干部护理费申请，其中2名已成功获得省厅批复；组织2名军休干部参加全国军休干部庆祝建军95周年和党的二十大胜利召开系列活动，2人在书画摄影评比中获得二等奖和三等奖；组织2名军休干部参加全省军休干部党支部书记培训班；积极开展移交政府安置的军队离退休人员服务管理机构星级评定工作，隆阳区军队离退休干部休养所被评为四星级军休服务管理机构，有效提升保山市军休服务管理能力；成功举办保山市第八届军休运动会；开展军休业务机构编制核查工作；拨付军休经费2700多万元，有力保障军休干部待遇落实。为军休干部老有所养、老有所医、老有所教、老有所学、老有所为、老有所乐进一步创造条件。

六、拥军优抚工作

紧盯部队关注、官兵关心的难点热点问题，市、县两级下达国防动员经费预算870万元，为驻保部队修缮营房、新建雨棚、改造球场等，投入190余万元解决驻保部队基层连队实际困难及历史遗留问题12件；为10余名随军家属解决随调安置、就业等问题，解决80余名军人子女入学难题。圆满完成转业军官、安排工作退役士兵和退出消防员安置任务，定向招聘大学生退役士兵8人。更新军供保障设备，创新社会化保障模式，完成部队士兵退伍、新兵转运和野外驻训保障任务7批次。保山军供站获评“国家级重点军供站”。在机场、车站设立“军人依法优先”标识，打造双拥路、双拥街等双拥宣传阵地，龙陵县、腾冲市被命名为云南省第十一届双拥模范城（县），4个单位、3名个人分别被表彰为云南省爱国拥军模范单位和爱国拥军模范个人，《荣光》《让幸福的地方更幸福》两部作品在首届全省双拥主题文艺作品征集评选活动中，分别荣获一等奖、三等奖。

七、褒扬纪念工作

严格落实普惠加优待的保障政策，走访慰问伤残军人、“三属”等重点优抚对象4万余人，发放慰问金和慰问品400余万元，立功送喜报488人次。及时更新完善系统信息数据，办结部分退役士兵养老保险1352人。加强烈士纪念设施保护，对县级以下英雄烈士纪念设施进行修缮并完成验收评审，全市完成零散烈士墓搬迁64座、就地整修67座，完成率达100%；发布“网上祭英烈”倡议书，7500余名社会各界人士到实地或通过网络向英雄烈士敬献花篮。会同市级22部门进一步细化市级优待目录清单，市、县两级与51家社会机构、企业签署“拥军优属合作协议”，全市军人军属、退役军人和其他优抚对象享受到更加优惠、优先、优质的服务。

八、自身建设情况

党的全面领导地位进一步凸显。局党组高度重视党的建设，始终把党的政治建设摆在首位，始终在政治立场、政治方向、政治原则、政治道路上同党中央保持高度一致。把学习贯彻党风廉政建设责任制、意识形态和网络意识形态工作责任制与中心工作同部署、同落实。作风革命效能革命有力推进。始终坚持以习近平新时代中国特色社会主义思想为指导，深入学习贯彻习近平总书记关于作风建设的重要论述，全面落实《云南省推进作风革命加强机关效能建设的若干规定（试行）》，及时成立领导小组，及时制定工作方案、年度调研计划、单位三服务清单、为群众办实事清单等，明确了工作目标与实施步骤，对各阶段的活动提出了具体要求，有效运用“三个工作法”稳步推动全市退役军人事务工作开展。

楚雄彝族自治州

2022年，楚雄州退役军人工作以“强基固本、优化服务、创新提质、走在前列”为目标，着力在政策落实上下功夫、在服务提升上做文章、在解决难题上求实效，退役军人服务体系建设、双拥模范城创建、移交安置、褒扬纪念、优待证申领发放、军供保障等重点工作取得新成绩。楚雄州、楚雄市、禄丰市、南华县、姚安县被命名为“云南省第十一届双拥模范城”，楚雄州退役军人事务局先后被表彰为“云南省文明单位”“云南省爱国拥军模范单位”“2019—2022年楚雄州双拥优秀单位”“楚雄州统一战线工作优秀集体”。

一、思想政治和权益维护工作

2022年，持续开展“法律政策落实年”活动，按照“落实政策解决一批、优化服务化解一批、强化管理引导一批、培树典型带动一批、建设阵地教育一批”（五个一批）的工作措施，严格落实常态化联系退役军人、困难退役军人帮扶援助、最美退役军人推荐评选等工作，退役军人事务部“蹲点抓落实”专题调研组对本州法律政策在基层的落实情况给予高度评价和充分肯定。组织开展2022年度楚雄州“最美退役军人”评选表扬活动，评选州级“最美退役军人”15人，推荐2人获评云南省“最美退役军人”。全年常态联系功臣模范、“三属”、伤病、特困等退役军人230余人，累计协调资金258.9万元走访关爱210户相对特殊困难退役军人，全州退役军人获得感、幸福感、荣誉感进一步提升。

二、移交安置工作

2022年，退役军人移交安置工作严格落实《军队转业干部安置暂行办法》《关于进一步做好军队转业干部安置工作的意见》《退役士兵安置条例》等政策规定，退役军人移交安置工作省得到退役军人事务厅给予“位居全省前列”的充分肯定。坚持“妥善安置、合理使用、各得其所”的原则，认真做好军转安置工作，根据军转干部特长和用人单位需求，科学制定安置方案，全面落实“直通车”式军转安置政策，省退役军人事务厅将军转安置工作“四个强化”经验做法印发全省学习借鉴。全面推行“阳光安置”，落实积分选岗，强化编制保障，做到公开透明，圆满完成安排工作退役士兵安置任务，全部安置在国有企业和事业单位，姚安县、大姚县、元谋县实现退役士兵安置身份由“工勤岗”向“管理岗和专技岗”转变。积极推进安排工作退役士兵人才流动机制，加强选调工作力度，部分长期在边远乡镇工作的退役士兵选调到城区、坝区工作。

三、就业创业工作

2022年，认真贯彻落实《云南省关于促进新时代退役军人就业创业工作18条措施的意见》《云南省退役军人教育培训实施办法》等政策措施，构建学历教育与职业技能培训并行并举的退役军人教育培训体系，600余名自主就业退役士兵参加适应性培训，培训率达100%，培训就业率达85.65%，引导250余名退役军人参加学历提升。按时足额兑现自主就业退役士兵一次性经济补助。积极搭建就业平台，组织线上线下退役军人专场招聘会30场次，为退役军人提供优质就业岗位4117个，530余人实现稳定就业。落实《关于事业单位定向在退役高校毕业生士兵中招聘工作人员的通知》要求，拿出部分事业岗位、公务员岗位定向或共享招考符合条件的高校毕业退役士兵，进一步拓宽退役士兵就业渠道。建立州级创业需求数据库，落实贷款贴息、奖优扶补政策和税收优惠政策，助力1320家军创企业发展，10余名退役军人成功申请255万元创业贷款。积极推进军人退役“一件事一次办”工作，提升退役军人服务保障工作质效，退役军人就业创业经验做法在全省退役军人就业创业工作会议上做交流。

四、优待抚恤工作

2022年，严格落实《楚雄州拥军优抚专项经费管理办法》，按月足额兑现优抚补助资金1.73亿元。发放年度义务兵家庭优待金1485万元。重点优抚对象医疗保障全覆盖，支出医疗补助资金1140.96万元。常态化开展新兵入伍欢送、光荣牌匾悬挂、立功受奖报喜、退伍返乡欢迎、节日走访慰问、重大庆典邀请、事迹载入地方志等活动，悬挂光荣牌727块，为立功受奖军人家庭送喜报157张。做好帮扶工作，为415名困难退役军人和其他优抚对象家庭申请发放帮扶慰问资金30.34万元，州级实地走访慰问154名服务对象，牟定、南华等县市成立退役军人关爱基金，发放救助金26.8万元。退役军人和其他优抚对象建档立卡和优待证申领工作有力推进，经验做法印发全省学习。

五、褒扬纪念工作

2022年，出台《楚雄州烈士纪念设施规范管理实施方案》《楚雄州英雄烈士保护部门联动协调制度》等措施制度，将烈士纪念设施管护经费列入各级财政预算，加大县级及以下烈士纪念设施整修力度，烈士纪念设施规划建设修缮管理维护工作省退役军人事务厅给予“位居全省最前列”的高度评价，代表云南省接受财政部整修工程项目资金绩效评估，得到充分肯定。评定州级烈士纪念设施6处，禄丰市金山烈士陵园、大姚县赵祚传烈士陵园被评为省级烈士陵园，禄丰市、元谋县成立烈保中心，烈士纪念设施管护得到加强。隆重举行“9·30”烈士纪念日向人民英雄敬献花篮仪式，开展“我心向党”“缅怀革命先烈、传承红色基因”红色教育活动，3000余人次现场瞻仰各类烈士纪念设施。认真做好烈士祭扫服务保障工作，清明节期间全州烈士纪念设施累计祭扫8200余人，落实异地祭扫服务

839 人次。推进英烈文化挖掘、整理、研究和宣传，投入 20 万元编纂《云南英烈及纪念设施大典·楚雄分卷》，拍摄展播《红家山上红军墓》《铭记英雄壮举 镌刻不朽丰碑——楚雄州烈士纪念设施管理维护工作》专题片，为 1295 名烈士编撰英名录。

六、双拥共建工作

2022 年，严格落实双拥工作“五项机制”，州委书记 2 次对全州双拥工作作出批示，召开省级双拥模范城创建推进会、“八一”建军节军地座谈会，组织驻楚团以上部队轮值参与合署办公，13 项“双清单”事项得到有效落实。建成“一县一园”“一县一街”等双拥主题文化阵地 10 个。开展春节、“八一”建军节走访慰问活动，州委、州人大、州政府、州政协领导带队走访慰问驻楚部队，传递党和政府关心关爱。以州委、州政府、楚雄军分区名义评选表扬双拥工作优秀单位 25 家、优秀个人 49 人、“好军嫂”10 人，组织双拥主题书画摄影展，举办双拥文艺晚会，组织“八一”建军节暨军事日活动，拍摄双拥专题片，拍摄展播双拥主题歌曲 MV《一树花 遍地开》、双拥微电影《永不退役》和 2 个双拥公益广告，编印双拥画册，浓厚双拥氛围。举办“百业千行共拥军”活动，编印《楚雄州社会化拥军手册》，评选挂牌“爱国拥军志愿服务单位”276 家，兑现服务承诺 415 项。投入 40 万元为 600 余户边海防官兵家庭解决实际困难，礼遇关爱军队先进典型 26 人，38 家双拥成员单位与驻地部队结对共建，双拥工作经验做法被省退役军人事务厅印发全省学习借鉴。

七、服务保障体系建设工作

2022 年，聚焦“五有”要求落实，全面推进乡镇和村（社区）退役军人服务站达标创建，进一步巩固“一牌一预案、六清一上墙”楚雄工作法，严格规范“六清”工作台账，夯实服务基础。结合“大岗位制”改革，深入推进村（社区）服务站“退役军人事务员”定人定岗定责，基层有人干事得到加强，退役军人服务保障体系建设经验做法在省政府召开的全省退役军人服务保障体系建设现场推进会上作交流发言。

八、军休服务管理工作

2022 年，楚雄州军休服务管理工作围绕“六个老有”和“四知、四会、四心”工作目标，引导军休干部讲好红色故事、弘扬优良作风、发挥建功余热。不折不扣落实军休干部经济待遇，及时足额发放退休金及“四项增资”。全面落实政治待遇，定期开展“思想政治交流日”活动，传达党和政府重要会议精神，组织到红色教育基地和爱国主义教育基地现场教学，邀请军休干部代表参加烈士纪念日向人民英雄敬献花篮仪式。加强人文关怀，做好春节、“八一”建军节、重阳节等重大节日走访慰问工作，全年走访慰问军休干部、遗属 41 人次，为他们送去慰问金和慰问品。常态化开展“送学上门”“服务上门”活动，定期组织健康体检、健康保健知识讲座，更新健康档案。军休文化长廊、军休荣誉室全年接待参观 27 批 244 人次。在省退役军人事务厅组织开展的“全省星级军休服务管理机构评比”中，获评四星级军休服务管理机构。

九、军供保障工作

2022年，楚雄州军供保障工作以落实“召之即来、来之能战、战之能胜，优质快速、持续准确、安全保密”要求为根本，提升军供保障水平。投入资金445万元实施广通军供站军供保障能力提升项目工程建设，夯实保障基础。高质量配合完成跨区域野外联合军供保障任务，提升保障能力。云南省军供保障能力提升培训班暨现场推进会在楚雄州举办，智慧厨房建设、内部创新管理和支前费编制预算的“楚雄做法 广通经验”在全省军供站系统全面推广。

十、自身建设工作

2022年，以党的政治建设为引领，围绕退役军人事务系统“政治机关”“行政机关”“服务机关”定位，将“建一流队伍、展一流行风、创一流业绩、树一流形象”作为全州退役军人事务系统的建设目标，落实省退役军人事务厅推进作风革命加强效能建设动员部署会要求，以“三个三”措施深入推进作风革命加强机关效能建设，以小见严纠“四风”，风清气正的干事创业环境不断巩固。大力实施“三力三化”工程，组织开展楚雄州2022年双拥工作暨退役军人事务系统干部能力素质提升专题培训，举办2期6天的全州退役军人服务体系建设推进会暨退役军人工作业务培训班，外送5批次干部学习培训，提升干部队伍专业化、专门化、精细化水平。

红河哈尼族彝族自治州

2022年，红河州退役军人事务工作坚持以习近平新时代中国特色社会主义思想和考察云南重要讲话精神为指导，全面贯彻落实习近平总书记关于退役军人工作重要论述，围绕“337”工作思路，聚焦红河州“三个示范区”建设工作要求，坚持稳中求进工作总基调，破难题、防风险、抓落实，推动各项工作取得新成绩、焕发新气象。“红河舰”于2022年12月如期授旗入列，加入战斗序列。蒙自、开远、建水、弥勒、河口5县（市）成功创建云南省第十一届双拥模范城（县），州退役军人局、屏边烈士陵园等8家单位被表彰为“云南省爱国拥军模范单位”，胡昌华等4人被表彰为云南省爱国拥军模范。

一、机构建设情况

截至2022年12月31日，按照“有机构、有编制、有人员、有经费、有保障”和“枫桥式”服务站建设标准，共建立14个州、县（市）服务中心，133个乡镇（街道）建立139个退役军人服务站（含6个农场），1330个村（社区）建立1360个退役军人服务站，打通了为退役军人服务“最后一公里”，确保了各项工作任务落到实处。出台关于加强新时代退役军人工作的实施方案、烈士纪念设施规划建设修缮管理维护工作实施方案，明确思想政治、服务保障、移交安置、就业创业等工作落实标准，增强工作的针对性和实效性。

二、思想政治和权益维护工作

认真贯彻落实《关于加强退役军人司法救助工作的实施意见》，与州法院共同推动在州、县法院开通退役军人“绿色通道”，开设退役军人矛盾纠纷调解室，为退役军人提供司法救助。个旧市网格化+“兵管兵”服务管理模式持续深化，架起退役军人与政府之间沟通的桥梁。与州委宣传部、蒙自军分区政治工作处联合开展第二届红河州“最美退役军人”遴选宣传活动，通过广泛宣传发动，层层推荐和政审把关，遴选出了10名红河州“最美退役军人”，肖国华被评为云南省“最美退役军人”。在《红河日报》、《红河电视台》、局微信公众号宣传报道最美退役军人事迹，唱响主旋律、弘扬正能量。

三、移交安置工作

坚持把做好退役军人安置作为一项政治任务摆在突出位置，发挥政府部门、事业单位和国有企业安置退役军人的主渠道作用。认真落实年度退役军人安置任务，扎实分类做好计划分配转业干部、自主择业、随调家属、退役士官的安置工作。健全完善“阳光安置”机制，挖掘党政机关及参公管理事业单位安置空间，畅通军转干部进入政法部门通道，突出安置好团职转业干部和功臣模范，增强安置政策的刚性落实。完成符合政府安置工作的军转干部、逐月领取退役金干部和退役士兵、退出消防员移交安置任务，坚持把自主择业军转干部管理服务工作纳入年度工作计划，按照“集中管理、突出重点、跟踪服务”的思路，抓好自主择业军转干部管理服务工作，落实管理服务责任制。认真落实完成了退役金核对发放、信息补充完善、医疗保险、就业培训指导等方面的管理服务工作，有力地促进了自主择业军转干部管理服务工作的深入开展。协同省、州建行完成全州 801 名自主择业军转干部银行信息修改与完善工作，确保各项信息无误。

四、就业创业工作

党委政府推动、政策措施促动、社会力量联动、搭建平台带动“四轮驱动”模式运转顺畅，全面落实促进新时代退役军人就业创业 18 条措施，依托退役军人就业创业孵化分基地、就业创业培训基地、技能培训机构和创业导师团队，以自主就业退役士兵为主体开展技能培训，提升就业创业能力。深入贯彻《红河州定向招聘退役大学毕业生士兵办法（试行）》，2022 年共设置公务员定向招聘退役军人岗位 3 个、四类人员共享岗位 25 个、事业单位岗位 43 个、退役军人家属岗位 27 个。采取线上与线下 + 常态化招聘相结合的方式，组织开展“铁血铸军魂　就业再起航”和“‘就’在金秋‘职’”面未来等主题的退役军人及军人家属招聘活动，共协调 353 家企业，设置招聘岗位 2991 个，预招 10 496 人，400 余名退役军人及家属达成就业意向。积极与人力资源社会保障、税务、金融等部门密切协作，发放创业担保贷款 1776.7 万元，扶持 56 名退役军人创业。组织 40 名自主择业干部到南京进行为期 7 天的个性化培训，依托州就业创业培训基地组织 40 名自主择业干部进行职业技能（烹饪）培训。

五、军休服务管理工作

坚持贯彻落实国务院、中央军委有关规定，以习近平总书记关于退役军人工作重要论述和重要批示为指导，以认真落实军休干部“两个待遇”（政治待遇和生活待遇）为重点，进一步做好军队离退休干部接收安置和服务保障工作，全面落实了军休干部政治待遇和生活待遇，实现了军休干部和军休工作人员“政治可靠、思想稳定、生活安乐、保障有力”的总体目标，连续 3 年达到安全无事故。组织开展了军体所州级星级管理服务机构自评工作，6 个军休所中有 5 个在 2022 年度被评为州级“三星级服务管理机构”，其中个旧市军休所被评为省级“四星级管理服务机构”。接收军队退休人员安置计划 3 批 5 人次。

六、拥军优抚工作

聚焦拥军支前，推动军地互办实事“双清单”制度落实，及时掌握了解和解决部队在战备、训练中存在的困难和问题。投入 130 万元支持“红河舰”战备、文化、生活等设施建设，投入 20

余万元为××部队××分队进行训练设施建设，安排专项资金20万元帮助部分基层连队解决实际困难。蒙自等5个县（市）成功创建云南省第十一届双拥模范城（县），出台实施《红河州关于优待军人家属子女的实施办法（试行）》《红河州人民政府　蒙自军分区关于批转红河州人力资源和社会保障局　蒙自军分区政治工作部红河州军人随军家属就业安置实施办法的通知》等政策文件，全力做好军人家属就业和子女入学入托工作。解决随军家属就业安置62人次、家属随调48人次，协调办理军人子女入学入托251人次。蒙自市、开远市、建水县、弥勒市、河口县积极打造“双拥主题园”“双拥一条街”“双拥文化墙（廊）”等特色品牌，设置户外双拥主题广告牌，开通双拥宣传视频彩铃，让双拥文化融入城市、深入人心。屏边县建立“服务驻地部队加强军地联系十二项机制”。

七、褒扬纪念工作

制定出台《红河州关于加强新时代烈士褒扬工作的实施方案》，开展烈士纪念设施分类集中保护，个旧市烈士陵园、开远市三台寺烈士陵园、弥勒市革命烈士陵园、建水烈士陵园被州政府批准为州级烈士纪念设施，开远市三台寺烈士陵园、弥勒市革命烈士陵园、建水烈士陵园被省政府批准为省级烈士纪念设施。投入3000余万元，完成县级及以下烈士纪念设施整修工程，整修陵园14个、纪念设施16处，336名散葬烈士迁入烈士陵园安葬。组织编纂《云南英烈级纪念设施大典·红河卷》《红河英烈大典（1928—2021）》，拟于2022年4月出版发行。根据国家发展改革委《“十四五”时期社会服务设施兜底线工程实施方案（2021—2025年）》和《红河州“十四五”退役军人服务和保障规划》目标任务，积极争取中央预算内投资，与红河州第二人民医院合作，申报建设红河州优抚医院。统筹做好疫情防控和烈士祭扫工作，探索“云祭扫＋代祭扫”新模式，清明节期间组织退役军人志愿者400余人次代祭扫烈士4265名，网上祭扫19.98万人次、访问量累计113.2万次，实现了安全、平稳、有序的工作目标。4月3日，报送的烈士祭扫工作信息相继被新华社、中央电视台《新闻频道》（CCTV–13）、中国军视网和新华网等10余家中央、省、州主流媒体采用。稳步推进惠民惠农“一卡通”专项治理，上缴历年结余惠民惠农财政补贴资金1432万元，按照规定时限完成项目上线发放，专项治理工作得到州“一卡通”联席办通报表扬。

八、自身建设情况

认真学习贯彻党的二十大精神，坚持把党建工作贯穿退役军人事务系统自身建设的全过程、各环节，不断增强“四个意识”、坚定“四个自信”、坚决做到“两个维护”。严格落实中央八项规定及其实施细则和省、州实施办法，聚焦隐形变异“四风”问题，重点对退役军人事务工作领域存在的形式主义、官僚主义等突出问题进行整治，严肃党内政治生活，扎实推进模范机关、支部规范化创建工作，全面提升党组织活力。持续开展“基层基础基本建设年”活动，积极与组织、编办和人力资源社会保障等部门沟通，遴选优秀人员充实到工作队伍；选派人员到厦门、杭州、广州、延安、舟山、石狮及省内相关州（市）学习培训交流40余人次，组织业务骨干和负责人培训180余人次，努力提升系统干部政策理论水平和业务能力。以开展“作风革命、效能革命”为契机，认真查摆存在问题，狠刹“躺平”不良作风，激发担当作为、干事创业的精气神儿，全系统干部职工专心干事、奋勇争先、比学赶超的氛围越发浓厚。州退役军人事务局、开远市退役军人事务局严密组织信息工作，分别获得全省退役军人事务系统政务信息工作先进单位一等奖和特等奖，王路祎评为政务信息工作先进组织者，王俞、王赓、张艳岭、白贺山被评为政务信息工作先进个人。

文山壮族苗族自治州

2022年，文山州认真贯彻落实习近平总书记关于退役军人事务工作重要论述和考察云南重要讲话精神，以推动工作高质量发展为主题，以提升退役军人获得感成色更足为主线，以《中华人民共和国退役军人保障法》贯彻落实为抓手，坚持以退役军人为中心的工作导向、坚持稳中求进的工作总基调，围绕“开新局、争第一、走在前、排在前”工作目标，勠力同心、奋楫前行，推动体系建设、权益维护、移交安置、就业创业、褒扬纪念、双拥共建各项工作取得新成效。

一、机构建设情况

文山州退役军人事务局内设办公室、政策权益维护科、移交安置管理科、拥军优抚褒扬科4个科(室)。核定机关公务员编制12人，实际在编在岗17人，其中处级局长1人、副处级副局长3人、副处级文山州委退役军人事务工作领导小组专职副主任1人、乡科级正职科(室)长3人、工作人员9人。直属文山州退役军人服务中心、文山州军队离退休人员服务中心2个事业单位，核定事业单位编制22人，实际在编在岗21人，其中管理七级主任岗位2人、管理八级副主任岗位2人、管理九级岗位9人、专业技术岗位6人、工勤岗位2人。

二、体系建设情况

强化党的领导，体系建设稳步推进。全面推进全州退役军人事务系统组织管理体系、工作运行体系、政策制度体系“三个体系”建设，不断提升退役军人事务工作治理能力和治理水平现代化建设。召开中共文山州委退役军人工作领导小组第三次会议暨文山州双拥工作领导小组会议、2022年全州退役军人事务局长会议，制定《2022年全州退役军人工作要点》，对年度退役军人工作、双拥模范城（县）创建工作全面谋划、全面部署，年度工作目标明确、措施翔实、责任细化、推进有力。启动退役军人服务中心（站）“融合式”建设，推动基层退役军人服务中心（站）和人武工作等资源融合、力量融合、服务融合，全力构建退役军人服务保障体系建设新模式。完成1103个州、县、乡、村退役军人服务中心（站）机构信息采集工作，114个州、县、乡退役军人服务中心（站）地理位置信息采集并录入电子地图。开展军休服务管理机构星级评定工作，文山州军队离退休人员服务中心评为四星级、文山市军队干休所评为三星级军休服务管理机构。出台《文山州退役军人荣誉激励十八条措施》，政策制度配套不断完善。

三、思想政治和权益维护工作

强化正面引领，权益维护稳步推进。开展“重温誓词”“老兵宣讲”系列活动。麻栗坡县退役军人陆应标被评为年度“云南省最美退役军人”，遴选表扬16名年度“文山州最美退役军人”。组织892支退役军人志愿队5928名志愿者定期开展志愿活动，累计参加志愿服务4.3万人次。解困帮扶、个案救助181名低保特困或重大变故退役军人，对3000余名低保特困退役军人捐赠“防癌抗癌专属保险卡”，对年度退出现役的573余名自谋职业退役士兵捐赠“关爱退役军人保”，对年度新增的23名下岗失业退役军人以城镇公益性岗位兜底帮扶再就业21人。

四、移交安置工作

强化金牌意识，移交安置稳步推进。认真落实“提质提速、既快又好”工作目标和“阳光安置”工作要求，及时高质完成年度移交安置工作。完成全州军转干部、安排工作退役士兵、军休人员信息数据采集和系统录入工作。以“一人一策”服务模式全面优化转业军官和随调配偶安置工作，完成5名转业军官、1名逐月领取退役金军官、1名随调家属安置工作，实现人岗相适、精准安置。坚持“高位推动、高频联动、高标落实、高效提升”模式，完成60余名安排工作退役士兵（退出消防员）安置任务，实现半数以上安置到管理岗或专技岗，在全省率先实现突破。《文山州“一人一策”实现转业军官和随调配偶精准安置》等工作经验被省退役军人事务厅转发全省交流学习，圆满完成“退役军人移交安置”考评指标考评迎检。

五、就业创业工作

强化统筹协调，就业创业稳步推进。围绕需求收缩、供给冲击、预期转弱“三重压力”，认真分析研判疫情期间退役军人就业创业工作，深入推进“政府＋就业”退役军人就业创业模式。畅通退役军人体制内就业渠道，年度设置退役军人定向共享招录公务员岗位22个录取4人、事业单位定向共享招聘岗位22个录用20人。采集退役军人就业普查信息2万余人，完成存量95%。多部门合力搭台，为有创业意愿的退役军人提供精准帮扶，年度推动新增退役军人创业市场主体42个，享受“贷免扶补”创业小额贷款扶持4人57万元。举办线上线下退役军人专场招聘会23场次，700余家企业入场招聘，提供优质就业岗位4万余个。开展“送政策进军营”活动9场次，积极向现役军人讲解安置就业等政策。组织206名退役军人到定点培训机构参加职业技能培训，32名退役军人参加人力资源社会保障、乡村振兴等部门组织的技能培训，64人报考学历提升再入学。

六、拥军优抚工作

强化对标对表，双拥创建稳步推进。对标《云南省双拥模范城（县）检查考核评分标准》，查缺补漏，精益求精，打造亮点，争取加分，全力推进创建工作。做好军地需求“双清单”落实，走访慰问5个驻文团级部队，分配发放义务兵家庭优待金2079万元，消防员家庭优待金36万元。文山州双拥办在云南省首届双拥主题文艺作品征集评选活动中获优秀组织奖，报送的微电影《遗嘱》作品荣获“二等奖”、微视频《双拥小学的一天》作品荣获优秀奖。文山州、文山市、西畴县、麻栗坡县、广南县被表彰为云南省第十一届双拥模范城（县），文山州退役军人事务局被表彰为云南省爱国拥军模范单位。开展州级双拥模范表彰活动，表彰“爱国拥军模范单位”48家、“爱国拥军模范个人”48人、“爱国拥军模范企业”11家。认真落实优待抚恤等政策制度，开展惠民惠农“一卡通”专项整治工作，及时足额拨付兑现各项补助等经费1.4亿余元，走访慰问退役军人和重点优抚对象360余人。开展退役军人和优抚对象建档立卡信息采集和优待证申领工作，启动文山州优待证优待事项梳理工作。

七、褒扬纪念工作

强化典型引领，褒扬纪念稳步推进。深化巩固“12345”工作法等烈士祭扫工作经验，亲情、暖心、精细服务来文祭扫参战退役老兵、烈士家属和社会各界人士1.4万余人。全面建成州、县两级1+8“网络祭扫”平台，开通烈士祭扫手机移动客户端，满足了新形势下不同群体“云祭扫”需求，宣传引导39万余人次在线祭扫。为3400余名烈士直系亲属开展代亲祭扫。组织做好清明节、“4·28”“4·30”期间服务保障和“志愿祭扫”，做好“9·30”烈士纪念日活动，全年保持了安全、文明、和谐、有序局面。完成16个县级以下烈士陵园整修、187座散葬烈士墓搬迁、224座就地修缮散葬烈士墓验收。争取到麻栗坡烈士陵园纪念广场建设项目文山烈士陵园提升改造项目中央、社会兜底1600万元资金支持，争取把西畴南疆烈士陵园、马关马白烈士陵园、马关仁和烈士陵园纳入2023年资金保障计划。完成丘北县暴雨灾害中1名抢险救灾牺牲人员的评烈和追悼工作。

八、自身建设情况

强化政治引领，机关建设提质增效。突出理论武装，建立政治理论集中学习机制，引导干部职工深入学习贯彻习近平新时代中国特色社会主义思想、习近平总书记关于退役军人工作重要论述和考察云南重要讲话精神。突出融合发展，充分找准机关党建与退役军人工作结合点，坚持以“对标先进、争创一流”主题实践活动为抓手，全面开展寻标对标达标创标。突出作风建设，严格贯彻落实作风革命效能革命要求，深入开展“轮流讲学+技能比武”，促进退役军人事务系统工作作风转变和业务能力提升。

普洱市

一、机构建设情况

市、县（区）退役军人事务局于2019年3月底完成机构改革职能配置、内设机构和人员编制“三定”工作，完成了人员转隶、事业单位划转（军供站、军队离休退休人员服务中心）。全市组建了11个退役军人服务中心；103个乡镇（街道）加挂退役军人服务站牌子，配备专（兼）职工作人员；1069个村（社区）设立退役军人服务站。

二、思想政治和权益维护工作

开展“老兵永远跟党走”系列活动，举办“老兵永远跟党走——老兵宣讲”活动10余场次，在“普洱退役军人”公众号开设《永不褪色的橄榄绿》专栏宣传退役军人典型事迹，并征集到诗歌、书法、摄影等作品43篇（幅），在各级媒体刊发各类稿件300余篇。积极宣传“兵支书”和疫情防控一线的退役军人等。积极宣传《信访工作条例》，坚持“五个一”认真接待来访退役军人，开展矛盾攻坚化解活动，坚持“三到位一处理”，落实属地责任、“双包联”等制度，实现了“五不”目标。

依法维护退役军人权益，出台《普洱市关于规范涉退役军人国家司法救助工作的实施办法》，开展行政执法权公示备案、组织执法人员考证等，落实证明事项承诺告知，设立公职律师并积极参与科学决策、行政执法、合法性审查等事项。与市、县司法部门联合在服务中心（站）设立法律援助工作站、法律咨询窗口等，受理法律援助2起。

三、移交安置工作

多措并举学习宣传贯彻《中华人民共和国退役军人保障法》，购买《中华人民共和国退役军人保障法（释义）》等辅助读本，提供给10个县（区）、市直部门、驻普部队学习使用，推动开展“法律政策落实年”活动。积极开展“进军营 送政策 畅安置”活动，向驻普部队宣讲移交安置、就业创业等政策。探索“直通车”安置方式，按时高质量完成年度省级下达2名计划分配军转干部（将1名荣立一等功人员安置在市直单位）、50余名安排工作退役士兵和退出消防员、5名军队离退休人员的安置任务。

四、就业创业工作

落实稳住经济一揽子政策，制定《普洱市

关于促进新时代退役军人就业创业工作的实施方案》，建设普洱市退役军人就业创业园，与5家培训机构签订合作协议，完成258名退役军人技能培训、111名退役军人适应性培训。出台《普洱市退役大学生士兵定向招聘实施细则》，每年度公务员、事业单位公开招聘拿出一定比例岗位定向招聘退役大学生士兵，定向招聘9人。组织自主就业退役士兵线上招聘会2期、线下招聘会1场，提供岗位300个，求职参与人数115人。下发《关于印发普洱市退役军人创办的中小微企业纾困发展创新创业专项行动实施方案的通知》，全市退役军人完成“贷免扶补”22户共400万元、33户享受税收优惠共163万元。完成退役军人就业信息普查，摸清438家军创企业底数。

五、拥军优抚工作

全力创建云南省第十一届双拥模范城，成立创建指挥部，组建工作专班，落实军地集中办公，制定《普洱市创建第十一届云南省双拥模范城实施方案》。在市级主流媒体开设双拥专栏和国防教育专栏，广泛宣传普洱双拥工作成效；市委市政府在春节、“八一”建军节期间沉浸式走访慰问部队，向边海防部队寄送展现普洱特色的慰问礼包；统筹解决“三后”问题，深入落实《普洱市立功受奖军人家庭奖励实施办法》《普洱市军人随军家属安置就业实施细则》《普洱市军人子女教育优待办法实施细则》，定向招聘随军家属5人，随军家属安置2人，解决95名军人子女入园入学；与22部门联合印发《军人军属、退役军人和其他优抚对象基本优待目录落实责任清单》，推进社会化拥军，全市100家企业和社会组织加入尊崇优待军人军属的阵营；落实“四尊崇、五关爱、六必访”。

以惠民惠农“一卡通”专项治理工作为契机，坚持“每月一通报”，确保资金按时足额发放。开展伤残等级评定和伤残抚恤关系转移22人次。推广“新时代枫桥经验”，常态化联系退役军人，加强退役军人党员管理，成立退役军人志愿服务队，积极开展志愿活动。用“五个务必、五个不准”的纪律要求保障建档立卡和优待证申领，探索“集体办”“预约办”“上门办”等有温度的办理模式，不断优化办理方式，完成建档立卡信息采集和申领优待证3.85万人次，完成83.02%。协调财政、卫生健康、医保等部门，扎实推进全省优抚对象医疗补助“一站式”费用结算试点工作。

六、褒扬纪念工作

制定《关于加强新时代烈士褒扬纪念工作的措施》，将烈士纪念设施规划纳入当地“十四五”规划，建立烈士纪念设施项目库。加强烈士纪念设施管理维护，对暂不具备集中管护条件的69处零散烈士纪念设施，签订委托协议，明确责任清单。建立日常管护和定期巡查制度，与18部门建立英雄烈士保护联动协调机制。首次评定市级烈士纪念设施25处，景谷烈士陵园被评为省级烈士纪念设施。完成《普洱革命烈士》编纂工作，推进《云南英烈及纪念设施大典·普洱分卷》编纂。认真组织“网上祭英烈”活动，代为擦拭墓碑、敬献鲜花，5600余人在现场祭扫，实现安全有序。成立普洱市市级烈士纪念设施展陈内容和讲解词审查评审组，深入挖掘烈士纪念蕴含的革命精神和时代价值，全市开展红色解说员培训 50 人次，生动鲜活讲好革命烈士浴血奋战、充分发挥红色资源教育功能。圆满举办“9・30”烈士纪念日活动。

七、服务保障工作

制定普洱市退役军人服务保障体系建设 2022 年度任务清单，明确市、县、乡、村退役军人服务中心（站）四级 219 项工作任务。加强基层服务保障力量，采取政府购买方式，以每个乡镇 3000 元 / 月标准，市级按照 50% 比例配套 185.4万元。村（社区）退役军人工作全部纳入“大岗位”。

加强军供保障正规化建设，争取上级资金 200 万元，购置智能化炒菜机器人、野外送餐车、改善食宿条件等，提升军供保障能力。

以军休服务管理机构星级评定为契机，紧紧围绕落实军休干部“两个待遇”，不断健全服务体系，改进服务方式，拓展服务范围、创新服务形式。2022 年在重大节日党政军领导走访慰问军休干部 200 余人次，2 名老干部参加市政协会议，10 名老干部参加“9・30”烈士纪念日活动。建立管委会、老体协、门球兴趣小组等相应的群众组织，推进军休中心老旧小区改造，与全科医生签订了义务、优先、上门就诊的协议，与联勤保障部队第 927 医院签订了开通绿色就诊就医优惠协议，与综合性服务公司签订了家政、就餐、出行、日常等便利超优协议。市军休中心被省退役军人事务厅评定为五星级军休服务管理机构，思茅区军干所被评定为三星级军休服务管理机构。

西双版纳傣族自治州

2022年，西双版纳州退役军人事务工作坚持以习近平新时代中国特色社会主义思想为指导，全面贯彻落实党的十九届历次全会和党的二十大精神，深入学习习近平总书记关于退役军人工作重要论述和考察云南重要讲话精神，狠抓各项工作落实，全州退役军人事务工作取得较好成效。

一、机构建设情况

西双版纳州退役军人事务局于2018年11月30日挂牌成立，2019年3月13日正式组建。州退役军人事务局内设办公室、秘书科、思想政治和权益维护科、移交安置和就业创业科、拥军优抚和褒扬纪念科5个科室，局直属事业单位2个：西双版纳傣族自治州军队离（退）休干部休养所和西双版纳傣族自治州退役军人服务中心。

二、思想政治和权益维护工作

（一）思想政治工作

组织开展“弘扬爱国主义精神”、“庆祝‘八一’建军节·喜迎党的二十大”、“老兵永远跟党走——老兵宣讲”等活动，讲老兵故事，抒部队情怀，传承部队光荣传统，激励和教育受众继承革命传统、传承红色基因、发扬革命精神。落实常态化联系退役军人制度，做到每季度联系1次，每年实地走访慰问1次；开展帮扶援助送温暖活动，共为64名困难和重疾退役军人申请发放帮扶资金4.32万元；开展退役军人宣传和“最美退役军人”评选活动，岩罕陆被评为全国“最美退役军人”，蔡晓东被评为云南省“最美退役军人”，州本级首次评选10名西双版纳州“最美退役军人”。

（二）服务保障工作

认真贯彻落实《退役军人服务中心（站）建设与工作规范（暂行）》和全省退役军人服务保障体系建设现场推进会议精神，推广基层退役军人服务站融合发展模式，做实做好能力培训，提升服务保障水平。全州建设退役军人服务中心（站）278个，做到县、乡、村全覆盖，进一步加强基层服务站经费和场地保障力度，进一步打通服务退役军人的“最后一公里”。

三、移交安置工作

西双版纳州退役军人事务局积极落实退役

军人安置政策，拓展拓宽退役军人安置渠道，确保高质量完成安置任务，做到安置方、接收方双满意，安置工作做法被省厅转发。跟踪做好第一批逐月领取退役金军转干部思想稳定工作，采购印制逐月领取退役金等安置政策宣传手册和书籍1000余册，开展政策解读、宣讲5场次，提高政策的知晓率。做好集体转制单位退役军人和随调随迁家属落户工作。

四、就业创业工作

扎实开展就业创业工作，共组织退役军人线下、线上专场招聘会8次（线下6次、线上2次），200余家企业提供近2000个岗位，共有200余人达成初步就业意向；开展线上退役军人及家属专场招聘活动，与州科技局开展全州首次双创大赛，并积极推荐军创企业参赛；抓好退役军人培训教育，先后组织自主择业干部开展清明祭扫、健康讲座、法律讲座、税收优惠政策等学习教育活动；组织57名退役士兵参加技能培训和职业教育，912人次线上课程培训。

五、军休服务管理工作

巩固军休机构星级评定经验成果，创新军休服务保障模式，促进军休服务管理提质增效；以真心热心征得军休干部理解支持，启发军休干部自我管理自觉性；落实军休干部政治、生活待遇保障，为行动不便军休干部配备轮椅，投入3万元改造活动场地，组织开展“云岭军休”系列文体活动和节日走访慰问，为2名军休干部颁发“光荣在党50年”纪念章；接收符合退休条件病退军士1人，积极协调帮助解决18余万元医疗保险经费。

六、拥军优抚工作

（一）双拥共建工作

以争创云南省第十一届双拥模范城（县）活动为契机，推动随军家属就业、军人子女入学入托、军人优待优先等政策落实，共协调解决7名随军家属就业安置、85名现役军人子女入学入托问题，多家军地单位签订双拥共建协议，营造军人职业受尊崇社会氛围。节日期间，对驻州部队、部分退役军人进行走访慰问，发放价值33.5万元慰问品、183.726万元慰问金。积极推进西双版纳州创建云南省第十一届双拥模范城（县）工作，经军地双方、全州上下共同努力，西双版纳州、景洪市被命名为云南省第十一届双拥模范城，4个单位、4名个人分别被表彰为爱国拥军、拥政爱民模范集体和先进个人。

（二）优待抚恤工作

开展退役军人优待证办理，全州共有16 074人提交优待证申请，完成预领数的82.27%，制发14 576张，制发率达90.7%。严格按照中央、省有关优抚对象抚恤补助政策，按时足额发放抚恤金及生活补助。为3000余名优抚对象发放节日慰问、医疗保障和各类优抚资金3053.8万元。开展惠民惠农财政补贴资金“一卡通”专项治理工作，涉及退役军人事务系统5个问题已整改完毕。常态化开展悬挂光荣牌、送立功喜报，发放义务兵家属优待金等“四尊崇”“五关爱”“六必访”活动，传播当兵光荣、退役军人受尊重正能量，引起崇尚军人社会共鸣。

七、褒扬纪念工作

做好烈士纪念设施的规划建设和修缮管理维护工作，提升烈士纪念设施建设保护的标准化水平，更好发挥烈士纪念设施传播红色文化、开展爱国主义教育的重要作用。投入经费126.06万元，对州内纪念设施进行整修和提升改造，建设勐龙烈士陵园烈士纪念展览馆。积极开展以弘扬烈士精神为主旋律的纪念、宣传教育活动，引导干部群众瞻仰烈士纪念设施、向革命烈士敬献鲜花等，接受爱国主义教育，增强历史责任感和民族使命感。将符合条件烈士纪念设施命名为爱国主义教育基地、革命传统教育基地、国防建设教育基地、党风廉政建设教育基地等，强化烈士纪念设施的褒扬、教育等功能。宣传新修订的《烈士褒扬条例》，开展清明节、“9·30”烈士纪念日等祭奠烈士、缅怀英烈活动，营造崇尚烈士的浓厚氛围。

八、自身建设情况

（一）加强党的政治建设

坚持把党的政治建设摆在首位，以党组理论中心组、第一议题、干部职工会议和“崇军讲堂”、专题培训等形式，加强以习近平新时代中国特色社会主义思想和党的二十大精神为主要内容的党的创新理论学习和党章党规、政治纪律教育，引导广大干部职工坚持对党绝对忠诚，在思想上、政治上、行动上同以习近平同志为核心的党中央保持高度一致，忠诚拥护“两个确立”，自觉增强“四个意识”、坚定“四个自信”、做到“两个维护”，让“忠诚”成为退役军人事务系统党员干部鲜明的政治特征。

（二）开展主题实践活动

根据省、州统一部署，认真开展“五比五看五争当”活动推进作风革命效能革命，结合退役军人工作实际，制定十三条推进措施，落实“三服务”和单位、个人问题清单，开设“效能之星”评比和作风、效能问题曝光台专栏，激励先进，鞭策后进，扎实推进作风转变，提升工作效能，有力推动退役军人服务保障工作落实，对标赶超、创新实干、提质增效、争先进位的意识和氛围明显增强。

（三）做实强边固防等重点工作

鼓舞动员党员干部、退役军人积极参与疫情防控、强边固防、乡村振兴等重点工作。派出1名为期1年的强边固防工作队长和20余人次增援一线突击队员，常态化参与核酸检测、疫苗接种、网格点值守等志愿服务活动达500余小时。坚持脱贫不脱钩，选派综合素质过硬的同志定期到挂钩联系点，指导开展增收增产工作，到挂钩联系点开展党建指导、慰问帮困、政策宣传、党的二十大精神宣讲2场次。动员全州退役军人积极参与志愿服务，州县（市）两级退役军人志愿服务队，累计开展志愿服务30余场次，在强边固防、疫情防控中起到积极作用，收到较好的社会反响。

大理白族自治州

一年来，在省厅、州委州政府的坚强领导下，大理州退役军人事务系统强化使命担当，聚焦主责主业，从“打基础、抓规范”到“谋发展、创特色”，一步一个脚印、一步一个台阶走好规范之路、发展之路、提质之路，用心用情用力抓好各项工作落实。2022 年，大理州整州首次成功创建云南省第十一届双拥模范城。

一、机构建设情况

2022 年大理州各级共召开退役军人事务工作领导小组会议 14 次，带队到省厅沟通联系 15 次。落实军队人员派驻工作要求，军分区和县市人武部领导兼任州、县市副局长。大理州党管武装考核进入全省第一梯队，省对州考核的退役军人移交安置工作和烈士褒扬纪念工作成绩均位居全省第一。全州 23 个 300 名退役军人以上村（社区）退役军人服务站，经省级复审全部成功创建全国示范型退役军人服务站。

二、思想政治和权益维护工作

充分融合主流媒体与新兴媒体的优势特点，与《大理日报》、大理广播电视台签订专栏协议，拍摄“喜迎二十大”退役军人专栏，电视“身边”栏目播出 3 期，专栏信息 68 篇，“大理发布”抖音平台发布 21 条。开展大理州“最美退役军人”评选活动，推广宣传 15 名优秀退役军人先进典型事迹，92 岁的洱海保护“卫士”杨来保同志被评为云南省“最美退役军人”。

三、移交安置工作

连续 4 年高质量完成安置任务，20 余名转业军官均做到了 100% 平级安置、公务员岗位安置。87.21% 的安排工作退役士兵和退出消防员安置在事业单位，大理市外 11 个县均做到事业单位安置，2022 年省对州考核的退役军人移交安置工作总分位居全省第一。

四、就业创业工作

持续打造退役军人“一县一品”就业创业品牌，在弥渡县、宾川县组织开展全州退役军人蔬菜作物种植和果树苗木栽种技术培训班，举办年度专场招聘活动 39 次，提供岗位 2.1 万个，求职人数 2000 多人，达成就业意向 400 余人。联合中国建设银行股份有限公司大理支行开展“送服务进军创企业”活动，“贷免扶补”扶持 64 人，创业担保贷款扶持 59 人。巍山县军创企业大理瑾研生物科技有限公司“民族药紫金龙保护性开发应用”项目，代表云南省参加第二届全国退役军人创业创新大赛决赛，获得优胜奖。鹤庆县战旗农业有限公司创办人赵宏彦，通过肉牛养殖技术帮助109户农户增收致富，入选2022年度全国退役军人创业光荣榜，《大理州退役军人安置及就业保障存在的困难问题及对策建议》在《云南要情》刊发。

五、军休服务管理工作

以军休服务管理机构星级评定为具体抓手，大力提升全州军休服务管理工作水平，全州5家军休服务管理机构，3家被评定为三星级单位，1家被评定为四星级单位，下关军干所被省级评定为五星级单位。圆满完成军休干部和士兵接收安置任务，2021年完成安置任务10余人，其中因病退休干部和士兵9人，达到“三满意”要求。高质量落实军休干部“两个待遇”，组织开展军休干部游园、敬老月、门球赛和“云岭军休”荣誉疗养等活动，积极向上争取资金220.82万元，用于下关军干所军休大学建设项目和州军干所机构用房改造，投入经费126.74万元，完成了大理市大理军干所“老旧小区”改造和鹤庆县、弥渡县军休点提质修缮。

六、拥军优抚工作

紧紧瞄定首次整州创建省双拥模范城目标，动员组织全州各级各部门紧密配合、高位推进，州本级安排双拥专项经费170万元，确保人员、场地、经费“三保障”。州委、县委召开议军会议13次，双拥工作领导小组会和工作推进会23次。有效解决好部队官兵“三后”问题，拿出12个事业编岗位、4个州级国有企业岗位用于随军家属定向招聘。按照“就近就便、优先安排”的原则，解决军人子女入学入托问题69人，对参加报考普通高级中学的部队子女，根据军人艰苦边远地区类别、工作岗位风险及立功受奖情况，给予20 ~ 25分的加分。州、县市联动设置“双拥文化示范街”，建设“双拥主题文化公园”，落实军人军属、退役军人和其他优抚对象优先优待优惠政策167项，在县市高速路口、城区主要路口设置各类双拥标识标牌2000余块。组织创作“军民一家亲”“白乡绽放双拥花”等一批具有鲜明特色的白族小调、吹吹腔情景剧，南海舰队三亚基地一艘054A护卫舰命名为“大理舰”。2022年12月，大理州、大理市、祥云县、弥渡县、永平县成功创建省第十一届双拥模范城（县），圆满实现整州创城首战首捷，奏响军民鱼水深情新乐章。州人民医院、漾濞县委办、剑川县教体局、洱源县退役军人事务局、云龙县总工会、中国农业银行宾川县支行6个单位被授予爱国拥军模范单位，任敏、蔡艳蓉、赵高、赵利红4名同志被表彰为爱国拥军模范个人。

七、褒扬纪念工作

紧扣大理州《贯彻落实〈关于加强新时代烈士褒扬工作的若干措施〉重点任务分工方案》，用好用足用细向上争取和本级投入烈士纪念设施建设资金，高位推进大理烈士陵园改扩建和弥渡烈士陵园建设，大理烈士陵园被评定为省第二批省级烈士纪念设施。大力推进“十四五”时期烈士纪念设施规划建设和提质改造，做好项目储备，大理烈士陵园、祥云烈士陵园改扩建项目纳入2022年中央预算内投资重点，永平龙坡烈士陵园改扩建、鹤庆县红军长征过鹤庆纪念碑公园提升改造项目纳入2023年中央预算内投资重点。紧紧围绕《新时代爱国主义教育实施纲要》，开展“9·30”烈士纪念日活动，组织《大理英烈及纪念设施》编纂，共计收集整理英烈典、丰碑典、书信典等条目1359条，征集州内军休红色故事38个。作为全国退役军人、其他优抚对象优待证申领发放“试点城市”，高标准、高质量开展优待证申领发放工作，申领发放进度排名居全省前三。严格落实立功官兵奖励机制，送达立功喜报186份，“四有”优秀个人145人，兑现立功官兵一次性奖励33万元。聚焦退役军人所需所盼，跟进做好优抚对象服务保障，抚恤补助、困难补助、节日慰问、抗战老兵生活补助4个项目全部上线，保障重点优抚对象2.56万人，支出抚恤生活补助资金2亿元，春节、“八一”建军节走访慰问烈属和享受待遇的优抚对象3.19万人次。

八、自身建设情况

研究制定了《大理州退役军人事务局党组认真学习宣传贯彻党的二十大精神实施方案》，组织全体干部职工和部分军休干部代表集中观看习近平总书记在中国共产党第二十次全国代表大会上的报告，以党组会、党组扩大会等形式，第一时间传达学习党的二十大和全省、全州领导干部大会精神，以中心组理论集中学习、支部党员大会等形式开展讨论交流2次，局主要领导围绕主题讲授专题党课2次。邀请党的二十大代表、州委宣讲团成员、洱源县疾控中心名誉主任李桂科为全州系统讲授参会感受和体会。局领导到军休干部家中宣传党的二十大精神，共计为行动不便的老党员送学上门19人。在微信公众号开设“学习二十大·奋进新征程”专栏，已刊登信息5期。大理州退役军人事务局机关党委被州直机关工委通报表扬为庆祝中国共产党成立101周年“四史”知识竞赛优秀组织单位，1人通报表扬为优秀个人。2022年共计在中国网、云南网等州级以上媒体刊发州退役军人事务局党建、党风廉政建设新闻信息32篇。“奋力推动大理州退役军人工作高质量发展”“聚焦‘三新’ 推动‘学做’活动见行见效”“‘三融入’抓实‘学做’活动”等经验做法，在全国优秀网评栏目《彩云网评》、大理党建期刊、州委《学做》活动简报刊发。

德宏傣族景颇族自治州

2022年，德宏州深入学习贯彻习近平总书记关于退役军人工作重要论述，完善党委领导、政府牵头、退役军人事务部门协调、相关部门配合、社会参与的工作格局，坚持以退役军人为中心，深入开展“老兵永远跟党走”系列活动，组织参加云南省第十一届双拥模范命名表彰活动，启动退役军人和其他优抚对象建档立卡及优待证申领发放工作，出台《德宏州“十四五”退役军人服务和保障规划》，芒市烈士陵园被批准为省级烈士纪念设施，州军队离退休干部休养所被评为四星级军休服务管理机构，全州退役军人工作取得新进展。

一、机构建设情况

2022年，德宏州贯彻落实云南省退役军人服务保障体系建设现场推进会精神，强化退役军人服务保障能力建设，健全退役军人政策制度体系，制定出台退役军人政策制度改革方案、新时代褒扬纪念工作具体措施等文件。健全工作体制机制，设立中共德宏州委退役军人事务工作领导小组办公室秘书科，向州及各县市退役军人事务局派驻军队人员全部到岗到位。州退役军人事务局会同州政府督查室、州纪委州监委派驻州民政局纪检监察组到各县市督查服务保障体系“五有”落实情况。加强与组织、财政、民政等部门协商，将退役军人事务工作列为村干部负责的工作职责内容，夯实退役军人服务保障工作基层基础。

二、思想政治和权益维护工作

2022年，德宏州扎实做好新时代退役军人思想政治工作，开展“老兵永远跟党走”系列活动，州文化和旅游局退役军人周济蕊同志被聘为云南省“老兵永远跟党走——老兵宣讲”实践活动宣讲团成员，组建州、县（市）两级老兵宣讲团，州退役军人事务局会同州委宣传部、德宏军分区开展“云南省最美退役军人”学习宣传活动，引导全州广大退役军人始终听党话、跟党走。成立德宏州退役军人法律援助工作站，受理援助案件2起。协同财政、人力资源社会保障、税务、医保等专班单位，完成部分退役士兵社会保险接续“回头看”专项整治工作。

三、移交安置工作

2022年，德宏州坚持高标准严要求，科学制订安置计划，严格落实移交安置政策，改进安置方式方法，以实现退役军人、接收单位、部队“三满意”为目标，完善安置工作机制，多方协调配合，圆满完成计划分配军转干部、安排工作退役士兵和退出消防员、逐月领取退役金退役军人、伤残退役士兵、随调家属接收安置任务，完成自主就业退役士兵接收工作。

四、就业创业工作

2022年，德宏州贯彻落实云南省退役军人就业创业工作会议精神，推进就业招聘线上线下相结合，全州举办网络及现场招聘会16场，提供用人岗位4700余个，为退役军人推荐就业岗位。为14名退役军人争取“贷免扶补”创业贷款230万元。组织符合条件的退役军人参加教育培训，开展计划分配军转干部、安排工作退役士兵适应性培训1期，参训19人；开展自主就业退役士兵适应性培训5期，参训99人；线下创业培训1期，参训30人；职业技能培训111人。

五、军休服务管理工作

2022年，德宏州落实军休干部政治待遇和生活待遇，州军队离退休干部休养所被评定为四星级军休服务管理机构。发放军休干部及无军籍职工工资1360.7万元，遗属生活补助支出25万元，重大节日、走访慰问及其他支出9万元。为5名病故军休干部办理抚恤金和丧葬费205.27万元。州军队离退休干部休养所场地、接待室、视频会议室、档案室进行提升改造。

六、拥军优抚工作

2022年，德宏州坚定支持部队练兵备战，服务国防和军队现代化建设改革，大力弘扬拥军优属优良传统。开展春节、“八一”建军节走访慰问，走访慰问驻德宏州部队，发放慰问物资164.5万元。慰问三等功、“四有”优秀个人、三属、军休干部、困难退役军人、在德宏州服役2022年退役的官兵等人员，发放慰问金、慰问物资380.8万元。投入15万元帮助解决2支基层连中队、1家全国爱国拥军模范单位实际困难。聚焦解决官兵“三后”问题，为309名军人子女协调就近就便入学入托，定项招聘随军家属3人，调动安置6人。贯彻“为部队服务、为国防建设服务”宗旨，圆满完成军供保障任务，稳步推进军供站维修改造和设备购置更新项目工作。落实抚恤优待政策，及时足额发放抚恤补助和生活补助，按时足额为4053名优抚对象发放抚恤和生活补助3101.12万元，为509名优抚对象城乡一体人员发放补助228.48万元，投入102.88万元化解“三难”。德宏州退役军人事务局等27部门印发关于加强军人军属、退役军人和其他优抚对象优待工作实施方案，不断更新服务，营造“让军人成为全社会尊崇的职业”鲜明价值导向，全州共与240余家社会机构、企业签署“拥军优属合作协议”，为军人军属、退役军人和其他优抚对象提供优待服务，覆盖了“衣、食、住、行、游、购、娱、健”等各个方面。

七、褒扬纪念工作

2022年，德宏州深入贯彻落实《烈士褒扬条例》等法规政策，强化烈士纪念设施保护，大力宣传弘扬英烈事迹和精神，崇尚英烈、缅怀英烈的社会氛围日益浓厚。组织开展现场祭扫和代祭英烈活动，清明节各烈士陵园现场祭扫558人次，开展集体现场祭扫6场。举行第9个烈士纪念日向人民英雄敬献花篮仪式，全州560余人参加活动，慰问烈属3户，敬献花篮26个、鲜花1450支，擦拭烈士墓262座。完成县级及以下烈士纪念设施修缮工程，举行安葬仪式12场次，州退役军人事务局联合州检察院到各县市对整修工程开展调研检查。扎实开展《云南英烈及纪念设施大典·德宏分卷》编纂工作，组织召开第一次评审会议。

八、自身建设情况

2022年，德宏州深入贯彻落实党的二十大精神，扎实开展“老兵永远跟党走”系列活动，统筹疫情防控和退役军人工作，坚持高标准严要求推进新时代退役军人工作，加强干部队伍建设，不断提升服务保障退役军人工作能力和水平，夯实退役军人工作基层基础。

九、重要活动及会议

一是制定出台退役军人服务和保障规划。2022年12月，德宏州制定出台《德宏州“十四五”退役军人服务和保障规划》，规划明确强化退役军人思想政治引领、完善退役军人事务管理体系、推进移交接收和退役安置、加强教育培训和就业创业、落实落细抚恤优待、做好拥军优属拥政爱民工作、加强英烈褒扬纪念工作、强化军休服务管理、夯实退役军人工作基础9个方面的重点任务，对“十四五”时期全州退役军人工作作出部署安排。

二是举行优待证首发仪式。2022年3月，全州启动退役军人和其他优抚对象建档立卡及优待证申领发放工作，通过制定全州优待证申领工作方案，召开优待证申领工作协调会，深入基层开展优待证制申领发放工作调研，多措并举推动优待证申领发放工作。2022年8月22日，德宏州及芒市退役军人和其他优抚对象优待证首发仪式在芒市会堂新闻发布厅举行，现场为21名退役军人代表发放优待证，标志着全州优待证发放工作启动。

三是开展双拥模范命名表彰。2022年12月13日，云南省第十一届双拥模范命名表彰大会在昆明市举行，会议以视频形式召开，各州（市）设分会场，姜山、卫岗、李正环、黄丽云、赵永江、毛晓、雪琳在德宏州分会场参会。芒市、陇川县、梁河县3个县（市）被命名为省级双拥模范城（县），州委编办、芒市税务局、中国农业银行德宏州分行被授予云南省爱国拥军模范单位称号，驻军某部2个分队被授予“云南省拥政爱民模范单位”称号，德宏州芒蚌旅游开发有限责任公司董事长黄占强、陇川县仁和医院院长杨国林被授予“云南省爱国拥军模范”称号，驻军某部上尉干事许若金被授予“云南省拥政爱民模范”称号。

四是召开州委退役军人事务工作领导小组会议。2022年8月22日，州委书记姜山主持召开州委退役军人事务工作领导小组第三次全体会议暨双拥工作领导小组会议，传达学习省委退役军人事务工作领导小组第六次全体会议精神，听取全州退役军人和双拥工作情况汇报，审议并通过有关文件，安排部署下一步工作。州党政军有关领导出席会议。

丽江市

2022年，丽江市退役军人事务系统坚持以习近平新时代中国特色社会主义思想为指导，认真学习贯彻党的二十大精神，深入学习贯彻习近平总书记关于退役军人工作重要论述，以推动退役军人工作高质量发展为主题，对标对表、狠抓落实，全市退役军人事务工作成效明显、亮点纷呈。

一、机构和体制机制建设情况

2022年10月10日，中共丽江市委机构编制委员会办公室批复同意市退役军人事务局不再保留内设科室规划财务科，职责交由办公室承担。

召开市委退役军人事务工作领导小组2022年全体会议暨市双拥工作领导小组2022年全体会议，学习贯彻习近平总书记关于退役军人工作、双拥工作重要论述，传达学习省委退役军人事务工作领导小组第六次全体会议精神，听取全市退役军人工作、丽江市创建云南省第十一届双拥模范城工作推进情况汇报，部署推动重点难点工作。

市、县（区）两级6个退役军人工作机构领导班子建设、人员配备不断加强，整体功能作用发挥更加明显，将退役军人有关工作纳入全市年度综合考评和平安建设考评。

2022年9月2日印发实施《丽江市“十四五”退役军人服务和保障规划》，对“十四五”时期做好全市退役军人工作作出部署安排。

二、思想政治和权益维护工作

组织“老兵宣讲”实践，持续开展“老兵永远跟党走”系列活动，自9月1日“老兵永远跟党走——老兵宣讲”实践活动启动仪式暨首场宣讲以来共组织开展宣讲8场。推动典型选树，学习宣传“最美退役军人”，丽江籍退役军人张光华被评为2022年度“云南省最美退役军人”，评选出10名丽江市“最美退役军人”。

三、移交安置工作

组织开展“进军营、送政策、畅安置”活动，深入部队宣讲政策，帮助官兵认清安置形势，找准自身定位。加强与上级、编制计划部门、用人单位的沟通协调，匹配岗位需求，全面落实安置岗位。加大退役军人待安置期的管理和服务力度，主动协调有关部门为退役军人办理落户、党组织关系转接、社会保险接续等提供服务。聚焦部队、退役军人、接收单位“三满意”工作目标，科学编制安置计划，严格实行“阳光安置”。积极主动在拓宽安置渠道、强化安置保障、提升安置质量上下功夫，2022年转业军官安置任务于8月10日完成，安排工作退役士兵和退出消防员安置任务于9月2日全部完成。

四、就业创业工作

抓好教育培训工作，加强学历教育，强化职业技能培训，提升就业创业能力。出台《丽江市面向退役军人专项招录县以下基层公务员、事业单位工作人员实施办法（暂行）》，2022年公务员招录设置共享岗位7个，事业单位面向退役军人定向招录岗位5个。与云南能投集团达成退役军人就业合作协议，全年持续提供不低于6000个退役军人及随军家属线上招聘岗位。举办退役军人及随军家属线上线下招聘会，扶持退役军人就业创业。通过开展第四届丽江市创业创新大赛积极为退役军人创办的企业纾困解难。

五、军休服务管理工作

加强军休服务管理力度。认真落实军休干部“两个待遇”，有序开展军队离休退休人员服务管理机构星级评定工作，市军队离休退休人员和退役军人服务中心被授予“三星级军休干部服务机构”。积极组织开展文艺活动，军休干部练德尚的绘画作品《松》荣获全国军休干部书画摄影比赛二等奖。

六、拥军优抚工作

落实政策待遇，按照政策规定标准发放抚恤补助，下达优抚对象市级配套经费。全力做好优待证申领发放，制定下发贯彻落实省退役军人事务厅等22部门加强优待工作实施意见的措施文件并抓好落实。强化困难帮扶，统筹推进退役军人关爱基金会筹备工作。巩固拓展双拥共建成果，丽江市被评为云南省第十一届双拥模范城，丽江市退役军人事务局、丽江市妇联、丽江古城管理有限责任公司被评为“云南省爱国拥军模范单位”。

七、褒扬纪念工作

建立健全烈士祭扫制度，开展祭扫纪念活动，开通“网上祭扫”活动微信小程序，清明节期间开展“2022·奋进·网上祭英烈”活动。大力弘扬英烈精神，开展《云南英烈及纪念设施大典·丽江分卷》编纂工作。积极推动全市烈士纪念设施保护管理单位全覆盖，扎实开展县级以下烈士纪念设施整修项目工程建设，实施永胜县烈士陵园修缮项目及永胜县烈士陵园纪念馆项目建设、华坪县龙洞革命烈士纪念碑整修，烈士纪念设施提质改造成效显著。强化分级保护，丽江市烈士陵园成功申报为省级烈士纪念设施、市级爱国主义教育基地，截至2022年12月31日，全市有1处省级烈士纪念设施、1处市级烈士纪念设施、4处县级烈士纪念设施，红色教育功能进一步彰显。

八、自身建设情况

（一）党建工作

强化政治建设，坚持集中性教育和经常性

教育相结合，每周政治理论学习不放松、每天线上平台学习不停步，常态化开展“不忘初心、牢记使命”主题教育、党史学习教育，党组理论学习中心组学习16次，党组成员为党员讲授专题党课6次，开展“三会一课”活动38次、主题党日活动18次，组织干部职工集中学习45次。把党建工作摆在全局工作首位，局党组书记亲自抓、负总责，其他班子成员履行“一岗双责”。定期听取党建工作汇报，召开党组会议专题研究党建工作，及时解决工作中的难点问题，做到党建工作与业务工作一起研究部署、一起推动落实。建立健全党建工作各项制度，党建工作标准化、规范化、智慧化水平不断提高。对标“五个过硬”，进一步深化“丽江模范机关”创建工作。丽江市退役军人事务局2022年度基层党建工作述职评议考核结果为“好”（第一等次），分别于2022年11月、12月被评为“2022年模范机关创建示范单位典型推广单位”“丽江市直机关规范化建设示范党支部”。

（二）党风廉政建设

严格落实党风廉政建设责任制，党组认真落实全面从严治党主体责任，专题研究党风廉政建设和反腐败工作2次，研究制定年度党风廉政建设和反腐败工作计划、工作要点，细化分解工作任务。层层签订党风廉政建设责任书和承诺书，实行最严的学习制度、最严的管理制度、最严的考核制度。以“清廉机关”“模范机关”创建为载体，以清为美、以廉为荣，以廉促勤、以勤促业，推动了党风廉政建设和退役军人工作实现双促进、双提升。强化日常监督，成立由副处以上领导干部任组长、2名干部职工每周轮流组成的纪律作风督查组，每天对单位上下班纪律和工作完成情况进行检查通报。认真运用监督执纪“四种形态”特别是第一种形态开展廉政提醒谈话，达到了咬耳扯袖、红脸出汗的效果。开展警示教育大会6场、家风教育活动1次，与家属签订助廉承诺书36份，做到警钟长鸣、法规常学、廉政之弦紧绷。2022年党风廉政建设考核为优秀。

（三）作风革命效能革命

强化组织领导，成立效能工作专班，制定贯彻落实《丽江市推进作风革命加强机关效能建设十条措施》任务分解清单、工作方案、工作清单等，召开党组会议、学习部署会议等有序推动落实。制定并实施年度调研计划、服务群众服务基层服务企业“三服务”清单。开展“强作风提效能作示范”行动，制定问题清单、整改清单，切实抓好整改工作。用好“三个”工作法，在争先进位上持续发力，扎实开展“争一流、促跨越”行动，提出10项担当履职目标、2项争先进位目标，将退役军人移交安置、烈士纪念设施规划建设修缮管理维护2项工作列入市政府分管领导领衔争先进位事项，并被省退役军人事务厅评为优秀，建立每月工作效能督查制度及时跟踪问效，推动了全市退役军人各项工作纵向长足进步、横向不断进位。

怒江傈僳族自治州

2022年，怒江州退役军人事务系统坚持以习近平新时代中国特色社会主义思想为指导，深入学习宣传贯彻党的二十大和二十届一中全会精神，全面学习领会习近平总书记关于退役军人工作重要论述，紧紧围绕“让退役军人成为全社会尊重的人，让军人成为全社会尊崇的职业”目标定位，坚持稳中求进工作总基调，重学习、争创建、防风险、提效能、抓落实、树形象，全州退役军人事务工作成效明显，退役军人服务保障能力和整体工作水平迈上新台阶。

一、机构建设情况

怒江州退役军人事务系统州、县（市）两级退役军人事务行政机构全部组建到位，军队派驻地方工作人员全部到位。局内现有办公室（规划财务科）、思想政治和权益维护科（政策法规科）、移交安置科（军休服务管理科）、就业创业科（褒扬纪念科）、拥军优抚科5个内设科室，下设退役军人服务中心、军队离退休人员服务中心两个公益一类事业单位。局党组下设1个党支部（设两个党小组）。

二、服务保障体系建设

开展全国“示范型”服务站创建工作，成功创建全国“示范型”退役军人服务中心（站）34个。开展基层服务中心（站）工作能力提升行动，强化基层服务站建设和人员队伍建设，规范日常运作和工作台账，贡山县、福贡县率先落实了99个村（社区）退役军人服务站工作人员岗位补贴经费每人每月200元。结合“四尊崇”“五关爱”“六必访”，做好常态化联系退役军人工作，增强退役军人获得感、幸福感和满意度。推进“互联网+退役军人服务”建设，完成336个退役军人服务中心（站）高德地图录入和管理服务系统机构信息填报工作。组建退役军人志愿服务队参与社会服务，在强边固防、疫情防控、巩固拓展脱贫攻坚成果衔接乡村振兴、边疆民族地区治理能力等方面发挥退役军人积极作用。

三、思想政治和权益维护

依托“老兵宣讲员”，在全州范围内开展学习宣传贯彻党的二十大精神宣讲活动。开展“最美退役军人”学习宣传活动，深入挖掘优秀退役军人，推送“兵支书”肯里海成功评选为2022年度“云南省最美退役军人”。建立健全荣誉激励机制，采取形式多样的方式为义务兵家庭悬挂光荣牌、发放优待金、送立功喜报，为205名义务兵家属发放优待金216万元，为1名荣立二等功、52名荣立三等功的现役军人家庭送喜报并发放慰问金2.65万元。常态化开展联系退役军人工作，建立全州退役军人司法救助机制，主动为退役军人提供免费法律咨询服务。建立州、县（市）两级激励关怀帮扶机制，兰坪县优先实施退役军人离世慰问机制，2022年走访慰问退役军人离世家庭共22人，发放慰问金2.2万元。

四、移交安置工作

以“提速提质、精准安置”为目标，积极采取“及早谋划、及早推进、及早落实”有力措施，充分发挥党政机关及事业单位主渠道接收作用，年度安置任务除1人自愿安置到企业外，其余全部安置到行政单位公务员编制和事业单位。同时，积极探索人岗相适新路径，将部分退役士兵安置到乡（镇）人民政府，更好发挥退役军人在基层社会治理的作用。2022年度圆满完成转业军官、退役士兵、随调家属安置工作，高质量完成年度转业军官安置任务。

五、就业创业工作

开展定向式、定岗式、订单式退役军人教育培训，组织43名退役军人参加职业技能培训，举办12场退役军人招聘活动，提供岗位170余个，就业98人，开展岗位信息推送1次，帮扶劳务输出1次。组织全州军创企业参加第二届全国退役军人创业创新大赛决赛，“守护高黎贡山猪——中国地方猪种保护与创新利用项目”获省级二等奖、第二届全国退役军人创业创新大赛现代农业赛道优胜奖。落实退役军人参加公务员和事业单位招考加分政策，通过公务员和事业招考、消防及辅警招录等形式实现退役军人就业12人，为符合创业带动就业的退役军人提供就业贷款担保，协调解决1家军创企业创业贷款，军创企业带动退役军人就业6人。

六、军休服务管理工作

严格落实军休干部“两个待遇”，每月按时足额发放军休干部基本离退休费、医疗费及遗属生活补助，完成年度军休干部定期增资，下拨定期增资95.51万元。定期组织军休干部健康体检，及时办理各项医疗补助。为去世军休干部举行送别仪式，配合家属做好善后工作及丧葬费、抚恤金发放工作，全年发放遗属丧葬费、抚恤金112.23万元。走访慰问军休干部、无军籍职工和遗属143人次，慰问11.74万元。定期组织军休干部参加省、州疗养，参加庆祝建军95周年和党的二十大胜利召开系列活动。

七、拥军优抚工作

全面落实各项优抚政策，及时足额发放各类抚恤优待资金，全年发放优抚资金1990人次，共计1600.44万元。主动联合民政、医保、残联等部门，帮助协调落实退役军人和其他优抚对象医疗救助资金。全面排查“一卡通”发放管理使用情况，提升优抚对象保障水平。依托云南省退役军人关爱基金会，为因重大疾病、重大家庭变故、重大突发事件及特殊原因造成生活困难的退役军人提供应急救援助30万元。有序推进优待证申领工作，完成退役军人及其他优抚对象建档立卡9809人，制发优待证7889张。常态化走访慰问退役军人，全年走访慰问156余名退役军人烈属和困难退役军人，发放慰问金额22.20万元。

八、褒扬纪念工作

全面完成县级以下烈士纪念设施整修工程，争取中央补助资金、省级配套资金516万元。有序组织开展烈士祭扫、网上祭奠、“代亲祭扫”等活动，倡导广大群众文明祭扫，制作怒江州“清明追思·缅怀英烈”祭扫活动平台，收集“追寻先烈足迹”短视频，完成编纂《云南英烈及纪念设施大典·怒江卷》，修订《中华人民共和国烈士英名录（怒江篇）》，全州各县（市）组织开展“9·30”烈士纪念日活动。

九、双拥工作

全力支持部队建设，重点聚焦部队备战打仗、战备建设和执行任务中面临的突出问题，为驻怒部队办实事8件，积极配合怒江军分区、怒江州人力资源社会保障局解决随军家属就业3名，帮助20余名军人子女就近就便入学，着力解决部队官兵“三后”问题。全面探索拥军优属新路径，动员企业、社会组织和个人积极参与拥军活动，与20家州级、41家县（市）级拥军企业和组织签订拥军优抚合作协议，授予拥军企业牌匾，为军人军属提供生活、医疗、餐饮、金融等多个行业优惠、优质、优先的服务。驻怒部队深入开展拥政爱民活动，实施特色帮扶项目，资助困难学生，每季度开展“军医+村医”“上门义诊+外送就诊”活动。泸水市、福贡县成功创建云南省第十一届双拥模范城（县），表彰双拥模范单位4家、模范个人4人，全州双拥模范城（县）创建工作取得显著成效。

十、自身建设情况

制定印发《中共怒江州退役军人事务局党支部2022年基层党建工作实施方案》《怒江州退役军人事务局2022年党建工作重点任务项目清单》，细化分解全年党建重点工作。以模范机关创建为抓手，将党建工作与退役军人工作深度融合，全年召开2次局党组会议、4次支委会专题研究安排部署党建工作。抓好意识形态工作，将意识形态和网络意识形态工作纳入州退役军人事务全年工作计划，全年专题研究安排部署意识形态工作2次。制定《中共怒江州退役军人事务局党组2022年党风廉政建设工作方案》《中共怒江州退役军人事务局党组2022年党风廉政建设和反腐败工作计划》《中共怒江州退役军人事务局党组2022年党风廉政建设工作责任清单》，对全面从严治党、党风廉政建设责任制进行了分解和细化，做到层层传导压力，全面压实责任。班子成员严格落实“一岗双责”制度，主要领导与班子成员、班子成员与分管科室负责人层层签订党风廉政建设目标责任书，确保党风廉政建设和反腐败工作的各项任务落到实处。2022年度党风廉政建设责任制考核被州委评为“优秀”等次，2022年度机关党建考核被州委评为“好”等次。

迪庆藏族自治州

2022 年，迪庆州退役军人事务系统在州委、州政府的坚强领导下，深入学习贯彻习近平总书记关于退役军人工作重要论述和考察云南重要讲话精神，以习近平新时代中国特色社会主义思想为指导，全面贯彻落实党的二十大精神，强化使命担当，聚焦主责主业，积极主动作为，认真履职尽责，各项工作圆满完成。

一、机构建设情况

迪庆州退役军人事务局内设办公室、移交安置科、拥军优抚科、思想政治和权益维护科 4 个科室，下设迪庆州退役军人服务中心、迪庆州人民政府军队离休退休人员服务中心、香格里拉军供站 3 个事业单位。

香格里拉市退役军人事务局内设股室为办公室、思想政治和权益维护股、移交安置股、拥军优抚股，下设退役军人服务中心 1 个。

德钦县退役军人事务局于 2020 年 11 月 13 日调整内设机构为 5 个股室，即办公室、思想政治和权益维护股、移交安置股、拥军优抚股、县委双拥工作领导小组办公室秘书股。

维西县退役军人事务局于 2019 年 3 月 16 日挂牌成立。2022 年末，机关及下属单位共有工作人员 12 人（其中公务员 5 人、事业人员 5 人、行政工勤 2 人），内设办公室、拥军优抚股、移交安置股、思想政治和权益维护股 4 个股室，局下设有 1 个退役军人服务中心。

二、思想政治和权益维护

深度挖掘退役军人先进典型。推荐 2 名同志为 2022 年度云南省“最美退役军人”候选人。在全州组织开展“寻找最美退役军人”的宣传评选活动，最终 4 人被评为迪庆州“最美退役军人”。“八一”建军节期间，配合州委宣传部在迪庆州庆祝建军 95 周年军地座谈会上制作播放专题片《追忆红色历史　传承长征精神——记 2021 年“最美退役军人”赵嘉林》。在融媒体等平台宣传迪庆州“最美退役军人”先进事迹。

制定《迪庆州退役军人事务系统开展法治宣传教育的第八个五年规划（2021—2025 年）》，深入学习宣传贯彻习近平法治思想，进一步加大退役军人事务领域普法力度，健全法制宣传教育机制，促进执法与普法有机融合，落实国家机关普法责任，明确普法职责任务，健全工作制度，加强督促检查，不断推进退役军人事务领域普法工作深入开展，协调各级司法部门，在县级以上退役军人服务中心建立退役军人法律援助工作站。为推动迪庆州退役军人事务工作高质量发展营造良好法治环境。

组织退役军人开展重温誓词活动。组织引导退役军人在退役军人到安置地集中报到、开展党组织活动、开展志愿服务活动等合适的时段和地点，广泛开展重温誓词活动，充分发挥退役军人在强边固防、疫情防控、基层治理、乡村振兴中的作用。

扎实开展全国学雷锋志愿服务“四个100”先进典型宣传推选活动。在全州开展全国学雷锋志愿服务“四个100”先进典型宣传推选活动，凝聚州、县两级退役军人志愿服务力量，广泛开展生态保护、抢险救灾、疫情防控等志愿服务活动，全年参与志愿服务300余次。11月底，向省退役军人事务厅推荐5名“最美志愿者”。

三、安置就业

（一）发挥组织领导功能，增强军转工作效率

一是2022年度共接收军队离退休干部3名，2名安置于香格里拉市、1名安置于德钦县；二是2022年度共接收计划分配军队转业干部4名，全部安置于迪庆州文化和旅游局；三是2022年度共接收安置5名逐月领取退役金退役军人，1名安置于德钦县、4名安置于香格里拉市；四是2022年度接收的安排工作退役士兵和退出消防员，在州、县（市）各级退役军人事务局的共同努力下，安置于省、州、县（市）、乡镇四级各事业单位，安置事业工勤身份率达100%。五是完善好全国移交安置信息系统。六是圆满完成2022年度自主就业退役士兵接收任务。

（二）全力以赴做好退役军人就业创业工作

认真贯彻落实退役军人“六稳”“六保”工作要求，始终把就业创业工作作为服务退役军人的重要抓手，紧紧围绕“强培训、稳就业、保民生”，加强就业创业帮带，不断促进退役军人高质量稳定就业，多举措激励广大退役军人积极投身现代化建设。一是2022年度专项招录公安交警支队警务补助招录40余人；二是积极为退役军人就业创业提供普惠金融支持，为4家退役军人企业提供惠普金融支持43万元，有效为退役军人解决就业创业资金难的问题；三是开展退役军人就业创业普查信息统计工作，成立普查队伍，进一步完善本州退役军人就业创业信息。四是参与消防应急救援招录工作，积极宣传和动员退役军人加入消防应急救援队伍，协调优先招录退役军人，为退役军人再就业打下坚实的基础；五是为进一步有效解决退役军人和其他人群的劳动就业问题，2022年度州退役军人事务局与州人力资源社会保障局、团州委、州总工会共同组织了2场线下招聘会和3场线上退役军人和随军家属专场招聘会，招聘会共组织743家企业，设置12 537个岗位，其中符合退役军人的岗位设置556个，针对退役军人组织6场次招聘会，签订就业（意向）协议63人；六是开展推举岗位活动，成功为州博物馆安保部推举退役军人保安2名，州民族中等专业学校招录校内安全员1名；七是拓宽就业渠道，鼓励高学历自主就业退役士兵参加公务员和事业单位考试，2022年共有3名退役士兵通过自身的努力考取事业单位；八是参加迪庆州职工职业技能大赛，州退役军人

事务局与迪庆州消防救援支队、州人力资源社会保障局、州共青团、州总工会共同组织开展迪庆州职工职业技能大赛。

（三）扎实有效开展教育培训工作

一是在全省率先组织开展2022年度安排工作退役士兵和退出消防员岗前适应性培训，利用3天时间进行集中培训，提高适应能力，为上岗做好准备；二是组织开展2022年度计划分配军队转业干部岗前适应性培训。根据省厅统一安排部署，组织4名计划分配军队转业干部参加省厅组织的岗前适应性培训，均合格毕业；三是组织开展自主就业退役士兵技能培训，组织各县（市）与培训机构签订协议，组织开展C1驾驶技能培训，全州共有26名自主就业退役士兵参加职业技能培训；四是开展全州退役军人事务系统移交安置、逐月领取退役金、军队离退休干部（士官）、自主择业军转干部、就业创业工作业务培训，为提升全州退役军人事务系统工作能力打下坚实的基础。五是深入学习政策法规，深入学习贯彻落实《云南省退役军人教育培训实施办法》和《云南省退役军人教育培训承训机构考核评估办法》，强化就业创业系统工作人员按规定办事的思维观念，强化按流程组织培训的意识和应对新情况、新问题的能力素质。六是规范承训机构管理，根据退役军人教育培训承训机构申报认定的黄叶中，组织各县（市）从187家全省退役军人承训机中确立本州各县（市）退役军人教育培训承训机构，规范了承训机构管理，堵塞了违规收费漏洞。七是规范教育培训工作，拟制下发《关于做好迪庆州退役军人教育培训工作的通知》，从培训范围、培训实施、培训职责、相关要求等方面做了强调和明确，并跟踪督促各县（市）严格贯彻落实，进一步规范了教育培训工作。

（四）全心全意做好退役军人服务管理工作

一是加强队伍建设，提高服务水平，加强各县（市）工作人员的业务指导和帮带，认真抓好移交安置人员的教育和指导；二是州、县（市）移交安置努力做好退役军人的娘家人，通过周密细致的服务和扎实有效的管理让退役军人感受到党和政府的关心爱护，利用春节和“八一”建军节组织全州退役军人事务系统慰问驻迪庆、丽江、大理、楚雄、昆明、保山、文山自主择业军转干部198人，召开座谈会、茶话会共10场。三是为全州2022年自主就业退役士兵发放地方一次性经济补助112.5万元；四是解决部分退役士兵社会保险接续工作于2019年7月启动，全州共接收办理录入196人，受理人数196人，已办结195人，已缴费39人，156人为视同缴费人员，已办理视同办结工作，受理率达到100%。五是落实好军休干部管理服务经费、自主择业军转干部退役金、逐月领取退役金退役军人的退役金一月一梳理汇报资金执行进度工作。六是对政协迪庆州第十三届一次会议第131073号提案进行答复，利用3个多月时间，分管领导对当事人进行面商，组织撰写白玛顿珠委员提出的《关于进一步加强落实我州退役军人待遇》的提案答复，开展迪庆州退役军人事务局2022年度政协委员提案答复会，答复结果为优秀。

四、拥军优抚

（一）多措并举，全面推进双拥工作迈上新台阶

州委、州政府克服地方财政困难，倾力支持国防和部队建设，为驻军部队保障人力、物力、财力和基础设施建设经费，并将慰问部队、重点优抚对象等双拥活动经费列入2022年财政预算，预算资金为80万元。完成了元旦、春节、“八一”建军节、老兵欢送、烈士纪念日、东旺驻守部队等双拥慰问活动，活动期间州、县四套领导班子组织带领各有关部门走访慰问驻迪部队和重点优抚对象，倾听他们心声，了解他们生产生活，帮助解决其当前存在的实际困难。州级投入慰问经费70余万元；通过系列双拥慰问活动的开展，进一步密切了部队与地方的关系，增进了军政军民之间的团结。同时，聚焦服务部队备战打仗，扎实做好拥军支前工作，全力以赴支持国防和军队现代化建设；广泛开展社会化拥军；充分发挥了双拥领导小组办公室的桥梁纽带作用，认真贯彻落实《中华人民共和国军人地位和权益保障法》《中华人民共和国退役军人保障法》等法律法规，让军人成为全社会最尊崇的职业；着力落实解决广大官兵最关心、最直接、最现实的利益问题。部队也积极支持支援了迪庆州经济建设、参与应急处突，充分发挥了守护社会安全稳定的优势作用。

圆满完成了省级双拥模范城（县）创建考评工作和模范单位个人的推荐上报工作。在云南省第十一届双拥模范创建工作中取得可喜可贺的成绩，被省级命名表彰双拥模范城（县）2个、爱国拥军模范单位2家、拥政爱民模范单位2家、爱国拥军模范个人3人。

（二）切实开展烈士褒扬纪念工作

为深切缅怀革命先烈的丰功伟绩，弘扬革命先烈的崇高精神，9月30日上午，迪庆州三县（市）在烈士陵园举行全国第10个烈士纪念日公祭活动。州委书记宣读祭文，大力弘扬英烈精神，赓续红色血脉，在全州营造崇尚英烈、缅怀英烈、学习英烈、捍卫英烈的浓厚氛围，为建设团结富裕文明和谐美丽平安的社会主义现代化新时代的新迪庆凝聚磅礴力量。

扎实做好祭扫服务保障工作。2月11日至5月11日，全州八县（市）实行“零报告”制度，各县（市）烈士陵园实行24小时值班，圆满完成清明节等重要时间节点烈士祭扫服务保障工作。截至5月6日，全州祭扫217人次。做到迪庆州祭扫工作安全、文明、绿色、有序。

完成县级烈士陵园整修工作省级考评验收工作，指导推进香格里拉烈士纪念馆改陈布展工作。积极推进《云南英烈及纪念设施大典·迪庆分卷》编纂工作。

（三）全面落实优抚政策，确保合法权益得到落实

抚恤补助按时兑现。认真督促各县（市）做好优抚对象的各项抚恤补助金按月发放工作。截至2022年12月31日，下拨各类优抚资金2872.096万元，同时督促各县（市）做好兑现义务兵家庭优待金、消防人员家庭优待金，确保重点优抚对象和义务兵家属、消防人员家庭的的合法权益得到落实，并按照“一卡通”专项治理领

导小组办公室的相关要求，积极开展“一卡通”专项治理工作。

切实开展全州退役军人和其他优抚对象建档立卡及优待证申领工作。州退役军人事务系统于2022年2月18日启动了全州辖区内退役军人及其他优抚对象建档立卡信息采集优待证申领工作，投入资金29万元，为全州29个乡（镇）接通电子政务外网、采购高拍仪、身份证读卡器、电脑等必要设备采购，截至2022年12月31日，共完成退役军人及其他优抚对象建档立卡信息采集审核上报7868条，优待证申领上报6264条、省级审核通过5272张、制卡成功4829张（香格里拉市1986张、维西县1910张、德钦县933张）。

做好优抚对象数据更新工作。审核上报各优抚对象20人，其中60周岁农村籍退役士兵14人，病故军人遗属1人，伤残抚恤关系转移5人。

（四）完成军供站机构成立相关工作

一是通过到昆明军供站、楚雄广通军供站考察调研形成调研报告并上报州委编办，州委编办批复香格里拉军工站为公益一类正科事业单位，编制5人。二是完成香格里拉军供站大型设备采购可研文本上报省军供站（资金涉及364.39万元）。

（五）项目工作

完成了《迪庆州退役军人“十四五”服务和保障规划》的编制、征求意见，并按相关程序报批，并以中共迪庆州委办公室、迪庆州人民政府办公室、迪庆军分区政治工作处的名义印发。

五、退役军人服务保障体系建设

（一）注册完成服务中心站管理信息系统

根据云南省退役军人服务中心《关于组织开展全省退役军人服务中心（站）管理服务系统信息填报工作的通知》。迪庆州退役军人服务中心高度重视管理服务系统信息填报工作，精心指导基层退役军人服务中心（站）填报工作，并建立联络机制，层层压实责任，明确责任分工，落实到人，按文件要求时限完成了各级服务中心站管理信息系统的填报工作。

（二）继续推进示范型退役军人服务中心（站）的创建工作

一是督促指导基层退役军人服务中心（站）按照文件要求进一步查缺补漏，完善基层退役军人服务中心（站）示范型创建的各项工作。二是持续深入开展全国示范型服务中心（站）创建指导工作，到香格里拉市金江镇吾竹村退役军人服务站、维西县十字街社区退役军人服务站等实地指导服务对象100人以上村（社区）退役军人服务站的示范型创建工作，对存在的问题及时与退役军人服务站工作人员进行沟通，要求按照时限完成创建工作。

（三）做好退役军人建档立卡工作

一是针对迪庆州退役军人底数不清、情况不明的现象，进一步完善退役军人信息数据采集，全面推行退役军人和其他优抚对象“一人一档”建档工作。二是州退役军人服务中心精心指导各级退役军人服务中心（站）做好退役军人建档立卡等基础性事务性工作，及时解答、耐心回复建档立卡相关政策咨询问题，完善系统内待更新数据的核对，对死亡人员及户籍不在迪庆的退役军人逐一核实核对，进行减员工作。

（四）高质量完成百度地图、高德地图录入工作

根据上级部门要求，全面推进退役军人服务中心（站）录入百度地图、高德地图的相关工作要求，迪庆州退役军人服务中心认真指导落实此项工作：一是积极核实各县市、乡镇（街道）退役军人服务中心（站）在百度地图上的地址及信息是否正确。二是指导各县（市）将所有村（社区）服务站录入百度地图及高德地图。目前迪庆州 228 个退役军人服务中心（站）98% 以上按时完成了高德地图、百度地图的录入工作。

（五）悬挂“温馨提示”标牌

按照省服务中心工作安排，各级服务中心（站）要在接待场所明显位置悬挂“温馨提示”标牌。迪庆州退役军人服务中心狠抓落实，积极督促各级服务中心（站）于 3 月 11 日前完成了此项工作，并向省服务中心上报了工作落实情况报告。

（六）持续做好常态化联系工作

在全国常态化联系退役军人信息管理系统中制订了全年工作计划，并完成 4 个季度落实情况。截至 2022 年 12 月 31 日，迪庆州共结对子 56 户（其中州级 19 户、香格里拉市 13 户、德钦县 13 户、维西县 11 户），全州退役军人事务系统干部职工通过元旦、春节期间实地走访、电话、微信等多种形式持续开展常态化联系，多方了解他们的困难，并疏导联系对象的思想动态，有针对性地为他们解决困难。

（七）积极开展“四尊崇、五关爱、六必访”工作

为进一步提升迪庆州退役军人的尊崇感、归属感、荣誉感，州各级退役军人服务中心（站）坚持以思想政治为引领，筑牢退役军人“堡垒阵地”，全方位、常态化从州、县、乡三级做好重点信访人员的结对帮扶工作，用心用情用力做好走访慰问工作，广泛开展“四尊崇、五关爱、六必访”活动，全年累计走访慰问 5000 余人次。

（八）发挥基金会等社会组织作用，关爱帮扶退役军人

强化关心关爱，2022 年共为迪庆州 58 名退役军人申请到帮扶资金，累计 5.53 万元。通过汇报对接，持续加强临时救助、医疗救助、重特疾救助、帮助红军等关爱基金帮扶、解决了退役军人的实际困难。5 月为香格里拉市建塘镇松秀珍烈士遗属争取到边防烈士遗属帮扶项目资金 5000 元整；州退役军人服务中心陪同云南省退役军人关爱基金会于 6 月开展“传承红色基因——红军长征途经地老兵帮扶行动”，走访慰问香格里拉市 90 岁以上退役军人、烈士遗属、红军途经本地作出重要贡献的革命群众等 13 人；“八一”建军节期间走访慰问困难退役军人 10 人，让他们得到更多的获得感、荣誉感、幸福感。

（九）开展基层退役军人服务中心（站）工作人员业务培训

2022 年 10 月下旬，州退役军人服务中心精心组织了业务培训班，邀请省退役军人服务中心、局机关业务骨干现场授课。各县（市）退役军人服务中心主任、乡镇退役军人服务站站长及相关工作人员 40 余人参加了培训，不断提升基层退役军人服务中心（站）工作人员的业务水平。

（十）开展退役军人“防癌抗癌专属保险卡”办理工作

防癌抗癌保险捐赠工作，是“喜迎二十大——为退役军人排忧解难”的重要活动，州退役军人服务中心精心指导下级服务中心（站）做好“防癌抗癌专属保险卡”的宣传和办理工作，并及时上报信息数据；邀请保险公司业务工作人员到培训现场指导操作流程，介绍保险保障范围、收益情况。

（十一）用心用情做好来访接待工作

退役军人服务中心（站）是打通服务退役军人工作落实的“最后一公里”，一年来，“两站两中心”树立良好的工作作风，践行“六个一”，用心用情做好来访接待工作，州退役军人服务中心共接待来访人员 30 人次。

六、军休服务工作

2022 年州军休中心以“五个第一”机制为统领，把党的政治建设作为一切工作的根本指向，强化理论武装，加强党风廉政、党建、意识形态工作，大力推行作风革命、效能革命，全面落实军休干部“两个待遇”，并按照“年有计划、季有安排、月有活动”的要求，组织开展丰富的文体活动，军休干部的幸福感和军休群体工作社会美誉度得到不断提高，促进形成了军民深度融合的发展格局，为实现中国梦强军梦凝聚强大力量。

七、自身建设方面

2022 年，迪庆州退役军人事务系统始终坚持用中国特色社会主义理论武装头脑，围绕“党史学习教育”常态化制度化学习教育，贯彻落实州委“五个第一”机制，深入系统学习了党和国家的各项路线方针政策、最新理论成果，尤其是学深悟透习近平新时代中国特色社会主义思想和党的二十大会议精神，不断强化党建引领，抓好干部队伍思想建设。一是始终以习近平新时代中国特色社会主义思想武装党员干部头脑，忠诚拥护“两个确立”，坚决做到“两个维护”，压紧压实管党治党政治责任，切实加强和改进机关党的建设。二是全面从严治党，夯实党建工作基础。党组书记落实抓党建“第一人”的责任，坚持党建工作亲自部署、党建问题亲自研究、党建事项亲自督办。认真贯彻落实“作风革命、效能革命”行动的精神实质，聚焦 10 种作风问题进行认真深刻的自我检视，提升思想认识和工作效能。做到学有所思、学有所获、学以致用。三是不断加强党对意识形态工作的全面领导，压紧压实意识形态工作责任制，牢牢掌握意识形态领域的领导权、管理权和话语权。四是全面贯彻新时代党的组织路线，坚持好干部标准，树立正确的选人用人导向，持续建设高素质专业干部队伍。

临沧市

2022年，在市委、市政府的坚强领导下，在省退役军人事务厅的关心支持下，全市退役军人事务工作以习近平新时代中国特色社会主义思想为指导，深入学习贯彻习近平总书记关于退役军人工作重要论述和考察云南重要讲话及给沧源县边境村老支书们回信精神，坚决扛起做好退役军人工作的政治责任，强化使命担当，聚焦主责主业，全面提升退役军人思想政治、权益维护、依法管理、移交安置、就业创业、优持抚恤、褒扬纪念、服务保障等工作并取得成效，退役军人的获得感、幸福感、荣誉感不断增强。

一、机构建设情况

临沧市退役军人事务局是市政府工作部门，主要职责是贯彻执行退役军人思想政治、权益维护、移交安置、就业创业、服务管理、拥军优属、褒扬纪念、帮难解困等法规政策，拟定实施意见、工作措施并组织实施。核定行政编制10人，设局长1人，副局长3人，正科级领导职数5人，副科级领导职数1人。内设办公室、思想政治和政策法规科、移交安置和就业创业科、市拥军优属拥政爱民领导小组办公室、军休服务优抚褒扬纪念科。实有局长1人（一级调研员）、副局长3人（含1人三级调研员）；实有二级调研员1人、四级调研员1人；实有正科级干部5人（含1人四级调研员）、副科级干部1人（三级主任科员）；实有四级主任科员2人、工勤人员1人。有下属事业单位3家，分别是：临沧市军队离休退休人员服务管理中心、临沧市退役军人服务中心、临沧市军供站，共核定事业编制42人。2022年末，实有人员54人。

二、思想政治和权益维护工作

（一）先进典型选树工作深入开展

组织开展“模范退役军人”“最美退役军人”评选活动，评选出临沧市10名在脱贫攻坚、乡村振兴、边疆治理、稳边固防、疫情防控等方面作出积极贡献的优秀退役军人，并进行表彰奖励，同时在新闻媒体进行广泛的宣传报道。2022年，双江县退休干部、退役军人李有清被评选为“云南省最美退役军人”。

（二）充分发挥退役军人的引领作用

全市364名退役军人通过法定程序选举进入村（社区）两委队伍，110名被推选为“兵支书”，成为乡村振兴的领头雁、带头人，组建市、县、乡三级退役军人志愿服务队伍 82 支 5738 人，在服务群众、奉献社会和传播宣传退役军人正能量中发挥明显作用。

（三）积极抓好宣传阵地建设

认真组织“老兵永远跟党走——老兵宣讲”实践活动，深入机关、社（区）、退役军人中开展党的二十大精神、红色文化等宣讲活动，成立宣讲团 8 个，开展宣讲 74 场次，约 900 名退役军人参加。积极开展“送政策、进军营”活动，组成宣讲小分队深入驻临军警部队宣讲党的政策 8 场次，1000 余人参加了学习。组织网评队伍建设，推选并组织 20 名网评员参加对抗演练，积极开展线上线下宣传，提高网络舆情应对技能，正面引导社会舆论。

三、退役军人服务保障体系建设工作

（一）继续做好全国示范型退役军人服务中心（站）创建工作

筹措 18.5 万元资金支持各县（区）营造政治文化氛围，在完成县、乡两级创建达标的基础上，以 7 个服务对象在 300 人以上村（社区）级全国示范型退役军人服务站创建为重点，以点带面、辐射周边，逐步扩大示范创建达标覆盖面。

（二）深入开展“我为退役军人办实事”实践活动

通过走访慰问、谈心交心等活动，深入了解退役军人的生产生活状况及存在的困难，开展退役军人服务保障和关爱帮扶，帮助困难退役军人解决生活、医疗等方面问题，使用退役军人关爱基金 19.76 万元，为 181 名退役军人及优抚对象申请节日慰问，以及因患重大疾病家庭困难、临时应急性关爱和助医帮扶。

（三）持续推进权益维护环境

积极创建信访接待温馨服务窗口，畅通网上访、来信访、电话访渠道，做到热情、周到、文明接访办诉。完成市级公共法律工作服务站（点）建设，聘请法律顾问，全年为退役军人开展法律援助 3 人次、开展法律服务宣传、政策宣讲 7 场次，接待优抚对象来访、提供法律咨询 58 人次。

（四）切实提升优待服务水平

为退役军人提供保险、医疗保障专属服务，与中国人民保险股份有限公司人保健康临沧中心支公司共同推出“惠军保”退役军人专属保险。让退役军人及家属在原有医保报销基础上，补充医保报销自付的合理医疗费用，有效降低个人医疗负担、缓解退役军人及家属医疗保障不足的问题，切实提高退役军人及家属优待服务水平。

四、移交安置工作

（一）及时开展适应性培训

结合市委“五大培训工程”和省厅适应性培训覆盖工作要求，委托市委党校组织开展退役军人适应性培训班，符合政府安置工作的 53 名退役军人参加培训。

（二）全面完成安置任务

按时按质完成2022年度转业军官安置任务，全部安置到公务员岗位，满意度达100%。全面完成2022年省级下达临沧市政府安排工作退役士兵和退出消防员年度安置任务，经省级考核得分为满分100分。按程序将省下达临沧市1名逐月领取退役金退役军人安置计划和退役金及时下达。

五、就业创业工作

（一）继续推进定向公开招聘未就业退役军人政策

在2022年事业单位公开招聘中，继续按8%比例拿出县、乡两级事业单位定向招聘未就业退役军人岗位39个，全市共有480名未就业退役军人报名参加招考，近40名录用。

（二）扎实开展退役军人教育培训

全市共有67名退役士兵完成驾驶培训，支出经费26.8万元。同时，各县（区）结合退役军人培训需求，认真组织开展技能培训，不断提升退役军人就业创业能力。

（三）认真组织开展线上线下招聘活动

加强协作，主动作为，积极开展线上线下招聘活动，现场招聘2次、发布招聘信息4期，通过专场招聘实现退役军人就业250余人。

（四）认真组织开展退役军人就业创业调研工作

共走访22户退役军人创办的企业、2个聘用退役军人较多的企业、召开8场次退役军人创业就业座谈会、问卷调查200多名退役军人。通过调研找准了退役军人就业创业工作中存在的问题和短板，并将结合临沧市实际情况，制定出台相应的措施，大力推进退役军人就业创业。

（五）积极协调争取创业扶持

大力宣传“贷免扶补”、创业担保贷款等创业扶持政策，通过与金融机构合作，全市共有35名退役军人获得创业贷款扶持资金678万元。

（六）引导支持退役军人投身地方经济建设

为吸引更多非临沧籍退役军人留在临沧境内就业创业，投身地方经济建设、工作生活，牵头制定《让“临沧兵”成为临沧人的实施方案（试行）》，对落户、职级职务、招聘录用、住房、就业创业、子女入学、搭建军地青年交流平台、养老医疗殡葬、教育培训等10个方面进行明确规定。

六、拥军优抚工作

（一）组织开展走访慰问

坚持党政主要领导带队走访慰问。全市组织在“春节”、“八一”建军节期间，由党政领导带队走访慰问驻临军警部队、优抚对象，全市共慰问驻临军警部队、优抚对象 2.8 万人次，召开座谈会 300 多场次，发放慰问金及物品价值 1250 万元。

（二）营造社会拥军氛围

积极开展拥军活动，与企业、社会团体签订拥军优抚合作协议，为现役军人、退役军人和其他优抚对象提供优先、优惠、优质服务。全市共有拥军企业及社会化拥军组织 438 家，拥军行动涵盖了吃、住、行、游、购、娱、医、法、金融、保险十大行业。全市建立健全军民共建点 30 余个，组织各类活动 50 余场，全面提升了军地军民情谊。

（三）扎实做好双拥模范城创建工作

通过军地双方的不懈努力，临沧市及双江县、镇康县、云县被命名为“云南省第十一届双拥模范城（县）”，临沧市退役军人事务局被省委、省政府表彰为云南省爱国拥军模范单位。

（四）帮助部队解决“三后”问题

结合临沧市实际，制定印发《驻临军警部队和消防救援支队随军随队家属就业安置及工作调动实施方案》，明确了各县（区）每年安排县、乡两级事业单位年度招聘使用编制计划总数的 5%，用于定向招聘未就业随军随队家属；每年提供不少于 5 个岗位用于随军随队家属调动，妥善解决现役军人和消防救援人员“后院”问题，积极落实转业安置岗位，开展送文化、送书、送文艺、送政策等进军营畅安置活动，为军人子女设置无条件入学“绿色通道”，优先安排就近区域学校就读。落实随军家属工作调动 20 余人，定向招录未就业随军家属 10 余人，协调 120 余名军人子女就近入学，发放义务兵家庭优待金 1160 余人 1167 万元，妥善解决了军人后顾之忧。

（五）军供保障快捷高效

积极主动对接驻临军警部队战备及军事训练需求，在部队军事训练、演习演练、工程建设等方面予以支持。按照军供站现代化、正规化建设要求，对照全国重点军供站保障建设标准，投入 300 多万元对临沧市军供站进行基础设施改造及设备更新。对经过临沧区域内外出驻训、遂行任务的部队提供食宿保障，经常性慰问野外驻训部队，及时协调解决实际困难问题，为过往部队提供优质高效服务，得到了各部队的一致好评。

（六）加强优抚资金管理使用

2022 年中央、省下达各类优抚对象优待抚恤生活补助资金，均按照“省退役军人事务厅核定的对象、标准，同级财政部门核拨资金，金融机构代发到人”的规程逐月足额发放，整个发放过程做到全程监督与管理，充分发挥资金使用效益。同时，认真开展“一卡通”管理使用问题专项治理工作，对检查发现的问题督促指导县（区）逐条逐项认真整改，并全部整改落实到位。

（七）优待证申领发放工作有序开展

自 2022 年 3 月启动以来，认真贯彻落实中央、省委决策部署，结合临沧市实际，制定印发了《临沧市关于开展退役军人和其他优抚对象建档立卡及优待证申领工作的通知》在新媒体上刊登宣传，召开申领工作试点培训会，举行退役军人和其他优抚对象优待证首发启动仪式。优待证申请办理审核通过25 387人，成功制作发放23 293人，并联系8家企业在旅游、体检、健康保险、购车、购书、购药等领域对退役军人进行优惠优待，全面提升了广大退役军人和其他优抚对象的荣誉感、获得感。

七、褒扬纪念工作

（一）有序组织开展烈士祭扫

发布《“2022·奋进·网上祭英烈”倡议书》，积极开展线上线下烈士祭扫，组织开展“9·30”烈士纪念日、烈士精神宣传和烈士寻亲工作，引导广大市民表达对先烈的缅怀与敬仰之情。

（二）对烈士纪念设施整修工程跟踪落实

投入1325.8万元整修资金，对县级及以下烈士纪念设施进行整修。定期不定期到施工现场督查检查，聘请第三方对临沧市县级以下英雄烈士纪念设施和整修工程项目进行验收评审，全市县级以下烈士纪念设施整修工程104处已通过财政部绩效考评。全市共完成10个烈士陵园的整修、19处烈士陵园配套设施的建设、31座零散烈士墓的搬迁和44座零散烈士墓的就地修缮。

（三）校核完善烈士纪念设施信息

完成褒扬纪念管理系统中各模块烈士纪念设施信息校核，全市烈士纪念设施数据逐步实现信息化、动态化、规范化管理。

（四）积极申报市级烈士纪念设施

临沧烈士陵园被云南省人民政府批准为省级烈士纪念设施。将烈士纪念设施日常保护管理和维修改造等经费纳入市县同级财政预算。完成《云南英烈及纪念设施大典·临沧分卷》编纂工作。

八、军休服务管理工作

（一）坚持每月走访慰问制度

定期不定期开展走访慰问，特别是每年春节、“八一”建军节来临之际，分别以走访入户，召开座谈会，赠送慰问信、慰问品、慰问金等形式进行慰问，推动了服务模式由被动向主动、由表层向深层、由单一向多元转变。

（二）“生活待遇”足额发放

按时足额发放津补贴，组织开展疗养活动和其他文体活动，进一步丰富军休人员的精神文化生活，提升军休人员的荣誉感、归属感和获得感。

（三）军休干部接收规范

按照三年集中移交方案的统一部署和年度军队退休干部移交安置计划，完成2名军休干部的移交接收安置任务。

（四）推进星级服务管理机构创建

对标对表创建星级服务管理机构，市军休中心被评为云南省三星级军休服务管理机构示范单位。

（五）积极推进军休干部活动中心项目建设

严格按照有关规定程序，投入375万元新建市军休干部活动场所，为军休干部打造集学习、休闲、娱乐、交流于一体的多功能活动场所，大大增强了军休干部的荣誉感、幸福感和归属感。

（六）组织开展《临沧军休志》修订

经过多次修改，《临沧军休志》已经完成审稿，正在办理印刷出版手续。

九、自身建设情况

始终坚持把加强自身建设作为推动退役军人工作高质量发展的关键所在，聚焦在政治、思想、作风、能力提升上有新的突破，努力建设一支政治坚定、业务精湛、作风过硬、纪律严明的退役军人工作干部队伍。

（一）抓学习

以党组理论学习中心组、集中学习日、主题党日、读书会等活动形式，深入学习习近平新时代中国特色社会主义思想，学习党的十九大和十九届历次全会精神，组织全体党员干部集中收听收看习近平总书记在中国共产党第二十次全国代表大会上的报告、习近平总书记关于退役军人工作重要论述、全国全省退役军人工作会议精神，学习《习近平法治思想》《总体国家安全观》《习近平总书记关于粮食安全的重要论述》《习近平关于党风廉政建设和反腐败斗争的重要论述》《信访工作条例》等。

（二）抓党建

坚持党建工作和重点工作同安排、同检查、同考核，坚持以党建强业务、以业务促党建，为推动退役军人工作高质量发展提供坚强政治保证。

（三）抓廉政

持之以恒落实落细党风廉政建设主体责任制，坚持抓党风廉政建设带队伍，加强廉洁教育，积极营造正风肃纪良好氛围。

（四）抓作风

牢固树立“今天再晚也是早、明天再早也是晚”的效率意识，进一步改进作风、服务基层、狠抓落实、提质增效，制定出台了《临沧市退役军人事务局推进作风革命加强机关效能建设10条措施》。

政策法规

中华人民共和国退役军人事务部令

第 6 号

《烈士纪念设施保护管理办法》已经 2021 年 12 月 30 日退役军人事务部第二十一次部务会议审议通过，现予公布，自 2022 年 3 月 1 日起施行。

部长　孙绍骋

2022 年 1 月 24 日

烈士纪念设施保护管理办法

（2013年6月27日民政部令第47号公布，2022年1月24日退役军人事务部令第6号修订）

第一章　总　则

第一条　为加强烈士纪念设施保护管理，传承弘扬英烈精神和爱国主义精神，更好发挥烈士纪念设施褒扬英烈、教育后人的红色资源作用，根据《中华人民共和国英雄烈士保护法》、《烈士褒扬条例》和国家有关规定，制定本办法。

第二条　本办法所称烈士纪念设施，是指在中华人民共和国境内按照国家有关规定为纪念缅怀英烈专门修建的烈士陵园、烈士墓、烈士骨灰堂、烈士英名墙、纪念堂馆、纪念碑亭、纪念塔祠、纪念塑像、纪念广场等设施。

第三条　烈士纪念设施应当按照基础设施完备、保护状况优良、机构制度健全、服务管理规范、功能发挥显著的要求，加强保护管理工作。

第四条　国务院退役军人工作主管部门负责指导全国烈士纪念设施的保护管理工作。县级以上地方人民政府退役军人工作主管部门负责本行政区域烈士纪念设施的保护管理工作。

第五条　烈士纪念设施应当由县级以上人民政府退役军人工作主管部门报请同级人民政府确定保护单位，具体负责烈士纪念设施保护管理工作，加强工作力量，明确管理责任。不能确定保护单位的，应当由县级以上人民政府退役军人工作主管部门报请同级人民政府明确管理单位进行保护管理。

第六条　县级以上人民政府退役军人工作主管部门会同财政、发展改革等部门安排烈士纪念设施保护管理和维修改造经费，用于烈士纪念设施维修改造、设备更新、环境整治、展陈宣传和祭扫纪念活动等工作，接受财政、审计部门和社会监督。

第二章　分级保护

第七条　国家对烈士纪念设施实行分级保护，根据其纪念意义、建设规模、保护状况等可分别确定为：

（一）国家级烈士纪念设施；

（二）省级烈士纪念设施；

（三）设区的市级烈士纪念设施；

（四）县级烈士纪念设施。

未确定保护级别的烈士纪念设施由所在地县级人民政府退役军人工作主管部门进行保护管理或者委托有关单位、组织或者个人进行保护管理。对于零散烈士墓应当集中迁移保护，确不具备集中保护条件的，应当明确保护力量和管理责任。

第八条　符合下列基本条件之一的烈士纪念设施，可以申报国家级烈士纪念设施：

（一）为纪念在中国革命、建设、改革等各个历史时期的重大事件、重要战役和主要革命根据地斗争中牺牲的烈士而修建的烈士纪念设施；

（二）为纪念在全国有重要影响的著名烈士而修建的烈士纪念设施；

（三）位于革命老区、民族地区的规模较大的烈士纪念设施；

（四）为纪念为中国革命斗争牺牲的知名国际友人而修建的纪念设施；

（五）规模较大、基础设施完备、规划建设特色明显，具有全国性知名度或较强区域影响力的其他烈士纪念设施。

地方各级烈士纪念设施的申报条件，由同级人民政府退役军人工作主管部门制定，报上一级人民政府退役军人工作主管部门备案。

第九条　申报国家级烈士纪念设施，由省级人民政府退役军人工作主管部门提出申请，经国务院退役军人工作主管部门审核，报国务院批准后公布。

申报地方各级烈士纪念设施，由拟核定其保护级别的县级以上人民政府退役军人工作主管部门向本级人民政府提出申请，经本级人民政府批准后公布，并在公布后二十个工作日内报上一级人民政府退役军人工作主管部门备案。

第十条　申报烈士纪念设施保护级别，应提供以下材料：

（一）烈士纪念设施基本情况；

（二）烈士纪念设施保护单位或者管理单位情况；

（三）烈士纪念设施建设批准相关材料；

（四）烈士纪念设施建设规划平面图；

（五）土地使用权属（不动产权属）和保护范围证明；

（六）主要纪念设施的现状照片；

（七）需要提供的其他资料。

第十一条　烈士纪念设施应当设立保护标志，由公布其保护级别的县级以上人民政府退役军人工作主管部门负责设立。

烈士纪念设施保护标志式样，由国务院退役军人工作主管部门统一制定。

第三章　规划建设

第十二条　烈士纪念设施应当纳入当地国民经济和社会发展规划等相关规划，发挥好爱国主义教育基地、国防教育基地作用。

第十三条　烈士纪念设施保护单位和管理单位应当向所在地不动产登记机构申请办理不动产登记，确认烈士纪念设施不动产权属。

第十四条　烈士纪念设施保护或管理单位的上级主管部门应当根据烈士纪念设施的类别、规模、保护级别以及周边环境等情况，提出划定烈士纪念设施保护范围的方案，报同级人民政府批准后公布，并报上一级人民政府退役军人工作主管部门备案。

第十五条　新建、迁建、改扩建烈士纪念设施应当从严控制，未经批准不得建设。对于反映同一历史人物、同一历史事件，已建烈士纪念设施的，原则上不得重复建设。

涉及重大革命历史题材、已故领导同志、已故著名党史人物、已故著名党外人士、已故近代名人的烈士纪念设施的新建、迁建、改扩建，应当按规定逐级上报，经党中央、国务院批准后实施。

不涉及以上内容的，应当由所在地县级以上人民政府退役军人工作主管部门提出申请，经核定其保护级别的县级以上人民政府退役军人工作主管部门审核并报同级人民政府批准后实施。

第十六条　新建、迁建、改扩建烈士纪念设施应当提出书面申请，申请材料包括项目名称、建设理由、建设内容、展陈内容、占地面积、建筑面积、用地性质、投资估算、资金来源等内容，并依法依规办理相关审批手续。新建烈士纪念设施的，应当同时提交申报保护级别文件。

第十七条　烈士纪念设施名称应当严格按照核定保护级别时确定名称规范表述。

地方各级烈士纪念设施确需更名的，应由省级人民政府退役军人工作主管部门批准后公布，并报同级人民政府和国务院退役军人工作主管部门备案。

国家级烈士纪念设施确需更名的，由省级人民政府退役军人工作主管部门提出申请，经国务院退役军人工作主管部门批准后公布，并报国务院备案。

第四章　维护利用

第十八条　烈士纪念设施保护单位和管理单位应当保证设施设备外观完整、题词碑文字迹清晰，保持庄严、肃穆、清净的环境和氛围，为社会公众提供良好的瞻仰和教育场所。

第十九条　烈士纪念设施应当免费向社会开放。

第二十条　烈士纪念设施保护单位和管理单位应当按照国家有关规定，加强对烈士纪念设施中文物和历史建筑物的保护管理。

对属于不可移动文物的烈士纪念设施，依据文物保护法律法规划定保护范围和建设控制地带，并按照文物保护标准做好相关防护措施；对可移动文物，应当设立专门库房，分级建档，妥善保管。

第二十一条　烈士纪念设施保护单位和管理单位应当开展英烈史料的收集整理、事迹编纂和陈列展示工作，挖掘研究英烈事迹和精神。

第二十二条　烈士纪念设施保护单位和管理单位应当及时更新优化展陈，在保持基本陈列相对稳定的前提下，及时补充完善体现时代精神和新史料新成果的展陈内容，经审批可每 5 年进行一次局部改陈布展，每 10 年进行一次全面改陈布展。

地方各级烈士纪念设施改陈布展，由县级以上人民政府退役军人工作主管部门提出申请，基本陈列改陈布展大纲和版式稿经核定其保护级别的县级以上人民政府退役军人工作主管部门商有关部门审定。

国家级烈士纪念设施改陈布展，由省级人民政府退役军人工作主管部门报国务院退役军人工作主管部门审定。

第二十三条　县级以上人民政府退役军人工作主管部门应当会同相关部门建立解说词研究审查制度，切实把好政治关、史实关，增强讲解的准确性、完整性和权威性。

第二十四条　烈士纪念设施保护单位和管理单位应当协助配合机关、团体、乡村、社区、学校、企事业单位和军队有关单位开展烈士纪念日公祭活动和其他纪念活动，维护活动秩序，提高服务水平。

第二十五条　烈士纪念设施保护单位和管理

单位应当为烈士亲属和社会公众日常祭扫和瞻仰活动提供便利，创新服务方式，做好保障工作，推行文明绿色生态祭扫。

烈士纪念设施保护单位和管理单位应当配合接待异地祭扫的县级以上人民政府退役军人工作主管部门妥善安排祭扫活动，按照国家有关规定为自行前往异地祭扫的烈士亲属提供服务保障。

第二十六条　县级以上人民政府退役军人工作主管部门应当指导烈士纪念设施保护单位和管理单位充分发挥红色资源优势，拓展宣传教育功能，扩大社会影响力。

烈士纪念设施保护单位和管理单位应当加强网络宣传教育，通过开设网站和利用新媒体平台，为社会公众提供网上祭扫和学习教育平台，宣传英烈事迹，弘扬英烈精神。

第五章　组织管理

第二十七条　烈士纪念设施保护单位和管理单位应当健全服务和管理工作规范，完善内部规章制度，提高管理和服务水平。

第二十八条　县级以上人民政府退役军人工作主管部门应当加强对烈士纪念设施保护管理工作的监督考核。

省级人民政府退役军人工作主管部门应当会同有关部门每4年对本地区烈士纪念设施进行一次排查，建立排查档案。对保护不力、管理不善、作用发挥不充分的烈士纪念设施保护单位或管理单位进行通报批评，限期整改；情节严重的，依法依规追究责任。

第二十九条　烈士纪念设施保护单位和管理单位应当根据事业发展和实际工作需要科学合理设置岗位，明确岗位职责，定期组织业务培训和学习交流。

烈士纪念设施保护单位应当配备研究馆员和英烈讲解员，并注重提高其专业素养，也可采取利用志愿者力量、购买服务等方式组织具有相关专业知识的人员和机构提供研究和讲解服务。

第三十条　鼓励支持自然人、法人和非法人组织以捐赠财产等方式，参与烈士纪念设施保护管理工作。自然人、法人和非法人组织捐赠财产用于烈士纪念设施保护管理活动的，依法享受税收优惠。

县级以上人民政府退役军人工作主管部门应当会同文物部门指导烈士纪念设施保护单位和管理单位妥善保管捐赠的革命文物、烈士遗物等物品，建立健全捐赠档案，对捐赠的单位和个人按照国家有关规定给予精神鼓励或者物质奖励。

第三十一条　县级以上人民政府退役军人工作主管部门可通过政府购买服务等方式加强烈士纪念设施保护管理工作力量。

烈士纪念设施保护单位和管理单位可以设立志愿服务站点，招募志愿者开展志愿服务，鼓励退役军人、烈士亲属、机关干部、专家学者和青年学生到烈士纪念设施担任义务讲解员、红色宣讲员、文明引导员，参与设施保护、讲解宣讲和秩序维护等工作。

第六章　责任追究

第三十二条　烈士纪念设施保护范围内的土地和设施受法律保护，任何组织和个人不得在烈士纪念设施保护范围内从事与纪念英烈无关或者有损纪念英烈环境和氛围的活动，不得侵占烈士纪念设施保护范围内的土地和设施，不得破坏、污损烈士纪念设施。

第三十三条　在烈士纪念设施保护范围内从事有损纪念英烈环境和氛围活动的，烈士纪念设施保护单位和管理单位应当及时劝阻；不听劝阻的，由县级以上人民政府退役军人工作主管部门会同有关部门按照职责规定给予批评教育，责令改正。

第三十四条　非法侵占烈士纪念设施保护范围内的土地、设施，破坏、污损烈士纪念设施，或者在烈士纪念设施保护范围内为不符合安葬条件的人员修建纪念设施、安葬或安放骨灰或者遗体的，由所在地县级以上人民政府退役军人工作主管部门责令改正，恢复原状、原貌；造成损失的，依法承担民事责任。

第三十五条　烈士纪念设施保护单位和管理单位及其主管部门工作人员有下列行为之一的，由上级人民政府退役军人工作主管部门对其直接负责的责任人和其他主管人员进行批评教育，责令改正；情节严重的，依法依规追究责任：

（一）滥用职权、玩忽职守、徇私舞弊，造成烈士纪念设施、史料遗物遭受损失的；

（二）贪污、挪用烈士纪念设施保护管理经费的；

（三）未经批准擅自新建、迁建、改扩建烈士纪念设施的；

（四）其他违反相关法律法规行为的。

第三十六条　违反本办法规定，构成违反治安管理行为的，依法给予治安管理处罚；构成犯罪的，依法追究刑事责任。

第七章　附　则

第三十七条　本办法自 2022 年 3 月 1 日起施行。

中华人民共和国退役军人事务部
中华人民共和国国家卫生健康委员会
国家医疗保障局令

第7号

《优抚医院管理办法》已经退役军人事务部部务会议审议通过，并经国家卫生健康委员会、国家医疗保障局同意，现予公布，自2022年8月1日起施行。

退役军人事务部部长　裴金佳

国家卫生健康委员会主任　马晓伟

国家医疗保障局局长　胡静林

2022年6月28日

优抚医院管理办法

（2011年6月9日民政部令第41号公布，2022年6月28日退役军人事务部、国家卫生健康委员会、国家医疗保障局令第7号修订）

第一条　为了加强优抚医院管理，服务国防和军队建设，推动让退役军人成为全社会尊重的人，让军人成为全社会尊崇的职业，根据《中华人民共和国退役军人保障法》、《中华人民共和国基本医疗卫生与健康促进法》、《军人抚恤优待条例》、《医疗机构管理条例》和国家有关规定，制定本办法。

第二条　优抚医院是国家为残疾退役军人和在服役期间患严重慢性病、精神疾病的退役军人等优抚对象提供医疗和供养服务的优抚事业单位，是担负特殊任务的医疗机构，主要包括综合医院、康复医院、精神病医院等，名称统一为“荣军优抚医院”。

优抚医院坚持全心全意为优抚对象服务的办院宗旨，坚持优抚属性，遵循医疗机构建设和管理规律。

第三条　国务院退役军人工作主管部门负责全国优抚医院工作。县级以上地方人民政府退役军人工作主管部门负责本行政区域内优抚医院工作。

退役军人工作主管部门应当会同卫生健康主管部门加强对优抚医院的指导，为优抚医院医务人员的培训进修等创造条件，支持有条件的优抚医院在医疗、科研、教学等方面全面发展。

第四条　国家兴办优抚医院，所需经费按照事权划分列入各级预算。

第五条　设置优抚医院，应当符合国家有关规定和优抚医院布局规划。

卫生健康主管部门应当会同退役军人工作主管部门，将优抚医院设置纳入当地医疗机构设置规划统筹考虑。

省级人民政府退役军人工作主管部门应当会同省级人民政府卫生健康主管部门根据优抚对象数量和医疗供养需求情况，适应伤病残退役军人移交安置工作和服务备战打仗需要，制定本行政区域内优抚医院布局和发展规划，并报国务院退役军人工作主管部门和国务院卫生健康主管部门备案。

优抚医院布局和发展规划应当纳入当地经济和社会发展总体规划和卫生健康、医疗保障事业发展规划，建设水平应当与当地经济和社会发展、卫生健康事业发展相适应。

第六条　因符合条件优抚对象数量较少等情形未建设优抚医院的地方，可以采取购买服务等方式，协调当地其他医疗机构为优抚对象提供医疗服务。

优抚医院应当依法履行相关职责，符合条件的按程序纳入基本医疗保险定点医疗机构、工伤保险协议医疗机构、工伤康复协议机构管理范围。

第七条　优抚医院在建设、用地、水电、燃气、供暖、电信等方面依法享受国家有关优惠政策。

鼓励公民、法人和其他组织对优抚医院提供捐助和服务。

优抚医院各项经费应当按照批复的预算执行，接受财政、审计部门和社会的监督。

第八条　对在优抚医院工作中成绩显著的单位和个人，按照国家有关规定给予表彰和奖励。

第九条　优抚医院根据主管部门下达的任务，收治下列优抚对象：

（一）需要常年医疗或者独身一人不便分散供养的一级至四级残疾退役军人；

（二）在服役期间患严重慢性病的残疾退役军人和带病回乡退役军人；

（三）在服役期间患精神疾病，需要住院治疗的退役军人；

（四）短期疗养的优抚对象；

（五）主管部门安排收治的其他人员。

优抚医院应当在完成主管部门下达的收治任务的基础上，为其他优抚对象提供优先或者优惠服务。

第十条　优抚医院应当为在院优抚对象提供良好的医疗服务和生活保障，主要包括：

（一）健康检查；

（二）疾病诊断、治疗和护理；

（三）康复训练；

（四）健康指导；

（五）辅助器具安装；

（六）精神慰藉；

（七）生活必需品供给；

（八）生活照料；

（九）文体活动。

第十一条　优抚医院应当加强对在院优抚对象的思想政治工作，发挥优抚对象在光荣传统教育中的重要作用。

第十二条　优抚医院针对在院残疾退役军人的残情特点，实施科学有效的医学治疗，探索常见后遗症、并发症的防治方法，促进生理机能恢复，提高残疾退役军人生活质量。

第十三条　优抚医院应当采取积极措施，控制在院慢性病患者病情，减轻其痛苦，降低慢性疾病对患者造成的生理和心理影响。

第十四条　优抚医院对在院精神疾病患者进行综合治疗，促进患者精神康复。

对精神病患者实行分级管理，预防发生自杀、自伤、伤人、出走等行为。

第十五条　优抚医院应当规范入院、出院程序。

属于第九条规定收治范围的优抚对象，可以由本人（精神病患者由其利害关系人）提出申请，或者由村（社区）退役军人服务站代为提出申请，经县级人民政府退役军人工作主管部门审核，由优抚医院根据主管部门下达的任务和计划安排入院。省级人民政府退役军人工作主管部门可以指定优抚医院收治符合条件的优抚对象。

在院优抚对象基本治愈或者病情稳定，符合出院条件的，由优抚医院办理出院手续。

在院优抚对象病故的，优抚医院应当及时报告主管部门，并协助优抚对象常住户口所在地退役军人工作主管部门妥善办理丧葬事宜。

第十六条　优抚医院应当按照国家有关规定

建立健全病历管理制度，设置病案管理部门或者配备专兼职人员，负责病历和病案管理工作。

第十七条　退役军人工作主管部门应当定期组织优抚医院开展巡回医疗活动，积极为院外优抚对象提供医疗服务。

第十八条　优抚医院应当在做好优抚对象服务工作的基础上，积极履行医疗机构职责，发挥自身医疗专业特长，为社会提供优质医疗服务。

优抚医院应当通过社会服务提升业务能力，改善医疗条件，不断提高医疗和供养水平。

第十九条　优抚医院在设置审批、登记管理、命名、执业和监督等方面应当符合国家有关医疗机构管理的法律法规和相关规定，执行卫生健康主管部门有关医疗机构的相关标准。

第二十条　优抚医院实行党委领导下的院长负责制，科室实行主任（科长）负责制。

第二十一条　优抚医院应当加强党的建设，充分发挥基层党组织战斗堡垒作用和党员先锋模范作用，促进思想政治和医德医风建设。

第二十二条　优抚医院实行国家规定的工资制度，合理确定医务人员薪酬水平，完善内部分配和激励机制，促进医务人员队伍建设。

第二十三条　优抚医院建立职工代表大会制度，保障职工参与医院的民主决策、民主管理和民主监督。

第二十四条　优抚医院应当树立现代管理理念，推进现代化、标准化、信息化建设；强化重点专科建设，发挥专业技术优势；建立完整的医护管理、感染控制、药品使用、医疗事故预防和安全、消防等规章制度，提高医院管理水平。

第二十五条　优抚医院实行岗位责任制，设立专业技术类、管理类、工勤技能类等岗位并明确相关职责；实行24小时值班制度，按照医院分级护理等有关要求为收治对象提供护理服务。

第二十六条　优抚医院应当完善人才培养和引进机制，积极培养和引进学科带头人，同等条件下优先聘用曾从事医务工作的退役军人，建立一支适应现代化医院发展要求的技术和管理人才队伍。

第二十七条　优抚医院应当加强与军队医院、其他社会医院、医学院校的合作与交流，开展共建活动，在人才、技术等领域实现资源共享和互补。

第二十八条　优抚医院应当加强医院文化建设，积极宣传优抚对象的光荣事迹，形成有拥军特色的医院文化。

第二十九条　优抚医院的土地、房屋、设施、设备和其他财产归优抚医院管理和使用，任何单位和个人不得侵占。

侵占、破坏优抚医院财产的，由当地人民政府退役军人工作主管部门责令限期改正；造成损失的，依法承担赔偿责任。

第三十条　优抚对象应当遵守优抚医院各项规章制度，尊重医护人员工作，自觉配合医护人员的管理。对违反相关规定的，由优抚医院或者主管部门进行批评教育，情节严重的，依法追究相应责任。

第三十一条　优抚医院违反本办法规定，提供的医疗和供养服务不符合要求的，由优抚医院主管部门责令改正；逾期不改正的，对直接负责的责任人和其他主管人员依法给予处分；造成损失的，依法承担责任。

优抚医院造成收治对象人身损害或发生医疗事故、医疗纠纷的，应当依法处置。

优抚医院违反国家有关医疗机构管理的法律法规和相关规定的，由县级以上地方人民政府卫生健康主管部门依法依规处理。

第三十二条　承担优抚对象收治供养任务的其他医疗机构对优抚对象的诊疗服务工作，可以参照本办法有关规定执行。

第三十三条　本办法自 2022 年 8 月 1 日起施行。

中华人民共和国退役军人事务部令

第 8 号

《烈士安葬办法》已经 2022 年 11 月 21 日退役军人事务部第二十七次部务会议审议通过，现予公布，自 2023 年 2 月 1 日起施行。

部长　裴金佳

2022 年 11 月 30 日

烈士安葬办法

（2013年4月3日民政部令第46号公布，2022年11月30日退役军人事务部令第8号修订）

第一条　为了褒扬和尊崇烈士，做好烈士安葬工作，根据《中华人民共和国英雄烈士保护法》《烈士褒扬条例》等法律法规，制定本办法。

第二条　烈士应当在烈士陵园或者烈士集中安葬墓区安葬。

烈士陵园、烈士集中安葬墓区是国家建立的专门安葬、纪念、宣传烈士的重要场所，受法律保护。

第三条　确定烈士安葬地和安排烈士安葬活动，应当征求烈士遗属意见。

烈士可以在牺牲地、生前户籍所在地、遗属户籍所在地或者生前工作单位所在地安葬。烈士安葬地确定后，就近在安葬地的烈士陵园或者烈士集中安葬墓区安葬烈士。

第四条　烈士骨灰盒或者灵柩应当覆盖中华人民共和国国旗。需要覆盖中国共产党党旗或者中国人民解放军军旗的，按照有关规定执行。

国旗、党旗、军旗不能同时覆盖，不得随遗体火化或者随骨灰盒、灵柩掩埋，安葬后由安葬地烈士纪念设施保护单位保存，也可以赠送给烈士遗属留作纪念。

第五条　运送烈士骨灰或者遗体（骸），由烈士牺牲地、烈士安葬地县级以上地方人民政府共同安排，并举行送迎仪式。

送迎工作方案由烈士牺牲地、烈士安葬地县级以上地方人民政府退役军人工作主管部门商相关部门制定并报同级人民政府批准后实施。

送迎仪式一般按下列程序进行：

（一）仪式开始；

（二）整理烈士灵柩（骨灰盒）并覆盖国旗（或者党旗、军旗）；

（三）奏国歌；

（四）向烈士默哀；

（五）起灵；

（六）仪式结束。

烈士生前为现役军人的，烈士骨灰或者遗体（骸）运送任务可由烈士牺牲地县级以上地方人民政府会同军队有关单位承担。

第六条　烈士安葬地县级以上地方人民政府应当举行庄严、肃穆、文明、节俭的烈士安葬仪式。

烈士安葬仪式应当邀请当地党委、政府和有关部门负责同志，烈士遗属代表、烈士生前所在单位代表，机关、团体、学校、企业事业单位、社会组织、军队等有关单位代表和退役军人代表参加。

烈士安葬仪式可以邀请解放军、武警部队官兵或者人民警察承担礼兵仪仗、花篮护送等任务；可以邀请军乐队或者其他乐队演奏乐曲，也可以播放音乐。

第七条　烈士安葬仪式一般按下列程序进行：

（一）仪式开始；

（二）礼迎烈士；

（三）奏国歌；

（四）宣读烈士评定文件、烈士生平事迹并致悼词或者祭文；

（五）向烈士默哀；

（六）安葬烈士骨灰或者遗体（骸）；

（七）向烈士敬献花篮（花圈）；

（八）仪式结束。

第八条　安葬烈士的方式包括：

（一）将烈士骨灰安葬于烈士墓区或者烈士骨灰堂；

（二）将烈士遗体（骸）安葬于烈士墓区；

（三）其他安葬方式。

安葬烈士应当遵守国家殡葬管理有关规定，尊重少数民族的丧葬习俗，倡导绿色、节地、生态安葬方式。

第九条　烈士墓穴、骨灰安放格位，由烈士纪念设施保护单位按照规定确定。

第十条　安葬烈士骨灰的墓穴面积一般不超过1平方米。允许土葬的地区，安葬烈士遗体（骸）的墓穴面积一般不超过4平方米。

第十一条　烈士墓碑碑文或者骨灰盒标识牌文字应当经烈士安葬地县级以上地方人民政府退役军人工作主管部门审定，内容应当包括烈士姓名、性别、民族、籍贯、出生年月、牺牲时间、单位、职务、简要事迹等基本信息，落款一般为安葬地县级以上地方人民政府。

第十二条　烈士墓区应当规划科学、布局合理，环境整洁、肃穆。烈士墓和烈士骨灰存放设施应当形制统一、用料优良，确保施工建设质量。

第十三条　烈士陵园、烈士集中安葬墓区的保护单位应当向烈士遗属发放烈士安葬证明书，载明烈士姓名、安葬时间和安葬地点等。没有烈士遗属的，应当将烈士安葬情况向烈士生前户籍所在地县级人民政府退役军人工作主管部门备案。

烈士生前有工作单位的，应当将安葬情况向烈士生前所在单位通报。

第十四条　烈士在烈士陵园或者烈士集中安葬墓区安葬后，原则上不迁葬。

对未在烈士陵园或者烈士集中安葬墓区安葬的零散烈士墓，县级以上地方人民政府退役军人工作主管部门应当根据实际情况并征得烈士遗属同意，就近迁入烈士陵园或者烈士集中安葬墓区。

第十五条　在生产生活或者相关工作中发现、发掘的疑似烈士遗骸，按照有关规定，经鉴定确认为烈士遗骸的，应当就近在烈士陵园或者烈士集中安葬墓区及时妥善安葬；已确认身份的，应当及时通知其亲属并邀请出席安葬仪式。

第十六条　烈士牺牲后无法搜寻到遗体（骸）、无法查找到安葬地或者安葬地在境外的，可在烈士牺牲地、生前户籍所在地或者遗属户籍所在地烈士陵园、烈士集中安葬墓区英名墙，纪念相关战役（战争）烈士陵园英名墙等设施镌刻烈士姓名予以纪念，但不得在烈士陵园或者烈士集中安葬墓区建造衣冠冢或者空墓。

第十七条　烈士陵园、烈士集中安葬墓区的保护单位应当建立烈士安葬信息档案，及时收集、整理、陈列有纪念意义的烈士遗物、事迹资料，烈士遗属、有关单位和个人应当予以配合。

第十八条　在烈士纪念日等重要纪念日和节日时，机关、团体、学校、企业事业单位和军队有关单位应当组织开展烈士纪念活动，祭奠缅怀烈士，弘扬英烈精神。

烈士陵园、烈士集中安葬墓区的保护单位及所在地人民政府退役军人工作主管部门对前来祭扫的烈士遗属和社会群众，应当做好接待服务工作。

第十九条　鼓励和支持社会殡仪专业服务机构等社会力量为烈士安葬提供专业化、规范化服务。

第二十条　战时牺牲人员遗体收殓安葬、在境外搜寻发掘的烈士遗骸归国安葬按照有关规定执行。

第二十一条　本办法自2023年2月1日起施行。

退役军人事务部等 6 部门关于印发《残疾退役军人医疗保障办法》的通知

退役军人部发〔2022〕3 号

各省、自治区、直辖市退役军人事务厅（局）、财政厅（局）、人力资源社会保障厅（局）、卫生健康委、医疗保障局，新疆生产建设兵团退役军人事务局、财政局、人力资源社会保障局、卫生健康委、医疗保障局，军队各有关单位：

现将《残疾退役军人医疗保障办法》印发给你们，请遵照执行。

2022 年 1 月 5 日

残疾退役军人医疗保障办法

第一条　为切实保障残疾退役军人的医疗待遇，根据《中华人民共和国退役军人保障法》、《军人抚恤优待条例》等法律法规的规定，制定本办法。

第二条　本办法适用于服现役期间因战、因公、因病致残被评定残疾等级和退役后补评或者重新评定残疾等级的残疾退役军人。

第三条　坚持待遇与贡献匹配、普惠与优待叠加原则，残疾退役军人按规定参加基本医疗保险并享受相应待遇，符合条件的困难残疾退役军人按规定享受医疗救助。

第四条　一级至六级残疾退役军人按照属地原则参加职工基本医疗保险，七级至十级残疾退役军人按照属地原则相应参加职工基本医疗保险、城乡居民基本医疗保险。鼓励残疾退役军人参加其他形式的补充医疗保险。

第五条　残疾退役军人在按规定享受基本医疗保障待遇的基础上，享受优抚对象医疗补助。各地要进一步健全完善优抚对象医疗补助制度，保障水平应当与各地经济发展水平和财政承受能力相适应，保证残疾退役军人现有医疗待遇不降低。

第六条　有工作单位的一级至六级残疾退役军人随单位参加职工基本医疗保险，按规定缴费；无工作单位的一级至六级残疾退役军人参加职工基本医疗保险，以统筹地区上一年度城镇单位就业人员平均工资作为缴费基数。

所在单位无力参保和无工作单位的一级至六级残疾退役军人由统筹地区退役军人事务部门统一办理参保手续。其单位缴费部分，经统筹地区医疗保障、退役军人事务、财政部门共同审核确认后，由残疾退役军人户籍所在地财政安排资金。

一级至六级残疾退役军人参加职工基本医疗保险个人缴费确有困难的，由残疾退役军人所在单位帮助解决；所在单位无力解决和无工作单位的，经统筹地区医疗保障、退役军人事务、财政部门共同审核确认后，由残疾退役军人户籍所在地财政安排资金。

移交政府安置军队离退休干部退休士官中的一级至六级残疾退役军人医疗保险按照国家有关规定执行。

第七条　有工作单位的七级至十级残疾退役军人，随单位参加职工基本医疗保险，按规定缴费。当地退役军人事务部门应当督促残疾退役军人所在单位按规定缴费参保，所在单位确有困难的，各地应当通过多渠道筹资帮助其参保。

未就业的七级至十级残疾退役军人，可按规定参加城乡居民基本医疗保险。其中纳入低保、特困人员救助供养范围的残疾退役军人，由其户籍所在地医疗保障部门通过医疗救助基金等对其参加居民基本医疗保险的个人缴费部分给予补贴。

未参加基本医疗保障制度的，以及参加上述基本医疗保障制度但个人医疗费用负担较重的残疾退役军人，按规定享受城乡医疗救助和优抚对象医疗补助政策。

第八条　残疾退役军人按规定在户籍所在地享受优抚对象医疗补助，医疗补助所需资金由当地退役军人事务部门根据本地经济发展水平、财政承受能力、残疾退役军人医疗费实际支出和服现役期间医疗保障水平等因素测算，经同级财政部门审核确定后，列入当年财政预算。各地应当通过财政预算安排、吸收社会捐赠等多种渠道，筹集医疗补助资金。医疗补助资金单独列账。

第九条　因战因公致残的残疾退役军人旧伤复发的医疗费用，参加工伤保险并依法认定为工伤的，按照《工伤保险条例》的有关规定解决。未参加工伤保险但医疗费用符合工伤保险诊疗项目目录、工伤保险药品目录、工伤保险住院服务标准的，有工作的由工作单位解决；所在单位无力支付和无工作单位的，从优抚对象医疗补助资金中解决。

因战因公致残的残疾退役军人旧伤复发，由其户籍所在地设区的市级以上人民政府退役军人事务部门组织医疗卫生专家小组进行确认，医疗卫生专家小组出具旧伤复发医学鉴定意见。因战因公致残残疾退役军人取得旧伤复发医学鉴定意见后，有工作单位的依据《工伤保险条例》相关规定申请工伤认定，无工作单位的按规定申请优抚对象医疗补助。

第十条　残疾退役军人到医疗机构就医时按规定享受优先挂号、取药、缴费、检查、住院服务，优先享受家庭医生签约和健康教育、慢性病管理等基本公共卫生服务。

残疾退役军人在优抚医院享受优惠体检和优先就诊、检查、住院等服务，并免除普通门诊挂号费。

残疾退役军人在军队医疗机构就医，凭残疾军人证与同职级现役军人享受同等水平的挂号、就诊、检查、治疗、取药、入院全流程优先，以及就诊场所、病房条件等优待，并免除门急诊挂号费。

第十一条　医疗机构应当公开对残疾退役军人优先、优惠的医疗服务项目；完善并落实各项诊疗规范和管理制度，合理检查、合理用药、合理诊疗、合理收费。医保定点医疗机构和工伤保险协议医疗机构应当严格执行医保和工伤保险药品、医用耗材、医疗服务项目等目录，优先配备使用医保和工伤保险目录内药品。

第十二条　残疾退役军人医疗保障工作由退役军人事务、财政、人力资源社会保障、卫生健康、医疗保障、军队后勤保障等部门管理并组织实施，各部门应当密切配合，切实履行各自职责。

第十三条　退役军人事务部门应当严格残疾退役军人的审核工作并提供有关资料，负责为所在单位无力参保和无工作单位的一级至六级残疾退役军人办理参加职工基本医疗保险等手续；组织发放优抚对象医疗补助，协调有关部门研究处理医疗保障工作中遇到的具体问题；组织因战因公致残残疾退役军人旧伤复发鉴定，及时向工伤保险行政部门提供残疾退役军人伤情等信息，配合工伤认定调查；对年老体弱、行动不便的残疾退役军人就医等给予协助；按照预算管理要求编制年度优抚对象医疗补助资金预算，报同级财政部门审核。

第十四条　各级财政部门按规定落实经费保障，并会同有关部门加强资金的监督。省级财政要切实负起责任，减轻基层压力。中央财政按规定对优抚对象医疗保障经费给予适当补助。

第十五条　人力资源社会保障部门应当做好参加工伤保险的因战因公致残残疾退役军人旧伤复发医疗费用支付工作。

第十六条　卫生健康部门应当组织医疗机构为残疾退役军人提供优质医疗服务；加强对医疗机构的监督管理，规范医疗服务，提高服务质量，保障医疗安全；支持、鼓励和引导医疗机构制定相关优待政策，落实优待措施。

第十七条　医疗保障部门应当将符合条件的残疾退役军人纳入职工基本医疗保险、城乡居民基本医疗保险、医疗救助制度覆盖范围；做好已参保残疾退役军人的医疗保险服务管理工作，按规定落实参保残疾退役军人相应的医疗保险待遇、医疗救助待遇。

第十八条　有关单位、组织和个人应当如实提供所需情况，积极配合残疾退役军人医疗保障的调查核实工作。

第十九条　各地应当积极完善基本医疗保险、大病保险、医疗救助、工伤保险、优抚对象医疗补助“一站式”费用结算信息平台建设，努力实现资源协调、信息共享、结算同步，减轻残疾退役军人医疗费用垫付压力。

第二十条　各地退役军人事务、财政、人力资源社会保障、卫生健康、医疗保障部门可以根据本办法并结合本地区实际情况制定实施办法，切实保障残疾退役军人医疗待遇的落实。

第二十一条　本办法由退役军人事务部会同财政部、人力资源社会保障部、国家卫生健康委、国家医保局以及中央军委后勤保障部解释。

第二十二条　本办法自印发之日起施行。2005 年 12 月 21 日民政部、财政部、原劳动和社会保障部印发的《一至六级残疾军人医疗保障办法》同时废止。

退役军人事务部等12部门关于引导和鼓励民营企业招用自主就业退役军人的意见

退役军人部发〔2022〕6号

各省、自治区、直辖市及新疆生产建设兵团退役军人事务厅（局）、党委统战部、教育厅（教委、局）、科技厅（委、局）、工业和信息化主管部门、人力资源社会保障厅（局）、自然资源厅（局）、市场监管局（厅、委）、银保监局、工商联；中国人民银行上海总部，各分行、营业管理部，各省会（首府）城市中心支行，各副省级城市中心支行；各军种后勤部，战略支援部队参谋部，联勤保障部队战勤部，军事科学院、国防大学管理保障部，国防科技大学供应保障部，武警部队后勤部：

为贯彻习近平总书记关于退役军人工作重要论述和民营经济发展的重要指示精神，落实党中央、国务院有关决策部署，促进退役军人到民营企业就业、更好实现自身价值和社会价值，助力民营经济高质量发展，现就引导和鼓励民营企业招用自主就业退役军人提出以下意见：

一、深化思想认识

退役军人为国防和军队建设作出了重要贡献，是社会主义现代化建设的重要力量。促进退役军人更加充分更高质量就业，是实现“让军人成为全社会尊崇的职业”的必然要求，是助推退役军人由军事人力资源向经济社会发展重要力量转化的有效途径，是维护退役军人合法权益和社会大局稳定的重要举措。民营企业是创造社会财富的重要市场主体，是推进经济建设发展的重要力量，是吸纳就业的重要渠道。尊重、关爱退役军人是全社会的共同责任，军地有关部门都有在各自职责范围内做好退役军人保障工作的义务。通过制定就业优先政策，完善调控手段，强化货币、投资、消费、产业、区域等支持，引导鼓励民营企业招用退役军人，既有助于优化企业职工队伍结构、增强企业竞争力，又有助于提升退役军人获得感、幸福感、荣誉感，为加强国防和军队建设、维护社会大局稳定作出积极贡献。

二、加大政策支持力度

（一）加大职业培训力度。鼓励符合条件、积极吸纳自主就业退役军人的民营企业与职业院校合作开展“现代学徒制”培养，引导其用好职业院校、自身培训机构（基地）和培训资源对自主就业退役军人开展订单、定岗、定向式职业技能培训。鼓励民营企业通过“企业新型学徒制”模式吸纳更多自主就业退役军人，按规定享受职业培训补贴。对符合条件的民营企业，招用自主就业退役军人达到一定比例的，在同等条件下优先入选退役军人教育培训承训机构黄页(目录)，提高社会影响力。

（二）加强项目扶持。鼓励符合条件的退役军人创办中小企业和积极招用自主就业退役军人的民营中小企业参与“专精特新”中小企业培育及科技型中小企业评价等，并按规定享受相关政策。军队系统在更新完善有关供应商目录时，招用自主就业退役军人达到一定比例的企业和退役军人创办并积极招用自主就业退役军人就业的企业，可在同等条件下优先入围。

（三）优化供地保障。各地在认定民营重大产业项目时，符合条件且招用自主就业退役军人达到一定比例的民营企业，同等条件下优先考虑，并按规定享受相关政策，优先使用相关土地计划指标。鼓励各地制定细则，将农村整治用地指标，优先用于符合条件的返乡入乡退役军人和招用自主就业退役军人达到一定比例的民营企业。积极推进工业用地弹性年期出让、长期租赁、先租后让、租让结合等供地方式，优先支持退役军人创办企业和招用自主就业退役军人达一定比例的民营企业发展，到期后同等条件下优先续约。

（四）降低要素成本。充分发挥全国退役军人就业创业信息平台作用，建立健全精准供需对接机制，定期举办民营企业线上线下招聘活动，为招用自主就业退役军人的民营企业设置专区，节约企业招聘成本。对招用自主就业退役军人达到一定比例的民营企业，按规定适当降低相关水、电、租金等费用，支持符合条件的民营企业参与电力直接交易，降低企业生产成本。

（五）强化金融支持。对退役军人自主创业符合条件的，按规定落实创业担保贷款政策。鼓励各地设立退役军人就业创业发展基金，积极发挥国家和地方中小企业发展基金作用，为招用自主就业退役军人达到一定比例的民营企业提供资金支持。鼓励商业银行发行小微企业专项金融债，拓宽小微信贷资金来源渠道，积极支持符合条件的退役军人创业就业相关小微企业。鼓励有条件的地方建立地方政府融资担保和风险补偿机制，为退役军人自主创业和吸纳自主就业退役军人比例较高的小微企业提供融资配套支持。

（六）落实税收优惠。各级退役军人事务部门要广泛深入宣传现行政策，深化与相关部门的沟通协作，充分发挥各级服务中心（站）就业创业扶持作用，依据《财政部　税务总局　退役军人部关于进一步扶持自主就业退役士兵创业就业有关税收政策的通知》（财税〔2019〕21 号）等政策文件，支持符合条件的自主就业退役军人创业企业和招用自主就业退役军人的民营企业按规定享受税收优惠。若相关政策调整，则按新的政策文件规定执行。

三、完善相关机制建设

（七）健全常态化沟通机制。鼓励各级退役军人事务部门会同相关部门，与积极招用退役军人就业的民营企业建立常态沟通机制，扩展沟通渠道和平台。指导行业商会和民营企业设立“企业退役军人就业服务中心（站）”，定期开展调研走访交流活动，深入了解企业生产经营状况和招用退役军人情况，协助企业发挥退役军人模范作用，助力企业纾困解难。

（八）完善荣誉激励机制。鼓励各级退役军人事务部门与优秀民营企业签订协议，开展就业合作，专招、直招退役军人。设立“退役军人就业合作企业光荣榜”，择优遴选积极招用自主就业退役军人的合作企业上榜宣传。对事迹突出的合作企业或企业家，积极纳入各级双拥模范、优秀中国特色社会主义事业建设者、退役军人工作先进单位（个人）等评选表彰范围。对积极招用自主就业退役军人并作出突出贡献的民营企业家，在工商联执委会等任职推选时，同等条件下优先考虑。

四、加强服务宣传工作

（九）持续优化服务。鼓励各地优先将支持退役军人就业的民营企业纳入公共服务平台网络服务范围，提供精准服务。充分发挥行业龙头企业作用，带动产业链中小企业协同开展技术创新，优先支持招用自主就业退役军人达到一定比例的企业发展新产业、新技术、新模式、新业态，带动退役军人转型提升。充分用好就业创业导师团队、行业协会商会专家团队等社会力量，为招用自主就业退役军人的企业在应对风险、转型升级、技术创新等方面提供专业咨询服务。

（十）加强典型宣传和引导。积极挖掘在民营企业就业的退役军人先进人物、民营企业招用退役军人的典型做法等，充分利用主流媒体和自媒体平台进行宣传推广，营造良好社会氛围。

本意见中所称自主就业退役军人，是指自主择业军转干部、复员干部、自主就业退役士兵。“招用自主就业退役军人达到一定比例”，是指参照《关于印发中小企业划型标准规定的通知》（工信部联企业〔2011〕300 号）（若有修订以最新标准为准），小微型企业招用自主就业退役军人（以签订 1 年以上劳动合同为准，下同）占总职工数 20% 以上；中型企业招用自主就业退役军人占总职工数 10% 以上；大型企业招用自主就业退役军人占总职工数的 5% 以上；职工人数超过 4000 人的大型企业，自主就业退役军人职工数达到 200 人以上的，可视同“达到一定比例”。各地可结合地区实际情况，在此基础上调整比例。

退役军人个体工商户和招用自主就业退役军人的个体工商户参照执行。

各地各部门要高度重视、上下配合，制定具体措施，科学设定标准，积极引导和鼓励民营企业招用退役军人，支持退役军人创业带动就业，实现退役军人更加充分更高质量就业。

2022 年 1 月 6 日

退役军人事务部　中国地方志指导小组 中央军委政治工作部　中央军委国防动员部 关于印发《退役军人名录和事迹载入地方志实施办法（试行）》的通知

退役军人部发〔2022〕40号

各省、自治区、直辖市退役军人事务厅（局）、地方志工作机构，新疆生产建设兵团退役军人事务局、兵团志办公室，各战区、各军兵种、军委机关各部门、军事科学院、国防大学、国防科技大学、武警部队政治工作部（局、处），各省军区（卫戍区、警备区）、新疆军区、西藏军区：

为贯彻落实《中华人民共和国退役军人保障法》，做好退役军人名录和事迹载入地方志工作，我们制定了《退役军人名录和事迹载入地方志实施办法（试行）》。现印发给你们，请遵照执行。

2022年5月12日

退役军人名录和事迹载入地方志实施办法（试行）

第一条　为更好地营造全社会尊崇军人职业的良好氛围，激励军人为国防和军队建设作出更大贡献，引导退役军人在社会主义现代化建设中发挥积极作用，依法规范记载退役军人名录和事迹，根据《中华人民共和国退役军人保障法》、《地方志工作条例》和地方志编纂相关规定，特制定本实施办法。

第二条　本实施办法所称退役军人，是指从中国人民解放军依法退出现役的军官、军士和义务兵等人员。

第三条　本实施办法所称地方志，包括地方志书、地方综合年鉴。

地方志书，是指全面系统地记述本行政区域自然、政治、经济、文化和社会的历史与现状的资料性文献。

地方综合年鉴，是指系统记述本行政区域自然、政治、经济、文化、社会等方面情况的年度资料性文献。

第四条　退役军人名录和事迹载入地方志（以下简称载入地方志），应坚持正确的政治方向和思想导向，坚持辩证唯物主义和历史唯物主义的立场、观点和方法，坚持与贡献匹配，遵循存真求实的原则，遵守地方志相关编纂规范要求。

第五条　退役军人事务部、中国地方志指导小组、中央军委政治工作部、中央军委国防动员部负责指导全国的载入地方志工作。

省级、地市级、县级人民政府退役军人事务部门会同同级地方志工作机构，省军区（卫戍区、警备区）、军分区（警备区）、县（市、区、旗）人民武装部负责本行政区域内的载入地方志工作。

各级退役军人服务中心（站）参与载入地方志具体事务性工作。

第六条　服现役期间符合下列条件的退役军人的名录和事迹，编辑录入地方志：

（一）参战退役军人；

（二）荣获二等功以上奖励的退役军人；

（三）获得省部级、战区级或者二级以上表彰的退役军人；

（四）其他符合条件的退役军人。

第七条　地方各级地方志工作机构应依据志书记述时限，结合本地实际，遵循编纂规范，将本行政区域内符合入志条件的退役军人名录和事迹，载入地方志书。

（一）省级志书应在人物志（卷、篇）采用人物简介、人物表（名录）等形式，或者在有关篇章采取以事系人的方式，记载本行政区域内获得勋章、荣誉称号的退役军人，荣立二等战功以上奖励的参战退役军人，荣立一等功以上奖励的退役军人，获得省部级、战区级或者二级以上表彰的退役军人。

（二）地市级志书应在人物篇或者相应章节

采用人物简介、人物表（名录）等形式，或者在有关篇章采取以事系人的方式，记载本行政区域内获得勋章、荣誉称号的退役军人，荣立三等战功以上奖励的参战退役军人，荣立二等功以上奖励的退役军人，获得省部级、战区级或者二级以上表彰的退役军人。

（三）县级志书应在人物篇或者相应章节采用人物简介、人物表（名录）等形式，或者在有关篇章采取以事系人的方式，记载本行政区域内获得勋章、荣誉称号的退役军人，参战退役军人，荣立二等功以上奖励的退役军人，获得省部级、战区级或者二级以上表彰的退役军人。

（四）已故退役军人事迹特别突出的，可采用人物传的形式载入相应级别的志书。

第八条　地方各级地方志工作机构参照本实施办法第七条第一、二、三、四项规定，将上年度本行政区域内退出现役的符合本实施办法第六条规定的退役军人的名录和事迹，以人物传、人物简介、人物表（名录）等形式分别载入省级、地市级、县级综合年鉴中。

第九条　符合载入条件的退役军人数量较多、地方志书无法承担记录任务的地区，应组织编纂退役军人志等分（专）志，鼓励和支持有条件的地区编写宣传退役军人先进典型事迹的地情书、地情资料等。

第十条　载入地方志书的一般以退役军人出生地为主，载入地方综合年鉴的一般以退役军人安置地为主。

第十一条　载入地方志工作按照明确要求、材料收集、联合审核、分级载入的程序开展。

第十二条　省级、地市级、县级人民政府退役军人事务部门会同同级地方志工作机构，省军区（卫戍区、警备区）、军分区（警备区）、县（市、区、旗）人民武装部明确载入本级地方志的条件、方式等要求，并进行广泛宣传。

第十三条　省级、地市级、县级退役军人服务中心结合信息采集、建档立卡、送喜报、安置接收等工作，收集汇总本行政区域内符合入志条件的退役军人相关材料。

符合入志条件的退役军人，也可由本人向县级退役军人服务中心提出载入地方志申请并提供相应材料。

第十四条　省级、地市级、县级人民政府退役军人事务部门会同同级地方志工作机构，省军区（卫戍区、警备区）、军分区（警备区）、县（市、区、旗）人民武装部联合审核相应级别退役军人服务中心收集汇总的材料和退役军人的个人申请材料，重点审核是否符合入志条件、是否符合真实情况、是否符合保密要求等。

第十五条　省级、地市级、县级人民政府退役军人事务部门应在联合审核前，就拟载入地方志的退役军人名录和事迹征求相应级别的纪检监察机关和组织、司法行政等部门意见，并向相应级别的公安部门查询有关情况。

第十六条　省级、地市级、县级人民政府退役军人事务部门要会同省军区（卫戍区、警备区）、军分区（警备区）、县（市、区、旗）人民武装部对拟载入地方志的退役军人名录和事迹进行保密审查，确保符合保密规定。

第十七条　通过联合审核并符合保密要求的，经县级退役军人服务中心征得本人同意后，由相应级别地方志工作机构载入地方志。

对已故退役军人，应结合亲属或者相关人员意见，经参与联合审核的退役军人事务部门确认后，由相应级别地方志工作机构载入地方志。

个人申请未通过联合审核的，接受申请的退役军人服务中心应及时告知申请人。

第十八条　省级、地市级、县级地方志工作机构应对入志材料的提交、审核、审查、反馈时间等作出具体规定，保证地方志书编修进度和地方综合年鉴编纂出版的时效性。

第十九条　省级、地市级、县级人民政府退役军人事务部门应定期评估已载入地方志的退役军人，在征求相应级别的纪检监察机关和组织、司法行政等部门意见，并向相应级别的公安部门查询有关情况后，会同同级地方志工作机构，适时修订退役军人名录和事迹。

第二十条　省级、地市级、县级人民政府退役军人事务部门和地方志工作机构，省军区（卫戍区、警备区）、军分区（警备区）、县（市、区、旗）人民武装部要加强沟通，明确工作机制，加强统筹协调和工作联动，加大宣传力度。

省级退役军人事务部门和地方志工作机构、省军区（卫戍区、警备区）要依据本实施办法细化具体要求，并负责指导落实。

第二十一条　中国人民武装警察部队依法退出现役的警官、警士和义务兵等人员，适用本实施办法。

第二十二条　文职干部和依法退出现役的军队院校学员适用本实施办法。

第二十三条　参试退役军人参照本实施办法中参战退役军人的规定执行。

第二十四条　退役军人非服现役期间的表现载入地方志，按照地方志编纂相关规定执行。

第二十五条　本实施办法由退役军人事务部、中国地方志指导小组、中央军委政治工作部、中央军委国防动员部负责解释。

第二十六条　本实施办法自印发之日起施行。

退役军人事务部　财政部关于印发《逐月领取退役金退役军人服务管理规定》的通知

退役军人部发〔2022〕43号

各省、自治区、直辖市及计划单列市、新疆生产建设兵团退役军人事务厅（局）、财政厅（局）：

为规范逐月领取退役金退役军人服务管理工作，现将《逐月领取退役金退役军人服务管理规定》印发给你们，请遵照执行。

各地在执行过程中如遇有新情况新问题，请及时报告。

2022年5月23日

逐月领取退役金退役军人服务管理规定

第一章　总　则

第一条　为规范逐月领取退役金退役军人服务管理工作，根据《中华人民共和国退役军人保障法》《退役军人逐月领取退役金安置办法》等法律政策，制定本规定。

第二条　本规定所称逐月领取退役金退役军人，是指按照《退役军人逐月领取退役金安置办法》退出现役并以逐月领取退役金方式安置的军队退役人员。

第三条　逐月领取退役金退役军人服务管理工作坚持政治引领、关心关爱、服务优先、依法管理的原则。

第四条　逐月领取退役金退役军人服务管理坚持党的领导，由退役军人事务部门主管，退役军人服务中心、站(以下统称退役军人服务机构)组织实施。

退役军人事务部门负责逐月领取退役金退役军人服务管理工作，及时协调解决问题，监督检查相关法规政策落实情况。

退役军人服务机构承担逐月领取退役金退役军人日常服务管理工作。

第二章　服务管理内容

第五条　退役军人事务部门、退役军人服务机构应当加强对逐月领取退役金退役军人的思想政治教育和保密教育提醒，引导其继续发扬人民军队优良传统，坚决拥护党的路线方针政策，模范遵守宪法和法律法规，永葆政治本色。

第六条　退役军人服务机构应当协助所在街道、乡镇党组织加强对逐月领取退役金退役军人党员的教育管理，督促履行党员义务。

逐月领取退役金退役军人党员所在党组织每年对其参加组织生活、缴纳党费及日常表现等情况提出的评定意见，可作为退役军人事务部门确定其政治荣誉、优待服务的参考依据。

第七条　接收安置工作实行先转接党员组织关系、后办理报到手续的程序。市、县级退役军人事务部门、退役军人服务机构应当主动协调相关部门组织做好逐月领取退役金退役军人党员组织关系转接、办理落户、社会保险关系转接、住房公积金转接、预备役登记、开设银行账户等工作。有条件的地方提供“一站式”服务，提高办事效率，优化服务质量，方便逐月领取退役金退役军人办理接收安置手续。

第八条　县级退役军人事务部门、退役军人服务机构应当做好逐月领取退役金退役军人人事档案存放工作，建立健全入档、保管、查阅、复制、转接等制度，定期开展档案安全检查，按照规定建立数字档案。

第九条　市、县级退役军人服务机构应当建

立逐月领取退役金退役军人年度登记审核制度，每年1月至3月采取现场或互联网的方式对逐月领取退役金退役军人提供的参加党组织生活、参加社团、出入国境、奖惩情况等信息进行审核。对年度登记审核通过的，按规定落实相关待遇；对年度登记审核未通过的，及时通知逐月领取退役金退役军人补正有关信息；对发现的苗头性问题，及时约谈提醒、教育引导。

第十条　退役军人事务部门按照有关规定为逐月领取退役金退役军人发放和调整退役金。

第十一条　退役军人事务部门在接收逐月领取退役金退役军人时举行迎接仪式，按国家有关规定组织逐月领取退役金退役军人参加重大庆典活动、对有突出贡献的给予表彰奖励，协调有关部门将符合条件的逐月领取退役金退役军人编入地方志。

第十二条　退役军人事务部门、退役军人服务机构落实常态化联系退役军人制度，定期联系逐月领取退役金退役军人，开展走访慰问活动，及时掌握思想、工作、生活等情况，传递党和政府的关心关爱。

对患有严重疾病、遭遇重大突发情况等导致生活困难的逐月领取退役金退役军人，按规定给予帮扶援助。

第十三条　退役军人事务部门、退役军人服务机构扶持逐月领取退役金退役军人就业创业，鼓励其结合自身优势，在基层治理、稳边固边、国防教育、志愿服务等方面发挥积极作用。

第三章　服务管理方式

第十四条　退役军人服务机构应当建立健全逐月领取退役金退役军人服务管理工作制度，不断提升服务管理水平。

第十五条　退役军人服务机构应当完善服务管理网络，发挥服务站点末梢作用，探索开展网格化管理，实现逐月领取退役金退役军人服务管理的全覆盖。

第十六条　退役军人服务机构应当按照退役军人事务部门制定的规范标准，推进服务管理工作的标准化建设，确保规范运行。

第十七条　退役军人事务部门、退役军人服务机构应当加强信息化建设，发挥安置服务管理信息系统等信息化平台作用，提高服务管理效能。

第十八条　逐月领取退役金退役军人已就业的，退役军人服务机构引导用人单位依据国家法律政策做好服务管理工作、及时告知重要情况。

第十九条　退役军人服务机构鼓励和支持逐月领取退役金退役军人加强自我教育、自我服务、自我管理，可以遴选政治过硬、身体健康、经验丰富、能力较强的逐月领取退役金退役军人在自我服务管理中发挥带头作用。

第四章　服务管理保障

第二十条　退役军人事务部门、退役军人服务机构应当加强自身队伍建设，县级以上退役军人服务中心明确责任处（科）室、乡镇（街道）退役军人服务站明确专人负责相关服务管理工作。有条件的地方可以引进专业化社会服务力量提升服务效能。

第二十一条　退役军人事务部门、退役军人服务机构应当加强能力建设，通过政治教育、业务培训、岗位练兵等方式，提升工作人员思想政治素质、政策业务水平和服务管理能力。

第二十二条　逐月领取退役金退役军人服务管理经费，由中央和地方按照财政事权和支出责任划分分别承担，用于服务管理相关工作。

第二十三条　退役军人事务部门应当建立逐月领取退役金退役军人服务管理工作考核评价制度，纳入年度工作绩效和领导班子考核。对做出突出贡献的单位和个人，按照国家有关规定给予表彰、奖励。

第二十四条　退役军人事务部门、退役军人服务机构应当加强对工作人员的作风纪律监督，引导其树牢满腔热忱为退役军人服务的意识。对政策落实不到位、工作推进不力的单位和人员，按照相关规定追究责任。

第五章　附　则

第二十五条　本规定由退役军人事务部、财政部负责解释。

第二十六条　本规定自发布之日起施行。

退役军人事务部　教育部　人力资源社会保障部 关于促进优秀退役军人到中小学任教的意见

退役军人部发〔2022〕46号

各省、自治区、直辖市退役军人事务厅（局）、教育厅（教委）、人力资源社会保障厅（局），新疆生产建设兵团退役军人事务局、教育局、人力资源社会保障局：

为深入贯彻落实习近平总书记关于教育和退役军人工作重要论述，拓宽退役军人就业渠道，加强中小学教师队伍建设，落实立德树人根本任务，努力培养担当民族复兴大任的时代新人，现就促进优秀退役军人到中小学任教有关工作提出如下意见。

一、深刻认识重要意义

（一）优秀退役军人是充实中小学教师队伍的重要力量。退役军人政治信念坚定，使命责任强烈，作风素养过硬，在传承红色基因、为党和人民培养可靠接班人方面具有独特优势。部分优秀退役军人在部队练就了“会讲、会做、会教、会做思想工作”的基本功，具备担任中小学教师的潜质，成为充实中小学教师队伍的重要力量。

（二）促进优秀退役军人到中小学任教是推动新时代教育事业发展的重要举措。青少年是祖国的未来，民族的希望。在基础教育阶段，加强思想品德培养、引导价值观养成格外重要。吸收优秀退役军人担任中小学教师，有利于推动落实立德树人根本任务，助力改善中小学教师队伍学科结构和性别比例，不断提升优化育人环境、促进青少年全面发展。

（三）促进优秀退役军人到中小学任教是做好新时代退役军人工作的重要途径。拓宽了退役军人就业渠道，实现了退役军人高质量就业，促进了退役军人思想稳定，有助于继续发挥退役军人优势，弘扬勤勉敬业、乐于奉献的潜心育人精神，实现退役军人由军事人才向经济社会建设人才的转变，在新事业新岗位上贡献力量。

二、实施师范专业人才培养

（四）扩充师范专业教育机会。符合条件的退役军人参加高考按规定享受加分照顾。支持有条件的高校优化招生结构，扩大师范类学科“退役大学生士兵”专项硕士研究生招生计划、专升本的退役大学生士兵招生计划。按规定做好退役大学生士兵复学转专业等工作，优先开放师范类专业并提供专业补习等帮助。退役军人报考专升本师范专业，各地可结合相关人才培养实际，合理确定对应专业范围。各省（区、市）可结合实际依托本地师范类、体育类高等院校开设退役军人师范教育、体育专业专修班。在读师范专业退役大学生士兵按规定享受学生资助政策。

（五）提供教育教学能力专项培训。依托师范院校对符合基础条件且有从教意愿的退役军人开展教育教学能力专项培训。鼓励省际联合开展专项培训，共享优质教育资源。结合退役军人特点，着重培训思想政治、国防教育、体育等任教专业。符合教师资格考试报名条件的退役军人均可申请参加。

三、畅通任教发展通道

（六）支持到中小学任教。各地在制订中小学教师招聘计划时，可面向退役军人单列计划。综合考虑服役年限等因素对退役军人相应放宽年龄限制，并在教师招聘公告中予以明确。退役军人在服役前1年内取得中小学教师资格考试合格证明的凭入伍通知书、退役证书等相关材料，教师资格考试合格证明有效期可延长2年。有条件的地方将退役军人教师纳入教职工编制“周转池”制度。相关地区可结合特岗计划、“三支一扶”、“西部计划”等高校毕业生基层服务项目，支持鼓励符合条件的退役军人毕业生优先到中小学任教。

（七）支持多元化发展。中小学校要遵循教师成长规律，加强退役军人教师的专业培训和跟踪培养，配备优秀骨干教师传帮带；要发挥好退役军人教师优势，在爱国主义、集体主义、中国特色社会主义教育，在理想、道德、纪律、法治、国防和民族团结教育中提供施展才能的舞台空间，巩固学校思想文化阵地，加强国家安全教育。退役军人教师的服役年限按照国家有关规定计算养老保险缴费年限。绩效工资分配、职称评定、岗位晋级考核中，要综合考虑退役军人教师的教学业绩、教书育人实效以及对学校的贡献作用，全面客观评价，体现激励导向。

中小学行政、工勤空岗优先接收安置政府安排工作的退役军官和退役士兵。将获得教师资格的退役军人纳入中小学兼职体育教师选聘范围。鼓励退役军人在学校军训任务中担任军训教官。鼓励为学校提供安保服务的相关企业聘用更多退役军人，并兑现有关吸纳退役军人就业企业的优惠政策。

四、加强组织领导

（八）建立健全工作机制。各地要在当地党委教育工作领导小组领导下建立健全促进优秀退役军人到中小学任教工作机制，高位推动工作。要结合实际提出落实措施，深化政策统筹，处理好改革、发展和稳定关系，设计衔接好选拔、培养、聘用、发展各个环节。要强化各级各部门之间信息沟通共享，建立定期会商机制，推动解决重点难点问题。

（九）明确责任分工。各有关部门要加强协同配合，形成工作合力。地方各级退役军人事务部门负责宣传动员、摸清底数、审核退役军人身份，引导退役军人结合自身实际积极参加中小学教师招聘。地方各级教育部门、人力资源社会保障部门负责指导师范院校和中小学校制定培养和招聘计划，督促师范院校和中小学校落实各项倾斜政策。

（十）加强经费保障。地方各级退役军人事务部门将教育教学能力专项培训纳入退役军人教育培训补助项目范围，合理统筹使用经费，提高资金使用效率。地方各级教育部门要保障师范专业退役军人学生资助等相关经费。

（十一）实施督查检查。地方各级退役军人事务、教育、人力资源社会保障部门定期组织联合督查检查，将是否落实倾斜政策、建立长效工作机制、形成人才培养体系作为检查内容。检查结果作为评价履行教育、退役军人事务职责和对学校实施绩效奖励、评优评先等方面的重要参考依据。

2022 年 6 月 14 日

退役军人事务部等4部门关于印发《优抚对象医疗保障办法》的通知

退役军人部发〔2022〕49号

各省、自治区、直辖市退役军人事务厅（局）、财政厅（局）、卫生健康委、医保局，新疆生产建设兵团退役军人事务局、财政局、卫生健康委、医保局：

现将《优抚对象医疗保障办法》印发给你们，请遵照执行。

2022年6月16日

优抚对象医疗保障办法

第一条　为保障优抚对象医疗待遇，切实解决优抚对象医疗困难问题，根据《中华人民共和国退役军人保障法》《中华人民共和国军人地位和权益保障法》《军人抚恤优待条例》等有关规定，制定本办法。

第二条　本办法适用于享受国家定期抚恤补助的在乡复员军人、参战退役军人、参试退役军人、带病回乡退役军人、烈士遗属、因公牺牲军人遗属、病故军人遗属。以上人员在本办法中简称优抚对象。

第三条　坚持待遇与贡献匹配、普惠与优待叠加原则，优抚对象按规定参加基本医疗保险并享受相应的医疗救助、医疗补助和医疗优待。

第四条　优抚对象按照属地原则相应参加职工基本医疗保险、城乡居民基本医疗保险等，享受国家基本医疗保障。各地要进一步健全完善优抚对象医疗补助制度，保障水平应与当地经济发展水平和财政承受能力相适应，保证优抚对象现有医疗待遇不降低。优抚对象就医按规定享受优惠和照顾。

第五条　已就业的优抚对象，参加职工基本医疗保险，按规定缴费。当地退役军人事务部门应督促优抚对象所在单位按规定缴费，所在单位确有困难的，各地应通过多渠道筹资帮助其缴费。

第六条　未就业的优抚对象，可按规定参加基本医疗保险。符合城乡医疗救助资助参保条件的优抚对象，由其户籍所在地医疗保障部门通过城乡医疗救助基金对其参加城乡居民基本医疗保险的个人缴费部分给予补贴。其他参加城乡居民基本医疗保险个人缴费确有困难的优抚对象，可由其户籍所在地政府安排资金帮助缴费。

第七条　参加上述基本医疗保障制度但个人医疗费用负担较重的优抚对象，按规定享受城乡医疗救助和优抚对象医疗补助。

第八条　优抚对象按规定在户籍所在地享受优抚对象医疗补助，医疗补助所需资金由当地退役军人事务部门根据本地经济发展水平、财政承受能力、优抚对象医疗费实际支出等因素测算，经同级财政部门审核确定后，列入当年财政预算。各地应通过财政预算安排、社会捐赠等多种渠道，筹集优抚对象医疗补助资金。医疗补助资金单独列账。

第九条　优抚对象到医疗机构就医时按规定享受优待服务。优抚对象在优抚医院享受优惠体检和优先就诊、检查、住院等服务，并免除普通门诊挂号费。

鼓励和引导医疗机构自愿减免有关医疗服务费用。

第十条　各地应当积极推进基本医疗保险、大病保险、医疗救助、优抚对象医疗补助“一站式”费用结算，努力实现资源协调、信息共享、结算同步，减轻优抚对象医疗费用垫付压力。

第十一条　医疗机构应公开对优抚对象优先、优惠的医疗服务项目；完善并落实各项诊疗规范和管理制度，合理检查、合理用药、合理诊疗、合理收费。医保定点医疗机构应严格执行医保药品、医用耗材和医疗服务项目等目录，优先配备使用医保目录内药品。

第十二条　优抚对象医疗保障工作由退役军人事务、财政、卫生健康、医疗保障等部门管理并组织实施，各部门应密切配合，切实履行各自职责。

第十三条　退役军人事务部门应当严格优抚对象的审核工作，组织发放优抚对象医疗补助，会同有关部门做好优抚对象医疗补助结算，研究处理医疗保障工作中遇到的具体问题；按预算管理要求编制年度优抚对象医疗补助资金预算，报同级财政部门审核；采取有效措施，确保优抚对象医疗补助资金按规定使用。

第十四条　财政部门应合理安排优抚对象医疗补助资金，并会同有关部门加强资金管理和监督检查。省级财政要切实负起责任，减轻基层压力。中央财政按规定对优抚对象医疗保障经费给予适当补助。

第十五条　卫生健康部门应组织医疗机构为优抚对象提供优质医疗服务；加强对医疗机构的监督管理，规范医疗服务，提高服务质量，保障医疗安全；支持、鼓励和引导医疗机构制定相关优待服务政策，落实优质服务措施。

第十六条　医疗保障部门应将符合条件的优抚对象纳入职工基本医疗保险、城乡居民基本医疗保险、医疗救助制度覆盖范围；做好已参保优抚对象的医疗保障服务管理工作，按规定保障参保优抚对象享受相应的医疗保险、医疗救助待遇。

第十七条　有关单位、组织和个人应如实提供所需情况，积极配合优抚对象医疗保障的调查核实工作。

第十八条　各省、自治区、直辖市退役军人事务、财政、卫生健康、医疗保障部门可以根据本办法并结合本地区实际制定具体实施办法，切实保障优抚对象医疗待遇的落实。具有双重或多重身份的优抚对象，按照就高原则享受医疗待遇。

第十九条　本办法由退役军人事务部会同财政部、国家卫生健康委和国家医保局解释。

第二十条　本办法自印发之日起施行。2007年7月6日民政部、财政部、原劳动和社会保障部、原卫生部印发的《优抚对象医疗保障办法》同时废止。

退役军人事务部　教育部　共青团中央　全国少工委关于用好烈士褒扬红色资源　加强青少年爱国主义教育的意见

退役军人部发〔2022〕50号

各省、自治区、直辖市退役军人事务厅（局）、教育厅（教委）、团委、少工委，新疆生产建设兵团退役军人事务局、教育局、团委、少工委：

为贯彻习近平总书记关于烈士褒扬工作重要指示精神，落实中共中央办公厅、国务院办公厅、中央军委办公厅《关于加强新时代烈士褒扬工作的意见》精神，推进党史学习教育常态化长效化，引导广大青少年自觉缅怀、纪念、尊崇、学习英雄烈士，厚植爱党、爱国、爱社会主义的情感，让红色血脉、革命薪火代代相传，现就用好烈士褒扬红色资源，加强青少年爱国主义教育提出如下意见。

一、工作目标

以习近平新时代中国特色社会主义思想为指导，深入贯彻习近平总书记关于烈士褒扬工作重要指示精神，通过英烈事迹和精神，加强青少年革命传统和红色文化教育，使红色基因渗进血脉、浸入心扉，引导广大青少年树立正确世界观、人生观、价值观，始终坚定中国特色社会主义理想信念，努力成为合格的社会主义接班人。

二、积极发挥烈士纪念设施红色教育阵地作用

积极把烈士纪念设施建设成大学生思政课教学基地、少先队实践教育营地（基地），条件具备的开辟队室等少先队活动阵地。定期组织青少年参观瞻仰烈士纪念设施，提倡入队、入团、成人仪式在烈士纪念设施举行。依托烈士纪念设施开展“少年军校”、“少年警校”、“向身边的英烈献束花”、“清明祭英烈”及开学教育、团队日等活动，推出“清明网络祭扫”活动，推动共青团、少先队活动与祭扫纪念活动深度融合。建立烈士纪念设施与周边大中小学共建机制，支持聘任烈士纪念设施保护单位、管理单位党员干部和烈属为少先队校外辅导员，大力吸收大中学生中共青团员以及少先队员担任志愿红色宣讲员、文明引导员，参与烈士纪念设施保护、讲解宣传和秩序维护等工作。支持高校与烈士纪念设施保护单位联合开展实践育人，组织研发烈士纪念场所中的

思政课，将大学生参加英烈讲解等志愿服务计入实践总学分（学时）。

三、助力英烈精神研究和宣传

充分发挥高等院校、研究机构专业优势，调动广大青少年积极性，开展英烈精神、事迹研究，提升讲解水平。推动“红领巾讲解员”实践体验活动在国家级、省级烈士纪念设施“全覆盖”，倡导少先队员就近在烈士纪念设施开展参观寻访、志愿讲解等活动。依托高等院校、研究机构，发动党史、军史等专业学者和青少年研究者从事英烈精神志愿研究，帮助做好英烈遗物、家书、史料等收集保护，编纂完善烈士英名录，参与健在英雄模范、老同志口述历史等抢救性工程，深入挖掘英烈事迹，丰富英烈精神内涵。充实讲解力量，支持共青团员、少先队员和青年志愿者在烈士纪念设施开展志愿英烈讲解活动，充分发挥青少年朝气蓬勃的特点，鼓励其创新讲解方式，依托新媒体等平台扩大英烈精神传播力、影响力。

四、深化英烈精神教育实践进学校、进社区

在少先队活动课中将英烈事迹和精神作为加强少先队员爱国主义、集体主义、社会主义教育的重要内容，结合各地乡土教育、地方史教育，引导青少年关注、研究、学习“身边的英烈”。推动致敬英烈实践进社区，将英烈精神教育实践作为校外共青团、少先队工作的重要抓手，将关爱慰问帮扶烈属作为少先队活动和青年志愿者服务的重要内容，鼓励青少年开展诵读烈士家书、讲述红色经典故事、致敬身边烈属等活动，经常性到烈属家庭提供志愿服务，支持烈属任所在社区少先队辅导员。积极推动在“少年军校”“全国青少年教育基地”等品牌实践活动中，将纪念英烈仪式列为“少年军校”检阅式、大比武等较大规模活动的必须环节，在相关主题夏令营、假日营、周末营、社区军事游戏、训练竞赛等实践活动中，用好烈士纪念设施、烈士故居、军史馆等阵地，发挥好烈属、英雄连队宣讲英烈精神的激励作用。校内外少先队组织可结合实际，以英雄烈士命名少先队大、中、小队。

五、加强对在校烈士子女的关心关爱

建立常态化组织烈士子女参加夏（冬）令营、参访军营和爱国主义教育基地等教育、培养机制，退役军人事务部门会同教育部门、团委、少工委按年度制订工作计划，采取定期红色游学和经常性祭扫缅怀活动相结合的方式，保证每位烈士子女每年参加一次夏（冬）令营。大中小学校要将关心关爱在校烈士子女作为一项重要任务来抓，准确掌握本校在校烈士子女学业发展、职业规划和家庭经济等情况，关注了解在校烈士子女思想和心理状况，落实好烈士子女教育优待政策，及时帮助解决在校烈士子女学习、生活上遇到的困难。大中小学校班主任、辅导员要加强与在校烈士子女的联系交流，随时掌握其思想动态和成长情况。学校要主动对接在校烈士子女，为其发放助学金或生活补助。鼓励社会资金捐助设立面向在校烈士子女的专项奖学金，高等院校在

评定国家奖学金和其他社会捐助奖学金时，同等条件下优先考虑在校烈士子女。学校团委、少工委要积极搭建社会活动平台，鼓励在校烈士子女积极参与志愿服务、社会实践等活动。高等院校就业指导机构要加大对在校烈士子女就业指导和帮扶，坚持一人一策、专项推动，帮助在校烈士子女制定职业发展规划，推荐其就业。

六、强化组织协调

各级退役军人事务部门、教育部门、团委、少工委要切实提高政治站位，建立健全工作协调制度，共同研究推进用好烈士褒扬红色资源，加强青少年爱国主义教育工作。退役军人事务部门要加强烈士纪念设施管理维护，提升宣教功能，主动与教育部门、团委、少工委积极对接，为广大青少年开展纪念缅怀活动、接受爱国主义教育提供坚实保障。教育部门、团委、少工委要将烈士褒扬工作与高校思政教育、团员队员爱国主义教育充分融合，一体谋划。相关部门要加强宣传工作协调联动，选取在韩志愿军烈士遗骸迎回安葬、烈士纪念日公祭活动等重大缅怀纪念活动和重大纪念主题，联合开发宣传产品，组织开展专项主题校园活动、团队活动，依托新媒体矩阵加强宣传传播，扩大影响力，营造缅怀学习英烈、传承弘扬红色文化的浓厚氛围。

2022 年 6 月 20 日

退役军人事务部等6部门关于进一步做好移交政府安置的军队离休退休干部养老服务工作的通知

退役军人部发〔2022〕61号

各省、自治区、直辖市及计划单列市、新疆生产建设兵团退役军人事务厅（局）、发展和改革委员会、民政厅（局）、财政厅（局）、住房和城乡建设厅（委、局）、卫生健康委员会：

为贯彻落实习近平总书记关于老龄工作重要指示精神，更好满足移交政府安置的军队离休退休干部（以下简称军休干部）养老需要，根据《中华人民共和国老年人权益保障法》《中华人民共和国退役军人保障法》《中共中央 国务院关于加强新时代老龄工作的意见》《中共中央办公厅　国务院办公厅印发〈关于推进基本养老服务体系建设的意见〉的通知》等法律政策规定，现就做好军休干部养老服务工作通知如下。

一、提供居家养老便利

军休机构要发挥统筹协调作用，与优质的养老服务机构、家政服务企业、物业服务企业及一站式服务平台签约合作，为军休干部提供生活照料、家务料理、精神慰藉、便民维修等上门服务。建立完善定人包户制度，开展常态化探访关爱联系。组织军休干部互助式养老，倡导战友结对，开展邻里帮扶。引导成年子女与军休干部就近居住或共同生活，依法履行赡养义务，承担照料责任。

二、发展融入社区养老

对军休干部集中居住的，军休机构要充分挖掘和利用军休机构用房，引入专业养老服务资源，因地制宜新建和改造养老服务设施，设立日间照料室开展服务，引进安全卫生、价格公道的老年食堂或老年餐桌，提供助餐服务，并给予价格优惠。对军休机构用房不具备条件或军休干部分散居住的，军休机构要加强与所在街道（社区）协调对接，让军休干部就近就便享受街道（社区）的养老照护、生活服务等资源。

三、积极推进机构养老

养老机构要落实国家关于退役军人在养老方面的优待政策，为符合条件的军休干部养老提供方便。安置人数较多的地区，可以利用规模较大的军休机构用房，与优质专业的养老机构合作建设军休干部养老机构，科学设定入住条件，为军休干部提供质优价廉的养老服务。军休机构应定期探望慰问入住养老机构的军休干部，了解掌握思想生活情况。军休机构引入的养老机构按规定享受安置地政府优惠政策，遵守国家和地方关于养老机构的规定，加强食品卫生、消防管理、应急处置能力建设，确保安全运行。

四、大力发展医养结合

军休机构要与医疗卫生机构建立合作机制，加强与康复医疗、护理、安宁疗护等接续性医疗机构联系协作。军休机构要在有条件的军休干部集中居住小区，积极协调综合性医院设置医疗机构，引入社区卫生服务机构，提供常见病诊治、慢性病管理、中医保健养生等服务。具备条件的优抚医院、康复医院、疗养院可利用现有富余资源为军休干部提供医养结合服务。军休机构要引导军休干部与家庭医生团队签约，解决个性化医疗服务需求。鼓励军休干部参加健康照护、补充医疗、意外伤害等适老性强的商业保险。

五、提高健康服务水平

加强军休干部健康促进工作，开展形式多样的健康教育活动，普及健康知识，提高健康素养，倡导健康生活方式。优先将军休干部纳入老年口腔健康、老年营养改善和老年人失智防治等项目。落实军休干部年度体检制度，与医院、体检机构等合作建立连续性健康档案，提供健康指导。开展军休干部荣誉疗养，有条件的地方打造军休疗养基地。关注军休干部心理健康，引导社会组织、社会工作专业力量、志愿者提供心理疏导、情感慰藉等服务。

六、完善养老服务设施

结合军休老旧小区改造等工程实施，统筹推进加装电梯以及信息化设施、服务场所等适老化改造，加强楼院绿化美化亮化建设，建成一批示范性老年友好型军休小区。军休机构用房新建、改建时，要突出适老功能，创造安全舒适的老年人活动场所。鼓励和引导军休干部对住宅内部实施无障碍和适老化改造。

七、推动智慧养老服务

将军休干部优先纳入安置地智慧养老服务体系，动态掌握养老服务需求，有效匹配养老供给。依托网络“军休所”开发应用“互联网+军休干部养老”服务模块，加强军休干部数字化培训，提高网络运用普及率，解决运用智能技术困难问题。创建智慧军休机构，加装智能化安防设备，提高服务信息化水平。引导社会力量为军休干部配备康复训练、行为辅助、健康理疗和安全监护等养老服务终端。采取搭建网上约车服务平台等措施，提供便捷出行服务。

八、突出养老服务重点

在军休干部养老服务工作中，要将失能（含失智）、高龄、独居、空巢等军休干部作为重点对象，建立台账，掌握需求，统筹利用各类资源优先优惠提供服务。军休机构要对高龄的独居军休干部每天至少联系 1 次，为有需求的失能（含失智）、独居军休干部配备智能养老设备，实现一键报警、远程监护。协调有条件的医疗卫生机构、养老机构为失能（含失智）、高龄、重病等行动不便的军休干部提供家庭病床、上门巡诊等居家医疗护理、康复治疗和养老照护服务。

九、有效促进社会参与

依托现有资源加强军休老年大学建设，线上线下融合，扩大教学供给，提升办学水平，不断满足军休干部终身学习需求。建好文体活动场地，完善文体设施，营造无障碍文体环境，方便军休干部使用。培育军休文化体育队伍，广泛开展文体活动，提高参与率和质量。发掘整理“口述历史”，编纂军休特色史料。培塑军休文化品牌，创作军休文艺精品。发挥军休干部优势作用，打造军休智库，组建红色宣讲团、医疗义诊队、文艺服务队等志愿者队伍，开展常态化军休志愿服务。

各相关部门要充分认识军休干部养老服务工作的重要意义，进一步提高政治站位，加强组织领导，解决难点问题，做好措施配套、宣传解读、业务指导、人员培训等工作。要充分调动各方积极因素，形成党领导下的部门协作、社会参与、家庭支持、个人作为的军休干部养老服务新格局。要加强军休经费保障，按规定用好财政安排的军休经费，鼓励社会加大投入，引导个人合理消费，建立政府、社会、市场、个人等多主体分担机制。退役军人事务部门要切实发挥牵头作用，将军休干部养老服务工作摆上重要位置，抓好各项任务落实，加强军休干部养老服务质量监管，完善满意度评价制度和服务主体退出机制，不断提升养老服务水平，增强军休干部荣誉感归属感获得感。

以上规定适用于移交政府安置的退休军士（士官、志愿兵）。

2022 年 8 月 2 日

退役军人事务部　财政部关于调整部分优抚对象等人员抚恤和生活补助标准的通知

退役军人部发〔2022〕64号

各省、自治区、直辖市退役军人事务厅（局）、财政厅（局），新疆生产建设兵团退役军人事务局、财政局：

经研究，决定从2022年8月1日起调整部分优抚对象等人员抚恤和生活补助标准，现将有关问题通知如下：

一、提高残疾军人（含伤残人民警察、伤残预备役人员和民兵民工、其他因公伤残人员）的残疾抚恤金、烈属（含因公牺牲军人遗属、病故军人遗属）的定期抚恤金、在乡退伍红军老战士（含在乡西路军红军老战士、红军失散人员）的生活补助标准，调整后的标准见附件。

二、各地要按照《军人抚恤优待条例》规定，加大资金投入，大力提高在乡复员军人的生活补助标准，切实保障其生活水平。中央财政在现行补助标准的基础上，每人每月增加150元。

三、各地要提高带病回乡退役军人生活补助标准，每人每月提高标准不低于50元。中央财政对北京、天津、辽宁、上海、江苏、浙江、福建、山东、广东等9省市，补助标准调整为每人每月300元；对河北、山西、吉林、黑龙江、安徽、江西、河南、湖北、湖南、海南等10个省，补助标准调整为每人每月450元；对内蒙古、广西、重庆、四川、贵州、云南、西藏、陕西、甘肃、青海、宁夏、新疆等12个省区市以及新疆生产建设兵团，补助标准调整为每人每月600元。

四、对在农村的和城镇无工作单位且家庭生活困难的参战退役军人提高生活补助标准，每人每月提高50元，提至每人每月800元。中央财政对北京、天津、辽宁、上海、江苏、浙江、福建、山东、广东等9个省市，补助标准调整为每人每月320元；对河北、山西、吉林、黑龙江、安徽、江西、河南、湖北、湖南、海南等10个省，补助标准调整为每人每月480元；对内蒙古、广西、重庆、四川、贵州、云南、西藏、陕西、甘肃、青海、宁夏、新疆等12个省区市以及新疆生产建设兵团，补助标准调整为每人每月640元。

五、对不符合评残和享受带病回乡退役军人生活补助条件，但患病或生活困难的农村和城镇无工作单位的原8023部队退役军人，以及其他参加核试验军队退役人员（含参与铀矿开采军队退役人员）提高生活补助标准，每人每月提高50元，提至每人每月800元。中央财政对北京、天津、辽宁、上海、江苏、浙江、福建、山东、广东等9个省市，补助标准调整为每人每月320元；对河北、山西、吉林、黑龙江、安徽、江西、河南、湖北、湖南、海南等10个省，补助标准调整为每人每月480元；对内蒙古、广西、重庆、四川、贵州、云南、西藏、陕西、甘肃、青海、宁夏、新疆等12个省区市以及新疆生产建设兵团，补助标准调整为每人每月640元。

六、对居住在农村和城镇无工作单位、18周岁之前没有享受过定期抚恤金待遇且年满60周岁的烈士子女（含建国前错杀后被平反人员的子女）提高生活补助标准。中央财政在现行补助标准的基础上，每人每月提高55元，提至每人每月645元。

七、对从1954年11月1日试行义务兵役制后至《退役士兵安置条例》施行前入伍、年龄在60周岁以上（含60周岁）、未享受到国家定期抚恤补助的农村籍退役士兵提高老年生活补助标准，每服一年义务兵役每人每月提高4元，提至每服一年义务兵役每人每月补助54元。中央财政对北京、天津、辽宁、上海、江苏、浙江、福建、山东、广东等9个省市按上述补助标准的50%安排补助资金，对其他省区市、新疆生产建设兵团实行全额补助。

八、提高新中国成立前加入中国共产党的农村老党员和未享受离退休待遇的城镇老党员的生活补助标准，调整后的补贴标准为：1937年7月7日至1945年9月2日入党的，提至每人每月880元；1945年9月3日至1949年9月30日入党的，提至每人每月795元。已享受优抚对象抚恤补助的老党员，不执行上述补贴标准，仍按每人每月50元标准发给生活补助。已对老党员实行定额补贴的地方，补贴标准低于上述标准的，按照补差原则发给补贴；补贴标准高于上述标准的，仍按原补贴标准发给补贴。中央财政对北京、天津、上海、江苏、浙江、福建、广东等7省市，按上述补助标准的25%安排补助资金；对其他省区市、新疆生产建设兵团按上述补助标准的50%安排补助资金。

九、此次调整标准所需中央补助资金，由中央财政安排，另行下达。地方各级有关部门要认真落实地方应安排的资金，保证及时、准确、足额地把抚恤金和生活补助金发放到优抚对象等人员手中。要扎实做好优抚对象年度确认工作，优化工作方式、提高确认质效，进一步夯实优抚数据基础，确保财政资金安全。

附件：

1. 残疾军人、伤残人民警察、伤残预备役人员和民兵民工、其他因公伤残人员残疾抚恤金标准表
2. 烈属、因公牺牲军人遗属、病故军人遗属定期抚恤金标准表
3. 在乡退伍红军老战士、在乡西路军红军老战士、红军失散人员生活补助标准表

2022年8月19日

附件 1

残疾军人、伤残人民警察、伤残预备役人员和民兵民工、其他因公伤残人员残疾抚恤金标准表

（从 2022 年 8 月 1 日起执行）　　　　单位：元 / 年

残疾等级	残疾性质	抚恤金标准
一级	因战	116 270
	因公	111 560
	因病	106 900
二级	因战	105 220
	因公	98 770
	因病	94 190
三级	因战	92 320
	因公	85 970
	因病	79 770
四级	因战	75 670
	因公	67 680
	因病	61 620
五级	因战	59 100
	因公	51 200
	因病	47 110
六级	因战	46 170
	因公	43 290
	因病	36 230
七级	因战	34 780
	因公	30 840
八级	因战	21 960
	因公	19 910
九级	因战	18 240
	因公	14 510
十级	因战	12 810
	因公	10 850

附件 2

烈属、因公牺牲军人遗属、病故军人遗属定期抚恤金标准表

（从 2022 年 8 月 1 日起执行）　　单位：元 / 年

烈属	因公牺牲军人遗属	病故军人遗属
36 910	31 410	29 280

附件 3

在乡退伍红军老战士、在乡西路军红军老战士、红军失散人员生活补助标准表

（从 2022 年 8 月 1 日起执行）　　单位：元 / 年

在乡退伍红军老战士	在乡西路军红军老战士	红军失散人员
80 620	80 620	36 370

退役军人事务部等21部门关于支持退役军人创业创新的指导意见

退役军人部发〔2022〕77号

各省、自治区、直辖市及新疆生产建设兵团退役军人事务厅（局）、发展改革委、教育厅（教委、局）、科技厅（委、局）、工业和信息化主管部门、民政厅（局）、财政厅（局）、人力资源社会保障厅（局）、自然资源厅（局）、住房城乡建设厅（委、局）、农业农村（农牧）厅（局、委）、商务厅（局）、国资委、市场监管局（厅、委）、乡村振兴局、团委、工商联；中国人民银行上海总部，各分行、营业管理部，省会（首府）城市中心支行，各副省级城市中心支行；国家税务总局各省、自治区、直辖市、计划单列市税务局；各银保监局，各大型银行、股份制银行；中国证监会各派出机构，上海证券交易所、深圳证券交易所：

退役军人是重要的人才资源，是社会主义现代化建设的重要力量。支持有条件、有意愿的退役军人创业创新，促进退役军人中小企业、个体工商户等市场主体高质量发展，是做好“六稳”工作、落实“六保”任务的必要举措，是实现退役军人自身价值、助推经济社会发展、服务国防和军队建设的有效途径。为提升退役军人创业创新能力，培育壮大退役军人市场主体，带动更多就业，现提出以下意见。

一、总体要求

以习近平新时代中国特色社会主义思想为指导，深入贯彻习近平总书记关于退役军人工作重要论述，全面落实党中央、国务院稳就业、保市场主体决策部署，坚持政府推动、市场引导、自愿选择、社会支持，在享受普惠性政策和公共服务基础上，同等条件下给予优先优待的原则，经过3至5年的努力，支持退役军人创业创新政策体系更加完善、服务能力有效提升，市场主体活力竞相迸发，带动就业能力持续增强，构建“以创新引领创业、以创业带动就业”的工作格局。

二、强化金融支持

（一）加大创业担保贷款支持力度。各地有关部门要落实创业担保贷款政策，为符合条件的退役军人创业创新提供融资支持，按规定免除反担保要求。鼓励有条件的地方适当提高贷款额度上限。推进创业担保贷款线上办理，简化审批流程、压缩审批时间。对还款积极、带动就业能力强、创业项目好的退役军人创业者，可累计提供不超过3次的创业担保贷款贴息支持。鼓励经办银行对暂时存在贷款偿还困难且符合相关条件的退役军人给予展期。

（二）创新金融信贷产品。各地有关部门要引导金融机构创新适合退役军人有效融资需求的信贷产品，为退役军人创业创新提供支持。发挥政府性融资担保机构作用，为退役军人中小企业、个体工商户提供融资增信支持，符合相关代偿条件的，依法依约及时履行代偿责任。有条件的地方可探索设立市场化风险补偿基金、提供贷款贴息等，支持退役军人创业创新。

（三）引导社会资本支持。切实发挥国家和地方中小企业发展基金等政府投资基金作用，撬动更多社会资本投早、投小、投创新，支持符合条件的退役军人创业创新。发挥多层次资本市场作用，为符合条件的退役军人创办企业上市或挂牌融资提供便利支持。加大债券产品创新，支持退役军人创办的企业通过发行创新创业公司债券等进行融资。鼓励各地退役军人事务部门引导社会资本设立专项基金，为退役军人创业创新提供资金支持。

三、大力降本减负

（四）落实税费减免。各地有关部门要按规定全面落实研发费用税前加计扣除、小规模纳税人阶段性免征增值税、小微企业减征所得税、增值税留抵退税等普惠税费支持政策。自主择业军队转业干部、自主就业退役士兵可按现行规定享受相应税收优惠政策。

（五）缓解租金压力。严格落实国务院出台的阶段性减免市场主体房屋租金政策，2022年对退役军人服务业小微企业和个体工商户承租国有房屋减免3—6个月租金。鼓励将国有房屋直接租赁给退役军人中小微企业、个体工商户，对确需转租、分租的，要确保免租惠及最终承租人。引导非国有房屋租赁主体在平等协商的基础上合理分担疫情带来的损失。

（六）优化供地保障。各地有关部门在安排年度新增建设用地计划指标，统筹相关产业用地时，同等条件下优先考虑退役军人创办的企业。退役军人利用存量房产、土地资源发展国家支持的产业、行业的，可享受在一定年期内不改变用地主体和规划条件的过渡性支持政策，现有建设用地过渡期支持政策以5年为限。移民搬迁旧宅基地腾退节余的建设用地指标和村庄建设用地整治复垦腾退的建设用地指标，纳入增减挂钩管理的，优先支持退役军人发展乡村产业。退役军人创办农业休闲观光度假场所和农家乐的，可依法通过租赁等方式使用集体建设用地。

（七）落实补贴优惠。各地人力资源社会保障部门对符合条件的退役军人，按规定落实一次性创业补贴、社会保险补贴等。鼓励基础电信企业对退役军人创办的中小企业、个体工商户使用宽带和专线给予资费优惠。有条件的地方可建立退役军人创业风险救助机制，对退役军人创业者予以支持。

四、优化创业环境

（八）完善公共服务。各地有关部门要完善科技创新资源开放共享平台，强化对退役军人的技术创新服务。支持行业企业、军工企业面向符合条件的退役军人发布企业需求、技术创新清单，开展“揭榜挂帅”，引导退役军人精准创业创新。鼓励各级各类公共服务机构、展示交流平台、公共服务示范平台设立退役军人窗口或“绿色通道”，为退役军人登记注册、税费办理、补贴申领等提供专属式、一站式服务。

（九）强化载体建设。政府投资开发的孵化器、众创空间、加速器等创业载体应安排一定比例的场地，优先提供给退役军人优惠租用，有条件的地方可对退役军人到孵化器等各类创业载体创业给予租金补贴。鼓励孵化器、众创空间、加速器等各类创业载体向退役军人免费开放，并视情将支持退役军人创业创新情况纳入国家级科技企业孵化器考核评价。支持在国家大众创业万众创新示范基地、国家小型微型企业创业创新示范基地、全国农村创业创新园区（基地）等各类基地（园区）设立退役军人就业创业园地或开辟专区，按规定提供优惠服务。允许发行地方政府专项债券，支持符合条件的退役军人就业创业园地建设项目。

（十）积极搭建平台。各地退役军人事务部门要运用“互联网+创业创新”模式，推进退役军人中小企业、个体工商户与资本、技术、商超、电商在线实时对接，利用5G技术、云平台和大数据等助力创业创新。定期举办退役军人创业创新大赛、展交会等活动。建立健全与各级各类创业大赛、展交会、博览会联动机制，深化交流合作，支持各类创业大赛对退役军人予以倾斜。加强退役军人创业创新项目后续跟踪服务，强化与国有大中型企业、军工企业、金融机构的需求对接。

（十一）健全激励机制。各地有关部门要依法依规将退役军人中小企业、个体工商户纳入政府采购政策支持范围。对社会责任强、带动就业多、事迹突出的退役军人创业者，积极纳入“全国模范退役军人”“全国爱国拥军模范”“全国先进个体工商户”“中国青年创业奖”“全国乡村振兴青年先锋”评选表彰和“最美退役军人”“最美拥军人物”学习宣传范围，在推选工商联执委会、全国青联委员时优先考虑。共青团中央等部门组织开展的青年创业帮扶计划，对符合条件的退役军人创业者给予倾斜。退役军人中小企业在同等条件下可优先参与科技型中小企业评价。鼓励符合条件的退役军人中小企业参与专精特新中小企业认定，并按规定享受相关政策。

五、深化服务引导

（十二）开展创业培训。各地有关部门要依托普通高校、职业院校、教育培训机构、公共职业技能培训平台等优质资源，对有创业意愿的退役军人开展风险提示、政策解读、经验分享、实践指导等创业培训，并按规定落实培训补贴。

（十三）做好创业服务。各地退役军人事务部门要充分发挥服务保障体系作用，用好全国退役军人就业创业信息平台，落实常态化联系制度，建立退役军人创办的中小企业、个体工商户等市场主体台账，实现“一企一档”“一户一案”。要积极协调各部门资源，发挥就业创业指导团队、行业协会商会等社会力量作用，提供权威政策解读、个性化资源匹配等服务，助力企业纾困解难、发展壮大，带动更多退役军人就业。支持各地依法依规建立退役军人创业互助协作机制或平台，实现信息共享、抱团创业、融通发展。支持各地通过购买服务方式，引导市场化服务机构为符合条件的退役军人创业提供服务。

（十四）加强个体工商户引导扶持。各地有关部门要落实好退役军人个体工商户的各项优惠政策，推进准入退出便利化，推动电子营业执照跨区域、跨层级、跨领域应用，支持退役军人电子商务经营者依法依规使用网络经营场所登记注册。各地退役军人事务部门要充分利用个体工商户规模小、资产轻、灵活度高的特点，依托乡村振兴和区域一体化发展规划，结合地方资源禀赋和产业优势，发展一批退役军人个体工商户，培育一批产品质量好、诚信度高、有一定品牌影响力的知名退役军人个体工商户，支持一批经济效益好、发展前景广的退役军人个体工商户转型升级，带动更多就业。

六、加强组织实施

（十五）健全工作机制。各地有关部门要进一步提高政治站位，高度重视退役军人创业创新工作，多措并举，抓出实效。要在符合规定前提下，做到数据共享、信息互通，及时开展数据比对、分析研判和议事会商，推动财税、金融、土地、创业载体建设等扶持政策落地见效。

（十六）加强统筹协调。各地退役军人事务部门负责退役军人创业创新工作的整体推动，充分运用当地党委退役军人事务工作领导机构力量，主动沟通协调，争取部门支持。要加强与人民银行、银保监局等部门的协调联动，提高退役军人信贷服务覆盖面；要联合工信部门开展企业规模类型自测、“一起益企”等服务活动；要联合市场监管部门做好退役军人中小企业、个体工商户、农民专业合作社等市场主体数据比对和监测分析；要联合税务部门开展税费政策解读运用工作；要联合农业农村、乡村振兴等部门积极引导退役军人投身乡村振兴；要联合各级共青团、工商联等群团组织共同开展企业服务活动。

（十七）做好经费保障。各地有关部门要统筹利用好稳市场主体保就业等现有资金渠道因地制宜支持做好退役军人创业创新工作。对生产经营暂时面临困难但产品有市场、项目有前景、技术有竞争力的退役军人中小企业、个体工商户，各地可在现有资金渠道内按规定给予支持。

（十八）注重宣传引导。各地退役军人事务部门要把优惠扶持政策列出清单，建立政策明白卡，采取线上线下相结合的方式做好推送解读，扩大政策覆盖面和应用率。用好“退役军人创业光荣榜”，积极选树创业典型。充分运用报刊、电视、广播、网络等全媒体资源，总结推广试点示范经验做法，大力宣传退役军人创业创新典型和优秀企业家案例，营造全社会广泛关心、支持和参与退役军人创业创新良好氛围。

退役军人创办的企业是指由退役军人作为有限责任公司和股份有限公司控股股东、股份有限公司发起人、个人独资企业投资人、合伙企业合伙人的企业，或者由退役军人担任公司法定代表人、个人独资企业负责人、合伙企业执行事务合伙人满1年的企业。退役军人个体工商户是指在市场监管部门登记且经营者为退役军人的个体工商户。退役军人农民专业合作社是指由退役军人担任理事长的农民专业合作社（联合社）。中小企业划型按照《关于印发中小企业划型标准规定的通知》（工信部联企业〔2011〕300号）有关规定执行，若有修订以最新标准为准。

2022年11月28日

退役军人事务部关于加强退役军人事务法治文化建设的实施意见

退役军人部发〔2022〕79 号

各省、自治区、直辖市退役军人事务厅（局），新疆生产建设兵团退役军人事务局：

为贯彻落实中共中央办公厅、国务院办公厅《关于加强社会主义法治文化建设的意见》，加强退役军人事务法治文化建设，厚植退役军人工作法治根基，提出以下实施意见。

一、总体要求

以习近平新时代中国特色社会主义思想为指导，全面学习贯彻党的二十大精神，深入贯彻习近平法治思想和习近平总书记关于退役军人工作重要论述，深刻领悟“两个确立”的决定性意义，增强“四个意识”、坚定“四个自信”、做到“两个维护”，全面落实党中央关于法治文化建设的决策部署，坚持和加强党对退役军人事务法治文化建设的全面领导，确保退役军人事务法治文化建设正确政治方向；坚持以人民为中心的发展思想，通过法治手段维护退役军人合法权益；坚持科学立法、严格执法、普法宣传一体推进，不断提升各级退役军人事务部门依法行政水平，提升退役军人法治意识和法治素养，营造办事依法、遇事找法、解决问题用法、化解矛盾靠法的良好法治环境，更好发挥法治固根本、稳预期、利长远的保障作用，在法治轨道上推动退役军人工作高质量发展。

二、主要任务

（一）推动习近平法治思想学习贯彻走深走实。

1. 把习近平法治思想作为退役军人事务系统各级党委（党组）理论学习中心组学习重点内容，纳入干部入职培训的必学内容，深入学习领会习近平法治思想的重大意义、核心要义、精神实质、丰富内涵和实践要求，在学懂弄通做实上下功夫，不断提高系统干部运用法治思维和法治方式开展工作的本领。

2. 把学习宣传践行习近平法治思想作为退役军人思想政治建设的重要内容，通过线上与线下相结合的方式，深入开展主题突出、内容丰富、形式多样的宣讲活动，教育引导广大退役军人自觉做习近平法治思想的坚定信仰者和忠实实践者。

3. 以中国特色社会主义法治理论指导退役军人工作实践。深刻认识新时代坚持和巩固马克思主义法治理论的指导地位，最重要的就是牢固确立习近平法治思想在全面依法治国中的指导地位，深入研究习近平法治思想对退役军人工作的理论指导和实践要求，加大对退役军人工作法治建设理论与实践问题的研究力度，推进研究成果转化运用，不断深化对退役军人工作法治建设的规律性认识。

（二）深入持久开展宪法宣传教育。

4. 增强退役军人事务系统工作人员的宪法意识。把宪法纳入系统各级领导干部学法清单，带头以宪法为根本活动准则，增强宪法意识，维护宪法权威。落实国家工作人员宪法宣誓制度，组织好“12·4”国家宪法日、“宪法宣传周”系列宣传，推动宪法宣传教育常态化、制度化。

5. 通过多种形式强化退役军人宪法观念。将宪法作为退役军人法治教育的重点内容，通过升国旗、奏唱国歌等仪式仪礼和开展重大节庆活动，以及组织宪法知识竞赛等形式，增进退役军人对宪法的尊崇和信仰，以宪法教育增强法治意识、激发爱国热情。

（三）在依法行政实践中彰显法治精神。

6. 完善退役军人工作法规制度体系。聚焦党中央关心、退役军人关注、事业发展亟须解决的问题，加快填补立法空白。制定修订退役军人安置条例、军人抚恤优待条例、烈士褒扬条例、退役军人就业促进条例等法规，完善思想政治、退役安置、教育培训、就业创业、抚恤优待、褒扬激励、拥军优属、权益维护、服务管理等方面规章制度。各地退役军人事务部门要围绕有关法律法规政策授权条款及原则性规定，结合本地实际推动制定地方性配套法规规章。

7. 健全政府守信践诺机制。着眼于提高行政效率和公信力，持续推动法律政策落实，维护退役军人接收安置、就业创业、教育培训、抚恤优待、服务保障等各项权益，维护法律政策严肃性权威性。加强政策出台前调查研究和风险评估，增强系统性、协调性、操作性、可持续性。制定政策从实际出发，尽力而为、量力而行，引导合理预期。

8. 严格规范公正文明执法。落实加大关系群众切身利益的重点领域执法力度要求，全面梳理退役军人事务领域行政执法事项，完善行政执法程序，健全行政裁量基准，对类别、性质、情节相同或相近事项处理结果基本一致，努力让退役军人在每一个执法决定中都感受到公平公正。坚持合法合理合情相统一，执法过程中充分听取行政相对人意见，讲清法理、讲透道理，让执法既有力度又有温度。

9. 加强军人军属权益保障。推动各级机关、企事业单位和社会组织认真落实相关法律法规，自觉履行接收安置退役军人的义务，全面落实军人军属、退役军人和其他优抚对象相关优待措施，营造尊崇军人职业、尊重退役军人的浓厚社会氛围。

10. 畅通救济渠道。依法办理行政复议案件，完善行政复议决定书、意见书、建议书执行监督机制，实现个案监督与倒逼依法行政有机结合。加强和规范行政应诉，积极推动案前调解，支持法院依法受理和审理行政案件，认真履行生效裁判，做好司法建议、检察建议落实和反馈工作。规范退役军人诉求表达机制，加强信访事项转办交办督办，坚持诉求合理的解决问题到位，诉求无理的思想教育到位，生活困难的帮扶救助到位，对打着退役军人旗号违法犯罪的，会同有关部门依法处理，坚决守住法律政策底线。

（四）提升退役军人法治意识和法治素养。

11. 加强退役军人事务法律政策解读。以退役军人保障法、军人地位和权益保障法、英雄烈士保护法、军人抚恤优待条例、烈士褒扬条例等法律法规规章和有关政策性文件为重点，组织编写培训教材，广泛进行宣传解读，让退役军人更好知悉、理解、认同法律政策。新出台涉及退役军人切身利益的政策，除涉及国家秘密或重大敏感事项外，要同步开展宣传解读。

12. 加强其他相关法律法规普法宣传。贯彻增强全民法治观念战略部署，在退役军人适应性培训、岗前培训、就业创业培训中，将法治教育作为必学内容。以宪法、民法典、保守国家秘密法、国家安全法、治安管理处罚法等法律为重点，通过线上线下多种方式，面向退役军人举办法治讲堂、法律知识竞赛等活动，不断提高退役军人对法律法规的知晓度和法治精神的认同度。

13. 加强党章党规党纪学习教育。依托基层党组织、退役军人服务中心（站）、军休服务管理机构、优抚医院、光荣院等，对退役军人党员开展常态化党章党规党纪教育，引导他们坚定理想信念，铭记党员身份，模范遵纪守法，树立良好形象。

14. 深入开展典型引领和以案释法。选树、宣传一批退役军人尊法守法先进典型，发挥榜样的示范引领作用。评选模范退役军人、“最美退役军人”、“最美拥军人物”时，将尊法守法作为重要考虑因素。全面落实建设覆盖城乡的现代公共法律服务体系战略部署，加强退役军人法律服务，及时发布法律援助、司法救助、行政复议、人民调解等指导案例，引导退役军人通过法治方式理性平和维护权益。注重运用违法犯罪典型案例开展警示教育。

（五）弘扬红色法治文化和中华优秀传统法律文化。

15. 弘扬人民军队纪律严明、令行禁止的优良传统。教育引导广大退役军人退役不褪志，正确对待国家利益与个人利益，正确处理权利与义务关系，积极到党和人民最需要的地方建功立业，带头践行社会主义核心价值观，自觉遵守国家法律法规和社会公序良俗，做信念坚定、爱国奉献、奋发有为、诚信守法的新时代退役军人。

16. 以英烈精神丰富退役军人事务法治文化内涵。全面贯彻落实英雄烈士保护法，讲好英烈故事，深入阐释英烈精神，提升宣传教育功能，深入挖掘、系统梳理革命先烈坚定的信仰和严明的纪律观念，传承退役军人事务法治文化红色基因。

17. 结合编纂中国共产党领导下的退役军人工作发展史，系统总结党在各个历史时期领导退役军人工作法治建设的成功实践和宝贵经验，为加强退役军人工作法治建设寻根溯源，进一步增强建设中国特色退役军人管理保障制度的信心决心。

18. 推动中华优秀传统法律文化转化运用。深入挖掘民为邦本、礼法并用、扶弱济贫、以和为贵、明德慎罚等中华传统法律文化精华，从中汲取营养，在退役军人工作立法、执法、法律服务和普法宣传等法治实践中进行创造性转化、创新性发展。

（六）加强退役军人事务法治文化平台建设。

19. 各级退役军人事务部门指导退役军人培训中心、服务中心（站）、军休服务管理机构、优抚医院、光荣院等服务机构，结合实际采取设置法律政策宣传栏、播放宣传片、发放宣传册、张贴法治宣传标语等形式，广泛进行法律政策宣讲，营造尊法学法浓厚氛围。

20. 依托部官网、退役军人微课堂、再启航APP等平台和《中国退役军人》杂志，开设退役军人法治品牌栏目，解读有关法律法规和政策文件，交流法治建设经验，展示法治建设成果，宣传有关典型案例。

21. 推动有条件的地区将退役军人工作法治建设元素融入法治主题公园、法治文化广场、法治文化长廊、法治文化街区以及双拥主题公园、双拥文化广场等建设。鼓励各地开展退役军人事务法治书画、漫画、摄影、公益广告、微视频等创作、征集、宣传活动，打造群众性退役军人事务法治文化品牌。

三、组织保障

（一）加强组织领导。各级退役军人事务部门要高度重视法治文化建设，把退役军人事务法治文化建设纳入退役军人工作法治建设总体安排。退役军人事务部门主要负责人要履行法治建设第一责任人职责，发挥示范带头作用，及时研究解决法治文化建设中的重要问题。退役军人事务部门法治工作机构要积极发挥职能作用，做好法治文化建设组织实施工作。

（二）强化人员力量。加强退役军人工作行政执法、普法宣传、法律服务人才队伍建设。加强对“退役军人事务员”、退役军人工作新闻采编人员的法律政策培训。广泛动员社会力量，鼓励、引导“两代表一委员”、基层法律服务工作者、律师等人员参与退役军人事务法治文化建设。

（三）培育推广典型。鼓励地方各级退役军人事务部门结合实际探索创新，积极培育退役军人事务法治文化建设先进典型，总结形成可复制可推广的经验做法。

2022 年 12 月 7 日

退役军人事务部关于认真学习宣传贯彻党的二十大精神的通知

退役军人部电〔2022〕9号

各省、自治区、直辖市退役军人事务厅（局），新疆生产建设兵团退役军人事务局：

学习宣传贯彻党的二十大精神是当前和今后一个时期全党全国的首要政治任务，退役军人事务系统和广大退役军人要提高站位、快速行动，先学一步、学深一层，迅速兴起学习宣传贯彻热潮，奋勇争当全面学习、全面领会、全面落实的先行者、排头兵，确保把思想统一到党的二十大精神上来，把力量凝聚到党的二十大确定的各项任务上来，不断推进退役军人工作高质量发展，更好团结引领广大退役军人奋进新征程、建功新时代，奋力开创退役军人工作新局面。现就有关工作通知如下。

一、充分认识学习宣传贯彻党的二十大精神的重大意义

党的二十大是在全党全国各族人民迈上全面建设社会主义现代化国家新征程、向第二个百年奋斗目标进军的关键时刻召开的一次十分重要的会议，事关党和国家事业继往开来，事关中国特色社会主义前途命运，事关中华民族伟大复兴，在党和国家历史上具有重要里程碑意义。大会高举中国特色社会主义伟大旗帜，坚持马克思列宁主义、毛泽东思想、邓小平理论、“三个代表”重要思想、科学发展观，全面贯彻习近平新时代中国特色社会主义思想，明确宣示党在新时代新征程上举什么旗、走什么路、以什么样的精神状态、朝着什么样的目标继续前进，对于团结和激励全党全国各族人民坚持和发展中国特色社会主义、全面建设社会主义现代化国家、全面推进中华民族伟大复兴具有重大意义。

学习宣传贯彻党的二十大精神，首要的是深刻领会大会的重大意义。一要深刻领会党的二十大的重大政治意义，大会高举中国特色社会主义伟大旗帜，以新时代十年来的伟大变革、伟大成就，以及百年大党的改革发展和治国理政成就展示了科学社会主义的强大活力，必将极大激发世界范围内社会主义力量的凝聚力向心力、极大推动科学社会主义发展进步。二要深刻领会党的二十大的重大理论意义，大会从世界观和方法论的高度讲透了习近平新时代中国特色社会主义思想的精髓所在，讲明了马克思主义中国化时代化的创新之道，实现了党的创新理论又一次与时俱进，为推进党和国家事业发展提供了思想灯塔、根本遵循和行动指南。三要深刻领会党的二十大

的重大现实意义，大会明确宣告新时代新征程中国共产党的历史使命，准确锚定我们当前所处的历史方位，全面部署了当前治党治国治军、内政外交国防的重要任务，科学规划了实现第二个百年奋斗目标的时间表、路线图，对夺取中国特色社会主义新胜利必将发挥十分重要的指导和保证作用。

各级退役军人事务部门尤其要引导系统党员干部和广大退役军人深刻领悟“两个确立”的决定性意义，充分认清“两个确立”反映了全党全军全国各族人民共同心愿，是百年大党最宝贵的政治经验，是党的十八大以来最重要的政治成果，是全党走好新时代长征路最基本的政治遵循，增强“四个意识”、坚定“四个自信”、做到“两个维护”，切实把思想和行动统一到党的二十大精神上来，努力推动新时代退役军人工作高质量发展，为全面建设社会主义现代化国家、全面推进中华民族伟大复兴作出新的更大贡献。

二、全面准确学习领会党的二十大精神的丰富内涵和精髓要义

全面准确学习领会党的二十大精神，要贯彻落实习近平总书记关于“五个牢牢把握”和“三个全面”重要指示要求，原原本本、逐字逐句学习党的二十大报告和党章，突出重点、抓住关键，着力把握“九个深刻领会”。

1. 要深刻领会党的二十大的主题，高举中国特色社会主义伟大旗帜，牢记“三个务必”，坚定历史自信、增强历史主动，坚定不移走中国特色社会主义道路，推动退役军人工作高质量发展，为谱写新时代中国特色社会主义事业新篇章贡献退役军人事务系统和广大退役军人的智慧和力量。

2. 要深刻领会过去5年的工作和新时代10年的伟大变革，深刻理解党和国家事业取得历史性成就、发生历史性变革，根本在于有习近平总书记作为党中央的核心、全党的核心掌舵领航，在于有习近平新时代中国特色社会主义思想科学指引。深刻认识到，退役军人工作取得历史性成就、发生历史性变革，关键在于习近平总书记从党和国家事业发展全局的战略高度，亲自谋划组建退役军人管理保障机构，就退役军人工作作出一系列重要论述。要教育引导退役军人事务系统党员干部和广大退役军人更加坚定自觉地维护习近平总书记党中央的核心、全党的核心地位，更加坚定自觉地忠诚拥护核心，衷心爱戴核心，一心紧跟核心。

3. 要深刻领会开辟马克思主义中国化时代化新境界，深刻认识到中国共产党为什么能，中国特色社会主义为什么好，归根到底是马克思主义行，是中国化时代化的马克思主义行，牢牢把握习近平新时代中国特色社会主义思想的世界观和方法论，坚持好、运用好贯穿其中的立场观点方法，着力提高运用党的创新理论分析和解决问题的能力，更好引领新时代退役军人工作高质量发展。

4. 要深刻领会新时代新征程中国共产党的使命任务，增强忧患意识、坚持底线思维，强化责任担当、发扬斗争精神，用新使命新任务激发奋进力量，号召引领退役军人事务系统党员干部和广大退役军人为实现党的二十大确定的各项任务而团结奋斗。

5. 要深刻领会中国式现代化的中国特色和本质要求，系统把握中国式现代化规律特点，牢牢坚持退役军人工作“两个服务”方针，以更高的政治站位、更强的历史主动，更加自觉地服务党和国家工作大局，努力为以中国式现代化全面推进中华民族伟大复兴作出新的贡献。

6. 要深刻领会社会主义经济建设、政治建设、文化建设、社会建设、生态文明建设等方面的重大部署，始终坚持围绕中心、服务大局，发挥退役军人重要人力资源作用，使退役军人成为推动经济社会发展的生力军。

7. 要深刻领会教育科技人才、法治建设、国家安全等方面的重大部署，坚定不移贯彻总体国家安全观，坚持安全发展，把维护国家安全和防范化解风险放在重要位置，强化“时时放心不下”的政治责任感，从严从实做好退役军人信访稳定工作，团结引领退役军人始终成为巩固党的执政根基、维护国家安全发展的坚定力量。

8. 要深刻领会国防和军队建设、港澳台工作、外交工作等方面的重大部署，准确把握“加强军人军属荣誉激励和权益保障，做好退役军人服务保障工作。巩固发展军政军民团结”工作要求，对标国防和军队现代化新“三步走”战略，积极适应军队建设改革和军事斗争准备形势任务，主动将退役军人工作融入平战一体工作机制，更好服务国防和军队建设。

9. 要深刻领会坚持党的全面领导和全面从严治党的重大部署，牢牢把握以伟大自我革命引领伟大社会革命的重要要求，充分发挥各级党委退役军人事务工作领导机构作用职责，确保退役军人工作始终在党的坚强领导下开展，确保退役军人事务系统党组织成为有效实现党的领导的坚强战斗堡垒，为推动退役军人工作高质量发展提供坚强组织保障。

三、聚焦主责主业奋力推进退役军人工作高质量发展

党的二十大报告对退役军人工作作出了战略部署，指明了努力方向和着力重点，退役军人事务系统要紧紧立足工作实际，坚持“行”字为先、“干”字当头，把党的二十大有关重要决策部署落到实处。

1. 切实抓好退役军人工作总体谋划。退役军人工作是党和国家工作的重要组成部分，要胸怀“国之大者”，对照全面建成社会主义现代化强国“两步走”战略安排，准确把握阶段性特征和主要矛盾，主动定位、对标对表，研究提出推动退役军人工作高质量发展的目标方向、指导方针、重点任务、思路办法和具体举措，确保退役军人工作始终融入党和国家工作大局和战略全局。要紧紧抓住未来五年的关键时期，落实好“十四五”退役军人服务和保障规划各项任务，进一步加强组织管理体系、工作运行体系、政策制度体系建设，健全优化服务体系，提升服务管理水平，全面做好各项退役军人工作。要完整、准确、全面贯彻新发展理念，持续用好深化改革关键一招，坚持问题导向、系统设计、分类保障，着力增强改革举措的前瞻性、系统性、针对性、可行性，在改革中解难题、布新局。

2. 加强军人军属荣誉激励和权益保障。要贯彻习近平强军思想，进一步加强军人军属荣誉激励，持续发扬拥军优属光荣传统，做实做细优待证申领发放工作，持续开展新兵入伍欢送、光荣

牌匾悬挂、立功受奖报喜、退伍返乡欢迎、节日走访慰问等活动，持续用好烈士纪念设施、革命遗址遗迹、烈士纪念馆等红色资源，充分发挥烈士纪念设施爱国主义教育、国防教育阵地作用，持续开展烈士纪念褒扬活动，大力弘扬英烈精神，更好凝聚“参军受尊崇、退役受尊重”的社会共识。要进一步加强军人军属权益保障，充分利用双拥平台和优势，积极主动协调推进，确保相关法规政策落实到位，加强随军家属安置就业保障和随军子女教育等优待工作，动员全社会资源和力量开展“情系边海防”等拥军优属活动，不断巩固提高退役军人安置就业质量，切实维护军人军属合法权益，解决好官兵后顾之忧。

3. 做好退役军人服务保障工作。要深入贯彻以人民为中心的发展思想，围绕让退役军人成为全社会尊重的人、让军人成为全社会尊崇的职业这个奋斗目标，把不断满足服务对象对美好生活的新期待作为工作的出发点和落脚点。要坚持服务与管理并重，创新发展理念、思路和举措，优化服务管理方式，激发退役军人自觉性、主动性，逐步实现自我服务、自我管理、自我发展、自我提高。要坚持常态化联系、经常性走访慰问制度，深入基层一线，深入退役军人，切实了解政策贯彻落实中的堵点痛点、真正了解他们的急难愁盼，把尽力而为与量力而行统一起来，努力回应和解决退役军人最关心、最直接、最现实的利益关切，切实把党和政府的关心关怀不折不扣送到退役军人心坎上。

4. 巩固发展军政军民团结。要主动服务巩固一体化国家战略体系和能力，持续发扬军政军民团结的光荣传统，牢固树立“一盘棋”思想，充分发挥退役军人事务部门承接军地的天然优势，当好密切军地联系的“黏合剂”，完善双拥系统应急应战响应机制，健全重点问题研究会商、重点任务协调落实、军地互办实事“双清单”等制度，积极推动搞好军地战略层面筹划、深化军地资源要素共享、强化军地政策制度协调，动员社会力量做好拥军支前各项工作，努力构建横向衔接、纵向贯通、军地同心的工作格局。

5. 团结凝聚退役军人奋进力量。要牢牢把握团结奋斗的时代要求，强化思想政治引领，坚持保障与激励并举，切实引导带动广大退役军人深入学习领会党的二十大精神，全面贯彻习近平新时代中国特色社会主义思想，不断强化“听党话、跟党走”的政治自觉思想自觉行动自觉，把广大退役军人牢牢团结凝聚在以习近平同志为核心的党中央周围，引导保障退役军人在乡村振兴、基层治理、应急救援、国防教育、传承红色基因、稳边戍边等方面发挥重要作用，在谱写全面建设社会主义现代化国家新篇章、夺取中国特色社会主义新胜利的伟大事业中作出更大贡献。

四、精心组织学习宣传贯彻走深走实

学习宣传贯彻党的二十大精神，必须步步深入、坚决彻底。各级退役军人事务部门要立足工作实际，强化效果导向，精心谋划，注重创新，切实推动党的二十大精神在退役军人事务系统和广大退役军人中深入人心、落地生根。

1. 加强组织领导。各级退役军人事务部门要切实提高政治站位，以高度的政治责任感和历史使命感深刻认识学习宣传贯彻党的二十大精神的重大意义，将其摆在首要位置，按照党中央部署，压紧压实责任，明确具体措施，精心组织开展好各项学习宣传贯彻活动，积极营造退役军人事务系统和广大退役军人学习宣传贯彻党的二十大精神的浓厚氛围。

2. 抓好学习培训。要紧密结合党中央即将在全党开展的主题教育，通过举办理论研讨班、专题报告会和交流分享会，开展知识竞赛、征文比赛、演讲大赛等活动，组织系统党员干部多形式、分层次、全覆盖学习培训，进一步推动学懂弄通做实党的二十大精神。要把党的二十大精神学习纳入各级退役军人事务部门领导班子理论中心组重点学习内容，制订学习计划，结合工作研讨。对体制内的退役军人，主要依靠所在单位组织学习；对分散在社会的退役军人，主要依托退役军人服务中心（站）按照方便灵活原则、采取多种形式组织学习；对军队离退休干部和集中供养在优抚医院、光荣院的优抚对象等，可视疫情形势组织线下集体学习和培训，教育引导广大退役军人学深悟透、融会贯通、真信笃行。

3. 开展宣传宣讲。要牢牢把握正确政治方向、舆论导向、价值取向，突出中央“七个聚焦”要求，宣传党的二十大精神和一系列新的重要思想、重要观点、重大战略、重大举措，宣传广大退役军人对党的二十大的热烈反响和积极评价，宣传系统党员干部学习贯彻党的二十大精神的具体举措和实际行动。要发挥系统红色资源富集特点，依托“老兵宣讲团”特色品牌，抽调骨干力量和退役军人先进典型，充分利用好服务保障体系“全覆盖”优势，广泛深入企业、农村、机关、校园、社区开展宣讲，弘扬英烈精神，讲好红色故事，传承红色基因。领导干部要带头深入基层宣讲，以实际行动带动系统党员干部和退役军人的学习。要积极组织党的二十大代表中的优秀退役军人走进基层、深入退役军人，以自己的亲身经历、切身感受宣讲党的二十大精神。

4. 创新方式方法。要创新形式载体，丰富方法手段，充分依托退役军人事务系统全媒体平台，运用新媒体新技术，采取富有时代特色、体现实践要求、退役军人喜闻乐见的方式，强化互动化传播、沉浸式体验，用群众语言、身边典型、数据事实说话，使宣传报道更接地气、更动人心，努力把党的二十大精神讲清楚、讲明白，让退役军人听得懂、能领会、可落实。要坚持上下联动，用好各级退役军人事务部门官网、官微等媒体平台，加强与各级主流媒体和新媒体沟通协作，形成强大宣传合力。要组织引导退役军人参加各地开展的学习教育、宣传宣讲活动，进一步激发退役军人退役不褪色、建功新时代的精神状态，勇往直前、敢于拼搏，在各自岗位上努力工作、积极作为。要注重把学习宣传贯彻与解决思想问题、解决实际问题结合起来，充分发挥各级退役军人服务中心（站）、军休服务管理机构、优抚医院、光荣院等功能作用，在做好服务中引导退役军人学习贯彻党的二十大精神。

5. 着力提升实效。要坚持学思用贯通、知信行统一，把党的二十大精神落实到退役军人工作发展各方面，体现到完成好今年退役军人事务部确定的年度工作要点和本单位的年度重点任务上来，体现到履职尽责、做好本职工作、谋划好今后一个时期工作安排中，体现到服务引领广大退役军人以习近平新时代中国特色社会主义思想武装头脑、指引奋斗建功上来。要与加强各级退役军人事务部门领导班子自身建设结合起来，与带队伍、提能力结合起来，落实全面从严治党政治责任，全面加强退役军人事务系统党的建设，注重实践锻炼、专业训练，不断增强系统党员干部推动退役军人工作高质量发展和服务退役军人的本领，牢牢把握工作主动权，团结凝聚广大退役军人在新的赶考之路上奋力书写党和人民满意的新答卷，为全面建设社会主义现代化国家、全面推进中华民族伟大复兴作出新贡献。

2022 年 11 月 10 日

退役军人事务部　中央军委政治工作部全国双拥工作领导小组办公室关于纪念延安双拥运动 80 周年暨做好新年春节期间拥军优属拥政爱民工作的通知

国拥办电〔2022〕13 号

各省、自治区、直辖市双拥工作领导小组办公室、退役军人事务厅（局），新疆生产建设兵团双拥工作领导小组办公室、退役军人事务局，军委联指中心、各战区政治工作部（办公室），各军兵种政治工作部，军委机关各部委、军委各直属机构、军委各直属单位政治工作部（局、办公室），武警部队政治工作部：

2023 年是毛泽东等老一辈无产阶级革命家倡导的延安双拥运动 80 周年，扎实开展纪念活动、做好新年春节期间双拥工作意义重大。各地各部队要坚持以习近平新时代中国特色社会主义思想为指导，深入贯彻习近平总书记关于双拥工作重要论述，大力弘扬拥军优属、拥政爱民光荣传统，巩固发展军政军民团结，为全面建设社会主义现代化国家、全面推进中华民族伟大复兴凝聚强大力量。

一、组织军民深入学习宣传贯彻党的二十大精神

军地各级要把学习宣传贯彻党的二十大精神作为首要政治任务，组织广大军民深入学习领会重要思想、重要观点、重大战略、重大举措，深刻领悟“两个确立”的决定性意义，增强“四个意识”、坚定“四个自信”、做到“两个维护”，坚定不移在思想上政治上行动上同以习近平同志为核心的党中央保持高度一致。紧密联系双拥运动 80 年来特别是新时代 10 年军地军民携手奋进取得的辉煌成就，深刻理解党的二十大关于巩固发展军政军民团结的战略部署，充分认清双拥工作服务党和国家工作大局、国防和军队建设全局的重要地位作用，进一步增强做好新时代双拥工作的使命感责任感。采取召开党委议军会、军政座谈会、双拥工作领导小组全会等多种形式，加强军地学习交流，研究贯彻落实措施，推动党的二十大精神落实落地。

二、广泛开展延安双拥运动 80 周年纪念活动

各地各部队要因地制宜开展形式多样的纪念活动，推动双拥传统薪火相传、发扬光大。依托

革命遗址遗迹、爱国主义教育基地、国防教育基地和部队军史馆、荣誉室、陈列馆等，开展军营开放、“社会一日”等活动，进一步强化广大军民国防观念和双拥意识。运用各级各类报刊、广播、电视、网络等主流媒体，开设纪念延安双拥运动80周年专栏专刊，回顾本地区本部队双拥实践，总结经验做法，宣扬先进典型，浓厚爱我人民爱我军的社会风尚。举办纪念座谈会、研讨会、报告会，组织读书演讲、书画展览、文艺创演等群众性纪念活动，激发广大军民投身新时代双拥工作的政治热情。围绕新时代新征程党的中心任务和实现建军一百年奋斗目标，进一步凝聚军民意志、汇聚军地力量，发挥双拥工作特有优势，努力在筑牢军政军民团结奋进思想基础上有新发展，在助力国家重大战略实施上有新作为，在支持部队加强练兵备战、提高打赢能力上有新建树，在维护社会和谐稳定、促进人民幸福安康上有新加强，更好服务党和国家工作大局、国防和军队建设全局。

三、扎实做好新年春节期间双拥工作

军地各级要本着务实有效的原则，深入开展拥军优属、拥政爱民活动。灵活采取组织走访慰问、军民联谊等活动，通过政府网页、官方微信公众号、手机客户端发送慰问书信、祝福短信等形式，加强军地交流互动，浓厚节日双拥氛围，密切军民鱼水深情。注重互办实事好事，各地各部门要主动了解部队困难需求，深入开展“城连共建”“情系边海防官兵”拥军优属活动，尽力帮助解决部队战备执勤、训练演习和工作生活中的实际困难；各部队要突出4100个定点帮扶村优化援建举措，积极为城乡低保对象、空巢老人和留守儿童等送温暖献爱心，协助地方做好抢险救灾、社会秩序维护等工作，树牢我军爱民为民良好形象。各级要认真落实拥军优抚政策，真心实意帮助优抚对象解决生产生活难题，看望慰问在乡红军老战士、老复员军人和烈士遗属、因公牺牲、病故军人遗属，送上党和政府的关怀温暖。

四、紧跟时代要求推动双拥工作创新发展

军地各级要紧贴新形势新任务守正创新，勇于探索实践，不断推动掀起新的双拥热潮。加强双拥理论研究，采取专题调研、课题研讨等形式，深入研析新时代双拥工作的内涵外延、载体手段、运行机理。积极适应全媒体、大数据时代发展要求，探索依托信息技术和新兴媒体加强双拥宣传的方式方法，增强双拥工作的时代感和影响力。加强双拥模范创建活动动态管理，推动“能上能下”，焕发新的活力。规范完善军地互办实事“双清单”制度，通过分级办理、重点督办、挂账销号等方式落实军地需求，促进军地双向支持、共同发展。加强对社会化拥军等活动的引导和规范化管理，确保各项拥军优属政策措施高质务实、落地见效。

各地各部队组织开展相关活动，要严格落实疫情防控、安全保密和改进作风等有关规定要求，做到勤俭节约、安全顺利。

2022年12月20日

云南省财政厅、国家税务总局云南省税务局、云南省退役军人事务厅关于延长进一步扶持自主就业退役士兵创业就业有关税收政策执行期限的公告

2022 年第 3 号

为落实好《财政部税务总局关于延长部分税收优惠政策执行期限的公告》(财政部税务总局公告 2022 年第 4 号)，经省人民政府同意，现将有关事项公告如下：

一、《云南省财政厅国家税务总局云南省税务局云南省退役军人事务厅转发财政部 税务总局 退役军人事务部关于进一步扶持自主就业退役士兵创业就业有关税收政策文件的通知》(云财税〔2019〕25 号)规定的税收优惠政策，执行期限延长至 2023 年 12 月 31 日。

二、本公告发布之日前，已征的相关税款，可抵减纳税人以后月份应缴纳税款或予以退还。

特此公告。

云南省财政厅

国家税务总局云南省税务局

云南省退役军人事务厅

2022 年 3 月 23 日

云南省退役军人事务厅关于印发《云南省烈士纪念设施保护管理办法（试行）》的通知

云退役发〔2022〕109 号

各州、市退役军人事务局：

为进一步加强全省烈士纪念设施保护管理，结合本省实际，制定《云南省烈士纪念设施保护管理办法（试行）》，经厅长办公会审议通过，现印发给你们，请结合实际认真贯彻落实。

2022 年 11 月 10 日

云南省烈士纪念设施保护管理办法（试行）

第一章　总　则

第一条　为加强烈士纪念设施保护管理，充分发挥烈士纪念设施的红色资源宣教作用，根据《中华人民共和国英雄烈士保护法》《烈士褒扬条例》《烈士纪念设施保护管理办法》等法律法规规章和有关规定，结合我省实际，制定本办法。

第二条　本办法所称烈士纪念设施，是指地方各级人民政府为纪念缅怀烈士，按照国家有关规定在本省行政区域内修建的烈士陵园、烈士墓、烈士骨灰堂、烈士英名墙、纪念堂馆、纪念碑亭、纪念塔祠、纪念塑像、纪念广场等设施。

第三条　烈士纪念设施的保护管理应当遵循科学规划、分级保护、属地管理、合理利用的原则。

第四条　烈士纪念设施保护范围内的土地和设施，其所有权受法律保护。

任何组织和个人都有依法保护烈士纪念设施的义务，不得破坏、污损烈士纪念设施，并有权举报和制止破坏、污损烈士纪念设施的行为。

第五条　县级以上退役军人事务部门是烈士纪念设施保护管理的主管部门，负责本行政区域内的烈士纪念设施保护管理，指导、监督保护单位和管理单位履行职责，协调其他有关部门按照职责分工，做好烈士纪念设施保护管理工作。

第六条　县级以上退役军人事务部门应当根据本行政区域内烈士纪念设施的数量、规模、保护级别等，报请同级人民政府确定保护单位，具体负责烈士纪念设施保护管理工作。不能确定保护单位的，县级退役军人事务部门应当报请同级人民政府明确管理单位及职责。

第七条　县级以上退役军人事务部门应当按照有关规定，会同财政部门安排烈士纪念设施保护管理和维修改造经费，用于烈士纪念设施维修改造、日常维护、设备更新、环境整治、展陈布展、宣传纪念和祭扫活动等工作，接受财政、审计部门和社会监督。

第八条　鼓励支持自然人、法人和非法人组织以捐赠财产、宣讲服务等方式，参与烈士纪念设施保护管理工作。

自然人、法人和非法人组织捐赠财产用于烈士纪念设施保护管理活动的，依法享受税收优惠。

捐赠革命文物、烈士遗物等物品的单位和个人，按照国家有关规定给予精神鼓励或者物质奖励。

第二章 规划建设

第九条 烈士纪念设施应当按照有关规定纳入本地区国民经济和社会发展规划、国土空间规划等相关规划。县级以上退役军人事务部门应当积极协调有关部门优先保障烈士纪念设施建设用地，优先建设连接烈士纪念设施的交通、水电等基础设施。

第十条 烈士纪念设施保护单位和管理单位应当向所在地不动产登记机构申请办理不动产登记，确认烈士纪念设施不动产权属。

第十一条 烈士纪念设施保护单位和管理单位的主管部门应当根据烈士纪念设施的类别、规模、保护级别以及周边环境等情况，提出划定烈士纪念设施保护范围的方案，报同级人民政府批准后公布，并报上一级退役军人事务部门备案。

第十二条 新建、迁建、改扩建烈士纪念设施应当提出书面申请，按照有关规定办理审批手续，未经批准，不得建设。对于反映同一历史人物、同一历史事件，已建烈士纪念设施的，原则上不得重复建设。

涉及重大革命历史题材、已故领导同志、已故著名党史人物、已故著名党外人士、已故近代名人的烈士纪念设施和国家级烈士纪念设施新建、迁建、改扩建，按照国家有关规定执行。

不涉及以上内容和保护级别的新建、迁建、改扩建烈士纪念设施，县级退役军人事务部门应当组织编制可行性研究报告，报同级发改部门批准立项后，经核定其保护级别的县级以上退役军人事务部门审核并报同级人民政府批准后实施。新建烈士纪念设施的，应当同时申报保护级别，确定保护单位。

属于文物保护单位的烈士纪念设施迁建、改扩建的，按照文物保护有关规定执行。

第十三条 新建、迁建、改扩建烈士纪念设施的规模体量、风格布局、形制色调等应当与纪念主题和功能定位相符，综合安葬烈士、人口分布、缅怀纪念、交通便利、环境优美等因素，合理规划建设，建全配套设施。

第十四条 实施烈士纪念设施修缮、改造等工程，县级退役军人事务部门应当制定建设方案，按规定程序组织实施。

第三章 分级保护

第十五条 国家对烈士纪念设施实行分级保护，根据其纪念意义、建设规模、保护状况等可分别确定为：

（一）国家级烈士纪念设施；

（二）省级烈士纪念设施；

（三）州（市）级烈士纪念设施；

（四）县级烈士纪念设施。

第十六条 烈士纪念设施应当归口退役军人事务部门保护管理。

第十七条 烈士纪念设施应当公布保护级别、设立保护标志。

烈士纪念设施保护标志式样，由退役军人事务部统一制定。县级退役军人事务部门负责设立保护标志。

第十八条 烈士纪念设施名称应当按照核定其保护级别时确定名称规范表述，未经批准，不得更名。

国家级烈士纪念设施确需更名的，应当按照规定程序报退役军人事务部批准公布后方可更名。

省级、州（市）级、县级烈士纪念设施确需更名的，由县级退役军人事务部门逐级报省级退役军人事务部门批准后公布，报省人民政府和退役军人事务部备案后方可更名。

第十九条　烈士纪念设施土地使用权为县级退役军人事务部门以外单位或者个人的，可由原单位或者个人继续管理。县级退役军人事务部门应当与其签订保护协议，并指导监督其履行协议。

位于军事禁区、军事管理区的烈士纪念设施，各级退役军人事务部门应当加强与军队有关单位的沟通合作，按照相关规定进行保护管理。

第二十条　零散烈士墓应当按照应迁尽迁、集中管护的原则，在征得烈士遗属同意后，就近迁移至烈士陵园安葬。无法迁移的，县级退役军人事务部门应当明确管理单位或者个人的管理责任，定期巡查巡检，建立管护台账。

第二十一条　县级以上退役军人事务部门、烈士纪念设施保护单位和管理单位应当在烈士纪念设施保护范围内禁止下列行为：

（一）擅自进行工程建设或者挖掘等作业；

（二）擅自迁移、改建、拆除烈士墓、纪念碑等设施；

（三）破坏、污损、攀爬烈士纪念设施；

（四）进行与纪念英烈无关或者有损烈士形象、纪念英烈环境和氛围的活动；

（五）为烈士以外的人员修建纪念设施，安葬、安放骨灰或者遗体；

（六）利用烈士纪念设施进行商业宣传或经营活动；

（七）法律法规规章禁止的其他行为。

第二十二条　省级烈士纪念设施原则上每4年申报公布一次。

第二十三条　公布为州（市）级烈士纪念设施2年（含2年）以上，符合下列情形之一的，可以申报省级烈士纪念设施：

（一）为纪念在各个历史时期的重大事件、重要战役中牺牲的烈士而修建的烈士纪念设施；

（二）为纪念在全省有重要影响的烈士而修建的烈士纪念设施；

（三）安葬烈士较多或设施规模较大、基础设施完备，且在全省有较强影响力的烈士纪念设施；

（四）为纪念在中国革命斗争中牺牲的国际友人而修建的烈士纪念设施；

（五）革命老区、边境民族地区规模较大的烈士纪念设施。

州（市）级烈士纪念设施、县级烈士纪念设施的申报条件，由同级退役军人事务部门制定，报上一级退役军人事务部门备案。

第二十四条　省级烈士纪念设施申报公布程序：

（一）烈士纪念设施保护单位或管理单位向县级退役军人事务部门进行申报；

（二）县级退役军人事务部门按照烈士纪念设施分级保护评分标准进行自评，评分达90分以上的，提出书面申请，连同申报材料一并报送州（市）退役军人事务部门；

（三）州（市）退役军人事务部门组织审核，提出审核意见，连同相关材料一并报送省级退役军人事务部门；

（四）省级退役军人事务部门会同相关部门进行评审，必要时组织实地评审，提出省级烈士纪念设施建议名单向社会公示。公示7个工作日无异议的，报省人民政府批准后公布，并在公布后20个工作日内由省级退役军人事务部门报退役军人事务部备案。

申报国家级烈士纪念设施，按照有关规定执行。申报州（市）级、县级烈士纪念设施的，可参照省级烈士纪念设施申报公布程序组织开展。

第二十五条　申报省级烈士纪念设施，应提供以下材料：

（一）书面申请；

（二）烈士纪念设施基本情况（包括纪念意义、建设规模、安葬烈士、主体和配套设施、展陈内容和形式、队伍建设、制度和经费保障、宣传纪念祭扫活动开展情况等内容）；

（三）烈士纪念设施保护单位或者管理单位情况；

（四）烈士纪念设施建设批准相关材料；

（五）烈士纪念设施建设规划平面图；

（六）烈士纪念设施土地使用权属（不动产权属）和保护范围证明；

（七）经审核通过的展陈大纲、讲解词；

（八）主要纪念设施的实景图片资料；

（九）云南省烈士纪念设施分级保护评分；

（十）需要提供的其他材料。

第二十六条　烈士纪念设施保护级别每2年复核一次，存在问题的应当限期整改。两次复核发现问题仍整改不到位的，按其保护级别报同级人民政府取消该烈士纪念设施保护级别资格，摘除保护标志。

被取消保护级别资格的省级烈士纪念设施4年内不得再次申报。

第四章　维护利用

第二十七条　县级以上退役军人事务部门应当加强与有关部门的沟通合作，推动烈士纪念设施保护利用与宣传教育、红色旅游、乡村振兴等深度融合，加强资源整合利用，充分发挥烈士纪念设施红色资源作用。

第二十八条　县级退役军人事务部门应当每2年开展一次烈士纪念设施排查，掌握烈士纪念设施保护管理利用情况，建立排查档案。对新发现的零散烈士墓和其他烈士纪念设施，依照本办法及时实施保护管理。

第二十九条　县级以上退役军人事务部门应当协调会同宣传、党史研究等部门建立陈列布展内容和讲解词审查制度，把好政治关和史实关，确保展陈内容和讲解内容的准确规范、完整权威。未经审查，不得向社会公众展陈、讲解。

州（市）级以上烈士纪念设施陈展大纲和版式稿、讲解词由设施所在地县级退役军人事务部门协调会同同级宣传、党史研究等部门审查后，按其保护级别报同级退役军人事务部门及宣传、党史研究等部门审查审定。国家级烈士纪念设施的陈展大纲和版式稿，按照有关规定报退役军人事务部审定。

第三十条　烈士纪念设施应当免费向社会开放，并向公众公告具体开放时间。在国家法定节假日期间，烈士纪念设施应当开放。

第三十一条　建立烈士纪念设施与各级党校（行政学院）和周边学校、党政机关、企事业单位、部队、城乡社区共建共管共享机制。

各级退役军人事务部门要加强与教育行政部门工作协调联动，有计划地将英烈精神宣传纳入教育实践活动，鼓励大中小学生担任志愿红色宣讲员、“红领巾讲解员”、文明引导员。将大学生参加志愿服务纳入实践学分管理。

烈士纪念设施保护单位和管理单位应当配合机关、团体、乡村、社区、学校、企事业单位充分利用烈士纪念设施，组织开展祭奠烈士、瞻仰烈士纪念设施等缅怀纪念活动。提倡入党、入伍、入职、入队、入团、成人仪式以及主题党、团、队日活动在烈士纪念设施举行。打造“少先队校外实践教育基地”，积极把烈士纪念设施建设成少先队校外活动阵地。

第三十二条　鼓励和支持高等院校、研究机构和专业学者、研究人员开展英烈精神、事迹研究，参与英烈遗物、家书、史料等收集保护和口述史抢救性工程。

第三十三条　烈士纪念设施保护单位和管理单位应当加强烈士纪念设施日常维护，保证设施设备外观完整、题词碑文字迹清晰，环境氛围庄严肃穆、清净整洁，为社会公众提供良好的瞻仰和教育场所。

第三十四条　烈士纪念设施保护单位和管理单位应当规范服务管理，引导社会公众庄重、文明祭奠祭扫，为缅怀纪念活动提供便利和服务保障，依法制止有损缅怀纪念烈士肃穆氛围的行为。制止无效的，商请公安等部门依法依规严肃处理。

第三十五条　烈士纪念设施保护单位和管理单位应当配合接待异地祭扫的县级以上退役军人事务部门妥善安排祭扫活动，按照有关规定为自行祭扫的烈士亲属提供服务保障。

第三十六条　烈士纪念设施保护单位和管理单位应当按照国家有关规定，加强对烈士纪念设施中文物和历史建筑物的保护管理。

第三十七条　烈士纪念设施保护单位和管理单位应当开展英烈遗物、事迹史料的搜集、整理、保管、编纂和陈列布展工作，深入挖掘研究英烈事迹和精神。

第三十八条　烈士纪念设施保护单位和管理单位应当打造烈士纪念设施精品展陈，利用遗物、图片、史料等陈列品，适度运用新科技手段，增强陈列布展的时代性、互动性和感染力。

第三十九条　烈士纪念设施保护单位和管理单位应当及时更新优化陈列布展，在保持基本陈列相对稳定的前提下，及时补充体现时代精神和新史料新成果的展陈内容。按烈士纪念设施保护级别申报审批后，每5年进行一次局部改陈布展，每10年进行一次全面改陈布展。

第四十条　县级以上退役军人事务部门应当建立烈士纪念设施数据库，推进智慧陵园建设。

第四十一条　县级以上退役军人事务部门应当指导烈士纪念设施保护单位和管理单位充分发挥红色资源优势，拓展宣传教育功能，提高传播力、影响力。

烈士纪念设施保护单位和管理单位应当加强网络宣传教育，运用现代传播形式和技术，为社会公众提供网上祭扫和学习教育平台，宣传英烈事迹，弘扬英烈精神。

第四十二条　县级以上退役军人事务部门应当积极推动文化、新闻出版、广播电视、电影、网信等部门加强以烈士事迹为题材、弘扬烈士精神的文学艺术作品、广播电视节目以及出版物的创作生产和宣传推广。

第五章　组织管理

第四十三条　烈士纪念设施保护单位和管理单位应当建立健全烈士纪念设施保护管理、维护利用、服务保障和工作人员岗位责任等制度并组织落实，定期组织培训交流。

保护单位应当配备研究馆员和英烈讲解员，也可采取利用志愿者力量、购买服务等方式组织具有相关专业知识的人员和机构提供研究和讲解服务。

第四十四条　县级以上退役军人事务部门应当对烈士纪念设施保护管理工作进行监督考核。发现存在较大问题的，给予烈士纪念设施所在地退役军人事务部门、保护单位或者管理单位通报批评，限期整改；情节严重的，依法依规追究责任。

第四十五条　建立英烈保护联动协调制度，研究解决英烈保护中的重大问题。

第四十六条　县级以上退役军人事务部门可通过政府购买服务等方式加强烈士纪念设施保护管理工作力量。

第六章　责任追究

第四十七条　违反本办法第二十一条规定的，由县级退役军人事务部门或烈士纪念设施保护单位和管理单位及时劝阻制止；不听劝阻的，由县级以上退役军人事务部门会同有关部门按照有关规定处理。

第四十八条　烈士纪念设施保护单位和管理单位及其主管部门工作人员违反烈士纪念设施保护管理相关规定行为的，按照有关规定处理。

第七章　附　则

第四十九条　本办法自印发之日起施行，由云南省退役军人事务厅负责解释。

云南省退役军人事务厅办公室关于印发云南省退役军人和其他优抚对象建档立卡工作方案及实施细则的通知

云退役办发〔2022〕2号

各州、市退役军人事务局，厅机关各处（室）、各直属事业单位：

根据《退役军人事务部办公厅关于印发退役军人和其他优抚对象建档立卡工作方案及实施细则的通知》（退役军人办发〔2021〕49号）要求，为深入贯彻落实中央决策部署，加快推进建档立卡工作，经厅领导同意，现将《云南省退役军人和其他优抚对象建档立卡工作方案》《云南省退役军人和其他优抚对象建档立卡工作实施细则》印发你们，请遵照执行。

2022年1月28日

云南省退役军人和其他优抚对象建档立卡工作方案

为深入贯彻落实《中华人民共和国退役军人保障法》和中央领导同志有关指示批示精神，按照退役军人事务部相关工作要求，进一步明确建档立卡目标原则、工作内容、程序方式等，确保工作取得扎实成效，特制定本方案。

一、工作目标

全面推行“一人一档”，在全国统一部署、统筹管理的信息系统里，建立精准、动态、安全、规范的电子档案，全方位登记退役军人和其他优抚对象信息，科学有序为每位服务对象建档立卡。构建权威可靠、互联互通、动态更新的退役军人综合信息数据库。打破业务壁垒，充分运用大数据技术，开展退役军人大数据创新应用，为实现退役军人精准画像、精准施策、精准服务提供数据支撑。

二、工作原则

（一）全省统筹，分级推进。根据国家顶层设计，统筹全省力量，坚持统一设计、统一标准，切实增强建档立卡工作系统性、整体性和协调性，按照“分级负责、属地管理”原则，推动实现部、省、市、县、乡、村六级联动，形成全国“一盘棋”。

（二）服务导向，业务驱动。把服务保障退役军人作为出发点和落脚点，充分发挥业务工作主导牵引作用，准确把握、精心设计，坚持建档立卡与业务工作同部署、同推进，相互促进、相互融合，有效提升管理和服务效能。

（三）协同共享，联动更新。加强跨地区、跨部门、跨层级协同联动，打破业务数据壁垒，探索建立高效的数据管理机制，及时主动更新、核验信息，切实提高数据完整性、一致性和时效性，确保全面真实可靠。

（四）自主创新，安全可控。深化大数据、区块链、人工智能等技术应用，创新推进机制，改进服务模式，正确处理服务与保密的关系，严格落实主体责任，加强安全保障体系建设，筑牢安全保密防线。

三、建档立卡对象

本次建档立卡对象为全省退役军人和其他优抚对象，主要为退役干部、退役士兵、复员军人以及其他优抚对象，包括：

（一）退役干部。移交政府安置的军队离休退休干部、军队转业干部、现役干部转改文职人员、复员干部（复员军官）、逐月领取退役金的退役军官。

（二）退役士兵。移交政府安置的退休士官

（志愿兵）、以安排工作方式安置的退役士兵、以自主就业方式安置的退役士兵、国家供养的退役士兵、逐月领取退役金的退役军士。

（三）复员军人。1954 年 10 月 31 日之前入伍，后经批准从部队复员的人员，包括在乡退伍红军老战士、在乡西路红军老战士、红军失散人员、其他复员军人。

（四）其他。包括带病回乡退伍军人、残疾军人、伤残民兵民工、伤残人民警察、伤残预备役人员、因公伤残人员、烈士遗属、因公牺牲军人遗属、病故军人遗属、无军籍离退休退职职工等人员。

四、建档立卡内容

本次建档立卡电子档案共分为九大类信息项，包括：

（一）基本信息。基础身份信息、家庭成员信息和基本生活状况等内容。如服务对象姓名、身份证号、户籍地、常住地、家庭成员、婚姻、社保、住房、奖惩情况等。

（二）组织生活和社会活动信息。参加组织生活情况、”兵支书”基本情况、志愿服务情况等内容。如所在党支部、入党时间、上年度参加组织生活次数、担任“兵支书”情况、参加志愿服务情况等。

（三）服役信息。服役情况、职级情况、奖惩情况、特殊地区服役情况等内容。如入伍时间、部队代号、军衔、干部类别、原职级、立功受奖奖项、特殊地区服役情况等。

（四）安置信息。退役信息、退役安置情况等内容。如退役时间、退役证件号、安置时间、安置地、安置单位名称等。

（五）就业创业信息。就业基本情况、创业情况、未就业情况、就业意向等内容。如就业状态、就业单位、岗位类型、创业企业情况、所属行业、享受扶持政策情况、未就业原因、是否零就业家庭等。

（六）教育培训信息。服役前和退役后的学历教育情况等内容。如服役前学历情况、退役后是否复学、培训类型、获取证书情况等。

（七）抚恤优待信息。抚恤优待情况、残疾情况、烈士遗属、因公牺牲军人遗属、病故军人遗属情况等内容。如人员类别、享受优抚待遇情况、残疾等级、残疾证件号、烈士遗属情况、因公牺牲军人遗属情况、病故军人遗属情况等。

（八）褒扬激励信息。光荣牌悬挂情况、接受慰问情况、荣誉激励情况、受邀参加爱国主义及国防教育活动情况、褒扬宣传情况、公墓安葬意愿情况等内容。如光荣牌悬挂地址、悬挂时间、受邀参加重大庆典和纪念活动情况、走访慰问时间及单位、褒扬宣传方式及内容等。

（九）帮扶援助信息。政策保障情况、困难情况、帮扶情况等内容。如服务对象享受帮扶政策情况、困难类型、困难情况说明、帮扶情况记录等。

五、建档立卡程序

各地要把建档立卡工作作为一项基础性、长期性、系统性工作有序推进，建档立卡工作在信息采集基础上，按照以下步骤做好工作。

（一）材料准备。新增对象按照对象类别准备身份证、户口本、退役证明、伤残证明、烈士或牺牲证明、立功受奖等材料，系统已有对象按需准备相关材料，工作人员审核并遮挡涉密信息后提交。

（二）信息登记（维护）。新增对象和系统已有对象填写信息登记表并签字确认后，乡镇（街道）退役军人服务站通过设备自动读取和手工录入相结合的方式进行信息登记和维护。

（三）逐级审核。乡镇（街道）退役军人服务站负责建档立卡登记（维护），县级退役军人事务部门负责辖内建档立卡数据初审，市级退役军人事务部门负责辖内建档立卡数据审核，省退役军人厅牵头组织进行全省建档立卡数据抽查并备案。

（四）信息更新。各级退役军人事务部门和退役军人服务中心（站）借助业务工作每年完成一轮建档立卡信息更新，保持数据动态鲜活，如自主择业军转干部年审、优抚对象年度确认等开展信息更新工作。

六、建档立卡方式

建档立卡登记维护工作量大，为提高建档立卡工作效率，保证建档立卡工作质量，采用以下方式进行：

（一）业务牵引与专项工作相结合。建档立卡工作应突出业务牵引，结合优待证制发、移交安置、优抚对象年度资格确认等业务工作完成信息动态更新。各级退役军人事务部门参照统一标准，牵头开展本地建档立卡专项工作，结合实际情况开展本地化系统部署，部省建立协调统一的分级应用、运维、安全防护等综合管理机制。

（二）比对完善和新增登记相结合。基于信息采集和业务系统初步建成基础信息数据库，并开展建档立卡工作。对于已建档立卡对象，通过建档立卡或相关业务系统进行比对完善；对于年度新增对象，对接军队数据资源，利用移交安置、军休安置等业务系统进行建档立卡。

（三）分类审核与逐级审核相结合。发挥退役军人事务部门业务职能，由所属各业务部门对所服务对象进行信息审核。乡镇（街道）退役军人服务站负责建档立卡信息登记（维护），县、市两级退役军人事务部门审核后由省退役军人厅进行备案。

（四）人工核验与技术校核相结合。工作人员应认真核对服务对象信息，并借助技术手段自动录入证件信息进行校核，确保信息与证件信息一致。各级退役军人事务部门要和同级公安、民政、人力资源社会保障等部门交叉核对服务对象信息，力求信息准确。

七、职责分工

省退役军人厅负责统筹协调工作，指导建立考核评价体系，及时通报工作进展，督促指导各项工作落实。相关业务处室对相关业务领域建档立卡工作统筹指导，并做好业务数据与建档立卡数据的互联互通。

省退役军人厅信息化工作组负责对接退役军人事务部退役军人信息中心，提供全省建档立卡工作技术支持，为业务数据联动、智能化运行、动态分级管理、大数据分析应用、安全保密防护提供信息化支撑。

省退役军人服务中心负责指导各级退役军人服务中心（站）结合咨询接待、就业创业扶持、优抚帮扶、走访慰问、权益保障等业务开展建档立卡具体工作。

地方各级退役军人事务部门按业务分工逐级审核。各级移交安置部门审核计划分配军转干部、政府安排工作退役士兵，各级军休服务管理部门审核军队离退休干部、退休士官和无军籍职工、企业军转干部、自愿自行就业军转干部、自主择业军转干部、复员干部、逐月领取退役金的退役军官、逐月领取退役金的退役军士，各级就业创业部门审核自主就业退役士兵，各级拥军优抚部门审核享受国家定期抚恤补助的优抚对象。

八、工作要求

（一）加强组织领导。各地退役军人事务部门要建立适合本地的统筹协调工作机制，将建档立卡工作纳入地方绩效考核评价体系，充实工作力量，通报工作进展，督促指导工作落实。

（二）加强安全管理。退役军人及其他优抚对象信息敏感，各地要坚持属地管理、分级负责，强化保密观念和风险防范意识。要严格按照保密管理规定，依法履行保密义务，加强安全保密管理，确保数据安全。

（三）强化技术支撑。各地要加强建档立卡工作技术保障，扩大政务外网覆盖范围，特别是要确保乡镇（街道）退役军人服务站电子政务外网畅通。要通过建档立卡工作实现业务协同和数据联动，推进数据资源管理规范化、精准化、智能化，深化大数据分析应用。

（四）强化工作保障。各地要充分认识建档立卡工作的重要性和长期性，落实专职人员，购置充足设施设备，保障必要工作条件，确保建档立卡工作顺利进行。

云南省退役军人和其他优抚对象建档立卡工作实施细则

为深入贯彻落实《中华人民共和国退役军人保障法》和中央领导同志有关指示批示精神，按照退役军人事务部相关工作要求，明确对象范围、建档内容、工作原则、组织方式、管理要求等，进一步丰富退役军人信息采集数据，全面推行“一人一档”，依托全国退役军人和其他优抚对象建档立卡信息管理系统，全方位登记退役军人和其他优抚对象信息，科学有序为每位服务对象建档立卡，确保工作取得扎实成效，特制定实施细则如下：

一、建档立卡对象范围界定

本次建档立卡对象为全省退役军人和其他优抚对象，归纳细分为以下四大类人员，具体包括：

（一）退役干部。

1. 移交政府安置的军队离休退休干部。

2. 军队转业干部：2001 年《军队转业干部安置暂行办法》（中发〔2001〕3 号）施行前，统一称军队转业干部，自愿自行就业军队转业干部、部分企业军转干部等属于此类。《办法》施行后，分为计划分配军队转业干部、自主择业军队转业干部两类。

（1）计划分配军队转业干部：2001 年《军队转业干部安置暂行办法》施行后，由党委、政府负责安排工作和职务的军队转业干部。

（2）自主择业军队转业干部：2001 年《军队转业干部安置暂行办法》施行后，由政府协助就业、发给退役金的军队转业干部，2021 年后已无增量。

3. 现役干部转改文职人员。

4. 复员干部（复员军官）：符合中国人民解放军《现役军官服役条例》、《文职干部条例》规定的退出现役条件，本人自愿作为复员安置，以及有严重丧失干部条件不宜作转业安排，又不具备退休条件的军队干部。

5. 逐月领取退役金的退役军官：2021 年 1 月 1 日《中华人民共和国退役军人保障法》施行后以逐月领取退役金的安置方式退役的退役军官。

（二）退役士兵。

1. 移交政府安置的退休士官（志愿兵）。

2. 以安排工作方式安置的退役士兵：

（1）政府安排工作退役士兵。

（2）自谋职业退役士兵：2011 年《退役士兵安置条例》施行前入伍，以政府安排工作方式退出现役，回到地方后本人放弃安排工作待遇、选择自谋职业的退役士兵，目前仍有少量增量。

（3）灵活就业退役士兵：《关于进一步加强由政府安排工作退役士兵就业安置工作的意见》（退役军人部发〔2018〕27 号）施行后、以政府安排工作方式退出现役，本人放弃安排工作待遇、选择灵活就业的退役士兵。

3. 以自主就业方式安置的退役士兵：

（1）复员安置的士官和志愿兵：2011 年《退役士兵安置条例》施行前，符合转业条件但本人放弃安排工作、以复员方式退出现役的士官和志愿兵，目前已无增量。

（2）回乡生产生活的退役士兵：2011 年《退役士兵安置条例》施行前退役的农村籍退役士兵。

（3）自主就业退役士兵：2011 年《退役士兵安置条例》施行后、以自主就业方式退出现役的士兵，享受一次性退役金等待遇。

4. 国家供养的退役士兵。

5. 逐月领取退役金的退役军士：2021 年 1 月 1 日《中华人民共和国退役军人保障法》施行后以逐月领取退役金的安置方式退役的退役士兵。

（三）复员军人：1954 年 10 月 31 日之前入伍，后经批准从部队复员的人员，包括在乡退伍红军老战士、在乡西路红军老战士、红军失散人员、其他复员军人。

（四）其他：包括带病回乡退伍军人、残疾军人、伤残民兵民工、伤残人民警察、伤残预备役人员、因公伤残人员、烈士遗属、因公牺牲军人遗属、病故军人遗属、无军籍离退休退职职工等人员。

二、建档立卡内容

建档立卡登记信息内容主要包括基本信息、组织生活和社会活动信息、服役信息、安置信息、就业创业信息、教育培训信息、抚恤优待信息、褒扬激励信息、帮扶援助信息共计九大类信息内容。

（一）基本信息。主要登记服务对象的基础身份信息、家庭成员信息和基本生活状况等内容。如服务对象姓名、身份证号、户籍地、常住地、家庭成员、婚姻、社保、住房、奖惩情况等。基础身份信息可通过信息采集设备读取居民身份证自动生成；其他身份信息可由工作人员现场登记服务对象真实情况。

（二）组织生活和社会活动信息。主要登记服务对象的参加组织生活情况、“兵支书”基本情况、志愿服务情况等内容。如所在党支部、入党时间、上年度参加组织生活次数、担任“兵支书”情况、参加志愿服务情况等。

（三）服役信息。主要登记服务对象的服役情况、职级情况、奖惩情况、特殊地区服役情况等内容。如入伍时间、部队代号、军衔、干部类别、原职级、立功受奖奖项、特殊地区服役情况等。

（四）安置信息。主要登记服务对象的退役信息，退役安置情况等内容。如退役时间、退役证件号、安置时间、安置地、安置单位名称等。

（五）就业创业信息。主要登记服务对象就业基本情况、创业情况、未就业情况、就业意向等内容。如就业状态、就业单位、岗位类型、创业企业情况、所属行业、享受扶持政策情况、未就业原因、是否零就业家庭等。

（六）教育培训信息。主要登记服务对象服役前和退役后的教育培训情况等内容。如服役前学历情况、退役后是否复学、培训类型、获取证书情况等。

（七）抚恤优待信息。主要登记服务对象的

抚恤优待情况、残疾情况，烈士遗属、因公牺牲军人遗属、病故军人遗属情况等内容。如人员类别、享受优抚待遇情况、残疾等级、残疾证件号、烈士遗属情况、因公牺牲军人遗属情况、病故军人遗属情况等。

（八）褒扬激励信息。主要登记服务对象的光荣牌悬挂情况、接受慰问情况、荣誉激励情况、受邀参加爱国主义及国防教育活动情况、褒扬宣传情况、公墓安葬意愿情况等内容。如光荣牌悬挂地址、悬挂时间、受邀参加重大庆典和纪念活动情况、走访慰问时间及单位、褒扬宣传方式及内容等。

（九）帮扶援助信息。主要登记服务对象的政策保障情况、困难情况、帮扶情况等内容。如服务对象享受帮扶政策情况、困难类型、困难情况说明、帮扶情况记录等。

三、组织实施

（一）工作原则。

1. 全省统筹，分级推进。根据国家顶层设计，统筹全省力量，坚持统一设计、统一标准，切实增强建档立卡工作系统性、整体性和协调性，按照“分级负责、属地管理”原则，推动实现部、省、市、县、乡、村六级联动，形成全国“一盘棋”。

2. 服务导向，业务驱动。把服务保障退役军人作为出发点和落脚点，充分发挥业务工作主导牵引作用，准确把握、精心设计，坚持建档立卡与业务工作同部署、同推进，相互促进、相互融合，有效提升管理和服务效能。

3. 协同共享，联动更新。加强跨地区、跨部门、跨层级协同联动，打破业务数据壁垒，探索建立高效的数据管理机制，及时主动更新、核验信息，切实提高数据完整性、一致性和时效性，确保全面真实可靠。

4. 自主创新，安全可控。深化大数据、区块链、人工智能等技术应用，创新推进机制，改进服务模式，正确处理服务与保密的关系，严格落实主体责任，加强安全保障体系建设，筑牢安全保密防线。

（二）组织方式。

1. 业务牵引与专项工作相结合。建档立卡工作应突出业务牵引，坚持“一盘棋”思想，以优待证发放、退役军人志愿者、年度退役人员安置、优抚对象年度资格确认、自主择业军转干部年审等具体业务工作为契机，在服务对象通过业务系统办理各项业务时，完成信息动态更新。各级退役军人事务部门是本地建档立卡工作的牵头部门，除通过业务牵引开展建档立卡工作外，还可结合当地实际开展专项建档立卡工作，自行组织制定计划、部署工作、推进落实。

2. 比对完善和新增登记相结合。基于信息采集和业务系统数据初步建成全省退役军人及其他优抚对象基础信息数据库。对于已存在于基础信息数据库中的电子档案，通过建档立卡或相关业务系统进行补充完善，并通过退役军人服务体系进行查缺补漏，原则上每年更新一次；对于基础信息数据库中不存在的电子档案，通过建档立卡或相关业务系统进行建档立卡登记。对于年度新增对象，以军委政治工作部定期提供的数据为底数，利用移交安置、军休安置等业务系统进行建档立卡。

3. 分类审核与逐级审核相结合。发挥地方各级退役军人事务部门业务作用，由所属各业务部门对所服务退役军人进行信息审核：移交安置部门审核计划分配军转干部、政府安排工作退役士兵，军休服务管理部门审核军队离退休干部、退休士官和无军籍职工、企业军转干部、自愿自行就业军转干部、自主择业军转干部、复员干部、逐月领取退役金的退役军官、逐月领取退役金的退役军士，就业创业部门审核自主就业退役士兵，拥军优抚部门审核享受国家定期抚恤补助的优抚对象。乡镇（街道）退役军人服务站负责建档立卡信息登记（维护），县、市两级审核后由省退役军人厅进行备案。

4. 人工核验与技术校核相结合。工作人员应认真核对服务对象证件信息，必要时可借助核查设备、人像识别算法等技术手段自动录入证件信息进行校核，确保档案登记的信息与身份证件、户口簿、退役证件等相关证件信息一致，并经服务对象签字确认。各级退役军人事务部门要发挥协同作用，对不确定的信息，积极与同级公安、民政、人力资源社会保障、人民武装等部门的信息或档案交叉比对，确保基础信息准确无误。

（三）建档立卡程序。

各级退役军人事务部门和退役军人服务中心（站）要把建档立卡工作作为一项基础性、系统性、长期性工作统筹推进，做好基础电子档案信息的登记、审核和更新等工作。

1. 材料要求。在进行退役军人和其他优抚对象建档立卡时，至少包括以下材料，工作人员审核无误后进行信息登记，材料上传系统时需用卡片等材料遮挡涉密信息。

（1）身份证；

（2）户口本；

（3）转业证、退伍证、军队离退休证、复员证等；

（4）中华人民共和国残疾军人证、中华人民共和国伤残民兵民工证、中华人民共和国因战因公伤残人员证（残疾军人、伤残民兵民工、伤残人民警察、残疾消防救援人员、伤残预备役人员、因公伤残人员提供）；

（5）烈士证书、因公牺牲军人证明书、病故军人证明书等相关证件（烈士遗属，因公牺牲、病故军人遗属提供）；

（6）立功受奖证件；

（7）应征公民入伍登记表、批准书；

（8）其他所需材料或证明。

2. 信息登记（维护）。乡镇（街道）退役军人服务站在建档立卡登记（维护）时，引导服务对象填全、填对信息，可通过设备读取和手工录入相结合的方式进行。工作人员可对服务对象进行现场补充完善并签字确认，或参照服务对象填报的已签字确认后的信息表补充完善。在对服务对象进行登记（维护）时，注意上传证件照片作为附件，证件照片包括身份证、户口薄、个人免冠照片，以及烈士证书、转业证、退伍证、离退休证、立功受奖等相关证件材料。照片规格如下：

身份证照片：大小：20 ～ 40 K，格式：JPG（可直接由身份证识读设备读取为标准格式）；

个人免冠近照：大小：20 ～ 50 K，格式：JPG；标准：近期（一般在 6 个月内）一寸白底正面免冠证件照。头部占照片尺寸的三分之二，眼睛直视镜头，人像清晰且在相框内水居中，彩色，无明显畸变。

其他证件照片：大小：300 K 以下，格式：JPG。所有证件照片应登记证件上具有个人情况和证件内容的信息页。

3. 逐级审核。省退役军人厅牵头组织进行辖内建档立卡数据抽查并备案，定期对市级退役军人事务部门数据质量情况进行通报。备案通过的，自动汇聚至国家退役军人综合信息数据库。市级退役军人事务部门负责辖内建档立卡数据审核，定期对所辖县级退役军人事务部门数据质量情况进行通报。审核通过的，报省退役军人厅备案。县级退役军人事务部门负责辖内建档立卡数据初审，依据申请材料和信息，核查对象身份真实性、完整性、规范性。初审通过的，报市级退役军人服务中心审核，发现问题数据的，退回乡镇（街道）退役军人服务站修改后重报。乡镇（街道）退役军人服务站负责建档立卡登记（维护），提交至县级退役军人事务部门初审。乡镇（街道）退役军人服务站对本辖区已建档立卡退役军人和其他优抚对象应实行网格化管理，根据管理服务对象的实际情况灵活采取电话问询、窗口填报、上门服务等方式开展建档立卡信息更新。对军休服务管理机构、优抚医院、光荣院、机关企事业单位等退役军人和其他优抚对象数量较多较集中的，可由单位统一组织收取相关资料，乡镇（街道）退役军人服务站采取集中登记或上门服务等方式开展建档立卡。村（社区）退役军人服务站应积极发挥作用，可采取发放纸质表、填写电子表格、使用移动端等方式组织离线信息登记，积极引导服务对象正确填写，确保登记信息清晰完整，协助乡镇（街道）退役军人服务站完成离线信息录入。各级退役军人事务部门应明确责任，落实到人，确保信息登记的准确性。

4. 信息更新。各级退役军人事务部门原则上每年完成一轮建档立卡信息更新，保持数据动态鲜活。

（1）常态化信息更新：各级退役军人事务部门使用各业务信息系统，完成辖内服务对象建档立卡信息更新。可结合常态化联系、帮扶援助退役军人等业务工作，同步开展建档立卡信息更新。

（2）自主择业信息更新：自主择业军转干部由所在地退役军人就业创业部门在开展自主择业军转干部年审工作中，同步开展建档立卡信息更新。

（3）享受国家定期抚恤补助的优抚对象信息更新：由所在地退役军人拥军优抚部门在开展优抚对象年度确认工作中，同步开展建档立卡信息更新。

（4）军休人员信息更新：由所在地军休服务管理部门开展建档立卡信息更新。

（5）安置分配信息更新：计划分配军转干部、政府安排工作退役士兵由安置地退役军人事务部门在安置报到时进行建档立卡信息更新。

（6）其他类型信息更新：其他身份类别的退役军人，可结合针对该类别退役军人的专项业务工作，开展建档立卡信息更新。

四、安全管理要求

退役军人和其他优抚对象信息敏感，建档立卡机构和工作人员要严格按照保密管理规定，依法履行保密义务，加强安全管理，确保数据安全。

（一）加强安全保密管理。坚持属地管理、

分级负责的原则，切实强化保密观念和风险防范意识，严格执行国家各项保密规定，消除泄密隐患，建立健全信息安全技术保障体系和安全管理体系，保建档立卡系统长期安全、稳定和高效运行。

（二）严格审核登记录入和传输信息数据。坚持涉密信息不录入的原则，严禁将退役军人原所在部队番号（如：×师×团×连）等涉密信息录入系统，相关证明材料要遮挡涉密信息后进行拍照，确保上传照片不涉密。要利用符合相关规范要求的密码技术对信息数据进行加密传输。

（三）安全管理培训。各级退役军人事务部门要加强相关安全知识培训，将信息安全管理和保密要求列入建档立卡工作培训计划和培训内容，强化安全意识，并将信息安全要求贯彻建档立卡工作全过程，确保建档立卡信息管理和使用安全。

联系人：严璐、陈梦；

联系电话：0871—63644494、0871—63630715

附件：1. 退役军人和其他优抚对象基础电子档案信息表

2. 退役军人和其他优抚对象基础电子档案信息表填表说明

附件 1

退役军人和其他优抚对象基础电子档案信息表

一、基本信息

1. 基础身份信息

* 姓名		* 性别		* 民族		* 出生日期	
* 身份证号							
身份证签发机关			身份证有效期				
* 政治面貌			健康状况				
户籍类别	□城镇 □农村		* 联系电话				
* 户籍地							
* 常住地							

2. 家庭成员信息

* 关系	* 姓名	* 联系电话	健康状况	就业状态	工作单位	工作职务

3. 最高学历、学位

* 学历情况	□博士研究生 □硕士研究生 □大学本科 □大学专科 □高中 □中专 □初中及以下	取得时间	
学位情况	□博士 □硕士 □学士 □无	取得时间	

4. 婚姻状况

* 婚姻状况	□未婚 □已婚 □丧偶 □离婚

5. 社会保障情况

* 养老保险参保情况	□职工基本养老保险 □城乡居民基本养老保险 □未参加 □企业年金 / 职业年金 □其他				
养老保险参保地					
养老保险参保时长（月）		养老保险是否中断	□是 □否	养老保险中断时段	
* 医疗保险参保情况	□职工基本医疗保险 □城乡居民基本医疗保险 □其他 □未参加				
医疗保险参保地					
医疗保险参保时长（月）		医疗保险是否中断	□是 □否	医疗保险中断时段	

6. 住房情况

住房情况	□商品房 □经济适用房 □廉租房 □自建房 □公有住房 □公租房 □其他 □无住房
住房公积金缴纳情况	□是 □否

7. 奖惩情况

奖励情况	* 奖励奖项	□全国劳动模范 □全国先进工作者 □全军职工先进工作者 □省部级劳动模范 □省部级先进工作者 □其他 □无
	说明	
惩罚处分情况	处分	□开除党籍 □开除公职 □刑事犯罪 □其他 □无
	说明	

<table>
<tr><td colspan="8">二、组织生活、社会活动信息</td></tr>
<tr><td colspan="8">1. 参加组织生活情况</td></tr>
<tr><td colspan="2">所在党支部</td><td colspan="3"></td><td>入党时间</td><td colspan="2"></td></tr>
<tr><td colspan="2">是否按时缴纳党费</td><td>□是　□否</td><td>是否担任
党组织职务</td><td>□是　□否</td><td>是否脱离组织</td><td colspan="2">□是　□否</td></tr>
<tr><td colspan="2">上年度参加组织活动次数</td><td colspan="6">□ 0 次　□ 1–5 次　□ 6–10 次　□ 10 次及以上</td></tr>
<tr><td colspan="8">2. 退役军人村、社区“两委”成员（兵支书）基本情况　□有　□无</td></tr>
<tr><td rowspan="8">本人情况</td><td>* 职务</td><td colspan="6">□村（社区）党组织书记　□村民委员会主任 / 社区居委会主任
□村（社区）“两委”成员　□农村合作社负责人
□基干民兵连长　□其他村（社区）专职工作人员　□村居“两委”后备干</td></tr>
<tr><td>* 社会职务</td><td colspan="6">□党代表（市以上）　□党代表（县）　□党代表（乡）
□人大代表（市以上）　□人大代表（县）　□人大代表（乡）
□政协委员（市以上）　□政协委员（县）　□无</td></tr>
<tr><td>* 首次任职时间</td><td></td><td>* 本届任期</td><td></td><td>离任时间</td><td></td></tr>
<tr><td>* 是否兼任乡镇干部</td><td>□是　□否</td><td>* 是否兼任
退役军人服务站长</td><td>□是　□否</td><td>* 有无村干部经历</td><td>□有　□无</td></tr>
<tr><td>* 年限</td><td></td><td>* 任期内受表彰情况</td><td colspan="3">□乡镇　□区县　□市　□省级以上　□无</td></tr>
<tr><td colspan="2">* 岗位年收入（万元）</td><td colspan="4">□ 1 万元以下　□ 1–3 万元　□ 3–5 万元　□ 5–8 万元
□ 8–12 万元　□ 12–18 万元　□ 18 万元以上　□公益（不领取报酬）</td></tr>
<tr><td>* 优势特长</td><td colspan="5">□生产经营　□农业科技　□其他（简要说明）　□无</td></tr>
<tr><td colspan="6"></td></tr>
<tr><td rowspan="6">任职村社区情况</td><td>* 名称</td><td colspan="6"></td></tr>
<tr><td>* 人口数量</td><td></td><td>* 村集体经济年收入（万元）</td><td></td><td>* 区域面积（平方公里）</td><td></td></tr>
<tr><td>* “两委”成员总人数</td><td></td><td>* 特色产业</td><td colspan="3">□种植　□养殖　□乡村旅游
□其他（简要说明）　□无</td></tr>
<tr><td rowspan="2">* 受表彰情况</td><td>* 表彰级别</td><td colspan="4">□省级以上　□市　□区县　□乡镇　□无</td></tr>
<tr><td>* 表彰事项</td><td colspan="4">□基层党建类　□集体经济类　□生态环境类　□精神文明类　□基层治理类
□其他（简要说明）</td></tr>
<tr><td colspan="6"></td></tr>
<tr><td colspan="8">3. 志愿服务情况　□有　□无</td></tr>
<tr><td colspan="2">所在志愿服务组织</td><td>主要服务项目</td><td>何时参加志愿服务活动</td><td colspan="2">累计参加志愿服务时数</td><td colspan="2">组织单位</td></tr>
<tr><td colspan="2"></td><td></td><td></td><td colspan="2"></td><td colspan="2"></td></tr>
<tr><td colspan="2"></td><td></td><td></td><td colspan="2"></td><td colspan="2"></td></tr>
<tr><td colspan="8">三、服役信息</td></tr>
<tr><td colspan="8">1. 服役情况　□二次入伍</td></tr>
<tr><td colspan="2">* 入伍时间</td><td></td><td>入伍地</td><td colspan="4"></td></tr>
<tr><td colspan="2">* 入伍时户籍</td><td>□城镇　□农村</td><td>部队代号</td><td colspan="2"></td><td>大单位</td><td></td></tr>
<tr><td colspan="2">* 军人类别</td><td colspan="4">□军官　□文职　□高级士官　□中级士官
□初级士官　□义务兵　□志愿兵</td><td>军衔</td><td></td></tr>
<tr><td colspan="8">2. 职级情况</td></tr>
<tr><td rowspan="2" colspan="2">* 干部类别</td><td>□军官</td><td>□行政军官（指挥管理军官）
□技术军官（专业技术军官）</td><td rowspan="2" colspan="2">* 原最高职级</td><td rowspan="2" colspan="2"></td></tr>
<tr><td>□文职</td><td>□管理文职　□技术文职</td></tr>
</table>

<table>
<tr><td colspan="8">3. 奖惩情况</td></tr>
<tr><td rowspan="2">立功受奖情况</td><td>* 立功受奖奖项</td><td colspan="6">□八一勋章 □大军区以上荣誉称号 □一等功 □二等功 □三等功
□全军士官优秀人才奖 □嘉奖 □其他 □无</td></tr>
<tr><td>说明</td><td colspan="6"></td></tr>
<tr><td rowspan="2">惩罚处分情况</td><td>处分</td><td colspan="6">□军纪处分降职 □军纪处分撤职 □军纪处分降衔 □军纪处分警告
□军纪处分严重警告 □军纪处分记过 □军纪处分记大过 □开除军籍
□其他 □无</td></tr>
<tr><td>说明</td><td colspan="6"></td></tr>
<tr><td colspan="8">4. 特殊地区服役情况　□有　□无</td></tr>
<tr><td>* 特殊地区性质</td><td></td><td>服役时长（月）</td><td></td><td>特殊岗位</td><td colspan="3">□飞行 □舰艇 □涉核 □其他</td></tr>
<tr><td colspan="8">四、安置信息</td></tr>
<tr><td colspan="8">1. 退役信息</td></tr>
<tr><td>* 退役时间
（转业 / 复员 / 离退休时间）</td><td></td><td>预备役情况</td><td>□是 □否</td><td>* 退役证件类型</td><td></td><td>* 退役证件号</td><td></td></tr>
<tr><td colspan="8">2. 人员类别（按安置方式区分）</td></tr>
<tr><td rowspan="13">* 人员类别</td><td rowspan="6">退役干部</td><td colspan="6">□军队离退休干部</td></tr>
<tr><td colspan="6">转业干部（转业军官）：
□企业军转干部 □自愿自行就业军转干部
□计划分配军转干部（转业军官） □自主择业军转干部</td></tr>
<tr><td colspan="6">□现役干部转改文职人员</td></tr>
<tr><td colspan="6">□复员干部（复员军官）</td></tr>
<tr><td colspan="6">□逐月领取退役金的退役军官</td></tr>
<tr><td colspan="6"></td></tr>
<tr><td rowspan="6">退役士兵</td><td colspan="6">□退休士官</td></tr>
<tr><td colspan="6">以安排工作方式安置的退役士兵：
□政府安排工作的退役士兵 □自谋职业退役士兵 □灵活就业退役士兵</td></tr>
<tr><td colspan="6">以自主就业方式安置的退役士兵：
□复员安置的士官和志愿兵 □回乡生产的退役士兵 □自主就业退役士兵</td></tr>
<tr><td colspan="6">□国家供养退役士兵</td></tr>
<tr><td colspan="6">□逐月领取退役金的退役军士</td></tr>
<tr><td colspan="6"></td></tr>
<tr><td>复员军人</td><td colspan="6">□复员军人</td></tr>
<tr><td colspan="8">3. 领取退役金情况</td></tr>
<tr><td>是否领取一次性退役金</td><td>□是 □否</td><td>领取一次性退役金金额（元）</td><td></td><td>领取时间</td><td></td><td>逐月领取退役金金额（元）</td><td></td></tr>
<tr><td colspan="8">4. 退役安置情况</td></tr>
<tr><td>* 安置时间 / 报到时间</td><td></td><td>* 安置地</td><td colspan="2"></td><td>* 安置单位名称</td><td colspan="2"></td></tr>
<tr><td>* 安置单位性质</td><td colspan="4">□机关 □事业单位 □国有企业 □群团组织 □其他</td><td>安置职务级别</td><td colspan="2"></td></tr>
<tr><td colspan="8">5. 军休安置情况</td></tr>
<tr><td>* 军休类别</td><td colspan="4">□离休干部 □退休干部 □退休士官 □退休改离休干部</td><td>* 安置时间</td><td colspan="2"></td></tr>
<tr><td>* 安置地</td><td colspan="4"></td><td>* 安置管理单位名称</td><td colspan="2"></td></tr>
</table>

* 安置管理单位性质	□政府管理 □军队管理		* 服务管理机构名称		
6. 无军籍离退休退职职工安置情况					□有 □无
* 参加工作（入伍）时间			* 离退休时间		
成为军队职工方式	□招工 □地方调入 □兵改工 □军转安置 □随军安置 □征地农转工 □接收大中专毕业生 □其他				
原单位					
原职级					
* 离退休证件号码			* 安置地		
安置计划批次	□一批 □二批 □三批 □四批 □五批 □六批 □ 2015 年度 □其他批次 □无				
接收时间		安置管理单位性质	□政府管理 □军队管理		
五、就业创业信息					
1. 就业情况					
* 就业状态	□单位就业 □公益性岗位 □自由职业 □创业 □务农 □国家供养人员 □离退休 □学生 □无业 □其他				
* 个人年收入（元）	□ 0-10000 □ 10001—30000 □ 30001—50000 □ 50001—120000 □ 120000 以上		家庭年收入（元）		
2. 单位就业情况					
单位类型	□国家机关 □事业单位 □国有企业 □集体企业 □私营企业 □外资企业 □其他				
岗位类型	□管理岗位 □技术岗位 □临时岗位 □劳务工 □其他				
是否新业态就业	□是 □否	新业态就业类型	□快递 □外卖 □网约车司机 □家政服务 □网店 □直播 □其他		
单位名称			单位地址		
何时进入现单位工作			所属行业		
劳务合同类型	□无固定期限合同 □三年及以上有期限合同 □三年以下有期限合同 □未签订劳动合同 □不需要签订劳动合同				
3. 创业情况					
企业（项目）名称			创业类型	□企业 □个体工商户 □项目筹划阶段 □其他	
职务	□法人代表 □股东 □主要管理人 □合伙人 □其他		法定代表人		
法定代表人联系方式		控股情况	□国有控股 □集体控股 □私人控股 □港澳台商控股 □外商控股 □其他		
统一社会信用代码		所属行业		成立时间（注册时间）	
注册地址				吸纳就业人数	
吸纳退役军人人数		资产总额（万元）		年营业收入（万元）	
下（返）乡创业	□是 □否	享受扶持政策情况			
4. 公益性岗位情况					
岗位名称		从事时间		所属行业	

5. 自由职业情况					
职业名称		从事时间		所属行业	
6. 离退休情况					
离退休前单位		原单位地址			
所属行业		退休时间			
7. 未就业情况					
未就业原因	□准备考学 □准备创业 □家庭原因暂不考虑工作 □无工作意向，未找工作 □辞职 □暂未找到合适工作 □被原单位辞退 □原公司破产、关闭 □身体原因不能工作 □其他				
零就业家庭	□是 □否				

8. 就业意向			□有 □无
工作地区	行业	职业	薪资

六、教育培训信息

1. 服役前学历教育情况			
是否在校大学生入伍	□是 □否	服役前在读学历	□博士研究生 □硕士研究生 □大学本科 □大学专科 □高中 □中专 □初中及以下
已取得学历情况	□博士研究生 □硕士研究生 □大学本科 □大学专科 □高中 □中专 □初中及以下	取得时间	
已取得学位情况	□博士 □硕士 □学士 □无	取得时间	

2. 退役后学历教育情况					□有 □无
是否复学	□是 □否	是否转入其他专业	□是 □否	是否得到学费资助	□是 □否
学费资助金额（元）		是否继续深造	□是□否	深造学历情况	□博士研究生 □硕士研究生 □大学本科 □大学专科

3. 职业技能培训情况					□有 □无
培训类型	□适应性培训 □职业技能培训 □个性化培训 □其他培训	参加培训情况	□政策规定免费职业技能培训 □其他类型培训		
获取证书情况	□有 □无	证书类别	□职业资格证 □职业技能等级证 □专项职业能力证 □特种作业操作证 □全民技能提升培训合格证 □其他		
证书名称		职业技能培训后是否直接就业	□是 □否	培训专业与就业岗位是否匹配	□是 □否

培训情况			培训经费情况		
承训机构	专业	培训时长（小时）	补助资金（元）	个人支付金额（元）	总金额（元）

七、抚恤优待信息

1. 抚恤优待情况	
* 人员类别	□退伍红军老战士 □西路军红军老战士 □红军失散人员 □老复员军人
	□带病回乡退伍军人 □年满 60 周岁农村籍退役士兵 □烈士老年子女

* 人员类别	□残疾军人 □伤残民兵民工 □伤残人民警察 □伤残预备役人员 □因公伤残人员		
	□烈士遗属 □因公牺牲军人遗属 □病故军人遗属		
* 享受优抚待遇情况	□定期抚恤金 □定期生活补助金 □定期护理费 □不享受 □其他		
* 供养情况	□集中供养 □分散供养 □无	供养单位	□优抚医院 □光荣院 □社会福利机构 □其他
* 孤老情况	□是 □否	孤儿情况	□是 □否
2. 服役时残疾情况			□有 □无

* 劳动能力	□具备劳动能力 □劳动功能障碍	* 生活能力	□自理 □生活自理障碍		* 是否因患精神病评残	□是 □否	
* 残疾性质	□因战 □因公 □因病	* 残疾等级		* 残疾证件号		* 评残时间	

3. 烈士遗属情况						
* 与烈士关系			* 是否是持证人	□是 □否	* 证明书编号	
烈士情况	* 姓名		* 性别		* 出生日期	
	入伍日期		生前所在单位		牺牲日期	
	牺牲原因				评定时间	
	评定烈士单位				烈士安葬情况	□境内□境外 □不清楚
	烈士安葬地					
4. 因公牺牲军人遗属情况						
* 与因公牺牲军人关系			* 是否是持证人	□是 □否	* 证明书编号	
因公牺牲军人	* 姓名		* 性别		* 出生日期	
	入伍日期		生前所在单位		牺牲日期	
	牺牲原因				认定时间	

5. 病故军人遗属情况							
* 与病故军人关系			* 是否是持证人		□是 □否	证明书编号	
病故军人情况	* 姓名			* 性别		* 出生日期	
	入伍日期			生前所在单位		牺牲日期	
	牺牲原因					认定时间	

八、褒扬激励信息

1. 光荣牌悬挂情况							□有 □无
* 光荣牌悬挂情况	□是 □否	申请悬挂时间		悬挂地址			
悬挂时间		是否取消	□是 □否	是否更换	□是 □否	更换时间	

2. 接受慰问情况		□有 □无
慰问时间	慰问方式	慰问单位

3. 荣誉激励情况			□有　□无
受邀参加国家重大庆典和纪念活动情况	时间	活动名称	备注
受邀参加地方重大庆典和纪念活动情况	时间	活动名称（省市）	备注
受邀参加军队重大庆典和纪念活动情况	时间	活动名称	备注
其他荣誉激励情形		纳入地方志情况	

4. 受邀参加爱国主义及国防教育活动情况				□有　□无
活动类型	活动名称	邀请单位	时间	备注

5. 褒扬宣传情况				□有　□无
宣传方式	宣传内容	宣传媒体	时间	备注

6. 公墓安葬意愿情况			
是否符合条件	□是　□否	是否愿意申请军人公墓	□是　□否

九、帮扶援助信息	
1. 政策保障情况	
* 享受政策情况	□低保　□特困　□不享受政策保障情况
2. 困难情况	
困难类型	□就业困难　□医疗困难　□养老困难　□住房困难　□教育困难 □其他困难（因灾害、事故、见义勇为等突发事件造成的困难）
困难情况说明	
3. 帮扶情况	
帮扶日期	帮扶措施
帮扶结果	□已脱困　□未脱困

十、本人签字	
本人签字	以上信息均由本人根据自己实际情况填写 年　　月　　日

附件 2

退役军人和其他优抚对象基础电子档案信息表填表说明

一、基本信息

1.1 基础身份信息

1.2 家庭成员信息

1.3 最高学历、学历

1.4 婚姻状况

1.5 社会保障情况

1.6 住房情况

1.7 奖惩情况

二、组织生活、社会活动信息

2.1 参加组织生活情况

2.2 退役军人村、社区“两委”成员（兵支书）基本情况

2.3 志愿服务情况

三、服役信息

3.1 服役情况

3.2 职级情况

3.3 奖惩情况

3.4 特殊地区服役情况

四、安置信息

4.1 退役信息

4.2 人员类别（按安置方式区分）

4.3 领取退役金情况

4.4 退役安置情况

4.5 军休安置情况

4.6 无军籍离退休退职职工安置情况

五、就业创业信息

5.1 就业情况

5.2 单位就业情况

5.3 创业情况

5.4 公益性岗位情况

5.5 自由职业情况

5.6 离退休情况

5.7 未就业情况

5.8 就业意向

六、教育培训情况

6.1 服役前学历教育情况

6.2 退役后学历教育情况

6.3 职业技能培训情况

七、抚恤优待信息

7.1 抚恤优待情况

7.2 服役时残疾情况

7.3 烈士遗属情况

7.4 因公牺牲军人遗属情况

7.5 病故军人遗属情况

八、褒扬激励信息

8.1 光荣牌悬挂情况

8.2 接受慰问情况

8.3 荣誉激励情况

8.4 受邀参加爱国主义及国防教育活动情况

8.5 褒扬宣传情况

8.6 公墓安葬意愿情况

九、帮扶援助信息

9.1 政策保障情况

9.2 困难情况

9.3 帮扶情况

一、基本信息

1.1 基础身份信息

1.1.1 姓名：此项为必填项。

1.1.2 性别：此项为必填项。

1.1.3 民族：根据本人身份证登记的民族为准，此项为必填项。

1.1.4 出生日期：根据居民身份证或居民户口簿填写，格式：年—月—日，此项为必填项。

1.1.5 身份证号：根据本人身份证或户口簿的公民身份证号码填写，此项为必填项。

1.1.6 身份证签发机关：根据居民身份证填写。

1.1.7 身份证有效期：根据居民身份证填写起始时间（年—月—日）和截止时间（年—月—日或长期）。

1.1.8 政治面貌：勾选政治面貌，具体填写内容如下，此项为必填项。

序号	名称	序号	名称
1	中国共产党党员	8	中国农工民主党党员
2	中国共产党预备党员	9	中国致公党党员
3	中国共产主义青年团团员	10	九三学社社员
4	中国国民党革命委员会会员	11	台湾民主自治同盟盟员
5	中国民主同盟盟员	12	无党派民主人士
6	中国民主建国会会员	13	群众
7	中国民主促进会会员		

1.1.9 健康状况：勾选 1）健康或良好；2）一般或较弱；3）有慢性病；4）患有大病；5）残疾。

1.1.10 户籍类别：勾选城镇、农村。

1.1.11 联系电话：根据实际情况填写能够联系到的固定电话或移动电话，此项为必填项。

1.1.12 户籍地：根据居民身份证或居民户口簿填写省、市、县、乡（镇）街道并填写至门牌号，此项为必填项。

1.1.13 常住地：填写常住地的省、市、县、乡（镇）街道并填写至门牌号，此项为必填项。

1.2 家庭成员信息

至少填写一名家庭成员，如无家庭成员填写紧急联系人信息。

1.2.1 家庭成员关系：填写 1）配偶；2）子；3）女；4）孙子、孙女，或外孙子、外孙女；5）父母；6）祖父母或外祖父母；7）兄、弟、姐、妹；8）其他；9）紧急联系人（该服务对象无家属情况选择），此项为必填项。

1.2.2 家庭成员姓名：此项为必填项。

1.2.3 家庭成员联系电话：根据实际情况填写能够联系到的固定电话或移动电话，此项为必填项。

1.2.4 家庭成员健康状况：勾选 1）健康或良好；2）一般或较弱；3）有慢性病；4）患有大病；5）残疾。

1.2.5 家庭成员就业状态：勾选就业状态，同就业创业信息中的就业状态（5.1.1）。

1.2.6 家庭成员工作单位：填写工作单位的全称。

1.2.7 家庭成员工作职务：填写所在工作单位的工作职务。

1.3 最高学历、学历

1.3.1 学历情况：勾选 1）博士研究生；2）硕士研究生；3）大学本科；4）大学专科；5）中专；6）高中；7）初中及以下，此项为必填项。

1.3.2 学历取得时间：填写最高学历取得的年份。

1.3.3 学位：勾选 1）博士；2）硕士；3）学士；4）无。

1.3.4 学位取得时间：填写最高学历取得的年份，当学位（1.3.3）填写博士、硕士、学士时填写此项。

1.4 婚姻状况

1.4.1 婚姻状况：勾选 1）未婚；2）已婚；3）丧偶；4）离婚，此项为必填项。

1.5 社会保障情况

1.5.1 养老保险参保情况：勾选 1）职工基本养老保险；2）城乡居民基本养老保险；3）企业年金/职业年金；4）其他；5）未参加，此项为必填项，可多选。

1.5.2 养老保险参保地：根据养老保险参保的地址填写省、市、县、乡（镇）街道，当养老保险参保情况（1.5.1）填写职工基本养老保险、城乡居民基本养老保险、企业年金/职业年金、其他时填写此项。

1.5.3 养老保险参保时长（月）：填写参加养老保险的时长，当养老保险参保情况（1.5.1）填写职工基本养老保险、城乡居民基本养老保险、企业年金/职业年金、其他时填写此项，单位为月。

1.5.4 养老保险是否中断：勾选是、否。

1.5.5 养老保险中断时段：当养老保险是否中断（1.5.4）填写是时填写此项，填写中断的开始时间（年—月）~结束时间（年—月），如多次中断，可填写多个中断时段，中间用“,”分割。

1.5.6 医疗保险参保情况：勾选 1）职工基本医疗保险；2）城乡居民基本医疗保险；3）其他；4）未参加，此项为必填项，可多选。

1.5.7 医疗保险参保地：根据医疗保险参保的地址填写省、市、县、乡（镇）街道，当医疗保险参保情况（1.5.6）填写职工基本医疗保险、城乡居民基本医疗保险、其他时填写此项。

1.5.8 医疗保险参保时长（月）：填写参加医疗保险的时长，当医疗保险参保情况（1.5.6）填写职工基本医疗保险、城乡居民基本医疗保险、其他时填写此项，单位为月。

1.5.9 医疗保险是否中断：勾选是、否。

1.5.10 医疗保险中断时段：当医疗保险是否中断（1.5.9）填写是时填写此项，填写中断的开始时间（年—月）~结束时间（年—月），如多次中断，可填写多个中断时段，中间用“,”分割。

1.6 住房情况

1.6.1 住房情况：勾选 1）商品房；2）经济适用房；3）廉租房；4）自建房；5）公有住房；6）公租房；7）其他；8）无住房，可多选。

1.6.2 住房公积金缴纳情况：勾选是、否。

1.7 奖惩情况

1.7.1 奖励奖项：勾选1）全国劳动模范；2）全国先进工作者；3）全军职工先进工作者；4）省部级劳动模范；5）省部级先进工作者；6）其他；7）无，此项为必填项，可多选。

1.7.2 奖励奖项说明：填写获得的奖励具体说明。

1.7.3 处分：勾选1）开除党籍；2）开除公职；3）刑事犯罪；4）其他；5）无，可多选。

1.7.4 处分说明：填写处分的具体说明。

二、组织生活、社会活动信息

2.1 参加组织生活情况

2.1.1 所在党支部：填写所在党支部的名称。

2.1.2 入党时间：勾选年—月。

2.1.3 是否按时缴纳党费：勾选是、否。

2.1.4 是否担任党组织职务：勾选是、否。

2.1.5 是否脱离组织：勾选是、否。

2.1.6 上年度参加组织活动次数：勾选1）0次；2）1～5次；3）6～10次；4）10次以上。

2.2 退役军人村、社区“两委”成员（兵支书）基本情况

2.2.1 有无退役军人村、社区“两委”成员（兵支书）基本情况：勾选有、无，选择有时，填写以下内容（2.2.2～2.2.22）。

2.2.2 职务：勾选1）村（社区）党组织书记；2）村民委员会主任/社区居委会主任；3）村（社区）“两委”成员；4）农村合作社负责人；5）基干民兵连长；6）其他村（社区）专职工作人员；7）村居“两委”后备干部，此项为必填项，可多选。

2.2.3 社会职务：勾选1）党代表（乡）；2）党代表（县）；3）党代表（市以上）；4）人大代表（乡）；5）人大代表（县）；6）人大代表（市以上）；7）政协委员（县）；8）政协委员（市以上）；9）无，此项为必填项，可多选。

2.2.4 首次任职时间：填写时间（年—月），此项为必填项。

2.2.5 本届任期：填写本届任期结束时间（年—月），此项为必填项。

2.2.6 离任时间：填写兵支书实际离任时间（年—月）。

2.2.7 是否兼任乡镇干部：勾选是、否，此项为必填项。

2.2.8 是否兼任退役军人服务站长：勾选是、否，此项为必填项。

2.2.9 有无村干部经历：勾选有、无，此项为必填项。

2.2.10 村干部任职年限：填写村干部任职年限，当有无村干部经历（2.2.9）勾选有时填写此项，此项为必填项。

2.2.11 任职期内受表扬情况：勾选1）乡镇；2）区县；3）市；4）省级以上；5）无，此项为必填项，可多选。

2.2.12 岗位年收入：勾选1）1万元以下；2）1～3万元；3）3～5万元；4）5～8万元；5）8～12万元；6）12～18万元；7）18万元以上；8）公益（不领取报酬），此项为必填项。

2.2.13 优势特长：勾选1）生产经营；2）农业科技；3）其他；4）无，此项为必填项，可多选。

其他优势特长说明：当兵支书优势特长（2.2.13）勾选其他时需填写说明，此项为必填项。

2.2.14 任职村（社区）名称：勾选村（社区）名称，此项为必填项，可多选。

2.2.15 任职村（社区）人口数量：此项为必填项。

2.2.16 村集体经济年收入（万元）：此项为必填项，单位为万元。

2.2.17 任职村（社区）区域面积（平方公里）：此项为必填项，单位为平方公里。

2.2.18 任职村（社区）两委成员总人数：此项为必填项。

2.2.19 特色产业：勾选 1）种植；2）养殖；3）乡村旅游；4）其他 5）无，此项为必填项。

其他特色产业说明：当特色产业（2.2.19）勾选其他时填写此项，此项为必填项。

2.2.20 表彰级别：勾选 1）乡镇；2）区县；3）市；4）省级以上；5）无，此项为必填项，可多选。

2.2.21 表彰事项：勾选 1）基层党建类；2）集体经济类；3）生态环境类；4）精神文明类；5）基层治理类；6）其他，此项为必填项，可多选。

其他表彰事项说明：当表彰事项（2.2.21）填写其他时填写此项，此项为必填项。

2.2.22 年度工作满意度评价：勾选 1）优秀；2）称职；3）基本称职；4）不称职，此项仅在系统中勾选。

2.3 志愿服务情况

2.3.1 有无志愿服务情况：勾选有、无，选择有时，填写以下内容（2.3.2 ~ 2.3.5）。

2.3.2 志愿服务活动名称：填写参加志愿服务活动名称。

2.3.3 志愿服务时间：勾选年—月—日。

2.3.4 志愿服务时长：填写参加志愿服务活动的时长。

2.3.5 志愿服务组织单位：填写组织单位全称。

三、服役信息

3.1 服役情况

3.1.1 二次入伍情况：勾选有、无，此项为必填项。

3.1.2 入伍时间：勾选年—月—日，此项为必填项。

3.1.3 入伍地：勾选入伍地。

3.1.4 入伍时户籍：勾选城镇、农村，此项为必填项。

3.1.5 部队代号：只填写部队代号，不填写番号（如 x 师 x 团 x 营等）。

3.1.6 大单位：勾选大单位，具体填写内容如下。

序号	名称	序号	名称
1	沈阳军区	28	中央军委装备发展部
2	北京军区	29	中央军委训练管理部
3	兰州军区	30	中央军委国防动员部
4	济南军区	31	中央军委纪律检查委员会
5	南京军区	32	中央军委政法委员会
6	广州军区	33	中央军委科学技术委员会
7	成都军区	34	中央军委战略规划办公室
8	第二炮兵总部	35	中央军委改革和编制办公室
9	总参谋部	36	中央军委国际军事合作办公室
10	总政治部	37	中央军委审计署
11	总后勤部	38	中央军委机关事务管理总局
12	总装备部	39	军事科学院
13	东部战区	40	国防大学
14	南部战区	41	国防科技大学
15	西部战区	42	武警部队
16	北部战区	43	边消警部队
17	中部战区	44	中国消防救援学院
18	陆军总部	45	森林消防队
19	海军总部	46	消防救援队
20	空军总部	47	原公安现役部队
21	火箭军总部	48	沈阳军区善后工作办公室
22	战略支援部队总部	49	北京军区善后工作办公室
23	联勤保障部队	50	兰州军区善后工作办公室
24	中央军委办公厅	51	济南军区善后工作办公室
25	中央军委联合参谋部	52	南京军区善后工作办公室
26	中央军委政治工作部	53	广州军区善后工作办公室
27	中央军委后勤保障部	54	成都军区善后工作办公室

3.1.7 军人类别：勾选 1）军官；2）文职；3）高级士官；4）中级士官；5）初级士官；6）义务兵；7）志愿兵，此项为必填项。

3.1.8 军衔：勾选军衔，具体内容如下。

序号	名称	序号	名称
1	上将	11	一级军士长
2	中将	12	二级军士长
3	少将	13	三级军士长
4	大校	14	四级军士长
5	上校	15	上士
6	中校	16	中士
7	少校	17	下士
8	上尉	18	上等兵
9	中尉	19	列兵
10	少尉		

3.2 职级情况

3.2.1 干部类别：勾选军官、文职，当军人类别（3.1.7）选择军官时勾选军官，选择文职时勾选文职，此项为必填项。

3.2.2 军官类别：勾选行政军官（指挥管理军官）、技术军官（专业技术军官），当干部类别（3.2.1）选择军官时勾选此项，此项为必填项。

3.2.3 文职类别：勾选管理文职、技术文职，当干部类别（3.2.1）选择文职时勾选此项，此项为必填项。

3.2.4 行政军官（指挥管理军官）原最高职级：勾选行政军官（指挥管理军官）原最高职级，当军官类别（3.2.2）选择行政军官（指挥管理军官）时填写此项，具体内容如下，此项为必填项。

序号	名称	序号	名称
1	正大军区职	8	副团职
2	副大军区职	9	正营职
3	正军职	10	副营职
4	副军职	11	正连职
5	正师职	12	副连职
6	副师职	13	排职
7	正团职		

3.2.5 技术军官（专业技术军官）原最高职级：勾选技术军官（专业技术军官）原最高职级，当军官类别（3.2.2）选择技术军官（专业技术军官）时填写此项，具体内容如下，此项为必填项。

序号	名称	序号	名称
1	技术一级	9	技术八级
2	技术二级	10	技术九级
3	技术三级	11	技术十级
4	技术四级	12	技术十一级
5	技术五级	13	技术十二级
6	技术六级	14	技术十三级
7	技术七级高级	15	技术十四级
8	技术七级非高		

3.2.6 管理文职原最高职级；勾选管理文职原最高职级，当文职类别（3.2.3）选择管理文职时填写此项，具体内容如下，此项为必填项。

序号	名称	序号	名称
1	文职特级	6	文职五级
2	文职一级	7	文职六级
3	文职二级	8	文职七级
4	文职三级	9	文职八级
5	文职四级	10	文职九级

3.2.7 技术文职原最高职级：勾选技术文职原最高职级，当文职类别（3.2.3）选择技术文职时勾选此项，具体内容如下，此项为必填项。

序号	名称	序号	名称
1	技术一级	8	技术八级
2	技术二级	9	技术九级
3	技术三级	10	技术十级
4	技术四级	11	技术十一级
5	技术五级	12	技术十二级
6	技术六级	13	技术十三级
7	技术七级	14	技术十四级

3.3 奖惩情况

3.3.1 立功受奖奖项：勾选 1）八一勋章；2)大军区以上荣誉称号；3)一等功；4)二等功；5）三等功；6）全军士官优秀人才奖；7）嘉奖；8）其他；9）无，此项为必填项，可多选。

3.3.2 立功奖项说明：填写获得的奖励具体说明。

3.3.3 处分：勾选服役期间的处分，具体内容如下。

序号	名称	序号	名称
1	军纪处分降职	6	军纪处分记过
2	军纪处分撤职	7	军纪处分记大过
3	军纪处分降衔	8	开除军籍
4	军纪处分警告	9	其他
5	军纪处分严重警告	10	无

3.3.4 处分说明：填写惩罚具体说明。

3.4 特殊地区服役情况

3.4.1 有无特殊地区服役情况：勾选有、无。

3.4.2 特殊地区性质：勾选特殊地区服役性质，具体填写内容如下，此项为必填项。

序号	名称	序号	名称
1	艰苦边远地区一类区	11	西沙群岛
2	艰苦边远地区二类区	12	特类岛
3	艰苦边远地区三类区	13	一类岛
4	艰苦边远地区四类区	14	二类岛
5	艰苦边远地区五类区	15	三类岛
6	艰苦边远地区六类区	16	西藏地区二类区
7	驻海外基地	17	西藏地区三类区
8	南沙群岛	18	西藏地区四类区
9	中沙群岛	19	其他地区
10	中建岛		

3.4.3 服役时长：填写特殊地区服役的时长。

3.4.4 特殊岗位：勾选 1）飞行；2）舰艇；3）涉核；4）其他。

四、安置信息

4.1 退役信息

4.1.1 退役时间（转业 / 复员 / 离退休时间）：勾选年—月—日，此项为必填项。

4.1.2 预备役情况：勾选是、否。

4.1.3 退役证件类型：勾选 1）退役证；2）转业证；3）离退休证；4）复员证，此项为必填项。

4.1.4 退役证件号：此项为必填项。

4.2 人员类别（按安置方式区分）

4.2.1 人员类别：勾选人员类别，具体内容如下，此项为必填项。

退役干部

序号	名称	序号	名称
1	军队离退休干部	5	自主择业军转干部
2	企业军转干部	6	现役干部转改文职人员
3	自愿自行就业军转干部	7	复员干部（复员军官）
4	计划分配军转干部（转业军官）	8	逐月领取退役金的退役军官

退役士兵

序号	名称	序号	名称
1	退休士官	6	回乡生产的退役士兵
2	政府安排工作的退役士兵	7	自主就业退役士兵
3	自谋职业退役士兵	8	国家供养退役士兵
4	灵活就业退役士兵	9	逐月领取退役金的退役军士
5	复员安置的士官和志愿兵		

复员军人

序号	名称	序号	名称
1	复员军人		

4.3 领取退役金情况

4.3.1 是否领取一次性退役金：勾选是、否，当人员类别（4.2.1）选择逐月领取退役金的退役军官、逐月领取退役金的退役军士不能填写此项。

4.3.2 领取一次性退役金金额（元）：当是否领取一次性退役金（4.3.1）选择是时填写，单位为元。

4.3.3 退役金领取时间：勾选年—月 . 一日，当是否一次性领取退役补助金（4.3.1）选择是时填写。

4.3.4 逐月领取退役金金额（元）：当人员类别（4.2.1）选择逐月领取退役金的退役军官、逐月领取退役金的退役军士填写此项，单位为元。

4.4 退役安置情况

当人员类别（4.2.1）勾选军队离退休干部、退休士官时不能填写（4.4.1 ~ 4.4.5）

4.4.1 安置时间 / 报到时间：勾选年—月—日，未安排工作的勾选报到时间，此项为必填项。

4 .4 .2 安置地：勾选省、市、县、乡（镇、街道），未安排工作的勾选安置的户籍地，此项为必填项。

4.4.3 安置单位名称：当人员类别（4.2.1）勾选企业军转干部、计划分配军转干部(转业军官)、现役干部转改文职人员、政府安排工作的退役士兵时填写（4.4.3 ~ 4.4.5），此项为必填项。

4.4.4 安置单位性质：勾选 1）机关；2）群团组织；3）事业单位；4）国有企业；5）其他，此项为必填项。

4.4.5 安置职务级别：勾选 1）厅局级正职；2）厅局级副职；3）县处级正职；4）县处级副职；5)乡科级正职；6)乡科级副职；7)科员级；8）办事员级；9）未定职公务员，当安置单位性质（4.4.4）勾选机关时勾选此项。

4.5 军休安置情况

当人员类别（4.2.1）勾选军队离退休干部、退休士官时填写（4.5.1 ~ 4.5.6）

4.5.1 军休类别：勾选 1）离休干部；2）退休干部；3）退休士官；4）退休改离休干部，此项为必填项。

4.5.2 安置时间：勾选年—月—日，此项为必填项。

4.5.3 安置地：勾选省、市、县，此项为必填项。

4.5.4 安置管理单位名称：此项为必填项。

4.5.5 安置管理单位性质：勾选政府管理、军队管理，此项为必填项。

4.5.6 服务管理机构名称：此项为必填项。

4.6 无军籍离退休退职职工安置情况

无军籍离退休退职职工填写此项。

4.6.1 有无无军籍离休退休退职职工情况：勾选有、无，当选择有时填写（4.6.2 ~ 4.6.11）。

4 .6 .2 参加工作(入伍)时间：勾选年—月—日，此项为必填项。

4.6.3 离退休时间：勾选年—月—日，此项为必填项。

4.6.4 成为军队职工方式：勾选 1）招工；2）地方调入；3）兵改工；4）军转安置；5）随军安置；6)征地农转工；7)接收大中专毕业生；8）其他。

4.6.5 原单位：填写无军籍离退休退职职工的原单位名称。

4.6.6 原职级：勾选无军籍离退休退职职工的原职级，具体内容如下。

2006 年 6 月 30 日之前离退休职工原职级

序号	名称	序号	名称
1	正高级	12	科员
2	副高级	13	办事员
3	中级	14	高级技师
4	助理级	15	技师
5	员级	16	高级工
6	正局	17	中级工
7	副局	18	初级工
8	正处	19	普通工
9	副处	20	技工
10	正科	21	建国前老工人
11	副科		

2006 年 7 月 1 日以后离退休职工原职级

序号	名称	序号	名称
1	专业技术二级	14	管理四级
2	专业技术三级	15	管理五级
3	专业技术四级	16	管理六级
4	专业技术五级	17	管理七级
5	专业技术六级	18	管理八级
6	专业技术七级	19	管理九级
7	专业技术八级	20	管理十级
8	专业技术九级	21	技术工一级
9	专业技术十级	22	技术工二级
10	专业技术十一级	23	技术工三级
11	专业技术十二级	24	技术工四级
12	专业技术十三级	25	技术工五级
13	管理三级	26	普通工

4.6.7 离退休证件号码：此项为必填项。

4.6.8 安置地：勾选省、市、县、乡（镇、街道），此项为必填项。

4.6.9 安置计划批次：勾选 1）一批；2）二批；3）三批；4）四批；5）五批；6）六批；7）2015 年度；8）其他批次；9）无，可根据业务工作需要，按年度增加。

4.6.10 接收时间：勾选年—月—日。

4.6.11 安置管理单位性质：勾选政府管理、军队管理。

五、就业创业信息

5.1 就业情况

5.1.1 就业状态：勾选就业状态，具体内容如下，此项为必填项。

序号	名称	序号	名称
1	单位就业	6	国家供养人员
2	公益性岗位	7	离退休
3	自由职业	8	学生
4	创业	9	无业
5	务农	10	其他

5.1.2　个人年收入（元）：1）0 ~ 10 000；2）10 001 ~ 30 000；3）30 001 ~ 50 000；4）50 001 ~ 120 000；5）120 000 以上此项为必填项。

5.1.3　家庭年收入（元）：填写家庭的年收入，单位为元。

5.2　单位就业情况

当就业状态（5.1.1）勾选单位就业时填写此项。

5.2.1　单位类型：勾选 1）国家机关；2）事业单位；3）国有企业；4）集体企业；5）私营企业；6）外资企业；7）其他。

5.2.2　岗位类型：勾选 1）管理岗位；2）技术岗位；3）临时岗位；4）劳务工；5）其他。

5.2.3　是否新业态就业：勾选是、否。

5.2.4　新业态就业类型：勾选 1）快递；2）外卖；3）网约车司机；4）家政服务；5）网店；6）直播；7）其他，当是否新业态就业（5.2.3）勾选是时填写，。

5.2.5　单位名称：填写就业单位的全称。

5.2.6　单位地址：填写单位具体地址。

5.2.7　何时进入现单位工作：勾选年—月—日。

5.2.8　所属行业：勾选所属行业，具体内容如下，此项为必填项。

序号	名称	序号	名称
1	农、林、牧、渔业	12	租赁和商业服务业
2	采矿业	13	科学研究和技术服务业
3	制造业	14	水利、环境和公共设施管理业
4	电力、热力、燃气及水生产和供应业	15	居民服务、修理和其他服务业
5	建筑业	16	教育
6	批发和零售业	17	卫生和社会工作
7	交通运输、仓储和邮政业	18	文化、体育和娱乐业
8	住宿和餐饮业	19	公共管理、社会保障和社会组织
9	信息传输、软件和信息技术服务业	20	国际组织
10	金融业	21	其他
11	房地产业		

5.2.9　劳务合同类型：勾选 1）无固定期限合同；2）三年及以上有期限合同；3）三年以下有期限合同；4）未签订劳动合同；5）不需要签订劳动合同。

5.3　创业情况

当就业状态（5.1.1）勾选创业时填写此项。

5.3.1　企业（项目）名称：填写企业（项目）

全称。

5.3.2　创业类型：勾选 1）企业；2）个体工商户；3）项目筹划阶段；4）其他。

5.3.3　职务：勾选 1）法人代表；2）股东；3）主要管理人；4）合伙人；5）其他。

5.3.4　法定代表人：填写企业法定代表人姓名。

5.3.5　法定代表人联系方式：填写企业法定代表人联系方式。

5.3.6　控股情况：勾选 1）国有控股；2）集体控股；3）私人控股；4）港澳台商控股；5）外商控股；6）其他。

5.3.7　统一社会信用代码：填写企业统一社会信用代码。

5.3.8　所属行业：勾选所属行业，同单位就业中的所属行业（5.2.8）。

5.3.9　成立时间（注册时间）：勾选年—月—日。

5.3.10　注册地址：填写具体的企业注册地址。

5.3.11　吸纳就业人数：填写企业吸纳的就业人员数量。

5.3.12　吸纳退役军人人数：填写企业吸纳的退役军人数量。

5.3.13　资产总额（万元）：填写企业的资产总额，单位为万元。

5.3.14　年营业收入（万元）：填写企业年营业收入，单位为万元。

5.3.15　下（返）乡创业：勾选是、否。

5.3.16　享受扶持政策情况：填写享受扶持政策的具体说明。

5.4　公益性岗位情况

当就业状态（5.1.1）勾选公益性岗位时填写此项。

5.4.1　岗位名称：填写公益岗位名称。

5.4.2　从事时间：勾选年—月—日。

5.4.3　所属行业：勾选所属行业，同单位就业中的所属行业（5.2.8）。

5.5　自由职业情况

当就业状态（5.1.1）勾选自由职业时填写此项。

5.5.1　岗位名称：填写自由职业名称。

5.5.2　从事时间：勾选年—月—日。

5.5.3　所属行业：勾选所属行业，同单位就业中的所属行业（5.2.8）。

5.6　离退休情况

当就业状态（5.1.1）勾选离退休时填写此项。

5.6.1　离退休前单位：填写离退休前单位名称。

5.6.2　原单位地址：填写原单位具体地址。

5.6.3　所属行业：勾选所属行业，同单位就业中的所属行业（5.2.8）。

5.6.4　退休时间：勾选年—月—日。

5.7　未就业情况

当就业状态（5.1.1）勾选无业时填写此项。

5.7.1　未就业原因：勾选未就业原因，具体内容如下，此项为必填项。

序号	名称	序号	名称
1	准备考学	6	辞职
2	准备创业	7	被原单位辞退
3	家庭原因暂不考虑工作	8	原公司破产、关闭
4	无工作意向，未找工作	9	身体原因不能工作
5	暂未找到合适工作	10	其他

5.7.2 零就业家庭：勾选是、否。

5.8 就业意向

5.8.1 有无就业意向：勾选有、无，当勾选有时填写（5.8.2 ~ 5.8.5）。

5.8.2 就业意向工作地区：填写就业意向地区名称。

5.8.3 就业意向行业：勾选就业意向行业，同单位就业中的所属行业（5.2.8）。

5.8.4 就业意向职业：填写就业意向职业名称。

5.8.5 就业意向薪资：填写就业意向薪资。

六、教育培训情况

6.1 服役前学历教育情况

6.1.1 是否在校大学生入伍：勾选是、否。

6.1.2 服役前在读学历：勾选 1）博士研究生；2）硕士研究生；3）大学本科；4）大学专科；5）中专；6）高中；7）初中及以下，当是否在读（6.1.1）选择是时勾选此项。

6.1.3 已取得学历情况：勾选 1）博士研究生；2）硕士研究生；3）大学本科；4）大学专科；5）中专；6）高中；7）初中及以下。

6.1.4 学历取得时间：填写服役前最高学历取得年份。

6.1.5 已取得学位情况：勾选 1）博士；2）硕士；3）学士；4）无。

6.1.6 学位取得时间：填写服役前最高学位取得年份，当学位情况（6.1.5）填写博士、硕士、学士时填写此项。

6.2 退役后学历教育情况

6.2.1 有无退役后学历教育情况：勾选有、无，当选有时填写（6.2.2 ~ 6.2.7）。

6.2.2 是否复学：勾选是、否，当服役前是否在读（6.1.1）勾选是时勾选此项。

6.2.3 是否转入其他专业：勾选是、否，当是否复学（6.2.2）勾选是时勾选此项。

6.2.4 是否得到学费资助：勾选是、否。

6.2.5 学费资助金额（元）：当是否得到助学资助（6.2.4）勾选是时填写此项，单位为元。

6.2.6 是否继续深造：勾选是、否。

6.2.7 深造学历情况：勾选 1）博士研究生；2）硕士研究生；3）大学本科；4）大学专科。

6.3 职业技能培训情况

6.3.1 有无职业技能培训情况：选择有、无，选有时填写（6.3.2 ~ 6.3.14）。

6.3.2 培训类型：勾选 1）适应性培训；2）职业技能培训；3）个性化培训；4）其他培训。

6.3.3 参加培训情况：勾选政策规定免费职业技

能培训、其他类型培训。

6.3.4 获得证书情况：勾选有、无。

6.3.5 证书类别：勾选 1）职业资格证；2）职业技能等级证；3）专项职业能力证；4）特种作业操作证；5）全民技能提升培训合格证；6）其他，当获取证书情况（6.3.4）选有时填写此项。

6.3.6 证书名称：当获取证书情况（6.3.4）选有时填写此项。

6.3.7 职业技能培训后是否直接就业：勾选是、否。

6.3.8 培训专业与就业岗位是否匹配：勾选是、否。

6.3.9 承训机构：填写承训的机构名称。

6.3.10 培训专业：填写培训的专业。

6.3.11 培训时长（小时）：填写培训的时长，单位为小时。

6.3.12 培训补助资金（元）：填写培训补助的金额，单位为元。

6.3.13 培训个人支付金额（元）：填写培训个人职务金额，单位为元。

6.3.14 培训总金额（元）：自动计算培训补助资金（6.3.12）和培训个人支付金额（6.3.13）的和，单位为元。

七、抚恤优待信息

7.1 抚恤优待情况

7.1.1 优抚对象类别：勾选优抚对象类别，具体内容如下，此项为必填项。

序号	名称	序号	名称
1	退伍红军老战士	9	伤残民兵民工
2	西路军红军老战士	10	伤残人民警察
3	红军失散人员	11	伤残预备役人员
4	老复员军人	12	因公伤残人员
5	带病回乡退伍军人	13	烈士遗属
6	年满 60 周岁农村籍退役士兵	14	因公牺牲军人遗属
7	烈士老年子女	15	病故军人遗属
8	残疾军人		

7.1.2 享受优抚待遇情况：勾选 1）定期抚恤金；2）定期生活补助金；3）定期护理费；4）不享受；5）其他，此项为必填项，可多选。

7.1.3 供养情况：勾选集中供养、分散供养、无，此项为必填项。

7.1.4 供养单位：勾选 1）优抚医院；2）光荣院；3）社会福利机构；4）其他，当供养情况（7.1.3）选集中供养时填写此项。

7.1.5 孤老情况：勾选是、否，此项为必填项。

7.1.6 孤儿情况：勾选是、否，当优抚对象类别（7.1.1）选择烈士遗属、因公牺牲军人遗属、病故军人遗属时勾选此项。

7.2 服役时残疾情况

残疾军人、伤残民兵民工、伤残人民警察、伤残预备役人员、因公伤残人员填写此项。

7.2.1　有无服役时残疾情况：勾选有、无，选择有时填写（7.2.2 ~ 7.2.8）。

7.2.2　劳动能力：勾选具备劳动能力、劳动功能障碍，此项为必填项。

7.2.3　生活能力：勾选自理、生活自理障碍，此项为必填项。

7.2.4　是否因患精神病评残：勾选是、否。

7.2.5　残疾性质：勾选因战、因病、因公，此项为必填项。

7.2.6　残疾等级：勾选残疾等级，具体内容如下，此项为必填项。

序号	名称	序号	名称
1	一级	6	六级
2	二级	7	七级
3	三级	8	八级
4	四级	9	九级
5	五级	10	十级

7.2.7　残疾证件号：此项为必填项。

7.2.8　评残时间：此项为必填项。

7.3　烈士遗属情况

当优抚对象类别（7.1.1）选择烈士遗属时填写此项。烈士遗属，是指烈士的配偶、父母（抚养人）、子女，以及由其承担抚养义务的兄弟姐妹。

7.3.1　与烈士关系：勾选 1）配偶；2）子；3）女；4）父母；5）兄、弟、姐、妹；6）抚养人，此项为必填项。

7.3.2　是否是持证人：勾选是、否，此项为必填项。

7.3.3　证明书编号：与是否是持证人（7–3–2）关联，选择是时填写，此项为必填项。

7.3.4　姓名：此项为必填项。

7.3.5　性别：此项为必填项。

7.3.6　出生日期：勾选年—月—日，此项为必填项。

7.3.7　入伍日期：勾选年—月—日。

7.3.8　生前所在单位：填写生前所在单位名称，严禁填写部队番号。

7.3.9　牺牲日期：勾选年—月—日。

7.3.10　牺牲原因：填写具体的牺牲原因。

7.3.11　评定烈士时间：勾选年—月—日。

7.3.12　评定烈士单位：填写评定烈士单位的全称。

7.3.13　烈士安葬情况：勾选 1）境内；2）境外；3）不清楚。7.3.14 烈士安葬地：勾选省、市、县、乡（镇、街道），并填写具体地址。

7.4　因公牺牲军人遗属情况

当优抚对象类别（7.1.1）选择因公牺牲军人遗属时填写此项。因公牺牲军人遗属，是指因公牺牲军人的配偶、父母（抚养人）、子女，以及由其承担抚养义务的兄弟姐妹。

7.4.1　与因公牺牲军人关系：勾选 1）配偶；2）子；3）女；4）父母；5）兄、弟、姐、妹；6）抚养人，此项为必填项。

7.4.2　是否是持证人：勾选是、否，此项为必填项。

7.4.3　证明书编号：当是否是持证人（7.4.2）选择是时填写，此项为必填项。

7.4.4　姓名：此项为必填项。

7.4.5　性别：此项为必填项。

7.4.6　出生日期：勾选年—月—日，此项为必填项。

7.4.7　入伍日期：勾选年—月—日。

7.4.8　生前所在单位：填写生前所在单位名称，严禁填写部队番号。

7.4.9　牺牲日期：勾选年—月—日。

7.4.10　牺牲原因：填写具体的牺牲原因。

7.4.11　认定时间：勾选年—月—日。

7.5　病故军人遗属情况

当优抚对象类别（7.1.1）选择病故军人遗属时填写此项。病故军人遗属，是指病故军人的配偶、父母（抚养人）、子女，以及由其承担抚养义务的兄弟姐妹。

7.5.1　与病故军人关系：勾选 1）配偶；2）子；3）女；4）父母；5）兄、弟、姐、妹；6）抚养人，此项为必填项。

7.5.2　是否是持证人：勾选是、否，此项为必填项。

7.5.3　证明书编号：当是否是持证人（7.5.2）选择是时填写。

7.5.4　姓名：此项为必填项。

7.5.5　性别：此项为必填项。

7.5.6　出生日期：勾选年—月—日，此项为必填项。

7.5.7　入伍日期：勾选年—月—日。

7.5.8　生前所在单位：填写生前所在单位名称，严禁填写部队番号。

7.5.9　病故日期：勾选年—月—日。

7.5.10　病故原因：填写具体的病故原因。

7.5.11　认定时间：勾选年—月—日。

八、褒扬激励信息

8.1　光荣牌悬挂情况

8.1.1　有无光荣牌悬挂情况：勾选有、无，选有时填写（8.1.2 ~ 8.1.8）。

8.1.2　光荣牌悬挂情况：勾选是、否，选是时填写（8.1.4 ~ 8.1.5），此项为必填项。

8.1.3　申请悬挂时间：勾选年—月—日。

8.1.4　悬挂地址：勾选省、市、县、乡（镇、街道）并填写至门牌号。

8.1.5　悬挂时间：勾选年—月—日。

8.1.6　是否取消：勾选是、否。

8.1.7　是否更换：勾选是、否。

8.1.8　更换时间：勾选年—月—日，当光荣牌是否更换（8.1.7）选是时勾选此项。

8.2　接受慰问情况

8.2.1　有无接受慰问情况：勾选有、无，选有时填写（8.2.2 ~ 8.2.4）。

8.2.2　慰问时间：勾选年—月—日。

8.2.3　慰问方式：填写具体的慰问方式。

8.2.4　慰问单位：填写具体的慰问单位名称。

8.3　荣誉激励情况

8.3.1　有无荣誉激励情况：勾选有、无，选有时填写（8.3.2 ~ 8.3.4）。

8.3.2　受邀参加国家重大庆典和纪念活动时间：勾选年—月—日。

8.3.3　受邀参加地方重大庆典和纪念活动时间：勾选年—月—日。

8.3.4　受邀参加军队重大庆典和纪念活动时间：勾选年—月—日。

8.4　受邀参加爱国主义及国防教育活动情况

8.4.1　有无受邀参加爱国主义及国防教育活动情况：勾选有、无。

8.4.2　爱国主义及国防教育活动类型：勾选 1）爱国主义教育；2）国防教育；3）学校国防教育培训；4）受聘学生军事训练；5）其他。

8.4.3　爱国主义及国防教育活动时间：勾选年—月—日。

8.5　褒扬宣传情况

8.5.1　有无褒扬宣传情况：勾选有、无。

8.5.2　褒扬宣传时间：勾选年—月—日。

8.6　公墓安葬意愿情况

8.6.1　是否符合条件：勾选是、否。

8.6.2　是否愿意申请军人公墓：勾选是、否。

九、帮扶援助信息

9.1　政策保障情况

9.1.1　享受政策情况：勾选 1）低保；2）特困；3）不享受政策保障情况，此项为必填项。

9.2　困难情况

9.2.1　困难类型：勾选 1）就业困难；2）医疗困难；3）养老困难；4）住房困难；5）教育困难；6）其他困难（因灾害、事故、见义勇为等突发事件造成的困难）。

9.3　帮扶情况

9.3.1　帮扶日期：勾选年—月—日。

9.3.2　帮扶措施：勾选 1）给予资金援助；2）给予实物援助；3）纳入政策保障；4）给予教育帮扶；5）给予住房帮扶；6）给予就业帮扶；7）给予创业帮扶；8）给予法律帮扶；9）给予其他帮扶。

9.3.3　帮扶结果：勾选已脱困、未脱困。

云南省退役军人事务厅等20部门关于建立英雄烈士保护部门联动协调制度的意见

云退役发〔2022〕3号

各州、市退役军人事务局、宣传部、政法委、网信办、党史研究室、发展改革委、公安局、民政局、司法局、财政局、自然资源和规划局、文化和旅游局、市场监管局、广电局、文物局、知识产权局，人民检察院，各军分区、昆明警备区：

为深入贯彻落实《中华人民共和国英雄烈士保护法》《烈士褒扬条例》，切实加强全省英雄烈士保护工作，根据《退役军人事务部等13部门关于建立英雄烈士保护部门联动协调制度的意见》（退役军人部发〔2021〕35号）和《退役军人事务部等8部门关于进一步加强烈士纪念设施规范管理的意见》（退役军人部发〔2021〕62号）等文件精神，结合我省实际，现就建立英雄烈士保护部门联动协调制度提出如下意见。

一、指导思想

以习近平新时代中国特色社会主义思想为指导，深入贯彻落实习近平总书记关于英烈保护工作的重要论述和考察云南重要讲话精神，健全制度管理体系，加大联动协调力度，切实维护英雄烈士尊严和烈士烈属合法权益，在全社会树立尊崇英烈、捍卫英烈、学习英烈、关爱烈属的良好风尚。

二、基本原则和主要目标

（一）基本原则。坚持和加强党的全面领导，坚持正确价值取向和政治方向，大力发扬红色传统、传承红色基因、赓续红色血脉，培育和践行社会主义核心价值观，凝聚奋进新时代的精神力量。强化依法依规保护，健全英雄烈士保护工作体制机制，不断提升联动协调制度的高效、协同、规范化水平。树立“一盘棋”思想，强化“一体化”观念，在各级党委和政府领导下，充分发挥各有关部门职责作用，主动作为、协同推进，形成英雄烈士保护工作合力。

（二）主要目标。建立健全系统完备、畅通有效、协同配合的英雄烈士保护联动制度。加强各地各部门协作，积极引导社会力量参与，促进依法共治，构建联动协调制度高效运行、整体合力持续增强、作用成效不断显现、治理能力显著提升的英雄烈士保护工作新发展格局。

三、保护内容

（一）依法保护英雄烈士亭迹和精神。英雄烈士事迹和精神是中华民族共同历史记忆和宝贵精神财富，是社会主义核心价值观的重要体现，是以爱国主义为核心的民族精神的重要内容，禁止歪曲、丑化、亵渎、否定英雄烈士事迹和精神，严厉打击宣扬美化侵略战争和侵略行为等言行。

（二）依法保护英雄烈士姓名、肖像、名誉、荣誉。英雄烈士姓名、肖像、名誉、荣誉受法律保护。坚决打击侮辱、诽谤或者以其他方式侵害英雄烈士名誉、荣誉的行为。依法及时处理将英雄烈士姓名、肖像和事迹、精神等用于或者变相用于商标、商业广告等有害于社会主义道德风尚或者其他不良影响的商业行为，以及侵害英雄烈士名誉、荣誉的违法行为。

（三）依法保护英雄烈士纪念设施。英雄烈士纪念设施和烈士遗骸、遗物受法律保护。严肃查处有损纪念英雄烈士环境和氛围的活动，严肃查处破坏、污损英雄烈士纪念设施和烈士遗骸、遗物的行为，依法保护英雄烈士纪念设施和烈士遗骸、遗物不受毁损。

（四）依法保护英雄烈士及烈属的合法权益和地位。建立健全烈属服务保障体系，积极回应烈属期盼和社会关切，常态化关心关爱烈属，满腔热忱为其排忧解难，支持烈属依法维权，依法查处侵害英雄烈士及烈属合法权益的行为，增强烈属荣誉感和获得感。

四、工作制度

建立英雄烈士保护部门联动协调制度，成员由退役军人事务、宣传、政法、网信、党史研究、发展改革、公安、民政、司法、财政、自然资源、文化旅游、市场监管、广播电视、新闻出版、电影、文物、知识产权、军地检察机关、军队政治工作及保障部门等组成，各部门各司其职、协调联动、形成合力，共同依法做好英雄烈士保护工作。具体工作机制如下：

（一）定期会商机制。原则上每年召开一次定期联系会商会议，研究部署英雄烈士保护重大事项，研究解决部门联动协调工作中的问题，不断提升协作互动的质效。会议一般由退役军人事务部门负责同志主持召开，其他部门有关负责同志参加，会议议定事项以会议纪要形式明确，各部门贯彻落实。遇到突发重大情况，经有关部门提议可随时召开。

（二）日常联络机制。建立常态化联络机制，各部门明确专门联络机构，指定具体联络人员，做好沟通协调、信息共享、线索移送、文件传输等日常联络工作。

（三）专题协调机制。相关部门可根据工作需要提议召开专题协调会议，并邀请其他有关部门参加，研究沟通部署专项性、阶段性重点工作，解决工作中遇到的矛盾问题。专题协调会议议定的重大事项及时通报各部门。

（四）信访举报受理机制。相关部门要建立英烈保护信访举报受理机制，畅通信访、举报渠道，充分利用来信、来访、来电、邮件等各类信访、举报途径，确保对侵犯英雄烈士和遗属合法权益行为的信访、举报渠道畅通，有人接、有人办、及时有效处理。

（五）信息共享协同机制。运用退役军人事务部及国家相关部门共建的信息平台，实现部门间相关数据实时共享。对了解、掌握的与英雄烈士保护相关的信息，按照职责分工及时向相关部门通报和反馈，做到事前有沟通、事中有协作、辜后有结论。

（六）案件移送衔接机制。畅通案件移送渠道，各部门对发现的侵害英雄烈士合法权益相关线索，按照职责分工及时移送相关部门依法开展工作。涉嫌违反治安管理或涉嫌犯罪的案件，移送公安机关；发现公益诉讼案件线索的，移送军地检察机关。

（七）协同开展工作机制。各部门围绕制定政策措施、破解难点问题等，建立联合调研、联合督导、联合查处的协同机制，定期开展业务培训交流。对具有普遍性、代表性的突出问题，强化一体化办案机制，共同会商研判，切实增强涉及国家重大部署、群众反映强烈、社会高度关注、影响特别恶劣等案件的联合处置能力。视情组织联合督查组，对英烈保护工作进行督查巡查，对重点案件落实整改情况进行跟踪回访。

五、职责分工

各部门按照工作职能，分工负责，相互配合，共同做好英雄烈士保护工作。

（一）退役军人事务部门。负责牵头协调英雄烈士保护相关工作，具体承担联动协调制度年度会议组织筹备工作，研究英雄烈士保护政策，依法做好英烈精神弘扬、纪念设施保护、烈属权益维护等各项工作。

（二）党委宣传部门。负责明确宣传导向，指导各地各部门深入挖掘英雄烈士事迹、精神内涵和时代价值，在烈士纪念日、重大历史事件等重要时间节点倡导开展主题教育活动，宣传弘扬英烈精神和事迹；推动英雄烈士纪念设施与爱国主义教育示范基地同频共振，审核纪念馆展陈大纲和版式稿，打造主题突出、导向鲜明、内涵丰富的精品展陈。

（三）党委政法委。负责协调、指导、监督审判机关、检察机关、公安机关等部门依法积极做好英烈保护工作，加强对使用司法手段依法开展英烈保护工作重大实践和理论问题的调查研究，协调应对和妥善处置影响社会稳定的侵害英烈权益的重大事件。

（四）网信部门。负责依法监管网络信息，丰富网络监管手段，畅通受理举报渠道，依法依规处置侵害英雄烈士合法权益的互联网信息，将相关情况及时向有关部门通报。引导单位、团体、社会组织、人民群众为烈士寻亲提供线索。

（五）党史研究部门。负责协助退役军人亭务部门征集、整理、编纂英雄烈士信息资料，收集整理英雄烈士事迹重要口述，审查涉及英雄烈士的展览、纪念馆等。

（六）发展改革部门。统筹推进退役军人服务设施兜底线工程建设，指导退役军人部门按标准做好英雄烈士纪念设施项目储备和实施。

（七）公安部门。负责依法打击处理侵害英雄烈士合法权益的行为，对违反治安管理或构成犯罪的，分别给予治安管理处罚或依法立案侦查。协调提供查找烈士亲属的户籍信息资料。

（八）民政部门。指导公益性公墓等殡葬服务设施建立与烈士纪念设施保护机构的对接衔接机制，加强政策优惠引导，协助做好零散烈士墓搬迁等相关工作。引导社会组织、志愿者有序参与英雄烈士保护工作。

（九）司法行政部门。按照省政府年度立法工作计划，对有关起草单位报送的英雄烈士保护法规规章草案开展立法审查工作；为英雄烈士近亲属依法维护英雄烈士姓名、肖像、名誉、荣誉等符合受援条件的提供法律援助。

（十）财政部门。负责开展英雄烈士保护工作的经费保障。

（十一）自然资源部门。指导监督英雄烈士纪念设施落实不动产确权登记工作。指导实施英雄烈士纪念设施保护范围地质灾害防治工作。

（十二）文化旅游、文物部门。负责依法管理属于文物保护单位的烈士纪念设施，依法督办、查处破坏、污损或因违法建设损害管理范围内的纪念设施的行为；加强对涉及英雄烈士题材营业性演出剧（节）目的内容审核工作，严把内容准入关；加强营业性演出市场监管执法，依法查处有损英雄烈士名誉荣誉内容的营业性演出活动。

（十三）市场监管、知识产权部门。依法查处在商标、商业广告等商业行为中使用或者变相使用英烈姓名、肖像，损害英烈名誉、荣誉的违法行为；负责对商标申请注册和商标使用行为进行监管。

（十四）广播电视、新闻出版、电影部门。依法对利用广播、电视、电影、出版物等制作、播放载有损害英烈名誉荣誉节目的行为进行处理。

（十五）军地检察机关。立足法律监督，发挥刑事检察、公益诉讼检察等职能作用，通过批准逮捕、提起公诉、提起公益诉讼、提出检察建议、支持起诉等方式履行检察职责，加大办案力度，保护英雄烈士的姓名、肖像、名誉、荣誉，督促加强英雄烈士纪念设施保护管理，维护国家利益和社会公共利益。

（十六）军分区、警备区。积极支持和配合地方相关部门做好军队英烈和烈军属权益保护工作，协调驻地军队依法保护管理军事管理区范围内的英雄烈士纪念设施及由军队管理的英雄烈士纪念设施，对侵害军队英烈、烈军属合法权益的违法行为，及时采取措施，并第一时间通报有关部门。

六、工作要求

（一）提高政治站位。各地各部门要坚决贯彻落实习近平总书记关于英烈保护工作的重要指示精神，深刻认识保护英雄烈士对培育和践行社会主义核心价值观的重要意义，坚定捍卫英雄烈士权益的鲜明价值导向，切实加强组织领导，增强工作责任心、使命感和责任感，分工负责、密切协作、狠抓落实，确保取得实效。

（二）强化统筹推进。各地各部门要坚持“一盘棋”思想，充分发挥联动协调制度作用，把英雄烈士保护工作摆上重要议事日程，及时研究解决有关重大问题，沟通相关情况，妥善处置突发事件，依法维护英雄烈士尊严和合法权益。

（三）加强宣传教育。各地各部门要充分利用各种媒体持续深入地开展英雄烈士保护的宣传教育，提高广大群众对英雄烈士保护的主动参与意识，对侵害英雄烈士荣誉名誉的言行采取“零容忍”态度，形成部门联动、社会协同的工作合力。

（四）强化监测预警。通过群众举报、媒体监督、日常监管、定期排查等手段，加强对侵害英雄烈士合法权益的监测预警，对接收到的投诉、举报及发现的线索，相关部门应及时固定证据，根据职责分工第一时间处置，快速作出正面回应，消除负面影响。

（五）综合施策发力。坚持以人民为中心发展思想，创新实践群众路线，组织动员人民群众、社会组织积极参与英烈保护工作。提高舆论引导能力，主动回应社会关切，着力规范英烈保护相关网络舆论秩序。建立健全督促检查机制，将英雄烈士保护工作作为绩效考评、“双拥模范城”评比的重要内容，共同推动英雄烈士保护工作形成常态化机制。

2022 年 1 月 10 日

云南省退役军人事务厅关于印发云南省退役军人、其他优抚对象优待证管理办法实施细则的通知

云退役发〔2022〕37号

各州、市退役军人事务局：

经厅长办公会研究同意，现将《云南省退役军人、其他优抚对象优待证管理办法实施细则（试行）》印发你们，请遵照执行。

2022年4月23日

云南省退役军人、其他优抚对象优待证管理办法实施细则

第一章 总 则

第一条 为规范全省退役军人和烈士遗属、因公牺牲军人遗属、病故军人遗属等其他优抚对象优待证（简称优待证）制发、使用和服务管理，维护持证人权益，提高优待服务管理水平，依据《中华人民共和国退役军人保障法》《退役军人、其他优抚对象优待证管理办法（试行）》和国家有关规定，制定本实施细则。

第二条 优待证分为“中华人民共和国退役军人优待证”、“中华人民共和国烈士、因公牺牲军人、病故军人遗属优待证” 两种，分别面向符合条件的退役军人和烈士遗属、因公牺牲军人遗属、病故军人遗属等其他优抚对象发放。

本实施细则适用于全省优待证的申请、审核、制作、发放、使用、服务、管理及其它相关工作。

第三条 优待证是持证人彰显荣誉的载体、享受优待的凭证。

第四条 优待证服务管理工作坚持彰显荣誉、规范有序、精准动态、便捷安全的原则。

第五条 云南省退役军人事务厅（以下简称”省退役军人厅”）负责全省优待证制发和服务管理工作，推进优待证在全省的使用。

在退役军人事务部确定的合作银行范围内，确定合作银行。

各地退役军人事务部门负责本地区优待证发放和服务管理工作。

第六条 优待证全国统一制发，统一式样，印有优待证种类名称、持证人姓名、持证人性别、持证人相片、发放单位等信息。

优待证全国统一编号并以加密方式储存于优待证芯片内，提供数据服务使用。

第七条 持证人应模范遵守法律法规，保守国家和军事秘密，践行社会主义核心价值观，积极参加社会主义现代化建设，在社会生活中发挥先锋作用，引领良好道德风尚，珍惜维护荣誉，爱惜优待证。

第二章 功 能

第八条 优待证由退役军人事务部联合相关合作银行共同制作，以银行借记卡为载体，不具备透支功能。

优待证关联的个人银行账户按相关规定管理。

合作银行按照国家有关要求做好金融功能相关的服务管理，配合做好优待证服务管理及优待项目拓展等工作，为持证人提供优先优惠等优待服务。

第九条　持证人凭优待证在全国范围内可享受以下优待。

（一）《退役军人事务部等20部门关于加强军人军属、退役军人和其他优抚对象优待工作的意见》及优待目录清单中明确的可使用优待证的优待服务。

（二）退役军人事务部与相关合作单位签署的各优待类协议所涉及服务。

（三）社会各界主动提供的面向全国持证人的优待服务。

第十条　持证人凭优待证在云南省行政区域范围内可享受以下优待。

（一）《云南省退役军人事务厅等22部门关于加强军人军属、退役军人和其他优抚对象优待工作的实施意见》及优待目录清单中明确的可使用优待证的优待服务。

（二）省退役军人厅与相关合作单位签署的各优待类协议所涉及服务。

（三）社会各界主动提供的优待服务。

第十一条　国家和省将不断调整基本优待目录清单项目，以优待证为识别认证载体，充分发挥优待证服务使用功能，更好地为持证人服务。

第十二条　鼓励企业、社会组织等社会各界为持证人提供多元化优待服务。

第十三条　各地退役军人事务部门应积极推广优待证在本地区、相关行业领域的应用，不断扩大优待证使用范围、提高优待证知晓度。

在保持式样标准不变、主要功能不变、管理主体不变、工作流程不变的前提下，可以通过优待证搭载其他公共服务功能。

第十四条　根据退役军人事务部统一部署，积极推广电子优待证，实现持证人信息在线查验、优待项目线上服务与线下渠道有效衔接等功能。

第十五条　在基于优待证开展金融领域应用时，应当按照网络安全、个人信息保护等法律法规和国家有关规定要求，履行个人金融信息保护责任，切实保障持证人资金与信息安全。

第十六条　各地退役军人事务部门应逐步实现通过优待证关联的个人银行账户发放抚恤补助金、慰问金等。

第三章　申　请

第十七条　退役军人和烈士遗属、因公牺牲军人遗属、病故军人遗属等其他优抚对象原则上应向户籍地乡镇（街道）退役军人服务站提出申请。不在户籍地常住的，可向常住地乡镇（街道）退役军人服务站提出申请。

本实施细则施行后，安置地退役军人事务部门接收退役军人时，可依对象本人意愿完成申领。

无民事行为能力或限制民事行为能力人，需由监护人提出申请。

第十八条　两种优待证申领条件均符合的申请人，可根据意愿申领其中一种。

具有双重或多重身份的对象，其相关身份均写入优待证芯片，按规定享受相应的优待服务。

第十九条　申请人可申请由户籍地或常住地省份发放优待证。

申请人户籍地为云南省，申请由云南省发放优待证的，可在户籍地或异地申请。

申请人户籍地为云南省，申请由云南省以外常住地省（区、市）发放优待证的，应符合常住地省（区、市）退役军人厅（局）有关规定。如不符合，可根据申请人意愿转为云南省发放优待证。

申请人户籍地为云南省以外省（区、市）且在云南省行政区域内常住，申请由云南省发放优待证的，应具备以下申请条件。

（一）申请人应按照居住证管理相关规定，办理云南省居住证；

（二）户籍不在云南省但在云南省常住，申请云南省发放优待证的对象还需提供在云南省缴纳基本养老保险满 2 年或持有云南省内本人房产证明的相关材料。

第二十条　申请人提出申请前，应完成建档立卡。申请人未建档立卡或建档立卡档案信息不完善的，应先前往户籍地或常住地乡镇（街道）退役军人服务站建档立卡。

申请人完成建档立卡后，可通过互联网提出线上申请，也可向户籍地或常住地乡镇（街道）退役军人服务站提出申请。

第二十一条　本人提出申请的，需提供居民身份证、近期 1 寸白底免冠电子相片等相关证件或材料。

委托他人申请的，受托人还需提供受托人居民身份证及委托书等相关证件或材料。

第四章　审　核

第二十二条　乡镇（街道）退役军人服务站对符合受理条件的，应检查申请材料内容是否完备、申请优待证种类是否明确等。

符合要求的，提交县退役军人服务中心核实。

第二十三条　县退役军人服务中心依据申请材料，核实对象身份是否真实、申请优待证种类是否准确等。符合要求的，报县退役军人事务局初审。

初审通过的，报州（市）退役军人事务局审核。

审核通过的，报省退役军人厅备案。

初审通过后，应在 30 个工作日内完成审核及备案。

第二十四条　申请人户籍地为云南省以外省（区、市），申请由云南省发放优待证的，由州（市）退役军人事务局初审。初审通过的，报省退役军人厅审核、备案。

申请人户籍地为云南省，申请由云南省以外常住地省（区、市）发放优待证的，由所在省（区、市）退役军人事务厅（局）负责审核、备案。

第二十五条　申请人有下列情形之一的，审核不予通过。

（一）服役期间被部队除名、开除军籍的；

（二）处于被剥夺政治权利期限内的；

（三）处于服刑、羁押、通缉期间的。

第二十六条　申请人受过刑事处罚、被开除中国共产党党籍、被开除公职或存在严重影响身份荣誉的其他情形的，由州（市）退役军人事务局整理相关材料，并提出初审意见，初审情况报省退役军人厅审核。省退役军人厅综合考虑相关因素进行审核，审核情况报退役军人事务部备案后执行。

第二十七条　省退役军人厅备案后，将制证所需信息提供给合作银行。合作银行依照有关法律法规规定予以办理。

第二十八条　各州（市）退役军人事务局应

定期将优待证制发情况报省退役军人厅。

第二十九条　对未受理或未通过核实、初审、审核的，受理申请的退役军人服务站应及时向申请人反馈情况，并作出说明。

第五章　制　发

第三十条　省退役军人厅监督有关单位按照《中国金融集成电路（IC）卡规范》等相关要求和标准制作优待证，确保数据存放、传输、使用安全。

第三十一条　受理申请的退役军人服务站在收到优待证时，应做好登记并清点数量、检查外包装是否破损等。

受理申请的退役军人服务站一般应在收到优待证后 10 个工作日内通过主动送达、集体颁发或双方约定的其他方式发放，并做好登记。

退役军人服务站收到优待证 3 个月后仍无法联系到申请人的，应将该优待证逐级上交至云南省退役军人服务中心。

第三十二条　申请人收到优待证核对证面信息无误后，按照有关规定激活金融账户功能。

证面信息有误的，申请人应及时联系受理申请的退役军人服务站，交回已领优待证，并由省退役军人厅按相关程序重新制作。

第六章　补　换

第三十三条　优待证遗失后，持证人应及时告知受理申请的退役军人服务站，并按照银行有关规定挂失。

第三十四条　优待证遗失的，持证人可在办理正式挂失手续后，提出补领申请。

补领新证后找回原证的，持证人应当将原证交回受理申请的退役军人服务站。

第三十五条　出现下列情形之一的，持证人可以申请更换优待证。

（一）优待证损坏不能在读卡设备上正常读取的；

（二）优待证证面污损、残缺，信息无法辨认的；

（三）优待证证面信息需要变更的；

（四）持证人户籍地或常住地省份发生变化的；

（五）两种优待证申领条件均符合的持证人需要变更优待证种类的；

（六）其他需要更换的情形。

出现前款第一项、第二项情形的，持证人应持本人居民身份证到合作银行更换；出现前款第三项、第四项、第五项、第六项情形的，持证人应向受理申请的退役军人服务站提出更换申请，并按有关规定办理。

第三十六条　需要变更优待证发放省份的，持证人应先注销相应的银行金融账户，凭银行出具的金融账户注销证明申请更换。

第三十七条　持证人在申请更换优待证时，须交回原持有的优待证。

第三十八条　优待证首次申领免费。

因优待证卡片质量问题造成无法使用的，按相关金融规定认定后，可免费更换；符合第三十五条第三项、第四项、第五项情形的，可免费更换。

除上述情形外，需要更换或补领的，相关费用按照合作银行有关规定执行。

第七章　收　回

第三十九条　持证人存在下列情形之一的，经省退役军人厅批准，由受理申请的退役军人服务站收回其优待证，并报退役军人事务部备案。

（一）伪造、变造、买卖、出租、出借优待证的；

（二）使用虚假证明材料骗领优待证的；

（三）户籍注销的；

（四）被剥夺政治权利的；

（五）处于服刑、羁押、通缉期间的；

（六）被开除中国共产党党籍或者被开除公职的；

（七）存在严重影响身份荣誉的其他情形的。

第四十条　确认收回的，省退役军人厅及时通知合作银行暂停应收回优待证的非柜面业务办理功能；仍有相关金融功能需要使用的，由合作银行在完成金融功能转移后协助收回。

第四十一条　收回的优待证，由云南省退役军人服务中心负责登记销毁。

第四十二条　持证人被收回优待证后，相关情形消失、能够主动改正错误并积极消除负面影响的，可以重新申请优待证，由省退役军人厅综合考虑相关因素进行审核，审核情况报退役军人事务部备案。

第八章　监督管理

第四十三条　对伪造、变造、买卖、出租、出借优待证，故意污损、划刻、破坏优待证或者恶搞、丑化、玷污优待证形象，将优待证用于商业、娱乐活动，以及其他不恰当使用优待证的行为，各地退役军人事务部门应当及时予以制止、督促纠正、批评教育。涉嫌违法犯罪的，依法协调相关部门处理。

第四十四条　各地退役军人事务部门应定期会同同级公安、民政、人力资源社会保障等部门对生存、婚姻、社保等信息进行比对，及时更新对象信息，实现精准管理。

第四十五条　各地退役军人事务部门、退役军人服务中心（站）以及有关单位的工作人员，在优待证服务管理工作中应按照职能职责做好工作。对因履职不力造成严重社会影响的，依法依规问责追责。

第四十六条　各地退役军人事务部门可委托所属退役军人服务中心协助配合开展有关工作。

第四十七条　各地退役军人事务部门、退役军人服务中心（站）应采取技术手段和服务管理措施，保护持证人个人隐私，依法使用有关信息。

第四十八条　各地退役军人事务部门、退役军人服务中心（站）、合作银行应加强合作，共同建立服务体系，及时解答对象关于优待证申请使用、优待政策、优待项目等咨询，妥善处理投诉，建立办理反馈机制，主动接受社会监督。

第九章　附　则

第四十九条　本实施细则所指的烈士、因公牺牲军人、病故军人的遗属，是指烈士、因公牺牲军人、病故军人的配偶、父母（抚养人）、子女，以及由其承担抚养义务的兄弟姐妹。

第五十条　军级以上退休干部在移交云南省军区系统后申领优待证的，由云南省军区政治工作局与省退役军人厅对接办理。

第五十一条　中国人民武装警察部队依法退出现役的警官、警士和义务兵等人员，适用本实施细则。

第五十二条　本实施细则自印发之日起施行。

云南省退役军人事务厅等9部门关于印发云南省人民警察伤残评定工作规程（试行）的通知

云退役发〔2022〕43号

各州、市退役军人事务局、公安局、国家安全局、司法局、中级人民法院、人民检察院，出入境边防检查站、边境管理支队，昆明铁路公安处、开远铁路公安处：

现将《云南省人民警察伤残评定工作规程（试行）》印发你们，请遵照执行。

2022年4月29日

云南省人民警察伤残评定工作规程（试行）

第一条　为规范和加强退役军人事务部门负责的人民警察伤残评定工作精细化管理，进一步维护伤残人民警察的合法权益，推动人民警察伤残评定工作规范、高效、有序运行，根据《中华人民共和国人民警察法》、《伤残抚恤管理办法》、《人民警察抚恤优待办法》和《云南省伤残抚恤管理办法实施细则》等法律法规和有关规定，结合本省实际，制定本规程。

第二条　本规程适用于具有本省户籍因战因公负伤时为行政编制的人民警察。

第三条　本规程所称人民警察，是指公安机关（含铁路、交通、民航、海关缉私部门）、国家安全机关、司法行政机关以及国家移民管理机构的人民警察和人民法院、人民检察院的司法警察。

第四条　人民警察伤残符合残疾等级评定条件的，应当评定残疾等级。

第五条　人民警察伤残按致残性质分为因战致残、因公致残两类。

第六条　人民警察伤残符合下列情形之一的，认定为因战致残。

（一）在依法查处违法犯罪行为、执行国家安全工作任务、执行反恐怖任务和处置突发事件中致残的；

（二）抢险救灾或者其他为了抢救、保护国家财产、集体财产、公民生命财产致残的；

（三）在执行外交任务或者国家派遣的对外援助、维持国际和平任务中致残的；

（四）在执行武器装备科研试验任务中致残的；

（五）其他致残情节特别突出，堪为楷模的。

第七条　人民警察伤残符合下列情形之一的，认定为因公致残：

（一）在执行任务或者在上下班途中，由于意外事件导致残疾的；

（二）在工作岗位上因非本人责任事故或遭暴力或不可抗拒的外力导致残疾的；

（三）因医疗事故导致残疾的；

（四）因患职业病导致残疾的；

（五）其他因公导致残疾的。

第八条　因公致残认定过程中涉及“执行任务”和“意外事件”界定的，在没有新规定以前，按照《民政部办公厅关于如何理解〈军人抚恤优待条例 > 第九条第一款第（一）项中“意外事件的复函”》（民办函〔2007〕247 号）、《民政部关于国家机关工作人员参照〈军人抚恤优待条例〉办理评残中如何认定“意外事件”的复函》（民函〔2008〕195 号）、《民政部优抚安置局关于杜毅敏评残问题的复函》（优安函〔2009〕6 号）等文件规定执行。

第九条　人民警察因病猝然致残的，不予认定残疾等级，按《民政部关于国家机关工作人员、人民警察伤亡抚恤有关问题的通知》(民函〔2004〕334号)文件规定执行。

第十条　人民警察伤残，个人对导致伤残的事件和行为负有过错责任的，以及其他不符合因战因公致残情形的，不得认定因战或因公致残。

第十一条　人民警察因战因公致残，其伤残的等级，根据劳动功能障碍程度和生活自理障碍程度确定，由重到轻分为一级至十级。伤残等级的具体评定标准，参照《军人残疾等级评定标准》执行。

第十二条　人民警察多次受伤致残，按下列规定认定残疾性质和评定残疾等级：

致残部位不能合并评残的，可以先对各部位分别评残。等级不同的，以重者定级；两项(含)以上等级相同的，只能晋升一级。

多次致残且伤残性质不同的，以等级重者定性。等级相同的，按因战、因公顺序定性。

第十三条　人民警察因战、因公负伤，符合评定伤残等级条件的，申请人应当在因战因公负伤或者被诊断、鉴定为职业病3年内申请，超过3年申请的不再受理。

第十四条　人民警察评定残疾等级后，因原致残部位残疾情况变化，与原评定的残疾等级明显不符的，可以申请调整残疾等级级别，调整残疾等级，应当在上一次评定残疾等级1年后申请，1年内申请的不予受理。

残疾等级可上下调整，对达不到最低等级评残标准的可以取消其残疾等级。

第十五条　人民警察因战因公致残，符合评残申报条件的，本人(精神病患者由其利害关系人)应向所在单位政治部门提出书面申请，同时按要求提交相关材料。

第十六条　人民警察申请新办评定残疾等级应当提交以下材料：

(一)个人书面申请(精神病患者由其利害关系人帮助申请)，内容包括本人目前的身份和单位，因战因公负伤时的身份和单位，负伤原因、时间、地点、部位，详细经过及当前遗留残疾情况，申请须由本人或利害关系人逐页亲笔签名；

(二)身份证、人民警察证、户口簿原件(集体户口的提供户籍地派出所出具的户口证明原件)及复印件(原件由县级退役军人事务部门初审后退还)；

(三)因战因公负伤时的在职证明和行政编制(公务员)证明材料；

(四)致残经过证明：

1. 属于执行公务负伤致残的，须提供所在单位、相关职能部门出具的执行公务证明；

2. 属于交通事故负伤致残的，须提供公安交警部门出具的《道路交通事故责任认定书》原件及复印件、调解协议书、民事判决书等；

3. 属于医疗事故致残的，须提供相关机构出具的医疗事故鉴定结论；

4. 属于其他事故致残的，须提供相关事故认定机构出具的《事故责任认定书或认定结论》原件及复印件；

5. 属于职业病致残的，须提供职业病鉴定机构出具的诊断结论；

6. 2人以上直接见证人的证明材料原件或单位出具的合理时间段派出执行公务的相关证明材料；

(五)医疗诊断证明(包括加盖出具单位相关印章的门诊病历原件、住院病历复印件及相关检查报告、出院小结等）；

（六）单位审查意见（所在单位县级以上政治部门出具的履行公职、执行公务由于意外事件造成的负伤经过、负伤部位和负伤性质以及证明人证明材料的审查意见）；

（七）《人民警察申请评残医学鉴定审查表》原件及复印件；

（八）申请人近期2寸免冠白底彩色照片4张（在职人民警察着警服）。

第十七条　人民警察申请调整残疾等级应当提供以下材料：

（一）个人书面申请（精神病患者由其利害关系人帮助申请），内容包括本人目前的身份和单位，因战因公负伤时的身份和单位，负伤原因、时间、地点、部位及当前残疾情况变化等，申请须由本人或利害关系人逐页亲笔签名；

（二）身份证、户口簿原件（集体户口的提供户籍地派出所出具的户口证明原件）及复印件（原件由县级退役军人事务部门初审后退还）；

（三）残疾证原件及复印件；

（四）原批准残疾等级审批档案材料原件及复印件（由县级退役军人事务部门提供）；

（五）近6个月内在二级甲等以上医院的就诊病历及医院检查报告、诊断结论等原件，入院治疗的还需提供住院病历复印件；

（六）申请人近期2寸免冠白底彩色照片4张。

第十八条　申请人提交的材料须真实、完备、有效。申请人对其所提供申报材料的真实性负责，必要时各级退役军人事务部门可进行复核或调查。

使用复印件的，应由提供材料的单位确认与原材料无异，并签署意见、加盖公章；申报材料中姓名不一致的，申请人须提供相应证明材料；其他内容相互不一致的，由造成差错方更正，并加盖公章。

申请人所提供的纸质材料一律使用A4纸，小于A4纸张的，须粘贴在A4纸张上。

第十九条　评残材料须由单位向申请人户籍所在地退役军人事务部门申报，各级退役军人事务部门对报送材料进行签收登记。

第二十条　评定残疾等级按个人申请、单位审查申报、县级退役军人事务部门初审（评）、州（市）退役军人事务部门审核、云南省退役军人事务厅审批的程序进行。

第二十一条　申请人所在单位县级（含县级）以上政法机关的政治部门按照《伤残抚恤管理办法》及退役军人事务部门相关要求对以下内容进行初步审查：申报材料项目是否齐全、内容是否真实，申请事项是否符合规定，有无超过申请时限，有无个人对导致伤残的事件和行为负有过错责任等。

经审查符合评残医学鉴定条件的，在申请人所在单位对申请人的身份、致残性质进行公示，时间不少于7个工作日，在《人民警察申请评残医学鉴定审查表》填写审查意见，同时出具对申请人负伤时间、地点、部位、原因及详细经过或残情变化情形的书面意见，并加盖所在单位政治部门公章，向申请人户籍所在地县级退役军人事务部门申报评残。

第二十二条　云南省退役军人事务厅为全省伤残人民警察残疾性质认定及等级评定的审批机关，负责全省因战因公负伤时为行政编制的伤残人民警察残疾性质认定及等级评定，指导全省各级退役军人事务部门的残疾性质认定审核及等级评定工作。

州（市）、县（市、区）退役军人事务部门负责本辖区内因战因公负伤时为行政编制的伤残人民警察评残申报材料审查、核对及拟定残疾等级等工作，其相关工作事宜按《云南省伤残抚恤管理办法实施细则》有关规定执行。

第二十三条　未列入行政编制的人民警察，参照本规程评定伤残等级，其伤残抚恤金由所在单位按规定发放。

第二十四条　本规程由云南省退役军人事务厅负责解释。

第二十五条　本规程自印发之日起施行。

附件：人民警察申请评残医学鉴定审查表

附件

人民警察申请评残医学鉴定审查表

姓名：

单位：

职务：

填表说明

1. 本表供人民警察申请评残医学鉴定使用。

2. 本表一律用碳素笔填写，内容要真实，字迹要端正清楚。

3. 表 1 由申请人填写，表 2 由旁证人员填写，表 3 由经治医疗机构有关人员填写，表 4 由所在单位有关人员填写。

4. 表 3 “疾病名称” 填写申请评残医学鉴定的主要疾病。

5. 表 4 “致残性质”、“残疾情况”，根据审查意见在 “（ ）” 中划 “√”。

6.《审查表》后附审查相关材料，含执行任务中或上下班途中，因意外事件负伤的事实证明材料。

7 在多个医院就诊的伤残人民警察，需要提交首次和末次住院病历材料，并出具相关证明。

8. 照片须加盖所在县级以上单位公章。

一、个人申请

姓名		性别		出生年月		近期2寸免冠白底彩色照片
籍贯		民族		工作年月		
申请理由 申请人签名： 年　月　日						

二、旁证意见

证明人一	姓名		联系电话		近期2寸免冠白底彩色照片
	单位				
	通信地址				
	我对以上证明的真实性负责。 证明人签字：　年　月　日				
证明人二	姓名		联系电话		近期2寸免冠白底彩色照片
	单位				
	通信地址				
	我对以上证明的真实性负责。 证明人签字：　年　月　日				

三、经治医疗机构意见

<table>
<tr><td>姓名</td><td></td><td>病案号</td><td></td></tr>
<tr><td>经治医院</td><td colspan="3"></td></tr>
<tr><td>疾病名称</td><td colspan="3"></td></tr>
<tr><td>住院时间</td><td colspan="3"></td></tr>
<tr><td>经治科室意见</td><td colspan="3">该同志申请评残医学鉴定的主要伤残情形与住院病情一致，病历属实。

经治医生签名：
科室主任签名：

年　　月　　日</td></tr>
<tr><td colspan="4">医务处意见：

该同志病情属实，病历系我院病案室提供并复印。
（病案室联系电话：　　　　　　　　　　）

负责人签字（盖章）：　　　　　　　　　　医务处盖章
年　　月　　日</td></tr>
</table>

四、单位意见

<table>
<tr><td rowspan="6">所在单位政治部门审查意见</td><td>致残性质</td><td>因战（ ）因公（ ）</td></tr>
<tr><td>残疾情况</td><td>属实（ ）不属实（ ）</td></tr>
<tr><td>公示时间</td><td></td></tr>
<tr><td>公示范围</td><td></td></tr>
<tr><td>公示结果</td><td></td></tr>
<tr><td colspan="2">该同志因战（因公）负伤事实清楚，符合《人民警察
抚恤优待办法》第　条第　款第　项规定情形，同意按因战（因公）致残报评。

负责人签字：

政治部门（盖章）
年　月　日</td></tr>
</table>

云南省退役军人事务厅关于开展省级烈士纪念设施评定工作的通知

云退役发〔2022〕53号

各州、市退役军人事务局：

为认真贯彻落实《中华人民共和国英雄烈士保护法》《烈士褒扬条例》《烈士纪念设施保护管理办法》，切实加强烈士纪念设施保护，充分发挥烈士纪念设施的红色资源宣教作用，决定开展省级烈士纪念设施评定工作。现将有关事项通知如下。

一、评定范围及条件

确定为州（市）级烈士纪念设施的烈士陵园、烈士纪念园、陵园外烈士纪念堂（馆）等，符合下列情形之一，可以申报省级烈士纪念设施。

（一）为纪念在各个历史时期的重大事件、重要战役中牺牲的烈士而修建的烈士纪念设施；

（二）为纪念在全省有重要影响的烈士而修建的烈士纪念设施；

（三）安葬烈士较多或设施规模较大、基础设施完备，且在全省有较强影响力的烈士纪念设施；

（四）为纪念在中国革命斗争中牺牲的国际友人而修建的烈士纪念设施；

（五）革命老区、边境民族地区规模较大的烈士纪念设施。

二、参评材料

（一）烈士纪念设施基本情况。包括：烈士纪念设施名称，纪念意义，历史沿革，占地面积，展陈内容，主要设施及配套设施占地及使用面积，烈士安葬等情况。

（二）烈士纪念设施保护单位或管理单位情况。包括：机构和人员编制、讲解员配置、工作经费等。

（三）烈士纪念设施土地使用权属（不动产权属）和保护范围证明。

（四）上一年度县（市、区）烈士纪念设施规划建设修缮管理维护及开展祭扫纪念、宣传教育活动等工作情况总结。

（五）州（市）、县（市、区）退役军人事务局出具的书面申请、审核意见报告。

（六）县（市、区）退役军人事务局填报的《云南省烈士纪念设施分级保护评分标准自评表（试行）》。

（七）其他材料：确定为州（市）级烈士纪念设施的政府批复文件，烈士纪念设施保护单位批复文件，省级以上爱国主义教育基地或国防教育基地命名文件，主要纪念设施的现状照片，烈士纪念设施建设规划平面图和其他烈士纪念设施建设批准相关材料。

三、申报评定流程

（一）提出申请。县（市、区）退役军人事务局组织烈士纪念设施保护单位开展自评，对认为符合条件、自评 90 分以上的，提出书面申请连同其他申报材料一并报送州（市）退役军人事务局。

（二）审核上报。州（市）退役军人事务局在收到申请和相关材料后一个月内，组织开展实地检查，形成书面审核意见报告连同相关材料上报省退役军人厅。

（三）组织评定。省退役军人厅会同相关部门进行评审，必要时进行实地评审，提出省级烈士纪念设施建议名单。

（四）公示批准。省级烈士纪念设施建议名单通过省退役军人厅网站向社会公示 7 个工作日。公示期满且无原则性异议的，由省退役军人厅提请省政府批准。

（五）公布备案。经省政府批准，省退役军人厅公布省级烈士纪念设施名单，并在公布后 20 个工作日内报退役军人事务部备案。

四、有关要求

加强烈士纪念设施分级保护是退役军人事务部门的重要职责任务，是传承红色基因、褒扬烈士的重要举措，对加强新时代烈士褒扬工作具有重要的历史和现实意义。各地要切实提高政治站位、统一思想认识，认真对照标准程序要求，严肃认真组织开展省级烈士纪念设施申报审核工作，对弄虚作假、虚报乱报，搞平衡照顾等问题，一经发现，取消其评定资格，并在全省通报批评。申报材料于 2022 年 7 月 15 日前报送至省退役军人厅褒扬纪念处。联系人及电话：封光昶，0871—63649171，13888672829。

附件：云南省烈士纪念设施分级保护评定标准自评表（试行）

2022 年 6 月 20 日

附件

云南省烈士纪念设施分级保护评分标准自评表（试行）

自评单位：（加盖公章）

评定项目	序号	分值	评分标准	得分
规划建设（25分）	1	3	1. 烈士纪念设施建设维护纳入当地国民经济和社会发展规划的得1分； 2. 制定烈士纪念设施建设发展规划或其他专项规划的得2分。	
	2	2	办理不动产登记，确认烈士纪念设施不动产权属的得2分。	
	3	4	1. 划定烈士纪念设施保护范围，设立保护标志的得3分； 2. 保护范围内没有与纪念烈士无关建（构）筑物的得1分。	
	4	6	1. 烈士纪念设施建设布局合理协调、基础设施完备，设有便民、无障碍等服务设施得3分； 2. 道路硬化和环境绿化面积合理，树种适宜，与建筑物和整体环境协调的得3分（好3分，较好2分，一般1分）。	
	5	5	1. 烈士陵园内烈士墓形制统一、用材优良的得3分（好3分，较好2分，一般1分）； 2. 合理预留烈士墓穴的得2分。	
	6	5	1. 设有纪念活动场地（广场），能较好满足团体纪念祭奠烈士等活动需要的得3分； 2. 设有管理、接待用房，具备工作和接待条件，布置规范的得2分。	
保护利用（45分）	7	3	保护范围内整体环境庄严、肃穆、整洁，道路平坦干净无塌陷，设施周边环境干净整洁的得3分（好3分，较好2分，一般1分）。	
	8	6	1. 烈士墓，纪念碑、塔、祠、塑像、英名墙等主体设施外观完整、清洁，无破损、无裂缝、无锈蚀的得2分； 2. 镌刻的题词、碑文用字规范，无错字、漏字，字迹、色泽无脱落等的得2分； 3. 规范悬挂或设置设施名称标识的得1分； 4. 围墙、围栏完整无倒塌的得1分。	
	9	4	1. 各类指示标志牌设置显著合理，图文规范清晰工整的得3分（好3分，较好2分，一般1分）； 2. 水、电、消防等配套设施处于良好状态的得1分。	
	10	4	1. 及时搜（征）集、整理、保管、陈列展示烈士遗物和事迹史料的得2分； 2. 印制发放园（馆）介绍展示宣传品的得2分。	
	11	4	烈士纪念（陈列）堂（馆）布局整体协调、和谐统一，展陈布展主题鲜明、史料翔实、更新优化及时，具有感染力、吸引力的得4分（好4分，较好3分，一般2分，差0分）。	
	12	1	1. 按照文物保护标准做好不可移动文物相关防护措施的得0.5分； 2. 设立库房、分级建档造册、妥善保管可移动文物的得0.5分。	
	13	3	解说词经相关部门研究审查，讲解内容准确、完整的得3分。	

评定项目	序号	分值	评分标准	得分
保护利用（45分）	14	6	1. 为烈士家属提供祭扫组织接待优质服务以及必要便利条件的得3分（好3分，较好2分，一般1分）； 2. 积极开展代亲祭扫、网络祭扫、为烈士寻亲等服务的得3分。	
	15	4	1. 免费开放，且每天开放时间不少于8小时的得1分； 2. 积极为党政机关、企事业单位、团体、学校、部队官兵和人民群众等团队、人员提供开展祭奠纪念和教育、实践等活动的优质场所，充分发挥烈士纪念设施红色资源功能作用的得3分（好3分，较好2分，一般1分）。	
	16	6	1. 隆重、庄严、规范、简朴举行烈士安葬仪式，开展缅怀纪念活动的得3分； 2. 烈士纪念设施保护范围内宣传弘扬英烈精神氛围浓厚的得3分（好3分，较好2分，一般1分）。	
	17	4	1. 开展专题展览、宣讲活动或利用网络广泛宣传英烈事迹、弘扬英烈精神的得2分； 2. 通过网络平台开展宣传展示工作的得2分。	
自身建设（30分）	18	3	设立保护单位，根据事业发展和实际工作需要，科学合理设置岗位，充实加强英烈研究、设施建设、展陈布展、讲解服务等专业人员力量的得3分。	
	19	3	健全完善服务管理、日常管护、值班值守等工作制度，并严格规范执行的得3分。	
	20	3	制定安全管理制度，各类灾情、突发事件应急处置方案预案，岗位人员熟知安全职责，熟悉安全要求，熟练掌握应急处置方法程序，定期开展演练、安全检查的得3分。	
	21	3	制定档案管理制度，设置档案室，安全管理纸质、实物等档案，能利用信息技术手段实现档案电子化、动态化管理的得3分（好3 分，较好2分，一般1分）。	
	22	2	烈士纪念设施日常维护、宣传展示利用，办公设备购置等经费纳入当地财政预算安排的得2分。	
	23	3	建立社会捐赠、志愿服务、义务劳动等制度规定，及时公布捐赠款物使用方向，设立志愿者服务站点，活动开展有声有色的得3分；	
	24	3	与周边学校、党政机关、企事业单位、驻地部队、社区（乡镇）等建立共建共享机制的得3分（好3分，较好2分，一般1分）。	
	25	3	配有专（兼）职讲解员，讲解员政治素质强，熟悉纪念设施的纪念意义、英烈事迹和相关背景知识，普通话标准规范，语言行为文明、着装大方得体，能为缅怀纪念人员提供引导、讲解等优质服务的得3分（好3分，较好2分，一般1分）。	
	26	3	工作人员廉洁自律、勇于创新，党员先锋模范作用得到有效发挥，不断提升保护管理、服务保障能力水平的得3分（好3分，较好2分，一般1分）。	
	27	2	建立常态化联系烈属机制，与安葬烈士的亲属定期联系的得2分。	
	28	2	采取多种方式收集烈士纪念设施保护管理和服务保障等方面的意见建议，并及时改进合理意见建议。醒目位置明示服务承诺，自觉接受服务对象监督的得2分。	

评定项目	序号	分值	评分标准	得分
加分项（10分）	1	3	获得州（市）级及以上爱国主义教育基地、国防教育示范基地荣誉称号的，州（市）级每1项加0.5分，省级每1项加1分，国家级每项加2分。同项类别按最高分值计，累计不超过3分。	
	2	2	建成少先队校外实践教育营地（基地）的加2分。	
	3	5	在烈士纪念设施保护管理、宣传展示利用，弘扬英烈精神、烈士祭扫服务保障等方面有重大创新举措或形成典型经验，被州（市）级部门或者媒体宣传报道推广的，每项加1分，被省级及以上部门或者媒体宣传报道推广的，每项加2分（同项工作被多处宣传报道推广的，按最高分值计），累计不超过5分。	
一票否决项			1. 近三年在烈士纪念设施保护范围发生恶性事故、案件的； 2. 烈士纪念设施被污损、破坏或者烈士被亵渎、玷污，引发网络舆情，造成社会不良影响的； 3. 因烈士纪念设施保护管理不力，当年被省级以上相关部门通报的； 4. 工作人员发生违法违纪行为的。	
总得分				

云南省退役军人事务厅等四部门转发退役军人事务部等四部门《关于印发退役军人名录和事迹载入地方志实施办法（试行）》的通知

云退役发〔2022〕66号

各州、市退役军人事务局，地方志工作机构，各军分区（警备区）：

现将《退役军人事务部　中国地方志指导小组中央军委政治工作部　中央军委国防动员部关于印发〈退役军人名录和事载入地方志实施办法（试行）的通知〉（退役军人部发〔2022〕40号）（以下简称《实施办法》）转发你们，并提出以下要求，请结合实际抓好贯彻落实。

一、提高政治站位，深刻领会《实施办法》的重大意义

《实施办法》坚持以习近平新时代中国特色社会主义思想为指导，着眼让军人成为全社会尊崇的职业，激励军人为国防和军队建设作出更大贡献，引导退役军人在社会主义现代化建设中发挥积极作用，对退役军人名录和事迹载入地方志工作进行了规范。全文共26条，明确了军地有关部门的职责分工，细化了退役军人名录和事迹载入省级、地市级、县级地方志的条件、程序等要求，政策性、针对性、可操作性强。各级退役军人事务部门、地方志工作机构、各军分区（警备区）要统一思想、提高认识、加强沟通，充分认识做好退役军人名录和事迹载入地方志工作的重要性，把学习宣传和贯彻落实工作与学习贯彻退役军人工作政策法规结合起来，与推进作风革命加强效能建设工作结合起来，进一步细化工作机制，加强统筹协调和工作联动，进一步激发广大官兵献身国防、建功立业，在全社会营造尊崇功臣模范的浓厚氛围。

二、认真履职尽责，全面落实好《实施办法》相关要求

《实施办法》要求退役军人名录和事迹载入地方志工作应坚持正确的政治方向和思想导向，坚持辩证唯物主义和历史唯物主义的立场、观点和方法，坚持与贡献匹配，遵循存真求实的原则。各级退役军人事务部门、地方志工作机构、各军分区（警备区）要遵守地方志相关编纂规范要求，对服役期间符合“参战退役军人，荣获二等功以上奖励的退役军人，获得省部级、战区级或者二级以上表彰的退役军人等其他符合条件的退役军人名录和事迹”编辑录入地方志，做好材

料收集、联合审核、分级载入、建档立卡、送喜报、安置接收、保密安全等工作，并积极征求同级别纪检监察机关和组织、司法行政、公安部门等部门意见，确保符合入志条件，确保好事办好。

三、积极沟通协调，切实加强落实《实施办法》的组织领导

《实施办法》是落实《中华人民共和国退役军人保障法》的具体举措，是各级退役军人事务部门、地方志工作机构、各军分区（警备区）的共同责任。要把这项工作列入议事日程，加强领导、精心组织，积极争取党委、政府的重视支持。退役军人事务部门要充分发挥牵头作用，会同同级地方志工作机构、军分区（警备区）对入志材料的提交、审核、审查、反馈时间等作出具体规定，保证地方志书编修进度和地方综合年鉴编纂出版的时效性。要定期开展评估工作，对已载入地方志的退役军人，在征求同级别的纪检监察机关和组织、司法行政等部门意见，并向同级别的公安部门查询有关情况后，会同同级地方志工作机构，结合地情适时修订退役军人名录和事迹，编写宣传退役军人先进典型事迹的地情书、地情资料等，完善退役军人荣誉体系，依法依规记载退役军人名录和事迹。

附件：《退役军人名录和事迹载入地名志实施办法（试行）》（略）。

云南省退役军人事务厅等8部门关于做好退役士兵教育培训工作的实施意见

云退役发〔2022〕67号

各州、市退役军人事务局、教育体育局、财政局、人力资源社会保障局、征兵办公室，各军分（警备）区，驻滇独立旅以上部队：

为贯彻落实《退役军人事务部等七部门关于全面做好退役士兵教育培训工作的指导意见》（退役军人部发〔2021〕53号），进一步做好退役士兵教育培训工作，促进退役士兵就业创业，提出如下实施意见。

一、建立健全教育培训体系

（一）驻滇部队加强退役士兵职业技能储备培训和离队前教育。县级以上退役军人事务部门积极主动配合驻地部队按需开展“送技能进军营”、定期开展“送政策进军营”等活动。

（二）各级政府、各有关部门和用人单位建立健全退役士兵适应性培训、职业技能培训、学历教育和终身学习的教育培训体系，促进退役士兵更好融入地方经济社会建设。

二、普遍推行适应性培训

（一）自主就业退役士兵（含国家综合性消防救援队伍自主就业退出消防员，下同）适应性培训是指在工作转轨、事业转型、人生转段的过渡期内，及时帮助拓展视野、调适心理、启迪思维、转变观念，加快适应从战场到市场、从军营到职场、从部队到地方的角色转换和新生活环境的导向鲜明、针对性强、时间较短的集中培训。

（二）自主就业退役士兵适应性培训，实行即退即训、全面覆盖、全员参与，采取线上、线下的培训方式，在返乡报到后1个月内由安置地州（市）或县（市、区）退役军人事务部门及时组织实施，培训时长不少于80学时，不超过120学时。

（三）自主就业退役士兵适应性培训主要包括：思想政治教育、安全保密教育，经济社会发展情况、就业创业形势分析，教育培训政策、就业创业政策，心理调节适应、心理健康辅导，职场礼仪规范、社交礼仪讲授，人才测量评价、培训专业推介，职业指导介绍、就业岗位推荐，现场互动交流、典型经验分享等。

（四）自主就业退役士兵适应性培训综合定额标准，由各地结合我省省级机关培训费和综合定额标准相关规定和要求，按不高于本省省级机关干部职工教育培训省内三类培训上限标准或当地机关干部职工教育培训上限标准自行确定。住宿、伙食、场地、资料、交通、其他各项费用之间可以调剂使用，并在综合定额标准以内据实结算报销。

（五）自主就业退役士兵适应性培训不得向参训退役士兵个人收取培训费用。对不安排住宿的培训不能列支住宿费，不安排伙食的培训不能列支伙食费。

（六）自主就业退役士兵除接受免费适应性培训外，可按照国家和我省政策规定享受一次自愿报名、自选专业、免费参加的职业技能培训或创业培训，符合条件的还可同时享受其他有关部门组织开展的教育培训。

三、全员开展职业技能培训

（一）自主就业退役士兵可按政策规定在达到法定退休年龄前的任一年度，接受一次免费职业技能培训。

（二）鼓励自主就业退役士兵在返乡报到和就业前的窗口期尽早参加职业技能培训。

（三）自主就业退役士兵免费职业技能培训时长，结合培训项目、培训专业、培训内容、培训效果和推荐就业，科学、合理、规范设定学时、天数、月数。

（四）自主就业退役士兵职业技能培训根据职业技能等级证书目录、职业技能培训机构目录和职业技能培训承训机构黄页开展，实行学历证书+若干职业技能等级证书制度（1+X 证书制度）和学分银行制度。

（五）各级退役军人事务部门在各自行政区域内联网设立自主就业退役士兵培训台账，加强参训人员实名制、规范化管理和教育培训经费安排使用管理。

（六）各级退役军人事务部门依托现有资源统筹建立退役军人就业创业园地，促进退役军人技能培训、创业培训、就业创业均衡发展。

（七）各级退役军人事务部门对签约合作的承训单位和评审认定的承训机构，按有关规定实施合同（协议）签约管理，建立健全激励约束机制，定期开展考核评估，提高技能培训质量。严格执行保密法律法规，确保退役士兵信息安全。

（八）签约合同（协议）应当明确培训项目、培训专业、培训内容、培训时长、收费标准、培训质量、推荐就业、补助资金结算方式、双方权利义务事项、协议期限、协议的变更与终止情形和违约责任等主要内容。培训时长、培训价格一经确定，不得随意变更，不得高于当地市场价格行情，不得向退役士兵学员另行收费。

（九）各级退役军人事务部门、教育部门按规定选择实施 1 +X 证书制度且对接职业教育国家学分银行的职业院校及应用型本科高校作为培训基地开展培训，培训成果记入职业教育国家学分银行。自主就业退役士兵在培训基地学校以外的培训机构参加培训，可在退役军人事务部门、人力资源社会保障部门统筹下，按照规定程序和标准享受资助待遇。

（十）军地有关部门落实军事专业与职业对应目录和军地职业技能证书衔接机制。士兵在军队获得的军事专业资格证书，在退役后可视作对应的地方职业同级技能证书，具有同等效力，无需重新鉴定评价。

四、强化学历提升措施

（一）支持从高校应征入伍士兵退役后复学深造。支持入伍前已被普通高等学校录取并保留入学资格或者保留学籍的退役大学生士兵入学或复学，经学校同意并履行相关程序后可转入本校相关专业学习，免修公共体育、军事技能和军事理论等课程，直接获得相应课程学分，允许按规定适当延长修业年限。

（二）高职（专科）升普通本科、成人本科按规定免试入学。高职院校退役士兵学生毕业后继续攻读普通本科、成人本科可按教育部门有关规定免试入学。符合条件的退役大学生士兵参加全国硕士研究生招生考试按有关规定享受加分照顾。服役期间获二等功以上奖励，符合全国硕士研究生招生考试报考条件的本科学历退役士兵可申请免试（初试）攻读硕士研究生。落实适度扩大“退役大学生士兵”专项硕士研究生招生计划规模。

（三）鼓励高中、初中学历退役士兵提升学历。初中学历退役士兵参加中等职业教育实行注册免试入学；高中学历退役士兵报考高职院校可参加单独招生，并免文化素质考试。符合条件的退役士兵参加全国普通高考、成人高考，可按规定享受加分照顾。全省高等学校可按规定通过单列计划、单独招生等方式招考退役士兵；将退役士兵服役期间的学历教育和非学历教育学习成果按规定记入国家学分银行，实现退役前后学习成果贯通连续。建立健全行业教育合作机制，对适合退役士兵就业的行业，加大行业系统内高职院校招生力度，通过签订定向培养协议等方式，以专业教育促进退役士兵入行就业，实现“入学即入职”。

（四）注重提升教学质量。各级退役军人事务部门可根据学费减免政策指导退役士兵按需报考。各级教育等部门按照国家和本省有关规定，规范退役士兵培养过程，将教学成效作为重要因素纳入本省院校考核评优的指标体系，建立年度报告、检查和评估机制。培养院校要设计符合退役士兵特点的人才培养方案，采用地方订单定向定岗培养等方式，严把教学质量和教育纪律关口，在学业考核上对退役士兵和其他在校生“同大纲、同标准”，保障退役士兵学历教育政策落实。

五、开展终身教育培训

（一）实行职业生涯全过程培训。各地将退役士兵培训纳入国家终身职业技能培训制度体系。各级各有关部门紧紧围绕服务基层组织建设、基层社会治理、城乡社区治理、环境保护、乡村振兴、创业创新等，开展退役士兵就业创业培训。鼓励用人单位和签约合作企业定期组织就业上岗退役士兵参加岗位技能提升和知识更新培训，为受聘退役士兵提供多渠道、多层级、多频次的教育培训。

（二）建设全省退役士兵网络学习平台。各级各有关部门依托现有资源，集成网络教学、信息推送、职业能力倾向测试、学习台账登记、统计分析等功能，为退役士兵在线参加适应性培训、职业技能培训、学历教育和终身教育培训提供平台支撑。建立政府引导、多方参与的资源共建共享机制，鼓励各类教育培训机构和技能培训承训机构在网络学习平台，对退役士兵发布优质课程、开展线上培训、实施教学管理、提升培训效能。

六、合力推进教育培训

（一）各级、各部门要建立健全部门间退役军人教育培训工作协调和联席会议机制，退役军人事务部门统筹协调，教育、人力资源社会保障等相关部门各司其职、协调配合、合力推进退役士兵教育培训工作。

（二）推动实现全省区域间协调联动，依托乡村振兴和区域发展，对接共享优质教育培训资源，教育、人力资源社会保障等部门可结合实际制定退役士兵终身教育培训具体措施，建立年度报告、检查和评估机制。

七、优化经费保障

（一）自2019年秋季学期起，对通过全国统一高考或高职分类招考方式考入我省普通高等学校的全日制在校自主就业退役士兵学生均实行学费减免。减免的最高限额按照《财政部　教育部　人力资源社会保障部　退役军人部　中央军委国防动员部关于印发〈学生资助资金管理办法〉的通知》（财教〔2021〕310号）规定执行，学费补偿、国家助学贷款代偿以及学费减免的标准为本专科生每生每年最高不超过12000元，研究生每生每年最高不超过16000元，超出标准部分不予补偿、代偿或减免。全日制在校退役士兵学生全部享受本专科生国家助学金，资助标准为每生每年3300元。退役士兵参加全日制中等职业教育的，按照国家和我省政策规定享受中等职业教育国家奖助学金和免学费政策。

（二）自主就业退役士兵在教育培训承训机构学习期间，按照国家和我省政策规定免除学杂、住宿、技能鉴定等费用，并根据实际情况给予一定生活补助。

（三）自主就业退役士兵适应性培训、职业技能培训、创业培训等教育培训经费通过退役安置补助经费安排。主要用于补助自主就业退役士兵适应性培训所需的住宿、伙食、场地、资料、交通、其他各项费用和职业技能培训所需的学杂、住宿、技能鉴定、生活补助及创业培训所需开支。地方各级财政要加强退役士兵教育培训经费保障。

（四）对参加适应性培训、职业技能培训、创业培训等教育培训的退役士兵，中央和省每年按照人数和定额补助标准核拨教育培训补助经费，不足部分由州（市）、县（市、区）财政据实予以保障。各级财政部门根据退役军人教育培训工作实际，在退役军人事务部门年度预算中，安排教育培训工作经费。有条件的地方在经费方面可对参战、军龄长、有立功受奖表现、所学技能多等级高的退役士兵学员适当倾斜，退役士兵各项教育培训经费按现有渠道拨付。

（五）自主就业退役士兵适应性培训、职业技能培训、创业培训等教育培训补助经费，由安置地退役军人事务部门根据培训项目、难易程度、时间长短、培训成本、培训阶段、学习效果、就业情况，按照实际参训人数、当地支付标准以及国家和我省有关政策规定，依据签约合同（协议）具体约定，分阶段、分比例或一次性拨付教育培训承训机构或承训单位。

八、加强经费监管

（一）教育培训承训机构要严格遵守《云南省退役军人事务厅　云南省人力资源和社会保障厅云南省教育厅关于印发〈云南省退役军人教育培训承训机构考核评估办法〉的通知》（云退役规〔2020〕2 号）有关规定，严格建立健全财务管理和会计核算制度，严格按照当地价格主管部门核定或备案并公开的教育培训收费项目和标准收费，不得随意变更收费项目、提高收费标准，不得将应由补助资金开支的费用转嫁向退役士兵学员收取。

（二）严格执行《财政部　退役军人部　医保局关于修改〈退役安置等补助资金管理办法〉的通知》（财社〔2019〕225 号）和《云南省财政厅　云南省退役军人事务厅　云南省医疗保障局关于印发〈云南省退役安置补助经费管理办法等 3 个办法〉的通知》（云财社〔2020〕227 号）中关于退役士兵教育培训经费管理的有关规定，强化经费使用管理，提高资金使用效率。

（三）始终坚持“专款专用、科学管理、绩效评价、强化监督”的原则，严格按照规定的范围、标准和程序分配下达和安排使用，确保补助经费使用安全、规范、高效。

（四）各级退役军人事务、财政部门组织做好本级退役士兵教育培训项目绩效自评工作，并将绩效自评结果报送上级退役军人事务、财政部门。省级退役军人事务、财政部门适时开展重点绩效评价，并将绩效评价结果作为预算安排、政策调整和改进管理的重要依据。

九、明确部门主要职责

（一）退役军人事务部门负责退役士兵教育培训工作的协调推动；教育、人力资源社会保障等有关部门做好退役士兵招生录取、教学管理、技能鉴定评价、数据共享等工作；财政部门负责按规定落实退役士兵教育培训相关经费保障；驻滇部队有关部门负责组织实施士兵服役期间继续教育、离队前教育和退役后教育培训档案材料移交等工作，协同地方有关部门促进退役士兵军地技能证书有效衔接转换。

（二）军地各部门其他职责，按照《云南省人民政府　云南省军区关于印发〈云南省退役军人教育培训实施办法〉的通知》（云政发〔2020〕32 号）有关规定履行。

十、注重宣传动员引导

（一）各地要采取灵活多样形式，广泛宣传普及退役士兵教育培训政策，动员、鼓励和引导符合教育培训条件、有报名意愿的退役士兵都能按时报名、积极参与。

（二）各级要适时开展各类交流活动展示退役士兵参加教育培训成果，积极宣传开展退役士兵教育培训、提高服务质量的经验、成效和做法，营造支持和服务退役士兵教育培训的良好环境。

2022 年 7 月 19 日

云南省退役军人事务厅等6部门关于印发《云南省退役军人人事档案管理利用暂行办法》的通知

云退役发〔2022〕68号

各州（市）退役军人事务局、教育局、财政局、人力资源和社会保障局、档案局，各军分区（警备区）政治工作处：

为进一步加强退役军人人事档案管理利用工作，提升科学化、制度化、规范化、信息化水平，特制定《云南省退役军人人事档案管理利用暂行办法》，现印发你们，请遵照执行。

2022年8月23日

云南省退役军人人事档案管理利用暂行办法

第一章　总则

第一条　为进一步提升退役军人人事档案管理利用科学化、制度化、规范化、信息化水平，根据《中华人民共和国退役军人保障法》、《中华人民共和国档案法》、《退役军人事务部等 7 部门关于加强和改进退役军人人事档案管理利用工作的意见》等有关法律法规政策规定，结合本省实际制定本办法。

第二条　退役军人人事档案是军人参军入伍、政治思想、服役表现等情况的历史记载，是全面了解军人服役经历、确定其退役后各项待遇的重要依据，是做好应急备战人才储备的基础支撑。

本省内接收安置的退役军人人事档案管理利用适用本办法。

机关、群团组织、企业事业单位和社会组织接收安置退役军人的，参照有关规定管理退役军人人事档案。

第三条　退役军人人事档案管理工作在党委政府领导下，纳入退役军人工作整体规划，按照依法管理、统筹协调、属地负责的原则，建立健全由退役军人事务部门牵头，军地相关部门各司其职、合力共为的工作机制，优化办理流程，提高服务质效。

第四条　退役军人人事档案管理工作必须贯彻执行党和国家有关档案和保密的法规制度，建立健全安全管理制度机制，接受同级党委组织、档案主管部门的监督指导。

第二章　机构和职责

第五条　退役军人人事档案由安置地退役军人事务部门集中、统一、分类管理。条件暂不具备的，可向具备管理、保管条件的同级综合档案馆或公共就业和人才服务机构短期寄存；条件具备后，即交回退役军人事务部门管理。

第六条　退役军人事务部门负责接收、保管退役军人人事档案，收集、鉴别和整理相关档案材料；办理查阅、借阅、转递手续；为有关部门提供退役军人人事档案情况；按规定做好档案的安全、保密、保护及移交等工作。

各级退役军人服务中心、军休服务管理机构等服务保障机构，根据要求承担具体任务，提供相关延伸性、辅助性服务。教育、财政、人力资源社会保障以及军队相关部门在各自职责范围内做好退役军人人事档案管理工作。

综合档案馆负责提供寄存退役军人人事档案的保管场所和安全管理，委托寄存的退役军人事务部门负责寄存退役军人人事档案的日常管理、档案保管、提供利用和档案装具等保管设备的配备与建设。

第七条　退役军人事务部门应当建立完善档案统计工作，对所保管人事档案出入库情况、设施设备情况、接收移交情况、信息化情况、工作人员情况等定期统计并建立完备的台账，统计结果应当真实、准确、完整。同时，应当将人事档案管理纳入信息化发展规划，积极推进电子档案管理信息系统建设，保障电子档案、传统载体档案数字化成果等档案数字资源的安全保存和有效利用。

第八条　各级退役军人服务中心要统筹利用现有资源，把“政治可靠、忠诚履职、担当奉献、坚持原则”作为选配档案工作人员的首要条件，明确承担退役军人人事档案日常保管利用工作的机构和在编专职人员。定期组织开展业务学习培训，不断提升工作人员政策业务水平。档案工作人员原则上应当具备相应专业知识和技能，档案专业人员可以按照国家有关规定评定专业技术职称。退役军人人事档案数量较少的单位可以综合考虑工作量等情况，配备兼职档案工作人员。

档案工作人员调离岗位或退休的，应当在离岗前按照国家有关保密法律法规办好交接手续。

第三章　基础设施

第九条　县级以上退役军人事务部门应按照《档案馆建筑设计规范》（JGJ25-2010）等相关规定，结合实际加快档案库房建设，分别设置办公用房、整理用房、阅览用房和档案库房，或设置档案库房外，分区设置办公、整理、阅览等基本功能。

第十条　档案库房建设和装修，严格按照《机关团体建设楼堂馆所管理条例》、《机关档案管理规定》、《党政机关办公用房建设标准》、《档案馆建筑设计规范》和省有关规定标准执行。

第十一条　档案库房应当根据国家有关规定和实际需要，配齐防火、防盗、防潮、防水、防日光及紫外线、防尘、防污染、防有害生物等设施设备，安装监控和门禁设施。

第十二条　档案管理单位应当按照人事档案信息化及有关规定要求，建设或配备能够满足库房现代化管理、档案数字化、电子文件及电子档案管理需求的基础设施设备等。

第四章　档案的审核、交接、管理和转递

第十三条　军人退役时，其所在团级以上单位应当按照《军队档案条例》等有关规定，整理、审核退役军人人事档案，确保要素齐全、清晰完整、真实准确，同时按照管理权限留存退役军人人事档案数字复制件。工作中，要加强对退役军人人事档案的保密审查和档案中可公开材料的脱密处理。

退役军人事务部门收到退役军人人事档案后，应当按规定进行全面审核，重点审核退役军人的“三龄两历一身份”，即：出生日期、入伍时间、入党（团）时间、学历学位、服役经历、军人身份，以及奖励惩处、残疾评定、易地安置等相关材料。对于退役士兵属于入伍批准、义务兵注册、军士退役时本衔级注册相关证表缺失的，其人事档案材料中应当具备由中央军委政治工作部统一制发的《士兵档案材料证明信》。

第十四条　退役军人人事档案由军地相关单位区分不同安置方式进行移交接收，及时办理相关手续。

第十五条　转业军官、政府安排工作退役士兵的人事档案，由军队相关单位政治工作部门按规定向县级以上退役军人事务部门移交，接收后按规定移交接收安置单位管理。

逐月领取退役金、复员军官、供养安置、自主就业退役军人，以及灵活就业（自谋职业）、视为放弃安排工作或安置待遇退役士兵的人事档案，由军队相关单位政治工作部门按规定向县级以上退役军人事务部门移交，接收后委托所属退役军人服务中心、优抚医院存放管理。

作退休安置的退役军人人事档案，由军队师级单位政治工作部门向安置地退役军人事务部门移交，接收后委托所属军休服务管理机构或退役军人服务中心存放管理。

入伍时是普通高等学校在校学生的退役士兵，退役后复学的，其人事档案由安置地退役军人事务部门移交复学所在学校管理。

第十六条　本办法实施之前，存放在其他部门保存的退役军人人事档案及相关资料，按照应转尽转、积极稳妥、循序渐进的原则，由安置地退役军人事务部门指导所属退役军人服务中心依据规定时限要求进行有序转接。

对于退役军人因特殊情况由本人自行保管的人事档案，实行一事一批，按照个人申请、县级退役军人事务部门审批的程序办理。由本人自主自愿向安置地退役军人事务部门提出书面申请，如实填写《退役军人人事档案移交申请表》（见附件），对本人档案真实情况作出承诺，申请书和申请表必须由本人签字。安置地退役军人事务部门可委托所属退役军人服务中心，根据人事档案复印件信息商有关部门仅对申请人军人身份信息进行核实，属于退役军人的应当及时作出审批，按规定存放管理其档案；对于经核查不属于退役军人的，不予批准，并书面向申请人说明理由、通知取档。

第十七条　各级退役军人事务部门要按照《干部人事档案数字化技术规范》（GB/T33870—2017）等相关技术标准对退役军人人事档案进行数字化，严格规范基本环节处理，不断加强与业务系统和数据库关联融合，确保数字化副本真实、完整、可用、安全，且与纸质档案保持一致，退役军人数字人事档案的利用、转递和保密等按照纸质人事档案的相关规定执行。

本办法实施后新接收的年度退役军人人事档案，由县级以上退役军人事务部门指导所属退役军人服务中心及时进行数字化工作。其中，转业军官和安排工作退役士兵，以及复学的普通高等学校在校学生退役士兵的人事档案，应当在转交其接收安置单位或相关学校前完成档案数字化工作；作其他方式安置的退役军人人事档案，应当在接收档案后6个月内完成数字化工作。

对于从各部门按规定接收的历年退役军人人事档案，以及由军休服务管理机构、优抚医院等机构管理的退役军人人事档案，由相关退役军人事务部门指导所属退役军人服务中心按规定要求及时完成档案数字化工作。

第十八条　对于暂时委托公共就业和人才服务机构及寄存在同级综合档案馆管理的退役军人人事档案，退役军人事务部门要结合工作实际，制定完善退役军人人事档案托管办法，确保档案存放管理安全、使用规范便捷。

对于部分退役军人人事档案丢失、损毁或个别材料缺失的，军地各级相关部门要分类施策、稳妥处理，积极探索建立退役军人人事档案查证渠道，研究处理办法，为落实相关待遇提供依据。对于退役军人死亡满5年的，其人事档案管理按有关规定执行。退役军人人事关系和劳动关系按有关法律法规执行。

第十九条　退役军人人事档案内容：

（一）履历材料；

（二）入伍材料；

（三）党（团）员材料；

（四）军衔、职务（技术等级）任免（调整）材料；

（五）奖惩材料；

（六）鉴定、考核、考察材料；

（七）评定岗位技能和学习材料（包括学历、学位、学绩、培训结业成绩表和评定技能的考绩、审批等材料）；

（八）生活待遇材料；

（九）结婚、家属材料；

（十）退出现役材料；

（十一）招用、劳动合同，调动、聘用、出国（境）、退休、退职等材料；

（十二）其他可供组织参考的材料。

第二十条　退役军人人事档案整理严格参照《干部人事档案工作条例》和《干部档案整理工作细则》的要求进行，做到真实、完整、规范。不得折皱或损坏档案材料，不得私自涂改、抽取或伪造档案材料，不得擅自处理或销毁档案材料。新形成的材料，要及时补充整理。

立卷归档的材料必须认真鉴别，保证材料真实、文字清楚、手续齐备。材料须经组织审查盖章或本人签字的，应在盖章、签字后归档。退役军人人事档案应当编制检索工具，满足手工检索和计算机检索需要。

第二十一条　档案工作人员应当及时对受损、易损档案进行修复、复制或作其他技术处理。档案修复应当保持档案内容的完整，尽量维持档案的原貌。档案修复前应当做好登记和检查工作，必要时进行复制备份，作出修复说明。

第二十二条　退役军人事务部门管理档案存在安全隐患的，应当及时采取补救措施，消除档案安全隐患。发生档案损毁、信息泄露等情形的，应当及时向同级组织、人事、档案、保密等有关主管部门报告。

第二十三条　因工作需要查阅和借用人事档案，须遵守下列规定：

（一）查阅人事档案应凭盖有党政机关、人民团体、企事业单位公章的介绍信。

（二）查阅、使用退役军人人事档案的单位，应派组织（人事）部门人员到保管单位查阅场所查阅。

（三）人事档案除特殊情况外一般不借出查阅。如必须借出查阅时，应事先提交报告，说明理由，经档案管理单位主管档案工作的领导批准，严格履行登记手续，并按期归还。

（四）档案管理单位应制定查阅人事档案的制度。查阅档案必须严格遵守保密制度和阅档规定，严禁涂改、圈划、抽取、撤换档案。查阅者不得泄露或擅自向外公布档案内容。对违反者，应依法依规给予责任追究。

（五）因工作需要从人事档案中取证的，经档案管理单位批准后按程序复制办理。

第二十四条　退役军人人事档案发生与其服

现役有关的问题，由原所在部队负责处理；发生与其安置有关的问题，由安置地人民政府负责处理；发生其他移交接收方面的问题，由安置地人民政府负责处理，原所在部队予以配合。

退役军人原所在部队撤销或转隶、合并的，由原所在部队的上级单位或转隶、合并后的单位按照前款规定处理。

第二十五条　退役军人人事档案因退役军人调动、就业等原因需调出的，档案管理单位应在1个月内将其人事档案转递其新的工作单位。转递档案应遵守下列规定：

（一）通过机要交通或派专人送取，不准邮寄或交本人自带。

（二）对转出的人事档案，必须开具统一的“退役军人人事档案转递通知单”，做好项目登记，并密封包装。

（三）对转出的材料，不得扣留或分批转出。

（四）接收单位收到人事档案经核对无误后，应在回执上签名盖章，并将回执立即退回。逾期1个月转出单位未收到回执的应及时催问，以防丢失。

第五章　法律责任

第二十六条　有下列行为之一，依照人事管理权限，由县级以上档案主管部门、退役军人事务部门、有关机关对直接负责的主管人员和其他直接责任人员依法给予处分：

（一）丢失退役军人人事档案的；

（二）擅自提供、抄录、复制、公布退役军人人事档案的；

（三）篡改、损毁、伪造人事档案或者擅自销毁人事档案的；

（四）不按规定归档或者不按期移交人事档案，被责令改正而拒不改正的；

（五）不按规定管理、提供利用人事档案的；

（六）明知存在档案安全隐患而不采取补救措施，造成人事档案损毁、灭失，或者存在人事档案安全隐患被责令限期整改而逾期未整改的；

（七）发生人事档案安全事故后，未及时采取抢救措施或者隐瞒不报、拒绝调查的；

（八）档案工作人员玩忽职守，造成档案损毁、灭失的。

第二十七条　违反本办法的，依据有关规定予以纠正；根据情节轻重，给予批评教育、组织处理或者党纪政务处分，并视情追究相关人员责任。涉嫌违法犯罪的，按照国家法律法规处理。

第六章　附则

第二十八条　中国人民武装警察部队依法退出现役的警官、警士和义务兵等人员的人事档案，适用本办法。本办法实施前退出现役的文职干部、自主择业军队转业干部、军队院校分流学员人事档案管理，参照本办法等有关规定执行。

第二十九条　本办法与国家档案管理等有关法律法规不相一致的，按照法律法规有关规定执行。

第三十条　本办法由省退役军人事务厅负责解释，自下达之日起执行。各地可结合实际制定实施办法或细则。

云南省退役军人事务厅　云南省工业和信息化厅　云南省科学技术厅　云南省财政厅　云南省人力资源和社会保障厅　云南省农业农村厅关于印发《云南省退役军人就业创业园地认定管理办法（暂行）》的通知

云退役发〔2022〕121号

各州（市）退役军人局、工业和信息化局、科技局、财政局、人力资源社会保障局、农业农村局：

现将《云南省退役军人就业创业园地认定管理办法（暂行）》印发给你们，请结合实际抓好贯彻落实。

2022年12月5日

云南省退役军人就业创业园地认定管理办法（暂行）

第一章　总则

第一条　为提升退役军人就业创业能力，促进我省退役军人高质量就业创业，规范省级退役军人就业创业园地建设，健全完善退役军人就业创业服务保障体系，根据《退役军人事务部办公厅关于印发退役军人就业创业培训工作管理指南的通知》（退役军人办发〔2020〕34号）、《云南省人民政府　云南省军区关于印发云南省退役军人教育培训实施办法的通知》（云政发〔2020〕32号）、《云南省退役军人事务厅等12部门关于促进新时代退役军人就业创业工作18条措施的意见》（云退役发〔2019〕81号）、《云南省退役军人事务厅等3部门关于印发云南省退役军人教育培训考核评估办法的通知》（云退役规〔2020〕2号）等规定，结合我省实际，制定本办法。

第二条　本办法所称云南省退役军人就业创业园地（以下简称退役军人园地）是经云南省退役军人事务厅会同相关部门公告认定，由法人建设运营，以促进退役军人高质量就业创业为导向，为退役军人提供适应性培训、技能培训、就业推介、创业孵化、学历教育等服务，具有示范带动作用的退役军人就业创业园地。

第三条　云南省退役军人事务厅负责组织省级退役军人园地的认定、考核评价、宏观管理和业务指导。

第二章　主要功能

第四条　省级退役军人园地（院校类）应同时具备不少于以下五种功能要求：

（一）适应性培训功能。可为退役军人提供职业转换、职业规划和培训就业“一站式”服务。

（二）技能培训功能。可开展“订单式、定岗式、定向式”的技能培训，实现“参训即入职、入学即就业”。

（三）学历教育功能。可取得相应学历。

（四）就业见习、实习功能。可实现工学结合。

（五）就业服务功能。可对有就业意愿的退役军人提供更具针对性的职业指导、就业信息。

（六）创业孵化和指导功能。为退役军人提供政策咨询、项目开发、创业培训、融资服务、跟踪扶持等“一条龙”创业孵化服务。

第五条　省级退役军人园地（机构类）应同时具备不少于以下四种功能要求：

（一）场地保障功能。为退役军人提供就业服务及创业场地（经营场地、仓储物流）、基本办公条件、公共会议场所和后勤设施等保障，给予费用减免或优惠服务。

（二）创业孵化和指导功能。为退役军人提供政策咨询、项目开发、创业培训、融资服务、跟踪扶持等“一条龙”创业孵化服务。

（三）市场营销服务功能。为退役军人提供投融资服务、知识产权、市场营销、软件开发、企业管理、法律维权等事务代理服务。

（四）业务代办功能。为退役军人提供工商注册、税务登记、社保办理、人力资源、财务管理等“一站式”政务服务代理功能。指导协助孵化对象申请享受各类就业创业优惠政策。

（五）促进就业功能。为退役军人开展各类人力资源服务公益活动，为退役军人收集就业岗位，建立退役军人就业岗位库，举办各类招聘活动，为退役军人搭建就业推介平台，促进退役军人高质量就业。提供人才共享服务，帮助军创企业对接引进高端人才。

（六）培训功能。为退役军人转型前、上岗前、创业前提供适应性培训、职业技能培训服务。

（七）活动承办功能。承接各类创业创新大赛、职业技能竞赛、产品展销、岗位招聘、主题论坛等活动，积极引导社会各界关心帮助退役军人高质量就业创业。

第三章　认定条件

第六条　认定省级退役军人园地遵循以下原则：

（一）合理布局。根据全省区域经济发展规划和退役军人高质量就业创业需求，结合园地的功能定位、服务体系、发展规划等情况，在充分论证的基础上科学认定省级退役军人园地。

（二）整合资源。在主体性质上涵盖普通高等院校、职业院校、技工院校、省级以上双创示范基地、创业孵化基地、科技企业孵化器、众创空间、星创天地、小微企业创业创新示范基地、人力资源服务产业园、公办和民办企业实训基地等多种类型创新创业平台（基地、园区）；

（三）优质优先。对于实力雄厚、产教融合较好、资源整合度较高、产业发展较好、就业渠道稳定、创业孵化成效显著的机构优先纳入。

第七条　申请认定省级退役军人园地（院校类）应具备以下条件：

（一）具有法定办学资质和独立法人资格，实行独立核算，具备相应资质可以开展退役军人各类教育培训的普通高等院校、职业院校、技工院校。

（二）学校各项管理制度健全，包括针对培训项目的教学管理、教师管理、学员管理、财务管理、卫生安全管理、设备管理等制度及应对突发事件的应急预案。

（三）遵守法律法规，社会信誉良好，法定代表人等高级管理人员无不良信用记录，近 5 年内学校无违规办学的不良记录。

（四）应有稳定可靠的经费来源，并承诺对退役军人技能培训、就业服务等方面予以财力、物力、人力支持。按照规定执行财务管理制度，经费使用合法合规，账目清楚。

第八条　申请认定省级退役军人园地（机构类）应具备以下条件：

（一）经人力资源社会保障、科技、工信、农业农村、教育等部门认定的各类省级以上双创示范基地、创业孵化基地、科技企业孵化器、众创空间、星创天地、小微企业创业创新示范基地、人力资源服务产业园、公办和民办企业实训基地等。

（二）平台（基地、园区）的性质、定位、发展方向明确，经各级政府或有关部门、高校批准成立，已实际开展运营满 3 年。负责平台（基地、园区）运营的单位应当为在云南省内注册的企事业单位、社会团体或民办非企业法人单位。平台（基地、园区）及其运营单位遵守法律法规，社会信誉良好，无违法违纪行为和未了结的司法纠纷。法定代表人等高级管理人员无不良信用记录。

（三）平台（基地、园区）总面积不低于 3000 平米，用于服务退役军人的面积不低于 1000 平方米。同时具备相应的公共服务场地和设施。属租赁场地的，应保证自申报认定之日起具有 5 年以上有效租期，产权清晰或租用合同明确，在使用期内不得变更用途。

（四）平台（基地、园区）应设立专门管理服务机构和办公场所，有 15 名及以上熟悉就业创业政策、经营管理经验丰富的全职管理服务人员（需提供社保合同及社保缴费记录），有 20 名及以上的创业导师团队，能为创业者提供完善的政策咨询、企业登记注册、各类扶持资金申请、商务、融资、市场、培训、技术开发与信息交流等方面服务。

（五）有健全的人、财、物等相关管理制度，具备科学规范的创业实体（孵化项目）进出评审、创业扶持、年度考核等管理服务台账。

（六）为入驻创业退役军人提供一定的场地租金和物管费用等方面的优惠扶持。对初创军创企业和孵化项目，能在场地、资金、人员、技术等准入条件方面给予适当倾斜支持。

（七）每年协议入驻创业团队和企业保持在 20 家以上。入驻创业团队每年注册成为新企业数不低于 5 家，或每年有不低于 5 家团队获得投融资，园地带动或吸纳就业人数不少于 300 人。自平台（基地、园区）运营以来，在孵实体（项目）孵化成功率不低于 50%，在孵实体（项目）到期出园率不低于 60%，取得良好的社会效益。

第四章　认定程序

第九条　云南省退役军人事务厅根据工作需要会同相关部门开展省级退役军人园地的申报和公告工作，具体时间及要求以当年申报工作通知为准。

第十条　省级退役军人园地认定应当履行以下程序。

（一）发布公告。向社会公开征集省级退役军人园地参与机构。

（二）自主申报。有申报意愿的机构按照《云南省退役军人就业创业园地评估标准》（见附件 1）进行自评，自评分达到 90 分以上的可准备申报佐证材料，并向云南省退役军人事务厅提交相关申报材料。

（三）实地评审。由云南省退役军人事务厅会同相关部门组成评审委员会，聘请专家、评委或第三方专业评估机构按照《云南省退役军人就业创业园地评估标准》评分标准对申报机构进行实地评审，形成评审报告。

（四）社会公示。经组织第三方评审等相关程序后，最终结果在云南省退役军人事务厅门户网站公示 10 个工作日。

（五）公告授牌。对公示无异议的，由云南省退役军人事务厅及相关部门发文认定并共同授予“云南省退役军人就业创业园地”标志牌。

第十一条　申报主体对自身提交的申报材料、附件的合法性和真实性负责。在申报过程中存在弄虚作假行为的，取消其省级退役军人园地参评资格，3 年内不得再次申报。在评审过程中有关工作人员存在徇私舞弊、有违公平公正等行为的，按照有关规定追究相应责任。

第五章　认定管理

第十二条　每年择优认定不超过 2 家省级退役军人园地。省级退役军人园地每次认定有效期为 3 年，期满后仍符合相关条件的可重新参加申报，经通过评审认定的可获得相应补助。超过有效期且未再申报的或经查实在有效期内确有违法违规等行为的，予以撤销省级退役军人园地资格，收回标志牌。

第十三条　建立年度报告制度。省级退役军人园地要不断提高服务能力和组织带动社会资源能力，主动为退役军人开展公益性服务，积极承担政府部门委托的各项任务。省级退役军人园地须在每年 1 月底，根据《云南省退役军人就业创业园地评估标准》（见附件 1、2）开展自评，并将自评材料、上一年度工作总结和当年工作计划上报云南省退役军人事务厅，并自觉接受社会监督。

第十四条　建立定期考核评估和审计制度。云南省退役军人事务厅定期组织专家或委托第三方机构对省级退役军人园地的服务情况和资金使用情况进行考核评估和审计，对考核评估和审计不合格的平台（基地、园区）将撤销省级退役军人园地资格，收回标志牌。

第十五条　省级退役军人园地认定及管理运行工作接受审计、纪检部门和社会的监督。

第六章　奖补资金及管理

第十六条　支持省级退役军人就业创业园地争创国家、省级各类就业创业平台（基地、园区）。对通过评审的，由相关部门按标准给予相应补助。

第十七条　经云南省退役军人事务厅认定为省级退役军人园地的，由省级给予 50 万元的一次性资金补助，经费从省级退役军人服务及就业创业补助经费中列支。

第十八条　省级退役军人园地按相关规定承担退役军人教育培训、就业推介和创业孵化任务。各地要用足用好现有政策及资金，通过购买服务，争取现有场地补贴、项目补贴、引才补贴等多种方式支持省级退役军人园地建设发展。

第十九条　奖补资金实行专款专用，用于园地场租费、宽带费、水暖电物业费减免和创业实训设备购置、创业指导服务、创业活动举办、培训、创业导师劳务等方面的支出，提升创业孵化功能，不得用于基础设施建设和直补入孵创业实体及个人。享受补助资金的园地要加强资金管理，严格按规定范围使用，配合相关部门做好资金监管和审计工作。对有违法行为，骗取、套取奖补资金的园地，取消其认定资格，收回奖补资金。构成犯罪的，依法移交司法机关处理。

第七章　附　则

第二十条　本办法自印发之日起施行，各州（市）结合实际，依据本办法，研究制定本地区退役军人就业创业园地认定考核管理具体实施细则。

第二十一条　本办法由云南省退役军人事务厅负责解释。

附件：1. 云南省退役军人就业创业园地评估标准（院校类）

2. 云南省退役军人就业创业园地评估标准（机构类）

附件 1

云南省退役军人就业创业园地评估标准（院校类）

序号	项目名称	评估标准	评分标准	备查材料及考察内容	分值（分）	自评分值	院校自评意见	专家评分	专家评价意见
1	申办资格（此项为否决项）	具有法定办学资质和独立法人资格，实行独立核算，在允许范围内可以开展退役军人各类教育培训的普通高等院校、职业院校（含技工院校）。	①具有法定办学资质和独立法人资格。 ②独立核算。 ③举办过拟设培训专业（职业、工种）的培训班。 ④遵守法律法规，社会信誉良好，法定代表人等高级管理人员无不良信用记录，近 5 年内学校无违规办学的不良记录。 必须同时满足以上 4 个条件，其中一项不符合要求，即否决其申办资格。	①办学许可证(民办学校)、法人登记证书。 ②独立核算情况说明。 ③办学机构的行业主管部门出具的不良记录核查情况。					
2	制度建设	学校各项管理制度健全，包括针对培训项目的教学管理、教师管理、学员管理、财务管理、卫生安全管理、设备管理等制度及应对突发事件的应急预案。	①各项管理制度健全，记 4 分；缺 1 项扣 1 分；内容不规范的，酌情扣分。 ②有突发事件应急预案，记 2 分；没有，不记分。	学校规章制度汇编	6				
3	综合评价	遵守职业培训和职业教育法律法规，社会信誉良好，法人代表无不良诚信记录，被教育或人力资源社会保障部门批准为市级以上示范校（示范校、骨干校、“双高计划”高职院校、技能型名校、优质特色校、规范化学校、“双优计划”中职	①遵守职业培训和职业教育法律法规，社会信誉良好，记 1 分。 ②被教育或人力资源社会保障部门批准为国家级示范校（示范校、骨干校、“双高计划”高职院校、技能型名校、优质特色校、规范化学校、“双优计划”中职学校、高技能人才培训基地）或同等级别部门批	①获奖情况及各类媒体报道资料。 ②各级各类荣誉证明材料（文件、证书、标志牌等）。 ③近五年内无违规办学的不良记录的证明。	10				

序号	项目名称	评估标准	评分标准	备查材料及考察内容	分值（分）	自评分值	院校自评意见	专家评分	专家评价意见
3	综合评价	学校、高技能人才培训基地）或同等级别部门批准的示范基地。近5年内学校无违规办学的不良记录。	准的示范基地二项以上，记2分，一项记1分；省级二项以上，记2分，一项记1分；州（市）级二项以上，记1分，一项记0.5分。 ③近5年内学校无违规办学的不良记录，记1.5分。	①获奖情况及各类媒体报道资料。 ②各级各类荣誉证明材料（文件、证书、标志牌等）。 ③近五年内无违规办学的不良记录的证明。					
4	培训基础	学校有良好的教育培训业绩和基础，熟悉退役军人情况，愿意承担退役军人教育培训和就业创业工作。	①学校有良好的教育培训业绩和基础，记5分；没有业绩和基础的，不记分。 ②从事过教育培训和就业创业工作，记5分；未从事过的，不记分。	①近5年内与拟设教育培训专业（职业、工种）有关的资料档案。 ②近5年内教育培训和就业创业工作档案资料。	10				
5	专业设置	学校立足当地产业发展实际，开发设置有5个以上适合退役军人高质量就业的特色培训专业（职业、工种、项目，下同），并具有与培训专业、培训规模相适应的场地、设施设备等条件。	①开发设置有5个以上适合退役军人高质量就业的特色教育培训专业（职业、工种），记5分；每少一个教育培训专业（职业、工种）扣1分。 ②具有与教育培训专业、培训规模相适应的场地、设施设备等条件，记3分，条件不完善，酌情扣分。	①拟设教育培训专业（职业、工种）的可行性分析报告。 ②各教育培训专业（职业、工种）的培训设备设施明细表；现场查看设备设施。	8				
6	培训条件	有标准理论教室5间以上，具备良好的照明、冷暖、通风条件，桌椅、讲台、多媒体、计算机教室等教学设备齐全。有满足培训专业需要的互联网线上教学平台，所训专业理论课程可依托线上平台完成。 每个培训专业具有独立的实训场	①有标准理论教室10间以上，具备良好的照明、冷暖、通风条件，桌椅、讲台、多媒体、计算机教室等教学设备齐全，记2分；每少一间教室，扣0.5分；条件不完善的，酌情扣分。 ②有满足培训专业需要的互联网线上教学平台，所训专业理论课程可依托线上平台完成，记2分，不具备的，不记分。	①教室平面布局图；教学设备明细表。 ②互联网教学平台。 ③各培训专业(职业、工种)实训场所平面图。 ④实训设备设施清单（应注明数量、先进性、价值等内容）；现场查看实训工位	10				

序号	项目名称	评估标准	评分标准	备查材料及考察内容	分值（分）	自评分值	院校自评意见	专家评分	专家评价意见
6	培训条件	所，符合环保、劳保、消防、卫生等行政许可要求及安全规定。实训设施设备数量、先进性程度要与承训人数总量相适应，保证参训学员有充足的实训工位。 招收住宿学员的，提供的食宿场所应符合环保、消防、卫生等行政许可要求及安全规定。	③每个培训专业具有独立的实训场所，符合环保、劳保、消防、卫生等行政许可要求及安全规定，记 2 分；条件不完善的，酌情扣分。 ④实训设施设备数量、先进性程度要与承训人数总量相适应，保证参训学员有充足的实训工位，记 2 分，数量不足、先进性程度不高、实训工位数不足，酌情扣分。 ⑤食宿条件符合规定，记 2 分；条件不完善的，酌情扣分。	情况。 ⑤有关食宿的相关制度及必备的行政许可证明；现场查看食宿条件。					
7	财务管理	学校应有稳定、可靠的经费来源，并承诺对培训专业在财力、物力、人力等方面给予支持。按照规定执行学校财务管理制度，经费使用合法合规，账目清楚。	①学校应有稳定、可靠的经费来源，并承诺对培训专业在财力、物力、人力等方面给予支持，记 5 分；未提供经费来源证明及未承诺给予支持的，不记分。 ②按照规定执行学校财务管理制度，经费使用合法合规，账目清楚，记 5 分。	①学校经费来源证明，近 3 年经费预算、批复文件。 ②近 5 年内与拟设教育培训专业（职业、工种）相关培训的资金使用凭证等资料。	10				
8	项目管理	培训项目负责人应具备较高职业道德和专业素质，具有大专以上文化程度及副高以上专业技术职务任职资格或二级及以上国家职业资格，有 5 年以上职业教育或职业培训工作经历，熟悉技能人才培养和退役军人职业技能培训政策。 培训专业配备相应数量的专职管理人员。专职管理人员应具有大专以上文化程度及中级以上专业技术职称或三级以上国家职业资格，有 3 年以上职业教育或职业培训工作经历，具有丰富的教学管理经验。 管理人员中还应配备优秀退役军人	①培训项目负责人应具备较高职业道德和专业素质，具有大专以上文化程度及副高以上专业技术职务任职资格或二级及以上国家职业资格，记 2 分。 ②有 5 年以上职业教育或职业培训工作经历，熟悉技能人才培养和退役军人职业技能培训政策，记 2 分。 ③专职管理人员应具有大专以上文化程度及中级以上专业技术职称或三级以上国家职业资格，有 3 年以上职业教育或职业培训工作经历，具有丰富的教学管理经验，记 2 分。 ④管理人员中还应配备优秀退役军人“老班长”担任专职班主任，记 2 分。	①学历、职称、职业资格证书等电子版原件照片及纸质复印件。 ② 5 年以上职业教育或职业培训工作经历证明。 ③专职管理人员汇总表；专职管理人员学历、职称、职业资格证书等电子版原件照片及纸质复印件；3 年以上职业教育或职业培训工作经历证明资料。 ④专职班主任退役军人证明资料。	8				

序号	项目名称	评估标准	评分标准	备查材料及考察内容	分值（分）	自评分值	院校自评意见	专家评分	专家评价意见
8	项目管理	“老班长”担任专职班主任，从事学员思政教育、心理疏导和经验分享。							
9	师资队伍	具备与教育培训规模相适应、结构合理的专职教师队伍。每个培训专业至少配备20名以上理论课教师和40名以上实训指导教师，具有与其教学岗位相应的教师资格证书。实训指导教师应具有二级及以上职业资格等级或高级以上生产实习指导教师专业技术职务，具有丰富的职业技能竞赛经验。教师有规范的劳动合同或聘用合同，档案齐全、规范。	①每个培训专业至少配备20名以上理论课教师和40名以上实训指导教师，具有与其教学岗位相应的教师资格证书，记4分。 ②实训指导教师应具有二级及以上职业资格等级或高级以上生产实习指导教师专业技术职务，具有丰富的职业技能竞赛经验，记4分。 ③教师有规范的劳动合同或聘用合同，档案齐全、规范，记2分。	①按培训专业(职业、工种)分列的教师情况汇总表。 ②教师的教师资格证、学历、职称、职业资格证书等电子版原件照片及纸质复印件。 ③参与或指导职业技能竞赛经历及获奖证明资料。 ④正规的劳动合同或聘用合同。	10				
10	培训质量	学校有较强的教育培训能力，近3年来每年组织开展各类教育培训人数不低于2000人次，并建有培训评估反馈机制。保证培训质量，学校每年对培训专业至少进行1次全面教学质量检查。教育培训就业率达90%以上，用人单位满意率达80%以上，学员就业满意率达80%以上。	①近3年来每年组织开展各类职业技能培训人数不低于2000人次，记4分；每少100人，扣0.5分。 ②建有培训评估反馈机制，记3分；未建立，不记分。 ③学校每年对培训专业至少进行1次全面教学质量检查，记3分。 ④教育培训就业率达90%以上，用人单位满意率达80%以上，学员就业满意率达80%以上，记5分；教育培训就业率达90%以上，用人单位满意率达80%以上，学员就业满意率达80%以上，加5分。	①近3年各类职业技能培训情况统计表。 ②培训评估反馈机制佐证材料。 ③近3年学校每年对培训专业进行教学督导教学检查、质量评价等资料。 ④学员就业劳动合同、用人单位和学员满意度调查表。	15				

序号	项目名称	评估标准	评分标准	备查材料及考察内容	分值（分）	自评分值	院校自评意见	专家评分	专家评价意见
11	教学管理	根据国家职业标准，制定与培训专业相对应的实施性教学（培训）计划、大纲，并选用规范培训教材。	①根据国家职业标准，制定与培训专业相对应的实施性教学（培训）计划、大纲，记5分；不够规范的，酌情扣分。 ②选用规范培训教材，记3分；不符合规定的，不记分。	①各培训专业（职业、工种）的实施性教学（培训）计划、大纲。 ②培训教材明细表及教材实物。	8				
12	机构设置	设有专门的心理调适、能力测试、职业规划、就业创业指导部门，为参训学员提供就业创业专业指导。	设有专门的心理调适、能力测试、职业规划、就业创业指导部门，记5分；缺少一个部门，扣2分。	①近5年为培训学员进行心理调适、能力测试、职业规划、就业创业指导的相关记录。 ②各部门职责。 ③各部门人员情况汇总表。	5				
13	合计				100				

附件 2

云南省退役军人就业创业园地评估标准（机构类）

序号	项目名称	评估标准	评分标准	备查材料及考察内容	分值（分）	自评分值	院校自评意见	专家评分	专家评价意见
1	申办资格（此项为否决项）	由政府相关部门批准设立或依法成立，以创业孵化为主营业务的独立法人机构，无违法违纪行为和未了结的法律、经济纠纷，运营时间较长（一般3年以上）。	①由政府相关部门批准设立或依法成立。 ②独立核算。 ③以创业孵化为主营业务的独立法人机构。 ④平台（基地、园区）及其运营单位遵守法律法规，社会信誉良好，无违法违纪行为和未了结的司法纠纷。法定代表人等高级管理人员无不良信用记录。 ⑤运营时间必须3年及以上。 同时满足以上5个条件，其中一项不符合要求，即否决其申办资格。	①法人登记证书。 ②独立核算情况说明。 ③无违法违纪行为和未了结的法律、经济纠纷证明。					
2	制度建设	有健全的人、财、物等相关管理制度，具备科学规范的创业实体（孵化项目）进出评审、创业扶持、年度考核等管理服务台账。	①各项管理制度健全，记4分；缺1项扣10分；内容不规范的，酌情扣分。 ②具备科学规范的创业实体（孵化项目）进出评审、创业扶持、年度考核等管理服务台账，记4分；没有，不记分。	机构规章制度汇编	8				

序号	项目名称	评估标准	评分标准	备查材料及考察内容	分值（分）	自评分值	院校自评意见	专家评分	专家评价意见
3	硬件环境	拥有一定规模的创业孵化场所、必要的附属设施及配套基础设施。	①总面积不低于3000平米。（此项为否决项） ②用于退役军人创业的面积不低于1000平方米，提供不少于50个创业工位，记4分。大于1500平方米，提供70个创业工位加1分；大于2000平方米，提供100个创业工位加2 分。 ③具备公共服务场地和设施，用于退役军人创业使用的办公场地、工位和公共服务场地面积不低于总面积的25%；记4分。 ④属租赁场地的，应保证自申报认定之日起具有5年以上有效租期，产权清晰或租用合同明确，在使用期内不得变更用途。记4分。	①机构平面布局图；办公设备明细表。 ②实训设备设施清单（应注明数量、先进性、价值等内容）；现场查看实训工位情况。 ③属自建的提供场地产权证明，属租赁的提供租赁合同。	15				
4	管理水平	创业孵化功能完善，各项管理制度健全，政府明确的帮扶创业实体的各项政策落实到位，孵化效果明显。	①设立专门管理服务机构和办公场所，记2分。 ②有15名及以上熟悉就业创业政策、经营管理经验丰富的管理服务人员，记2分。 ③有20名及以上的创业导师团队，记2分。 ④能为创业者提供完善的政策咨询、企业登记注册、各类扶持资金申请、商务、融资、市场、培训、技术开发与信息交流等方面服务，记2分。 ⑤能为入孵或入驻团队、企业减租减税、减免水电费以及其他费用减免优惠，记5分。	①专职管理人员汇总表；专职管理人员学历、职称、职业资格证书、简历等电子版原件照片及纸质复印件。 ②创业导师聘用登记表、导师简历、近3年来创业指导服务登记表。 ③减租减税、减免水电费以及其他费用减免优惠	13				

序号	项目名称	评估标准	评分标准	备查材料及考察内容	分值（分）	自评分值	院校自评意见	专家评分	专家评价意见
5	孵化效果	近3年的孵化场所利用率（每年均不低于90%），在孵创业实体数量（每年均不少于30户），在孵创业实体提供的就业岗位数量（每年均不少于300个）	①近3年每年协议入驻创业团队和创办企业保持在20家以上，记5分。 ②入驻创业团队每年注册成为新企业数不低于5家，或每年有不低于5家团队获得投融资，记5分。 ③有不少于10个典型孵化案例，记3分。 ④近3年每年举办沙龙、路演、培训讲堂、 创业训练营等活动不少于12次，记2分。 ⑤带动或吸纳就业人数不少于300人，记5分。 ⑥运营以来，在孵实体（项目）孵化成功率不低于50%，在孵实体（项目）到期出园率不低于60%，取得良好的社会效益，记7分。	①入驻的就业创业企业和孵化项目名录等佐证材料。 ②近3年各类创业孵化培训、活动情况统计表。 ③就业合同。 ④孵化企业近3年纳税证明。	27				
6	认证许可	已被认定为省级及以上创业孵化示范基地，发展前景良好，对全省具有示范性。	被人力资源社会保障、科技、工信等部门批准为省级级示范校（创业园、孵化基地、众创空间、星创空间、科技园）或同等级别部门批准的示范基地二项以上，记6分，一项记5分；省级二项以上，记5分，一项记4 分；市级二项以上，记4分，一项记3分。	各级各类荣誉证明材料（文件、证书、标志牌等）。	27				
7	创业反馈	在园满意度、出园满意度	①在园退役军人创业实体的满意度不低于98%，记5分。 ②出园退役军人创办企业的满意度不低于98%，记5分。	在园退役军人创业实体的满意度问卷调查表。出园退役军人创办企业的满意度问卷调查表。	10				
8	合计				100				

云南省退役军人事务厅关于印发《云南省退役士兵安置工作领导小组办公室工作规则》的通知

云退役厅字〔2022〕29号

各处（室）、各直属事业单位：

《云南省退役士兵安置工作领导小组办公室工作规则》已经厅长办公会审议通过，现印发你们，请认真遵照执行。

2022年8月5日

云南省退役士兵安置工作领导小组办公室工作规则

根据《中华人民共和国退役军人保障法》、《退役士兵安置条例》、退役军人事务部等10部门《关于进一步加强由政府安排工作退役士兵就业安置工作的意见》（退役军人部发〔2018〕27号）和《云南省退役士兵安置规定》等法律法规规定，为进一步完善机制、规范程序、提高效率，扎实稳妥、优质高效做好退役士兵移交安置工作，制定本规则。

第一章　机构职责

第一条　根据《云南省人民政府办公厅　云南省军区司令部关于成立云南省退役士兵安置工作领导小组的通知》（云政办发〔2011〕22号）要求，云南省退役士兵安置工作领导小组办公室（以下简称省安置办）是云南省退役士兵安置工作领导小组（以下简称领导小组）的日常工作机构，承担领导小组的日常工作，办公室设在省退役军人厅移交安置处。

省安置办主任由省退役军人厅分管移交安置工作的副厅长、省军区政治工作局副主任兼任；副主任由省退役军人厅移交安置处处长、省军区政治工作局人力资源负责人担任。

省安置办组成人员因工作变动需调整的，由所在单位向省安置办提出建议，经省安置办报领导小组审核后予以明确。

第二条　组织开展退役士兵安置工作重大问题的政策研究，协调督促有关方面落实领导小组决定事项、工作部署和要求。负责领导小组调查研究工作的部署和落实，收集汇总士兵安置工作动态和有关信息资料，在综合各方面意见的基础上提出对策建议，为领导小组决策提供参考。承担领导小组会议会务工作，包括准备会议材料，做好会议记录，整理会议纪要，传达落实会议精神等。

第三条　协调推动全省退役士兵安置工作重要举措落实情况的督查，总结宣传典型经验，督促有关部门和州（市）就督查发现的突出问题予以整改。总结年度工作进展情况。负责对州（市）由政府安排工作退役士兵和退出消防员移交安置，移交地方的1级至4级伤病残军人、5级至6级精神疾病类军人接收安置，符合条件的退役士兵待安排工作期间的教育管理，以及由政府安排工作退役士兵和退出消防员自愿放弃安置并选择自谋职业相关工作的指导、督促。

第四条　完成领导小组交办的其他任务。

第二章　会议制度

第五条　省安置办定期不定期召开办公会议，深入学习领会习近平新时代中国特色社会主义思想，认真贯彻落实习近平总书记关于退役军人工作重要论述和重要指示批示精神，坚决执行中央、省委和省政府的决策部署，及时了解沟通退役士兵安置工作进展情况，研究存在的矛盾问题，积极推动相关工作。

第六条　根据工作需要召开联络员会议和专题会议，会议议题根据领导小组组长、副组长要求或实际工作需要拟定。

第七条　研究办理有关方面向领导小组提出的重要事项及相关请示，向领导小组提出意见建议。研究提出领导小组年度工作要点，按程序提交领导小组研究审核。

第八条　省安置办会议纪要由主任签发，报送领导小组组长、副组长，印发办公室主任、副主任，以及与会议决定有关的部门或州（市）。

第三章　退役士兵移交安置事项决策制度

第九条　退役士兵移交安置事项决策范围：年度由政府安排工作退役士兵和退出消防员移交过程中档案审核报告；省级单位接收退役士兵预分计划；省级统筹安置退役士兵有关事项；退役士兵重点信访问题等。

第十条　退役士兵移交安置事项审议原则：坚持民主集中决策原则，采取召开办公会的方式研究审议，参会人数应达到应到会人数的半数以上。审议过程中，结合接收单位需求及意见、部队建议和退役士兵实际情况，广泛听取意见。必要时，可以召开军地协调会，请相关部队、接收单位和省退役军人厅有关负责人参加，对退役士兵移交安置事项尤其是难点问题，共同分析研究提出明确的意见建议。同时，认真做好相关会议记录。会后，省安置办将办公会或军地协调会研究情况形成书面报告，报领导小组分管退役军人工作的副组长审示同意后组织实施。

第十一条　退役士兵移交安置事项决策执行：严格执行领导小组决策和分管退役军人工作的副组长要求。在执行过程中情况发生变化，确需改变原决策要求的，应当先经省安置办办公会复议，提出意见建议并形成书面报告，经报领导小组分管退役军人工作的副组长审示后，按要求执行。

第十二条　退役士兵移交安置事项决策坚持全程留痕，做好各类台账、资料等收集保管，并按规定分类归档。

第四章　印章管理制度

第十三条　印章使用范围：以省安置办名义印发的各类通知、通报、报告、决定、计划、纪要、函件、报表等，以及对外工作联系的函件、介绍信、证明信及其他需要签章的文件、文书。

第十四条　凡以省安置办名义向上级报送文件加盖印章的，应按程序报领导小组分管退役军人工作的副组长审示同意签字后方可盖章；凡以省安置办名义签发的各类通知、通报、决定、计划、纪要、函件、报表等，以及对外工作联系的函件、介绍信、证明信及其他文件、文书需要加盖印章的，报省安置办主任审示同意签字后方可盖章。

第十五条　省安置办印章由专人负责管理，建立《印章使用登记表》。凡使用印章，经办人要先出示领导签字，并认真填写《印章使用登记表》，经印章管理人审核无误后，严格按文件核准份数加盖印章。

第五章　档案资料管理制度

第十六条　归档资料范围：以省安置办名义印发的各类请示、报告、通知、通报、决定、计划、纪要、函件、报表等，以及对外工作联系的函件、介绍信、证明信以及其他需要归档的文件、文书。

第十七条　翌年的6月底前，在整体性整理资料后进行归档。

第十八条　以省安置办名义印发的文件、文书办理完毕后，经办人应及时将有关的文件文书、电话记录、领导的签发底稿等，以及其他需要归档的材料收集齐全，按规定要求统一分类整理后及时交省安置办归档，个人不得留存。凡需查阅档案材料，均应严格履行登记手续，并在指定地点查阅。涉密档案材料按照规定范围查阅，不得随意摘录、擅自翻印。

第六章　其他事项

第十九条　本规则由省安置办负责解释。

第二十条　本规则自公布之日起施行。

云南省退役军人事务厅关于印发云南省退役军人事务统计工作管理办法的通知

云退役厅〔2022〕35 号

各州、市退役军人事务局，厅机关各处（室）、各直属事业单位：

《云南省退役军人事务统计工作管理办法》已经云南省退役军人事务厅第 6 次厅长办公会议审议通过，现印发给你们，请遵照执行。

2022 年 8 月 9 日

云南省退役军人事务统计工作管理办法

第一章　总则

第一条　为科学、有效组织全省退役军人事务统计工作，保障统计资料的真实性、准确性、完整性和及时性，发挥统计服务退役军人工作的重要作用，根据《中华人民共和国统计法》《中华人民共和国统计法实施条例》《退役军人事务部统计工作管理办法》《云南省部门统计调查项目管理办法》等有关规定，结合工作实际，制定本办法。

第二条　本办法适用于全省退役军人事务系统组织实施的退役军人事务统计调查活动。

第三条　退役军人事务统计工作的基本任务是对退役军人事务相关业务工作情况进行统计调查、统计分析，提供统计资料和统计咨询意见，为制定政策和科学决策提供数据依据，依法实施统计监督。

第四条　退役军人事务统计工作实行统一组织、分工负责、分级实施的工作管理机制。

省退役军人厅规划财务处是全省退役军人事务统计工作的主管部门，在退役军人事务部规划财务司和省统计局业务指导下，负责全省退役军人统计工作的统一管理、组织协调、综合监管；厅有关处（室）、直属事业单位负责本业务领域统计工作的组织实施、质量控制；厅信息化工作组负责统计工作信息化建设。

各州、市退役军人事务局在省退役军人厅和同级政府统计机构的指导下，负责本地区统计工作。

第五条　各级退役军人事务部门应当提升统计工作信息化水平，加快推进从业务信息系统中提取生产统计数据，积极利用大数据加工整理获得统计资料。

第二章　统计机构和统计人员

第六条　各级退役军人事务部门应当加强对退役军人事务统计工作的组织领导，加强统计机构和队伍建设，为统计工作提供支持和保障。根据退役军人事务部要求，统计工作经费列入单位年度预算。

第七条　省退役军人厅规划财务处应明确综合统计工作岗位人员，有关处（室）、直属事业单位应明确业务统计工作人员。

各级退役军人事务部门应明确统计工作人员，并保持人员的稳定性。

第八条　各级退役军人事务部门应加强统计工作人员培养，对在统计工作中做出突出贡献、取得显著成绩的，按照国家有关规定给予表彰和奖励。

第三章　统计调查项目管理

第九条　退役军人事务统计调查项目是指通过调查表格、问卷、行政记录、大数据以及其它方式收集整理统计资料，用于服务退役军人工作的各类统计调查。

第十条　统计调查项目涉及其他部门职责的，应当事先征求相关部门意见。

设立的统计调查项目应按照必要性、可行性和科学性的原则，切实减轻基层统计人员和统计调查对象的负担。可以通过业务信息系统等行政记录直接提取和大数据加工整理获得统计资料的，不再组织逐级填报。可以通过已经批准实施的各种统计调查整理获得统计资料的，不得重复开展统计调查。抽样调查、重点调查可以满足需要的，不得开展全面统计调查。

第十一条　《退役军人事务统计调查制度》是退役军人事务综合统计调查的规范性报表，常规统计调查项目已纳入该制度。确有必要开展的专项统计调查项目，应当制定专项统计调查制度。各级退役军人事务部门可按需要制定补充性统计调查制度或专项统计调查制度，报同级政府统计机构审批，并报上级退役军人事务部门备案。各级新制定的统计调查制度不得与已批准或者备案的统计调查制度重复、矛盾。

第十二条　统计调查制度超过有效期限的自动废止；在有效期限内需要变更内容或延长期限的，应当按照规定程序重新备案或审批。

第十三条　退役军人事务统计调查应当优先使用国家统计标准。统计调查制度中的指标名称、指标解释、分类目录以及统计信息系统中使用的统计代码、行政区划等执行退役军人事务部规划财务司统一建立和规范使用补充性的部门统计标准。

第四章　统计调查组织实施

第十四条　省退役军人厅规划财务处统一布置年度综合统计工作，会同有关处（室）、直属事业单位组织全省综合统计培训。地方各级退役军人事务部门结合业务工作部署，自行开展本级业务领域统计培训。

第十五条　全省统一执行部规划财务司会同有关司（局）、直属事业单位建立的退役军人事务统计调查对象名录库。统计调查对象包括各级退役军人事务部门及其直属事业单位等，具体范围依据统计调查制度执行。

各级退役军人事务部门应坚持应统尽统、不重不漏的原则，做好本业务领域名录更新工作。

第十六条　省退役军人厅规划财务处和有关处（室）组织各级退役军人事务部门按照统计调查制度和职责分工按时填报统计数据。各级退役军人事务部门统计调查对象应及时更新统计台账，按照统计调查制度要求按时报送或提供统计报表数据和相关说明材料，确保源头数据真实、准确、完整。季报和年报调查数据报省退役军人厅规划财务处备案。

各州、市、县（市、区）退役军人事务部门应当加强统计数据审核，保证数据质量，按照统计调查制度要求，统一归口、逐级按时上报本地统计数据。

统计数据填报方式和管理工作应当严格遵守保密等相关规定。

第十七条　厅有关处（室）、直属事业单位

应当加强本业务领域全省统计数据质量控制，对口指导下级退役军人事务部门相关业务科室和所属单位强化数据审核，从源头保障数据真实、准确、完整，确保业务数据与统计数据衔接一致。

省退役军人厅规划财务处会同厅有关处（室）、直属事业单位组织全省退役军人事务统计数据综合比对，加强数据质量评估、核查，确保数据协调、结构合理、口径统一。

第十八条　各州、市退役军人事务部门根据厅有关处（室）时限要求完成反馈的统计数据核实修改工作，省退役军人厅规划财务处原则上在每年6月前完成上年度全省数据整理汇总，向退役军人事务部规划财务司报送上年度统计数据。

第五章　统计资料管理和公布

第十九条　各级退役军人事务部门及统计调查对象应当按照统计法规、档案管理制度、保密制度、信息公开制度等有关规定，妥善保管统计调查资料。

统计调查资料包括统计工作中取得的反映退役军人工作情况的数据、图表、文字等纸质和电子数据资料，以及统计调查对象的原始记录和统计台账。有关处（室）、直属事业单位工作中形成的业务数据原则上不对外发布和提供；确有必要对外提供的，应当与统计数据保持衔接匹配，经分管厅领导批准后提供，并送省退役军人厅规划财务处备案。

第二十条　下级退役军人事务部门应晚于上级部门发布数据，并与上级部门数据衔接一致。

统计调查中获得的能够识别或者推断退役军人等服务对象身份信息、个人隐私的资料以及涉密（含工作秘密）统计调查资料，任何单位和个人不得泄露或非法对外提供。

第二十一条　退役军人事务统计调查资料应当在符合保密管理规定的前提下加强单位内部共享，充分挖掘、分析、使用统计数据。

因工作需要，向其他部门提供退役军人事务涉密（含工作秘密）统计资料，经办处（室）负责相关保密审查工作，并向厅保密办备案，严格按照保密管理有关规定办理。

第六章　监督检查

第二十二条　各级退役军人事务部门应当定期或不定期对统计工作开展监督检查，重点检查统计调查过程的合法性和规范性，以及统计数据的真实性、准确性、完整性和及时性。

各级退役军人事务部门应当建立统计数据质量责任制，按照“谁填报数据，谁负直接责任；谁汇总数据，谁负监管责任”的要求，统计调查对象对源头统计数据、统计台账的真实性和准确性负直接责任，业务机构对本业务领域数据质量负直接监管责任，综合统计机构对整体数据质量负综合监管责任。

第二十三条　各级退役军人事务部门应当建立统计数据质量追溯和问责机制。上报的统计数据及统计资料，应按照工作职责范围，分别由统计人员、分管领导审核把关并签字方可上报。对于违反统计法律法规及本办法的，按规定追究责任。

第七章　附　则

第二十四条　各州、市退役军人事务部门可参照本办法制定相应的统计工作管理办法实施细则。

第二十五条　本办法由省退役军人厅规划财务处负责解释。

第二十六条　本办法自发布之日起施行。

中共云南省委政法委员会等6部门关于印发《关于加强退役军人司法救助工作的实施意见》的通知

云政法发〔2022〕2号

各州、市党委政法委、中级人民法院、人民检察院、公安局、司法局、退役军人事务局：

为针对性做好退役军人司法救助工作，有效维护退役军人合法权益，中共云南省委政法委员会、省高级人民法院、省人民检察院、省公安厅、省司法厅、省退役军人厅6部门共同制定了《关于加强退役军人司法救助工作的实施意见》。现印发给你们，请结合实际抓好贯彻落实。

2022年2月18日

关于加强退役军人司法救助工作的实施意见

为贯彻落实《中共中央政法委员会　最高人民法院　最高人民检察院　公安部　司法部退役军人事务部关于加强退役军人司法救助工作的意见》（中政委〔2020〕59号）文件精神，加大司法过程中对困难退役军人的救助工作力度，有效维护退役军人合法权益，促进社会和谐稳定，根据《云南省司法救助实施办法（试行）》（云政法发〔2014〕5号），结合我省退役军人工作实际，现提出如下实施意见。

第一条　退役军人司法救助工作，是人民法院、人民检察院、公安机关、司法行政机关在办理案件过程中，对遭受违法犯罪侵害或者民事、行政侵权，无法通过诉讼、仲裁获得有效赔偿、补偿，生活面临急迫困难的退役军人采取的辅助性救济措施。

第二条　建立各级退役军人司法救助工作机制，由同级党委政法委、人民法院、人民检察院、公安机关、司法行政机关和退役军人事务部门共同参与并组织实施，旨在加强退役军人司法救助工作，完善政策供给、体现优先尊重，形成救助帮扶合力。

第三条　各级党委政法委应加强退役军人司法救助工作的协调和指导，统筹推进司法救助工作。

各级人民法院、人民检察院开展退役军人司法救助工作，应积极与同级有关办案机关和退役军人事务部门对接，引导并帮助其落实待遇保障和帮扶援助政策。对在管辖地有重大影响且救助金额较大的退役军人司法救助案件，上下级法院、检察院可以进行联动救助。

公安机关在办理落户、流动人口登记等行政事项时，为退役军人申请并享受有关政策待遇提供便利条件。

司法行政机关通过运用公共法律服务平台、鼓励律师参与志愿服务等方式，优先为退役军人提供法律咨询、法律援助等公共法律服务，为其申请国家司法救助以及通过法律手段保障自身权益提供法律帮助。

开展司法救助过程中，办案机关应主动与退役军人事务部门沟通协调，加强对退役军人身份的识别和标识。退役军人基层服务站发现符合国家司法救助条件的，应及时报告县级退役军人事务部门，退役军人事务部门应了解核实退役军人面临的实际困难和现实表现，在五个工作日内将其相关信息移送同级办案机关，并积极采取措施落实困难退役军人待遇保障和帮扶援助等相关政策。

第四条　退役军人司法救助工作，应当遵循以下原则：

（一）坚持辅助性救助。对同一案件的同一救助申请人只进行一次性国家司法救助。对于能够通过诉讼、仲裁获得赔偿、补偿的，应当通过诉讼、仲裁途径解决。

（二）坚持公正救助。严格把握救助标准和条件，兼顾退役军人当事人实际情况和同类案件救助数额，做到公平、公正、合理救助，防止因救助不公引发新的矛盾。

（三）坚持多元救助。立足济难解困，将退役军人司法救助与社会救助、帮扶援助等相衔接，切实解决退役军人实际困难和问题。

（四）坚持优先救助。基于退役军人为国防和军队建设作出的牺牲奉献，对退役军人案件优先受理审查、提供司法救助和法律服务，把党和国家对困难退役军人的关心关爱落到实处，体现尊重优待。

（五）坚持及时救助。对符合救助条件的退役军人，办案机关应根据其申请或者依据职权及时提供救助，确保及早化解社会矛盾。

（六）坚持属地原则。对符合救助条件的退役军人，不论其户籍在本地或外地，原则上都由案件管辖地负责救助。

第五条　退役军人符合下列情形之一的，可依法申请国家司法救助：

（一）刑事案件被害人受到犯罪侵害致重伤或者严重残疾，案件尚未侦破，生活困难的；或者因加害人死亡或没有赔偿能力，无法通过诉讼获得赔偿，造成生活困难的；

（二）刑事案件被害人受到犯罪侵害危及生命，急需救治，无力承担医疗救治费用的；

（三）刑事案件被害人受到犯罪侵害致死，依靠其收入为主要生活来源的近亲属或者其赡养、扶养、抚养的其他人，因加害人死亡或者没有赔偿能力，无法通过诉讼获得赔偿，造成生活困难的；

（四）刑事案件被害人受到犯罪侵害，致使财产遭受重大损失，因加害人死亡或者没有赔偿能力，无法通过诉讼获得赔偿，造成生活困难的；

（五）举报人、证人、鉴定人因举报、作证、鉴定而受到打击报复，致使人身受到伤害或者财产受到重大损失，无法通过诉讼获得赔偿，造成生活困难的；

（六）追索赡养费、扶养费、抚育费等，因被执行人没有履行能力，造成申请执行人生活困难的；

（七）对于因道路交通事故等民事侵权行为以及行政机关及其工作人员的违法侵权行为造成人身伤害，无法通过诉讼、仲裁、保险理赔等方式获得赔偿，造成生活困难的。

（八）根据实际情况，认为需要救助的其他退役军人。

第六条　退役军人符合下列情形之一的，一般不予救助：

（一）对案件发生有重大过错的；

（二）无正当理由，拒绝配合查明案件事实的；

（三）故意作虚伪陈述或者伪造证据，妨害诉讼的；

（四）在诉讼中主动放弃民事赔偿请求或者拒绝加害责任人及其近亲属赔偿的；

（五）生活困难非案件原因所导致的；

（六）已经通过社会救助措施，得到合理补偿、救助的；

（七）法人、其他组织提出的救助申请。

第七条　办案机关在办理案件、处理涉法涉诉信访问题过程中，发现符合救助条件的退役军人，应当告知其有权提出救助申请。

第八条　办案机关对退役军人申请或者由相关单位移送的国家司法救助案件线索，应在五个工作日内启动救助程序，优先办理，并在办结后五个工作日内向退役军人或移送单位反馈办理情况。决定不予救助的，及时将审批意见告知退役军人或移送单位，并做好解释说明工作。

第九条　全省各级党委政法委、人民法院、人民检察院、公安机关、司法行政机关、退役军人事务部门应当建立常态化沟通协调机制、信息共享及工作会商机制，分别确定相关内设机构具体负责衔接工作。退役军人事务部门负责日常事务，定期召开工作会议，通报涉退役军人司法救助相关信息，研讨工作中遇到的问题，协商解决办法。

遇到重大复杂问题或跨部门事项，经相关部门协调仍未能解决的，可报请同级党委退役军人事务工作领导机构协调推动解决。

第十条　办案机关受理退役军人司法救助或者法律援助机构受理退役军人法律援助时，应开辟“绿色通道”，予以优先救助处理或者优先办理，并通过协调机制及时向同级退役军人事务部门核实该退役军人相关情况。

对退役军人受到犯罪侵害危及生命或者因道路交通事故等民事侵权行为造成严重人身伤害、急需救治等紧急情况的，可以先行救助或处理，救助或处理后及时补办相关手续。

第十一条　办案机关和退役军人事务部门应积极推动国家司法救助工作与困难退役军人帮扶援助措施的衔接融合，共同参与和配合做好相关救助工作，精准帮扶退役军人解决实际困难。对未纳入国家司法救助范围或者获得国家司法救助后仍面临生活困难的，引导鼓励社会各方面力量，采取产业扶持、就业帮扶、教育支持、医疗救助等措施，帮助退役军人早日走出生活困境。

第十二条　对获得国家司法救助的退役军人，办案机关配合同级退役军人事务部门完善相关台账，开展跟踪、回访，动态了解其获得救助和帮扶援助情况，逐步建立救助效果评估机制。

第十三条　对困难退役军人就给付赡养费、扶养费、抚育费、抚恤金、社会保险金、劳动报酬和经济补偿金以及人身伤害或者财产损失提起民事诉讼的，人民法院依法优先审查并减免相关诉讼费、执行费。

第十四条　各级人民法院、人民检察院、公安机关、司法行政机关、退役军人事务部门应联合抽调骨干力量下沉一线，主动为退役军人提供免费法律咨询服务。县（市、区）以上退役军人事务部门要会同本级司法行政机关，推动在各级退役军人服务中心（站）接待场所派驻值班法律服务人员。加强基层退役军人服务机构与基层政法各单位的工作衔接，建立点对点的退役军人法律帮扶联动工作平台，在法律咨询、法律援助、人民调解、司法调解等方面提供及时便捷周到服务。

第十五条　退役军人涉法涉诉信访事项，其诉求具有一定合理性，但通过法律途径难以解决，且生活困难，愿意接受国家司法救助后息诉息访的，可参照本意见执行。

第十六条　本意见由中共云南省委政法委员会、省高级人民法院、省人民检察院、省公安厅、省司法厅和省退役军人事务厅共同解释。执行中遇有具体问题，分别向相关部门报告。

第十七条　本意见自发布之日起施行。

大事记

云南省退役军人大事记

一月

1月12日，省退役军人事务厅举行厅党组理论学习中心组2022年第1次集中学习研讨，为即将召开的两个专题民主生活会打牢思想基础。厅党组书记、厅长吉宏龙佳主持集中学习并作交流发言。

1月14日下午，省退役军人事务厅党组召开党史学习教育专题民主生活会和中央生态环境保护督察整改专题民主生活会。厅党组书记、厅长吉宏龙佳主持会议。

1月20日，受省退役军人事务厅党组书记、厅长吉宏龙佳的委托，党组成员、副厅长肖海同志代表厅党组对军队离退休人员开展春节走访慰问活动，向他们致以节日的问候和新春的祝福，并送去慰问金和春联。

1月26日上午，省退役军人事务厅召开党史学习教育总结会议，省委党史学习教育第九巡回指导组副组长杨汝华到会指导，厅党组书记、厅长吉宏龙佳同志作总结讲话。

二月

2月至7月，省双拥办组织开展了首届双拥主题文艺作品征集评选活动。活动自开展以来，各州（市）双拥办及驻滇各部队高度重视严密组织，广大军民积极响应踊跃参与，共征集作品三大类120件，全省双拥工作文化氛围浓厚，达到了活动组织预期目的。经组织省级有关单位专家进行评审，共评出获奖作品40件。其中，公益广告类作品：一等奖1件、二等奖2件、三等奖3件、优秀奖8件；微电影类作品：一等奖1件、二等奖1件、三等奖1件、优秀奖3件；微视频类作品：一等奖1件、二等奖3件、三等奖5件、优秀奖11件；活动优秀组织奖11个。

2月21日至3月9日，全省2022年度优抚对象种植养殖技能培训分4期在昆明市举办，来自楚雄州、丽江市的192名优抚对象参加培训。

2月25日下午，省退役军人事务厅召开2022年全省退役军人事务系统党风廉政建设暨深刻汲取张胜震严重违纪违法案件教训警示教育会议，厅党组书记、厅长吉宏龙佳，驻厅纪检监察组组长张鸿建参加会议并讲话，厅党组成员、副厅长郭华主持会议。

2月完成2022年预算批复和公开。

2月起，坚持防疫为先，扎实有效开展烈士祭扫服务保障工作，大力倡导绿色、文明的“云祭扫”，通过退役军人事务部官网、中华英烈网、各地网络祭扫平台开展“2022·奋进·网上祭英烈”活动，实现足不出户祭奠英烈。

2月，云南省余建玲、刘继承、张树贵3名同志被退役军人事务部通报表扬为2022年全国退役军人服务中心（站）“百名优秀主任（站长）”。

三月

3月3日下午，省退役军人事务厅召开2022年基层党建工作暨“对标先进、争创一流”主题实践活动动员部署会议，厅党组书记、厅长吉宏龙佳作动员部署。

3月16日，印发《中共云南省委办公厅 云南省人民政府办公厅 云南省军区办公厅关于〈云南省“十四五”退役军人服务和保障规划〉的通知》。

3月22日，省退役军人事务厅在昆明市召开逐月领取退役金退役军人安置工作会议。

3月29日，省委退役军人事务工作领导小组召开第六次全体会议，学习贯彻习近平总书记关于退役军人工作重要论述，传达学习中央有关会议精神，听取全省退役军人工作情况汇报，审议2022年工作要点，安排部署下一步工作。省委书记、领导小组组长王宁主持会议并讲话。省长、领导小组第一副组长王予波，省委副书记、领导小组常务副组长石玉钢出席。领导小组副组长余琨、和良辉出席会议。领导小组成员单位及相关部门负责同志参加。

3月完成2021年部门决算和固定资产年报编报工作。

四月

4月15日，省退役军人事务厅举行厅党组理论学习中心组2022年第2次集中学习研讨，为开好深刻汲取张胜震严重违纪违法案件教训暨党风廉政建设专题民主生活会打牢思想基础。厅党组书记、厅长吉宏龙佳主持集中学习并作交流发言。

4月28日下午，省退役军人事务厅党组领导班子召开深刻汲取张胜震严重违纪违法案件教训暨党风廉政建设专题民主生活会。

4月28日，云南省退役军人和其他优抚对象优待证首发、拥军优抚合作协议签约暨云闪付App优待证专区上线启动仪式在昆明市举行。云南省退役军人事务厅与云南省4家金融机构、4家拥军企业签署拥军优抚合作协议，并向5名退役军人和其他优抚对象代表颁发首批优待证，标志着云南省优待证发放工作正式启动。云南省退役军人事务厅党组书记、厅长吉宏龙佳出席仪式并讲话。启动仪式上，中国工商银行股份有限公司云南省分行、中国银联股份有限公司云南分公司、中国邮政集团有限公司云南省分公司负责人，以及优抚对象代表作了发言。中国邮政集团有限公司云南省分公司、中国银联股份有限公司云南分公司、云南能投军创产业投资有限公司、云南湄公河集团有限公司先后与云南省退役军人事务厅签署拥军优抚合作协议。与会领导同时启动“云闪付App优待证专区上线”仪式。保山、昭通、丽江、临沧、红河、西双版纳、大理、怒江、迪庆9个州（市）也同步举行了退役军人和其他优抚对象优待证首发仪式等活动。

4月15日完成2021年全省退役军人事务统计年报。

4月18日印发《中共云南省委退役军人事务工作小组办公室关于印发云南省“十四五”退役军人服务和保障规划任务分工方案的通知》。

4—6月对全省16个州（市），129个县（市、区）优抚对象医疗保障经费开展绩效评价、对优抚对象补助经费、县级以下纪念设施整修工程补助资金和烈士纪念堂馆建设及改陈布展补助资金开展专项审计，对查出的问题及时判定整改方案并要求相关处室和州（市）进行整改。

五月

5月19日召开“十四五” 退役军人服务和保障规划贯彻实施工作视频会议。

5月19日，印发《云南省退役军人事务厅办公室关于印发云南省“十四五”退役军人服务和保障规划任务分工方案的通知》。

5月18日至6月12日，全省2022年度部分优抚对象疗养活动分3期在昆明市开展，来自昭通市、楚雄州、大理州的238名优抚对象参加疗养。

六月

6月8日至14日，为切实提高军休服务管理水平，全面落实“两个待遇”，增强军休干部的荣誉感、归属感、获得感，省退役军人事务厅组织在服役期间获得平时二等功、战时三等功及以上奖励的军休干部赴红河州弥勒市开展荣誉疗养活动。

省退役军人事务厅高度重视此次疗养活动，精心谋划部署，与红河州、弥勒市退役军人事务局多次实地考察疗养点食宿、医疗、疫情防控、活动安排及后勤保障工作，根据军休干部的年龄结构和身体状况制定详细周密的疗养、疫情防控、安全保障、后勤保障方案及应急预案，坚持以休为主，结合红色教育学习，做到劳逸有度、精神愉悦、安全健康。

疗养期间，充分利用弥勒市优越的休养条件，坚持思想交流、实地见学、保健娱乐相结合，扎实开展“五个一”活动，认真学习贯彻习近平新时代中国特色社会主义思想，凝聚奋斗新征程的磅礴力量；精心组织军休功臣分享军旅生涯战斗故事，重温峥嵘岁月、砥砺初心使命；参观革命教育圣地朱家壁纪念馆、观看军事题材电影，铭记那段风雨如磐、战火纷飞的历史，领略先烈们铸就的伟大革命精神；参观新农村新面貌，真切感受改革开放、乡村振兴新成果；宣传养生保健和新冠疫情防控知识，切实增强自我保健和健康养生意识；同时开展棋牌比赛、文艺联欢晚会等文娱活动，让军休干部在疗养中既增进交流又愉悦身心。

6月13日至16日，全省2022年“兵支书”能力提升培训班在昆明市举办，100名“兵支书”参加培训。

6月22日至23日，省退役军人事务厅在玉溪市举办全省军休干部党支部书记培训班。

6月23日，云南省退役军人事务厅在昆明市举行了云南省“老兵永远跟党走——老兵宣讲”实践活动启动仪式暨首场宣讲，全省退役军人事务系统2000余人通过视频形式参加活动，省级宣讲团成员、退役军人代表、省退役军人事务厅干部职工130余人在主会场参加活动，宣讲团成员、云南省退役军人关爱基金会副理事长蔡朝东作首场宣讲。

6月30日，省退役军人事务厅党组理论学习中心组开展2022年第四次集中学习，厅党组书记、厅长吉宏龙佳主持集中学习并作小结，省委省直机关工委副书记、省级机关党校校长李曙峰率队莅会指导。

七月

7月1日下午，省退役军人事务厅开展“七一”主题党日活动暨2022年“万名党员进党校”第二次专题培训，邀请省委党校欧黎明教授讲授《党的历史决议与两个确立》。受厅党组书记、厅长吉宏龙佳委托，省管一级巡视员、机关党委书记郭华主持活动并讲话。

7月14日上午，省退役军人事务厅组织开展基层党组织换届选举培训，16个基层党组织29名党务干部参加培训。

7月21日上午，省退役军人事务厅党组召开2022年上半年党风廉政建设形势分析会议，总结上半年党风廉政建设情况，分析面临形势，研究部署下半年加强党风廉政建设和反腐败工作。厅党组书记、厅长吉宏龙佳主持会议，驻厅纪检监察组组长，厅党组成员、厅一级巡视员出席会议。

7月21日，省退役军人事务厅举行2022年厅党组理论学习中心组第五次学习暨万名党员进党校专题培训，邀请省委党校（云南行政学院）校（院）委委员、马克思主义学院院长祁苑玲教授，围绕“贯彻新发展理念 推进高质量发展”作专题宣讲。厅党组书记、厅长吉宏龙佳主持集中学习并作小结。

7月25日，在建军95周年、“八一”建军节即将来临之际，省退役军人事务厅党组成员、副厅长肖海带队，代表厅党组深入中央驻滇和省属企业，入户走访慰问困难退休企业军转干部，将党和政府对退役军人的关心、关怀送到家中。

7月28日会同省财政厅、人力资源社会保障处召开2023年度经费预算编制会议。

7月25日至8月4日，全省退役军人事务系统信访工作人员业务能力培训班在昆明市举办，全省134名业务骨干参加培训。

八月

8月1日，“崇军惠民 · 呵护光明”——云南省关爱退役军人眼健康公益活动启动仪式在昆明市举行。云南省退役军人事务厅、希玛眼科集团、昆明眼科医院相关负责同志，退役军人和其他优抚对象代表，以及相关单位的负责同志、职工代表参加了启动仪式。双方签署了拥军优抚合作协议。该项公益活动从2022年8月1日持续至2025年7月31日，包括对云南省户籍持中华人民共和国退役军人优待证和中华人民共和国烈士、因公牺牲军人、病故军人遗属优待证的对象开设专属绿色就诊通道，免费进行眼健康体检；对体检筛查出来患有白内障的烈士遗属，荣立二等功以上奖励或战时三等功以上奖励的退役军人，以及家庭困难的退役军人和其他优抚对象按相关程序审批后，自愿接受手术治疗的提供1000名免费名额进行治疗；对荣立二等功以上奖励或战时三等功以上奖励的退役军人，其子女免费进行激光类近视手术；对患白内障但不满足免费手术救助治疗的退役军人和其他优抚对象，给予手术费自费部分现金减免1000元。

8月22日和24日，省退役军人事务厅分别举办纪检、党建工作培训班，并组织召开2022年度党建工作推进会，厅党组书记、厅长吉宏龙佳出席会议并讲话。

8月30日，省退役军人事务厅举行2022年厅党组理论学习中心组第七次学习暨万名党员进党校专题培训，邀请省委党校哲学教研部副主任白婧副教授，围绕“学习《习近平谈治国理政》（第四卷），掌握科学思想方法和工作方法”作专题宣讲。

8月初至10月中旬，省委退役军人事务工作领导小组办公室开展全省退役军人事务综合督查。根据年度工作安排，省委退役军人事务工作领导小组牵头协调军地有关部门，于8月初至10月中旬，组成4个督查组，深入各州（市）、县、乡镇（街道）、村（社区），采取实地查看、查阅台账、座谈交流、综合评价、情况反馈等方式，围绕贯彻落实习近平总书记关于退役军人工作重要论述和指示批示作为首要政治任务，督查党委退役军人事务工作领导机构、全省退役军人事务系统干部职工忠诚拥护“两个确立”、自觉做到“两个维护”的情况；从强化思想政治引领、落实政策法规制度、完成重点工作任务等20个方面，督查落实退役军人事务年度任务完成情况；从组织领导、场所建设、人员配备、经费保障、作用发挥等11个方面，督查全省退役军人服务保障体系建设及作用发挥情况；从加强组织领导、排查风险隐患、落实防控措施、压实防控责任等7个方面，督查退役军人事务系统贯彻落实党的二十大安保维稳部署要求情况；从宣传教育、拥军优属、拥政爱民等10个方面84项评分标准，检查各地创建省第十一届双拥模范城（县）及评比推荐情况；深入开展了退役军人事务工作综合督查。

九月

9月28日上午，省退役军人事务厅党组理论学习中心组举行第8次集中学习研讨，深入传达学习中央和省委关于加强对“一把手”和领导班子监督的有关要求，教育引导各级党组织紧紧抓住领导干部这个“关键少数”，知责于心、担责于身、履责于行，以更加有力有效的监督推动全面从严治党向纵深发展。厅党组书记、厅长吉宏龙佳主持集中学习并作交流发言。

9月30日烈士纪念日，省委、省政府和昆明市委、市政府在昆明市抗战胜利纪念堂隆重举行向人民英雄敬献花篮仪式，省委书记、省人大常委会主任王宁，省委副书记、省长王予波，省委副书记石玉钢等省党政军领导，与各族各界代表一起，向云南人民英雄纪念碑敬献花篮，缅怀烈士功绩，传承革命精神，凝聚奋进力量。

9月30日，省政府在昆明市抗战胜利纪念堂举行2022年《烈士光荣证》颁授仪式，副省长和良辉出席仪式并为烈士遗属颁授《烈士光荣证》。

9月完成2023年预算编制“一上”工作。

十月

10月13日，省退役军人事务厅在五华区军休中心举行“云南省军休干部服务管理机构星级示范单位”授牌仪式，省退役军人事务厅副厅长肖海同志参加授牌仪式并为五华区军休中心颁发“五星级示范单位”标牌。

10月25日上午，省退役军人事务厅党组理论学习中心组举行2022年第9次集中学习研讨，邀请云南省法治政府研究院院长、云南省“八五”普法规划宣讲团成员、云南大学法学院和政府管理学院二级教授杨临宏围绕“落实习近平强军思想和习近平法治思想，保障退役军人合法权益——《中华人民共和国退役军人保障法》解读”作专题辅导。

10 月 26 日下午，省退役军人事务厅党组召开扩大会议，传达学习党的二十大和二十届一中全会精神，安排部署学习宣传贯彻工作。厅党组书记、厅长吉宏龙佳主持会议。

十一月

11 月 16 日下午，省退役军人事务厅党组理论学习中心组举行 2022 年第 11 次集中学习研讨，深入学习贯彻党的二十大精神，教育引导全厅各级党组织深刻领悟“两个确立”的决定性意义，坚决做到“两个维护”，以“五个牢牢把握”为重点，深刻领会和理解把握党的二十大报告丰富内涵和精髓要义，切实把思想和行动统一到党的二十大精神上来，以更加昂扬的精神状态，踔厉奋发、勇毅前行，努力推动新时代云南退役军人工作高质量发展。厅党组书记、厅长吉宏龙佳主持集中学习并作交流发言。

11 月 22 日，全省困难退役军人“防癌抗癌专属保险卡”捐赠工作视频调度会在昆明市召开。

十二月

12 月 13 日，云南省第十一届双拥模范命名表彰大会在昆明市举行。省委书记、省双拥工作领导小组组长王宁出席会议并讲话，省长、省双拥工作领导小组副组长王予波宣读命名表彰决定。会议命名昆明市等 10 个州（市）、五华区等 50 个县（市、区）为“云南省双拥模范城（县）”；授予昆明市委组织部等 100 个单位“云南省爱国拥军模范单位”称号，授予五华区人民武装部等 47 个单位“云南省拥政爱民模范单位”称号；授予李兆旭等 67 名同志“云南省爱国拥军模范”称号，授予王荣等 22 名同志“云南省拥政爱民模范”称号。文山壮族苗族自治州、武警云南省总队怒江支队作交流发言。刘洪建、邱江、李石松、鲁传刚、罗红江、陈玉侯出席会议，和良辉主持。省双拥工作领导小组成员单位负责同志，受命名表彰城（县）军地负责同志、模范单位和个人代表等参加。会议以视频形式召开，各州（市）设分会场。

12 月 30 日，组织各州（市）、县退役军人事务局，厅机关各处（室）、各直属事业单位共 534 人参加退役军人事务统计工作培训班。

12 月 30 日，完成 2022 年度预算绩效管理考核工作。

附录

云南省退役军人事务厅机构和人员情况

厅领导

吉宏龙佳　肖　海　张永明　唐贵聪　陈　颉　郭　华

秘书处

王文跃　邓后义　朱晓聪

厅办公室

舒德忠　卜志刚　肖　权　张　健　姜振宇　田　钰　胡艳波

政策法规处

闫生念　刘荣忠　王　都　王　帅

思想政治和权益维护处

李　坤　邓宏兴　罗绍峰　孟金峰　李文学　李　兰

规划财务处

谭晓勇　胡　涛　张世文　钱怀龙　毛纾冰

移交安置处

龙　松　张孝强　秦志民　赵应林　张渝彬

就业创业

杨家勇　张　苏　郝伟红　金星华　赵德栋

军休服务管理处

母其胜　王绍波　覃天柱　赵一旖　沈　靖

拥军优抚处

陈　静　刘惠萍　马　岩　毛　翔　李　跃

褒扬纪念处

李　黎　付美翔　封光昶　农布江初

机关党委（人事处）

王昌平　倪文杰　汤金陶　岳　若　陈辉芳　袁　媛　苏　琳
贺明超

云南省荣誉军人康复医院

田　骁　董红武　秦亚明　袁　强

云南省军队离退休人员服务中心

何其新　赵争光　苏　雁

云南省退役军人服务中心

施绍宏　周　舟　杨智萍

云南省军供站

邝云亮　王庆朝

云南省退役军人培训中心

杨卫东　李俊杰